YALE LINGUISTIC SERIES

អង់គ្លេស

English
for
Speakers of Khmer

Franklin E. Huffman

and

Im Proum

YALE UNIVERSITY PRESS

NEW HAVEN AND LONDON

Printed in the United States of America by
The Murray Printing Company
Westford, Massachusetts

Library of Congress catalog card number: 82–048905
International standard book numbers: 0–300–02895–4,
0–300–03031–2 (paper)

2   4   6   8   10   9   7   5   3   1

CONTENTS

បញ្ជីទនៀវង

INTRODUCTION

Aims of the Book

This book was written for the following three purposes:

1) To provide a set of comprehensive materials for all those professionals, volunteers, and volunteer agencies involved in teaching English to speakers of Khmer;

2) To serve as a self-teaching textbook for Khmer speakers attempting to learn English on their own; and

3) To provide, via the manifold model sentences, pronunciation drills, grammar notes, pattern drills, examples, and indices, a convenient reference grammar for all students of English as a foreign language.

These materials are based on a contrastive analysis between English and Khmer. However, since all the Indochinese refugee languages are vastly more different from English than they are from each other in their phonological and grammatical structures, the basic points of pronunciation and grammar which need to be stressed for speakers of Khmer would also have to be stressed for speakers of most other Southeast Asian languages. Thus the approach used in this book would be almost equally valid for teaching English to speakers of Vietnamese, Thai, Lao, or Hmong.

Background of the Khmer

First of all, we should clarify the terms 'Khmer' and 'Cambodian'. The official name of Cambodia is 'Kampuchea', which has been Anglicized to 'Cambodia' (via French 'Cambodge'). However, the people call themselves and their language simply 'Khmer', which may be used either as an adjective (as in 'the Khmer people' or 'the Khmer language') or as a noun (as in 'I am a Khmer' or 'I speak Khmer').

Another term which should be understood is 'Indochinese'. 'Indochina' is a purely geographic term applied by the French to their former colonies, Vietnam, Cambodia, and Laos; earlier English writers included even Thailand and Malaya in the 'Indochinese Peninsula'. But there is no such thing as an 'Indochinese' people or language. The Vietnamese, Khmer, Lao, and Hmong languages, while sharing certain phonological and grammatical features, are mutually unintelligible (in fact, there are approximately 1,000 mutually unintelligible languages in Southeast Asia!).

The Khmer have perhaps the oldest linguistic and literary tradition in Southeast Asia. Khmer belongs to the Mon-Khmer (or Austroasiatic) language family, which consists of some one hundred languages scattered from Eastern

1

India to the South China Sea; inscriptions in Khmer go back to the 7th
century A.D., and it is probable that the family goes back much earlier
than that. Khmer was the language of the great kingdom of Angkor (802-
1431 A.D.), which has been referred to as the 'Rome of Southeast Asia',
and whose power at one time included present-day Cambodia, southern Vietnam,
southern Laos, Thailand, and northern Malaya.

Vietnamese was also probably originally related to this large Austro-
asiatic stock, but as the result of some 2,000 years of Chinese influence,
Vietnamese is today a tonal, monosyllabic language with a large portion of
Chinese loanwords in its vocabulary, while Khmer is non-tonal, largely
disyllabic, and has drawn its loanwords primarily from Pali and Sanskrit,
as well as, more recently, from Thai. Lao, on the other hand, is related
neither to Khmer nor to Vietnamese, but rather to Thai. Hmong, finally, is
unrelated to Khmer, Vietnamese, or Lao, but rather to the Miao-Yao family
of languages, whose wider affiliation is not known. Furthermore, the four
languages use different writing systems - Khmer and Lao (like Thai and
Burmese) use different forms of an Indic alphabet; Vietnamese was formerly
written with modified Chinese characters but has used a romanized system
for official purposes for about a hundred years; some Hmong write their
language in Chinese characters and others use a romanized script.

Khmer literature spans a period of thirteen centuries, and includes a
great variety of genres, such as popular poetry, folktales, romantic epics,
didactic verse, religious literature, historical prose, and the modern
novel. Like any great literature, it has drawn its inspiration from a
variety of sources, such as native Khmer, Chinese, Hindu, Buddhist, Thai,
and French. The ability to use the language eloquently and creatively is
highly prized in Khmer society. To the Khmer, much more than to Westerners,
language is not only a means of communication, but also a source of enter-
tainment and artistic creation. This verbal artistry is reflected in Khmer
literature, which is primarily in verse, full of colorful compounds and
complex rhyme patterns.

A selected bibliography has been provided at the end of this book for
those who might want to read further about Khmer language, culture, and
history.

About Contrastive Analysis

The purposes of contrastive analysis are 1) to explain why the student
has more difficulty with some aspects of the target language (in this case
English) than with others, and 2) to predict which specific points the
student will have difficulty with, so that we can pay special attention to
them in the lesson materials.

I. Pronunciation

The Khmer language is very rich in sounds, so it is easier for Khmers to learn English than for English speakers to learn Khmer. But no two sound systems are alike; while Khmer has many more vowel sounds than does English, it has fewer consonant sounds. Thus a Khmer speaker will have the following kinds of problems in learning to pronounce English consonants:

1) Some English consonant sounds do not exist at all in Khmer, so the Khmer speaker will have to learn to produce these totally new sounds, such as the th- of 'thigh' and 'thy'.

2) Even those sounds which the two languages share may not be exactly alike; e.g. Khmer has two sounds similar to English p, but one is pronounced with less breath, and the other with more breath, than the English p.

3) Many consonants which Khmer shares with English do not occur at the end of words in Khmer; thus the Khmer speaker will have to learn to put them there. This is not as easy as it sounds; e.g. in English we have an h at the beginning of a word, but we would have difficulty putting it at the end of a word. Likewise we have -ng at the end of words, but not at the beginning (incidentally, Khmer has h and ng in both initial and final positions in words).

4) English has many more clusters of consonants than does Khmer. Although Khmer has many more initial clusters (about 100) than do most languages, it has no final clusters. Thus English words such as 'strength' and 'grounds' will be extremely difficult for them to pronounce.

A. Consonants

Khmer speakers will not have much trouble with the following consonants at the beginning of a word (i.e. immediately preceding a vowel):

/p/ as in 'pot'	/m/ as in 'man'
/t/ as in 'take'	/n/ as in 'no'
/ch/ as in 'chat'	/f/ as in 'fat'
/k/ as in 'cake, kit'	/s/ as in 'sat'
/b/ as in 'bit'	/y/ as in 'you'
/d/ as in 'duck'	/h/ as in 'he'

The following English sounds are rather different from their counterparts in Khmer, and so will cause some trouble:

/v/ as in 'vim'
/l/ as in 'lip'
/r/ as in 'run'

Even though these sounds are similar to their Khmer counterparts, Khmer speakers will not be used to combining them with other consonants at the beginning of a word, as in 'pry, try, cry, brown, blue, drive, fry, fly, spring, split, strike, scrape, sphere' (the clusters pl-, cl-, kl-, sp-, st-, sc-, sk-, sm-, sn-, sw-, and sl- occur also in Khmer, and therefore should cause no problem).

The following consonant sounds, however, do not exist at all in Khmer,

and so will have to be learned as totally new sounds; these will cause the
most difficulty for Khmer speakers:

/j/ as in 'jug' (vs. 'chug')   /sh/ as in 'ship' (vs. 'sip')
/g/ as in 'gate' (vs. 'Kate')   /zh/ as in 'measure' (vs. 'pressure')
/th/ as in 'thigh' (vs. 'thy')   /w/ as in 'we' (vs. 'vee')
/dh/ as in 'thy' (vs. 'thigh')   /wh/ as in 'what' (vs. 'watt')
/z/ as in 'zoo' (vs. 'sue')

Since these are totally new sounds, it will be even more difficult to pro-
nounce them in combination with other consonants, e.g. 'ground, glove,
throw, shrine, twenty, quick, dwell, Gwen, thwack, squelch'.

It is the consonants, and combinations of consonants, which occur
<u>at the end</u> of English words which will cause Khmer speakers the greatest
difficulty of all. The final consonant systems of the two languages are
compared below:

	English						Khmer			
/-p	-t	-ch	-k		/-p	-t	-c	-k	-q	
-b	-d	-j	-g		-m	-n	-ñ	-ng		
-m	-n		-ng		-w	-l	-y	-h/		
-f	-th	-s	-sh							
-v	-dh	-z	-zh							
-w	-l	-r	-y/							

Notice that the two languages share only nine finals (Khmer final /-c/ is
different from English final /-ch/); thus the following English finals do
not occur in Khmer, so the Khmer speaker will have to learn to pronounce
them in final position:

/-ch/ as in 'batch' (vs. 'badge')   /-th/ as in 'breath' (vs. 'breathe')
/-b/ as in 'tab' (vs. 'tap')   /-dh/ as in 'clothe' (vs. 'cloth')
/-d/ as in 'bed' (vs. 'bet')   /-s/ as in 'bus' (vs. 'buzz')
/-j/ as in 'badge' (vs. 'batch')   /-z/ as in 'his' (vs. 'hiss')
/-g/ as in 'bag' (vs. 'back')   /-sh/ as in 'push' (vs. 'puss')
/-f/ as in 'half' (vs. 'have')   /-zh/ as in 'beige', 'garage'
/-v/ as in 'have' (vs. 'half')   (some speakers)

Even more difficult are the very complex final clusters of English, since
Khmer has no final clusters at all; e.g.

first	stopped	carves	helm	hunt
church	stabbed	month	calls	lunch
strength	jogged	months	called	rhythm
arts	fifth	width	warm	bulge
cards	fist	ask	warn	laughs
dogs	gorge	asked	comes	banks
cats	sharp	asks	canes	banged
wasp	nails	cars	buzzed	judged
help	carved	ground	makes	girl
held	cart	sixth	jump	fence

B. Vowels

Khmer has about 30 different vowels and diphthongs, while English has only 14 (depending on the analysis). One common analysis of English vowels and diphthongs is as follows:

/iy/	as in 'beat'	/uw/	as in 'boot'
/i/	as in 'bit'	/u/	as in 'book'
/ey/	as in 'bait'	/ow/	as in 'boat'
/e/	as in 'bet'	/o/	as in 'bought'
/ae/	as in 'bat'	/ay/	as in 'bite'
/ə/	as in 'but'	/aw/	as in 'bout'
/a/	as in 'pot'	/oy/	as in 'boy'

It would seem logical that if Khmer is so rich in vowels, Khmer speakers should have the 14 vowels above in their inventory. But, as pointed out above, sounds are seldom exactly the same from one language to another. Khmer speakers will have little difficulty with the English vowels /iy ey ə a uw ow o ay aw oy/, but there are no vowels in Khmer exactly like /i e ae u/, so words having these vowels will have to be given special attention.

As these special pronunciation problems are encountered in the lessons, they will be treated with pronunciation drills involving minimal pairs. Minimal pairs are pairs of words which are identical (in sound, not spelling) except for the one sound contrast which is being practiced; e.g.

Initial /k-/ vs. /g-/		Vowels /iy/ vs. /i/	
coat : goat	/kowt : gowt/	peak : pick	/piyk : pik/
Kate : gate	/keyt : geyt/	weak : wick	/wiyk : wik/
coal : goal	/kowl : gowl/	seek : sick	/siyk : sik/
Medial /-k-/ vs. /-g-/		reach : rich	/riych : rich/
bicker : bigger	/bíkər : bígər/	scene : sin	/siyn : sin/
mucky : muggy	/mə́ki : mə́gi/	feel : fill	/fiyl : fil/
tacking : tagging	/táeking : táeging/	neat : knit	/niyt : nit/
Final /-k/ vs. /-g/		bean : bin	/biyn : bin/
back : bag	/baek : baeg/	heed : hid	/hiyd : hid/
pick : pig	/pik : pig/	lead : lid	/liyd : lid/
leak : league	/liyk : liyg/	keen : kin	/kiyn : kin/

II. Grammar

It is axiomatic in linguistics that all languages have grammar (a system of rules by which the language works) and that all grammars are complex, but areas of complexity differ from language to language. Khmer is far more complex than English in its system of status-related personal pronouns and in its verbs; e.g. a Khmer speaker must use a different pronoun for 'you' depending on whether he is speaking to an equal, an inferior, a superior, a child, a relative, a servant, the clergy, or royalty. Likewise he must use one of at least ten different words for 'to eat', depending on the social context. These systems are very difficult for an English speaker to learn, because <u>they are complex where English is simple</u>. Similarly, certain aspects of English grammar are difficult for a Khmer because <u>they are complex where Khmer is simple</u>. The most difficult area of English grammar for a Khmer speaker will be <u>variable forms</u> of verbs and pronouns. Khmer verbs and pronouns are invariable, i.e. they keep the same form regardless of their use in the sentence. In English, we have three kinds of verbs:

1) Verbs with <u>three</u> different tense forms:

go	went	gone
see	saw	seen
give	gave	given
sing	sang	sung
fly	flew	flown

2) Verbs with <u>two</u> different tense forms (the great majority):

work	worked	worked
sleep	slept	slept
teach	taught	taught
find	found	found
dig	dug	dug

3) Verbs with only <u>one</u> tense form (i.e. invariable):

hit	hit	hit
bet	bet	bet
cast	cast	cast
hurt	hurt	hurt
let	let	let

Khmer verbs are all like the third group above; e.g. the verb 'go' would have the form /tɨw/ in all the following sentences:

I <u>go</u>.
He <u>goes</u>.
I <u>am going.</u>
He <u>is going.</u>
He <u>went</u>.
I <u>have gone</u>.
He <u>has gone</u>.

Time relationships are made clear by other words in the sentence (if not already clear from the context), just as in English:

I <u>want to</u> <u>hit</u> him.
He <u>hit</u> me <u>yesterday</u>.
I've <u>already</u> <u>hit</u> him.

Another complication for Khmer speakers is the use of a different form of the verb with 3rd person singular subjects; e.g.

I go : He goes
I have : He has
I teach : He teaches

The most complicated English verb, of course, is the verb to be', which
is conjugated both for person and tense; e.g.

I am	I was	I have been
You (We, They) are	You were	You have been
He (She, It) is	He was	He has been

Khmer uses the same form for the six forms 'am, is, are, was, were, been',
so these forms and the reasons for their use will be a mystery for the
Khmer speaker. Of course, they are automatic for an English speaker, but
the pattern, for historical reasons, is completely arbitrary; e.g. the
1st and 3rd person singular present forms are different ('am' and 'is')
while the 1st and 3rd person singular past forms are the same ('was')!

Another aspect of English which is different from Khmer are the various
forms of personal pronouns:

Subject Pronouns:	I	you	he	she	we	they
Object Pronouns:	me	you	him	her	us	them
Possessive Adjectives:	my	your	his	her	our	their
Possessive Pronouns:	mine	yours	his	hers	ours	theirs

The Khmer form for each of the above columns would remain unchanged, e.g.:

English	Khmer
I am going.	[I am going.]
He hit me.	[He hit I.]
It's my car.	[It's car I.]
It's mine.	[It's of I.]

In other words, once a Khmer solves the difficult problem of choosing the
appropriate word for 'I' in a given context (from perhaps 20 possibilities),
it keeps the same form in all four of the above sentences.

Another big problem for Khmers will be the English plural forms, since
Khmer nouns are not marked for singular and plural. The regular English
plural is formed by the following pattern (which English speakers don't
even have to think about, since it is automatic for them):

1) Nouns which end in voiceless sounds add the sound /-s/:

cat : cats	/kaet : kaets/
rock : rocks	/rak : raks/
laugh : laughs	/laef : laefs/

2) Nouns which end in voiced sounds add the sound /-z/:

dog : dogs	/dog : dogz/
car : cars	/kar : karz/
bee : bees	/biy : biyz/

3) Nouns which end in /s z j ch sh zh/ add the syllable /-əz/:

horse : horses	/hors : hórsəz/
buzz : buzzes	/bəz : bə́zəz/
ash : ashes	/aesh : áeshəz/
church : churches	/chərch : chə́rchəz/
judge : judges	/jəj : jə́jəz/

(Incidentally, the above pattern also applies to the pronunciation of the
English 3rd person singular present tense verb endings -s/-es, the posses-
sive suffix -'s, and the contraction of the verb form 'is' to -'s.)
In some words, a final /-f/ changes to /-vz/:
    knife : knives   /nayf : nayvz/
    half : halves   /haef : haevz/
    roof : rooves   /ruf : ruvz/
Some English plurals are formed by adding -(r)en:
    ox : oxen   /aks : áksən/
    child : children   /chayld : chíldrən/
Others form the plural by changing the vowel:
    man : men   /maen : men/
    foot : feet   /fut : fiyt/
    mouse : mice   /maws : mays/
Some nouns keep the same form in the plural:
    sheep : sheep   /shiyp : shiyp/
    fish : fish   /fish : fish/
    deer : deer   /dir : dir/
In Khmer, all nouns are invariable, like the last category above, with
singular and plural specified only when necessary; e.g.:

English	Khmer
I bought a horse	I bought horse. (Unspecified)
I bought only one horse.	I bought horse only one. (Singular)
I bought two horses.	I bought horse two. (Plural)
Horses are big animals.	Horse are animal big. (Unspecified)

III. Syntax

    In the area of syntax (word order), the differences between Khmer and
English are not major. The word order of the following sentences would be
roughly the same in both languages:
    He built a house.
    He works every day.
    He wants to buy a car.
    After I finish school, I plan to get a job.
Some important differences, however, are the following:
1) The most difficult problem for Khmer speakers will be the use of the
English articles 'a/an' and 'the'. We all learn in school that 'a/an' is
the 'indefinite article' and 'the' is the 'definite article', as in:
    I bought a house. (Indefinite)
    I bought the house on the corner. (Definite)
But the use of the English articles is far more complex than that; in fact,
'a' can be used definitely and 'the' indefinitely, e.g.:
    What a pretty sunset! (Definite)
    The horse is a mammal. (Indefinite)
All Khmer nouns are rather similar to English mass nouns, or generic nouns,

such as:

    <u>Water</u> is essential.

    <u>Horses</u> are big animals.

However, as is usually the case in comparing two languages, Khmer has
mechanisms for expressing the <u>functions</u> of the English articles when it is
deemed necessary to do so; e.g.:

English	Khmer
I gave him <u>a</u> pencil.	I give pencil <u>one</u> to he.
I gave him <u>the</u> pencil.	I give pencil <u>that</u> to he.

2) In Khmer, modifiers follow rather than precede the words they modify:

English	Khmer
my house	house I
red car	car red
very tired	tired very
three dogs	dog three
some money	money some

3) Perhaps the most striking difference between English and Khmer syntax
is in the order of the elements in complex noun phrases, which in Khmer
tend to be the reverse of the English order (this is related to point 2
above); e.g.:

English	Khmer
red car	car red
my red car	car red I
my big red car	car big red I
that big red car of mine	car big red of-I that

IV. <u>Spelling</u>

    The notorious irregularity of English spelling is a problem for a
speaker of any foreign language trying to learn to read and write English.
Contrastive analysis is of no relevance here, since Khmer uses a totally
different writing system derived from an Indic writing system about 2,000
years ago. Even those Khmers familiar with French will find English spell-
ing far less regular than French spelling. In the Khmer writing system,
as in English spelling, there are sometimes several ways to write the same
sound, as in the English words

to	/tuw/		so	/sow/
too	/tuw/		sew	/sow/
two	/tuw/		sow	/sow/

However, the Khmer writing system does not suffer from the widespread
problem in English spelling where the same spelling may be pronounced
several different ways; e.g. the spelling <u>-ough</u> in the following words:

    /ow/ as in 'though'   /dhow/

    /uw/ as in 'through' /thruw/

    /əf/ as in 'rough'   /rəf/

    /aw/ as in 'bough'   /baw/

    /of/ as in 'cough'   /kof/

Likewise, five different vowel sounds are prepresented be the letter a̲:

    /ae/ as in 'fat'   /faet/
    /ey/ as in 'fate'   /feyt/
    /a/ as in 'father' /fádhər/
    /ə/ as in 'about'   /əbáwt/
    /o/ as in 'fall'   /fol/

That is why we have decided to use a phonetic transcription for the English
in this book, in which the same sound is always represented in the same way.
The consonant symbols have been chosen for maximum transfer to the English
writing system (e.g. using /ch sh th/ rather than the usual phonetic sym-
bols /č š θ/).   English vowels are so irregular, however (as can easily be
seen above), that their symbols cannot be based on the writing system; we
have therefore used one of the standard phonetic transcription systems for
the 14 English vowels and diphthongs. In addition, we also provide a Khmer
phonetic system alongside the English phonetics in Lessons 1-5 to help the
students familiarize themselves with the roman alphabet; Lessons 6-15 con-
tain only the romanized phonetic system.

FORMAT OF THE BOOK AND HOW TO USE IT

របៀបរៀបរៀបចំ និង វិធីប្រើប្រាស់សៀវភៅនេះ

Each of the fifteen lessons in this book is divided into five sections:

ក្នុងសៀវភៅនេះ មានមេរៀនទាំងអស់ដប់ប្រាំ ។ មេរៀននិមួយ ៗ ថែកជាប្រាំបំណែក៖

A. Model Sentences

ក. ឃ្លាគំរូ

B. Khmer Pronunciation of the Model Sentences (for the Teacher)

ខ. តំរាងសួរសម្លេងឃ្លាគំរូជាភាសាខ្មែរ (សម្រាប់គ្រូបង្រៀន)

C. Pronunciation Drills

គ. លំហាត់អាន

D. Grammar Notes and Drills

ឃ. ពន្យល់និងលំហាត់វៃយ្យាករណ៍

E. Model Conversations

ង. សន្ទនាគំរូ

A. Model Sentences

ក. ឃ្លាគំរូ

The first section of each lesson contains a set of sentences dealing with a specific situation or social context, in the form of a dialogue in authentic conversational English; each sentence is preceded by the vocabulary and idiomatic expressions not previously met. The second column on each page reproduces the same material in a phonetic transcription system designed for maximum transfer to English spelling. In Lessons 1-5, a third column provides a Khmer phonetic transcription to help the student become familiar with the roman transcription system and to aid him in his initial attempts to pronounce English words (both these phonetic systems are described for the student in the next section: Phonetic Transcription System). A final column contains the Khmer translations of the

ផ្នែកទីមួយក្នុងមេរៀននិមួយ ៗ មានឃ្លាមួយចំនួនស្ដីអំពីស្ថានការណ៍អ្វីមួយដែលអស់លោកគ្រូអ្នក ។ ចង្អុលប្រទះជាការធម្មតានៅក្នុងសង្គមសហរដ្ឋអាមេរិក ។ ឃ្លាគំរូទាំងនេះ យើងសរសេរជាបទសន្ទនា (ការនិ- យាយឆ្លើយឆ្លងគ្នា) ដូចនិងការនិយាយគ្នាថ្មែនរវៃទនក្នុង ភាសាអង់គ្លេស ។ ពាក្យថ្មី ៗ ដែលមិនទាន់បានរៀបរៀ នៅពេលទៀត យើងរាយជាបន្តបន្ទាប់គ្នានៅពីសើ្យឃ្លា និមួយ ៗ នោះ ។ នៅក្នុងខ្ទង់ទីពីរ យើងរៀបប្រើនូវ ប្រព័ន្ធតំរាងសួរសម្លេងមួយដែលប្រើបិសព្ទ្ជាអង់គ្លេស យើយ ដែលយើងបង្កើតនៅ្វីងជាពិសេសសម្រាប់បង្ការ្ញនូវ របៀបអានសួរសម្លេងអង់គ្លេសផង ហើយសម្រាប់ជាជំនួយ ក្នុងការរៀនអក្សរអង់គ្លេសផង ។ នៅក្នុងមេរៀន ១ ទៅ មេរៀន ៥ យើងបានបន្ថែលនូវប្រព័ន្ធតំរាងសួរ សួរអង់គ្លេសមួយដែលប្រើបិសព្ទ្ជាអក្ខរនខ្មែរទៅ្វីតផង ដើម្បីជួយសិស្សក្នុងការអានសួរសម្លេងអង់គ្លេសមុនដំបូង , ហើយជាជំនួយក្នុងការរៀនសព្ទ្ញានៃប្រព័ន្ធតំរាងសួរ ជាអក្ខរនអង់គ្លេសនោះផង (ប្រព័ន្ធតំរាងសួរសព្ទ អង់គ្លេសទាំងពីរយ៉ាងនេះ យើងបានណិនាយ៉ាងល្អិតល្អន់ នៅក្នុងផ្នែកបន្ទាប់មក គឺ៖ តំរាងសួរសព្ទអង់គ្លេស) ។ នៅក្នុងខ្ទង់ចុងក្រោយបង្អស់ យើងមានបកវៃ្របពាក្យហើយ និងឃ្លាអង់គ្លេសនិយទៅជាភាសាខ្មែរ ។ ក្នុងបកវៃ្រប

11

English words and sentences; in the
Khmer translations, words which are
necessary in English but not in Khmer
are enclosed in parentheses ( ), while
words necessary in Khmer but not in
English are enclosed in brackets [ ].
These words and sentences should be
introduced by a native speaker of
English, for imitation by the student(s)
until they can repeat them with accep-
table accuracy, by the following method:

1) Teacher: What

    Student: What

2) Teacher: is

    Student: is

3) Teacher: your

    Student: your

4) Teacher: name

    Student: name

5) Teacher: What is your name?

    Student: What is your name?

Each of the above steps should be re-
peated as many times as necessary to
achieve acceptable accuracy. When there
is more than one student, it is useful
to have the students repeat first in
unison (for feedback from each other),
then individually (to iron out individ-
ual problems), then again in unison
(for further auditory reinforcement).
As an assignment the students should be
required to memorize the model sentences
until they can take either role in a

ជាខ្មែរ ពាក្យណាៗដែលចាំបាច់ក្នុងភាសាអង់គ្លេសតែមិន
ចាំបាច់ក្នុងភាសាខ្មែរ ឡើងជាក់ក្នុងវង់ក្រចក ( );
ចំណែកឯពាក្យណាៗដែលត្រូវបន្ថែមនៅក្នុងភាសាខ្មែរ
តែមិនចាំបាច់ក្នុងភាសាអង់គ្លេស ឡើងជាក់នៅក្នុងវង់
ដង្កៀប [ ]; ឧទាហរណ៍ពាក្យអង់គ្លេស it (វា)
តែឯងតែមិនវៃប្រក្នុងភាសាខ្មែររទេ ចំណែកឯពាក្យ
ខ្មែរ [ហើយ] វិញ តែឯងតែមិនវៃប្រទេក្នុងភាសា
អង់គ្លេស ។ ពាក្យហើយឯងឃ្លាទាំងនេះ ត្រូវមាន
គ្រូអង់គ្លេស (ដែលនិយាយអង់គ្លេសពីកំណើត) បន្លឺឮ
ឡើវសិស្សថាតាមម្តងហើយម្តងទៀតទាល់តែសិស្សថាត្រឹម
លួមទទួលយកបាន ។ សូមប្រើវិធីផ្សេងខាងក្រោមនេះ :

១) គ្រូ: What (អ្វី)

    សិស្ស: What (អ្វី)

២) គ្រូ: is (ជា)

    សិស្ស: is (ជា)

៣) គ្រូ: your ([របស់] លោក)

    សិស្ស: your ([របស់]លោក)

៤) គ្រូ: name (ឈ្មោះ)

    សិស្ស: name (ឈ្មោះ)

៥) គ្រូ: What is your name? (លោកឈ្មោះអ្វី?)

    សិស្ស: What is your name? (")

គ្រូហើយនិងសិស្សគួរវៃតធ្វើជំហាននិមួយ ៗ ខាងលើនេះ
ជាច្រើនដងតាមត្រូវការ គឺទាល់តែសិស្សថាត្រឹម
គ្រូវិលួមទទួលយកបាន ។ បើមានកូនសិស្សច្រើន គ្រូ
ត្រូវនិយយកូនសិស្សថាត្រមគ្នាទាំងអស់គ្នាសិន (ធ្វើដូច្នេះ
សិស្សអាចបន្លាញ់សម្តេងពាលគ្នា ដួយគ្នា ទៅវិញ
ទៅមក), រួចឆ្លើយថាម្នាក់ម្តង (ដើម្បីឌៃកកំហុសសិស្ស
ម្នាក់ ៗ), រួចទ្បើយថាព្រមគ្នាទាំងអស់គ្នាវិញ
(ដើម្បីឲ្យនិងធ្វើឲ្យសាំព្រតច្រុៃក) ។ គ្រូត្រូវបញ្ជា
ឲ្យសិស្សន្បិយទន្ទេញឃ្លាគំរូឲ្យចាំមាត់ ទាល់តែសិស្ស
អាចប្រើឃ្លាទាំងនេះនិយាយឆ្លើយឆ្លងជាមួយនិងគ្រូ
ហើយនិងសិស្សឯងទៀតបាន ។ គេតែឯងតែយល់ច្បាំ
ជានរឿយ ៗ អំពីការទទួញឃ្លាគំរូក្នុងការបច្រុៃងុន

conversation with the teacher or with
the other students. Memorization in
language lessons is frequently misun-
derstood; its purpose is not to provide
the student with a stock of specific
sentences or conversations he can use
in the language; it is rather to de-
velop his fluency in a specific gram-
matical pattern which will enable him
to use <u>all the sentences in the lang-
uage having that grammatical pattern</u>.
This is why they are called 'model'
sentences.

B. <u>Khmer Pronunciation of the Model
Sentences for the Teacher</u>

Since most teachers involved in
teaching English to Khmers will not
know Khmer, Khmer translations and ex-
planations are provided throughout the
book for the students. However, for
those teachers having students who
don't read Khmer, Section B provides a
transcription of the Khmer translations
of the Model Sentences. This trans-
cription system is the same as that
developed for Khmer in the authors'
<u>Cambodian System of Writing and Begin-
ning Reader</u> and <u>Modern Spoken Cambodian</u>
(see the Bibliography). While it is
not expected that this transcription
will enable teachers to reproduce
accurate Khmer, it is provided in the
hope that the teacher will be able to

ភាសាបរទេសផ្សេង ៗ ។ គោលបំណងនៃការ
ទន្ទេញឃ្លានិយាយចាំមាត់នោះ មិនមែនផ្តល់នូវឃ្លាមួយ
ចំនួន ឬ បទសន្ទនាមួយចំនួនសម្រាប់និស្សិតប្រើ
ព្រាល់ត្រង់ ៗ នោះទេ; គោលបំណងឈើងគឺចង់និយ
និស្សិតចាំស្គាត់នូវចំណុចវេយ្យាករណ៍អ្វីមួយ ដែលនិស្ស
អាចយកមកប្រើនៅក្នុងឃ្លាផ្សេង ៗ ទ្បើតយ៉ាងស្រួល ។
ឃ្លាគំរូនិយាយ ៗ គឺជាទាហានណ៍មួយ ឬជាគំរូមួយ របស់
<u>ឃ្លាទាំងប៉ុន្មានក្នុងភាសាអង់គ្លេសដែលមានទម្រង់</u>
<u>វេយ្យាករណ៍មួយនោះ</u>; រហូតដូច្នេះហើយបានជាឈើង
ហៅឃ្លាទាំងនោះ: 'ឃ្លាគំរូ' ។

ខ. កំណាងស្សវស្សឃ្លាគំរូជាភាសាខ្មែរសម្រាប់
          គ្រូបក្រេ្ងន

ដោយយល់ឈើញថាគ្រូបក្រេ្ងនភាគច្រើន
ដែលបក្រេ្ងនភាសាអង់គ្លេស មិនចេះភាសាខ្មែរ,
ហើយបានប្រែនិងពន្យល់ជាខ្មែរ ដើម្បីនិយយស្រួលយល់
និងជួយសិវាំងង ការយល់ប្រទ្បើ ដែលនិស្សិតខ្មែរនៅតែងដួប
ប្រទះក្នុងការទ្រេ្ងនស្រេ្ងនទៃភាព ដែលប្រើតែភាសា
អង់គ្លេស ។ ចំពោះគ្រូបក្រេ្ងនដែលមានកូនសិស្ស
ដែលមិនចេះអានអក្សរខ្មែរ, ផ្នែក ១ នៃមេទ្រេ្ងន
និមួយ ៗ មានប្របទ្បើគំនាងស្សវស្សពួនរបស់ឃ្លាគំរូដែលបក
ប្រែជាខ្មែរហើយនៅក្នុងផ្នែក ក នោះ ដើម្បីដួយ
គ្រូបក្រេ្ងននិយពន្យល់នឹរបស់ឃ្លាគំរូអង់គ្លេសសម្រាប់
កូនសិស្សខ្មែរ ។ ប្រពន្ធគំនាងស្សវនខ្មែរនេះ: ដូចគ្នា
និងប្រពន្ធដែលឈើងបានប្រតិតនទ្បើងស្សម្រាប់គំនាងស្ស
ខ្មែរនៅក្នុងស្រេ្ងនទៃភាពសិក្សាភាសាខ្មែរពីរក្បាល
ដែលឈ្មោះ:ពុម្ពុចមកហើយ (សូមមើលឈ្មោះ:ស្រេ្ងនទៃភាព
ទាំងពីរនោះ:នៅក្នុងផ្នែក'គន្ធនិទ្ទេស'នៅ ផ្នែកខាង
ច្រកាយស្រេ្ងនទៃភាព នេះ) ។ ហើយសង្ឃឹមថាគ្រូ
បក្រេ្ងន, ដោយច្រើប្រពន្ធគំនាងស្សវនខ្មែរនេះ,
ហើយដោយទាំងច្រើរឺដង់ដឹងង ទាំងច្រើមធេ្រ្យាពល

approximate the pronunciation of the
Khmer to the extent that, in combination
with gestures and general resourceful-
ness, the Khmer student will be able to
understand the meanings of the model
sentences.

C. Pronunciation Drills

The Pronunciation Drills section
of each lesson identifies and provides
practice in those pronunciation prob-
lems introduced in the lesson which
will cause difficulty for Khmer speak-
ers; those sounds and sequences of
sounds which are similar in both lang-
uages are ignored. In practicing dif-
ficult sounds, we use what are called
'minimal pairs'; a minimal pair is a
pair of words which differs only in one
sound, as in English 'pig' vs. 'big',
or 'bat' vs. 'bad'. These minimal pairs
permit the student to focus only on the
contrasting sound; phonetic transcrip-
tions of these pairs are provided which
help both the teacher and the student
to see that the difference in meaning
between the two words is conveyed by a
difference of only one sound in one
part of the word. For some sounds it
is not possible to find enough minimal
pairs for a drill, in which case we may
use pairs that are not 'exact' minimal
pairs; such pairs are preceded by an
asterisk; e.g.:

ផ្ទៃខ ពុ ផង, អាចអានឃ្លាត់រួជាវខ្មែរបានល្អបនឹង
សិស្សខ្មែរយល់បាន ។ មួយទៀត បើមានកូនសិស្ស
ខ្មែរម្នាក់ដែលចេះអក្សរខ្មែរ, កូនសិស្សនោះអាច
ជួយពន្យល់នូវរូបលក្ខ្មាត់រួវិយកូនសិស្សឯទៀត ពុ បាន
វខែ្មរ ។

គ. លំហាត់អាន

ខ្មែកលំហាត់អានៅក្នុងមេរៀននិមួយ ពុ
ចុចសម្គាល់និងផ្តល់នូវការឲ្យហ្វឹកហ្វឺននៃបញ្ហាសូរសព្ទដែល
ជាបញ្ហាចំពោះសិស្សខ្មែរ ។ ចំពោះសូរ ឬ
លំដាប់សូរណាដែលប្រហាក់ប្រហែលគ្នានៅក្នុងភាសា
ទាំងពីរ យើងមិនលើកយកពិភាក្សានៅក្នុងលំហាត់
អានទេ ។ ក្នុងការចាត់អានសូរវដែលជាបញ្ហា
ចំពោះអ្នកនិយាយខ្មែរ, យើងប្រើរបល់ដែលគេហៅ
ថា 'គូពាក្យដែលខុសគ្នាវតែមួយផ្តុំ', គីពាក្យមួយ
គូដែលមានវវិសូរស្រៈ ឬ ព្យព្ជ្ញនៈមួយខុសគ្នា ហើយ
សូរខុសគ្នានេះនៅក្នុងទីវផ្នែកវដែលក្នុងពាក្យ ទាំងពីរ,
ដូចជានៅក្នុងគូពាក្យ 'បី ៖ ប៉ី' ឬ 'វផ្អែក ៖
វផ្អក' ឬ 'ផ៉ុន ៖ ផុង' ក្នុងភាសាវខ្មែរ ។
គូពាក្យទាំងនេះ អនុញ្ញាតឲ្យសិស្សប្រុងស្មារតីវទៅ
លើវវិសូរណាវដែលខុសគ្នា ហើយវដែលលបង់លំហាត់អាន ។
ការបង្ហាញរបរូបអានតាមប្រព័ន្ធកំណែងសូរសព្ទ
ចំពោះគូពាក្យនិមួយ ពុ អាចជួយឃ្លិយទាំងគ្រូបប្រៀន
ទាំងក្នុងសិស្សឃើញថា និមូខុសគ្នានវាងពាក្យទាំង
ពីរអាចកើតមានទៅឯងដោយយានវតែឯងភាពពុសូរមួយ
នៅខុសគ្នា នៅក្នុងវផ្នែកមួយវនៃពាក្យនោះ ។
ចំពោះសូរណាវដែលយើងមិនអាចរកគូពាក្យបាន
ស្រ្មាប់ប្រៀបឃឹក្នុងលំហាត់អាន យើងប្រៀបគូពាក្យដែល
មិន 'ថំ' ជា 'គូពាក្យខុសគ្នាវតែមួយផ្តុំ' ទេ ។
ចំពោះគូពាក្យវដែលមិនវមែនជា 'គូពាក្យខុសគ្នាវត
មួយផ្តុំ' ពេញ្ជលេញ្ជនេះ យើងប្រើសញ្ញាផ្កាយនៅ
ពីមុខ, ដូចជានៅក្នុងឧទាហរណ៍ខាងក្រោមនេះ៖

*breath : breathe /breth : briydh/
Khmer translations are also provided
as a matter of interest to the student,
and to make him realize that these are
in reality totally different words,
although the student should not be
required to learn the meanings of the
examples in the Pronunciation Drills
unless he wishes to do so, as the pur-
pose of these words is purely to de-
velop pronunciation, and the words
themselves may consequently not be
essential to basic English. Let us
use as an example the contrast between
initial /k-/ and /g-/ (Khmer has an
initial /k-/ but no initial /g-/):

could : good	/kud : gud/
coat : goat	/kowt : gowt/
Kate : gate	/keyt : geyt/
cap : gap	/kaep : gaep/
come : gum	/kəm : gəm/

Use the following procedure in prac-
ticing such minimal pairs:

1) Teacher: could

    Student: could

2) Teacher: good

    Student : good

3) Teacher: could : good

    Student: could : good

Repeat the above procedure until the
student can produce (and hear) the
distinction. The teacher may want to
make up some drills of his own to deal

[ប្រ៊េថ : ប្រ៊ិន]   ដងភ្លើម : ដកដងភ្លើម
យើងបានរៀបគ្រប់ពាក្យទាំងនោះជាភាសាខ្មែរ
ដើម្បីនិងបង្ហាញឱ្យសិស្សឃើញថាពាក្យទាំងក្នុង
គ្រប់ពាក្យជាពីរពាក្យខុសគ្នាស្រួយៗមែន ។
កូនសិស្សមិនត្រូវមុនវិញនិយាយរៀនឱ្យនៃនទានណ៍ក្នុង
លំហាត់អាននេះទេ (លុះត្រាតែមានប្រាថ្នាចង់
រៀនទៀបទើបសិស្សអាចរៀនឱ្យនៃនពាក្យទាំងនោះ),
ពីព្រោះៈគោលបំណងឃើញតែ្គាន់តែចងហ្ញីកហ្ញឹនសិស្ស
ខាងសូរសព្ទ; ហើយម្យ៉ាងទៀវវិត ពាក្យដែលឃើង
យកមកប្រើជាទានណ៍ក្នុងគ្រប់ពាក្យខុសគ្នាតែមួយឯ
នោះ អាចមិនជាចាំវ្ហច់ក្នុងភាសាកម់គ្លេសនៃដែល
នតប្រើសព្ទទ្ថែនទៀប ។ យើងសុំលើកយកមកជា
ឧទាហរណ៍គូរិភាពវ្ហូកគ្នានរ៉ាងសូរ /k-/ នៅ
ដើមពាក្យ និងសូរ /g-/ នៅ ដើមពាក្យ
(ភាសាខ្មែរមានសូរ /k-/ [ខ] នៅ ដើមពាក្យ
តែគ្មានសូរ /g-/ [គ] ទេ) :

[ឃើង : តេីង]	អាច : ល្អ
[ខូត : គូត]	អាវិធំ : ៣ចី៣
[ខេត : តេ់ត]	(ឈ្មោះ) : ទ្វារ
[ខ៉េត : តេ់៉ត]	កាតិប : ចន្ល្ខៈ
[ខ៉ិម : គ៉ិម]	មក : អព្យាញ្ញេធ្ញេញ

ក្នុងការហ្ញីកហ្ញឹនលំហាត់អាននៅក្នុងថ្ងែកលំហាត់អានទ៉ែន
មេនរៀននិម្មយ ៧ សូមប្រើវិធីគ្ខូចខាងក្រោមនេះ :

១) គ្រូ: could (អាច)

    សិស្ខៈ could (អាច)

២) គ្រូ: good (ល្អ)

    សិស្ខៈ good (ល្អ)

៣) គ្រូ: could : good (អាច : ល្អ)

    សិស្ខៈ could : good (អាច : ល្អ)

សូមធ្ញើលំហាត់តាមវិធីខាងលើ ទាល់តែសិស្សអាចអាន
(ហើយនិងស្ខាប់ល្អ) គូរិភាពវ្ហូកគ្នានរ៉ាងសូរពីនោះ
បាន ។ គ្រូបព្រៀនខ្លះប្រើពលលមដ៉សនរសរលំហាត់
អានខ្លួៈខ្លនឯង ដើម្បីពីន្លើយនិងបញ្ហាជាយថាប្រភេទ
ខ្លួន

with specific problems a student may
be having, but he should remember that
minimal pairs are the best way to teach
a particular sound. If the pair of
words is only a 'near minimal pair',
such as 'breath : breathe', the
student may not understand what sound
is being practiced or which sound he
is pronouncing wrong.

D. Grammar Notes and Drills

    As we pointed out in Section A
above, each of the sentences in the
'Model Sentences' illustrates a speci-
fic English grammatical pattern.
Section D describes, explains, illus-
trates, and provides practice in, the
grammatical patterns introduced in the
Model Sentences. Grammar notes, based
on contrastive analysis between English
and Khmer, help the student 'know about'
English grammar, but the drills are de-
signed to help the student 'know' the
grammar, by developing his fluency in
specific grammatical patterns until he
can use them in a variety of contexts
without thinking of the rules.

    We use the following kinds of
drills in this section:

1) Substitution Drills

    Substitution drills reinforce the
use of a specific grammatical pattern
by showing the student a set of alter-
native words which can be used in the

អ្វីម្យ៉ាងដែលសិស្សឬបានដួចបុចទេ៖ តែគេត្រូវចាំថា
'គូពាក្យឧស្គ្នាតែមួយឃ្លា' នោះជាមធ្យោបាយដ៏ប្រ-
សើរបំផុតសម្រាប់បង្រៀនសូរអ្វីម្យ៉ា ។ បើពាក្យ
យកប្រើក្នុងគូពាក្យមិនចថជា 'គូពាក្យឧស្គ្នាតែមួយឃ្លា'
តែមនតែទេន, ដូច breath : breathe [វ៉្រ៉ឹម៉ៈ
ប្រ៉ឹន] (ឧស្គ្នាទាំងស្រ៖ទាំងព្យញ្ជន៖បុង្រកោយ],
សិស្សអាចនឹងដឹងថានតើសូរណាមួយដែលគេថ្ងិកហ្លុ៊ន ឬ
សួរណាមួយដែលគេថាខុស ។

យ. ពន្យល់ហើយនិងឱ្យលំហាត់នៃវិយ្យាករណ៍

    ដូចបើងបានកត់សម្គាល់នៅក្នុងវ៉ែ្ខក ក ខាង
លើនេ៖ហើយ, ឃ្លានិម្យ៉ា ព នៅក្នុងឃ្លាញ៉ូមានៗដាក់
បញ្ចូលនូវចំណុចនៃវិយ្យាករណ៍អង់គ្លេសអ្វីម្យ៉ាជាយថា
ប្រភេទ ។ ក្នុងវ៉ែ្ខក 'ពន្យល់ហើយនិងលំហាត់នៃវិយ្យា-
ករណ៍' នេ៖ បើងធ្វើអត្ថាធិប្បាយ ពន្យល់ ផ្តល់នូវ
ឧទាហរណ៍និងការញ៉ឹកហ្លុ៊ន នៃចំណុចនៃវិយ្យាករណ៍ដែល
បើងប្រើនៅក្នុងឃ្លាថ្ងុ ។ កំណត់នៃវិយ្យាករណ៍
(ដែលវ៉ែ្ខកទៅលើវិភាគប្រៀបធៀបប្រៀវ៉ាងភាសា
អង់គ្លេសនិងភាសាខ្មែ) ដួយសិស្សនឹងដឹងអ្វីពីនៃវិយ្យា-
ករណ៍អង់គ្លេស; ចំណែកឯលំហាត់វិញ ដួយសិស្សនឹង
យល់នៃវិយ្យាករណ៍ ដោយបចឱ្ជិននូវសមត្ថភាពរបល់គេ
ក្នុងចំណុចនៃវិយ្យាករណ៍និម្យ៉ា ព លុ៖ត្រានៃអាចប្រើ
បាននៅត្រង់កាល៖ទេល៖ ដោយមិនឫថ្បតិអពីក្បួន
នៃវិយ្យាករណ៍ ។ បើសឫបទេ, កំណត់នៃវិយ្យាករណ៍
ដួយសិស្សនឹយល់អង់គ្លេស ចំណែកឯលំហាត់វិញ ដួយសិស្ស
នឹប្រើអង់គ្លេស ។

    លំហាត់ទេ ថ្ង ព ដែលបើងប្រើនៅក្នុងវ៉ែ្ខក
នៃវិយ្យាករណ៍ មានដួចតទៅ:

៩) លំហាត់បួនពាក្យ

    លំហាត់បួនពាក្យដួយពញ្រឹងធ្ងនូវប្រសិន្តភាពនៃ
ការបប្រើប្រាល់នៃចំណុចនៃវិយ្យាករណ៍អ្វីម្យ៉ាជាយថាប្រ-
ភេទ ដោយបង្ហាញសិស្សនូវពាក្យមួយចំនួនដែលអាច
យកមកប្រជំសគ្ នាបាននៅក្នុងឃ្លាមួយ ។

same position in the sentence. Follow- ខាងក្រោមនេះ គឺជាឧទាហរណ៍នៃលំហាត់បូរពាក្យ
ing is an example of a substitution ដែលមានេនៅក្នុង ៤ឃ២ (មេេរៀនទី ៤ , ផ្នែក
drill which occurs in 4D2 (Lesson 4, យ , កំណត់េរឿវ្យាករណ៍ទី ២) :
Section D, Note 2):

    I'm going to <u>work</u>.   ខ្ញុំេទៅ<u>េធ្វើការ</u>.

    I'm going to <u>the bank</u>.   ខ្ញុំេទៅ<u>ធនាគារ</u>.

    I'm going to <u>the school</u>.   ខ្ញុំេទៅ<u>សាលាេរៀន</u>.

    I'm going to <u>the hospital</u>.   ខ្ញុំេទៅ<u>មន្ទីរេពទ្យ</u>.

    I'm going to <u>the church</u>.   ខ្ញុំេទៅ<u>វិហារ</u>.

    I'm going to <u>the restaurant</u>.   ខ្ញុំេទៅ<u>ហាងបាយ</u>.

    I'm going to <u>the hotel</u>.   ខ្ញុំេទៅ<u>ផ្ទះសម្នាក់</u>.

In presenting a Substitution Drill, the ក្នុងការេធ្វើលំហាត់បូរពាក្យ, គ្រូបេ្រងៀនគួរនែប្រើ
teacher should use the following pro- វិធានដូចខាងក្រោមនេះ :
cedure:

<u>Step One</u>: Say all the sentences in the ជំហានទីមួយ: អានឃ្លាទាំងអស់នៅក្នុងលំហាត់េដើម្បី
    drill for repetition by the students: និ់យសិស្សថាតាម:

Teacher: I'm going to work.   គ្រូ: ខ្ញុំេទៅ េធ្វើការ.

    Student: I'm going to work.   សិស្ស: ខ្ញុំេទៅ េធ្វើការ.

Teacher: I'm going to the bank.   គ្រូ: ខ្ញុំេទៅ ធនាគារ.

    Student: I'm going to the bank.   សិស្ស: ខ្ញុំេទៅ ធនាគារ.

(Etc.)   (១៣)

<u>Step Two</u>: Begin with the entire first ជំហានទីពីរ: អានឃ្លាទី ១ េដើម្បីនិយសិស្សថាតាម ៗ
    (or pattern) sentence for repetition, ចំេពាះឃ្លាជាបន្តបន្ទាប់ ថាតែពាក្យនៃដែលសិស្សគួរនិ
then in subsequent sentences provide យកមកផ្ទាល់ (គឺ<u>ពាក្យនៃដែលមានគូសបន្ទាត់ពីេ្រកាម</u>),
only the word(s) to be substituted ។
(i.e. <u>the underlined word(s)</u>, e.g.

Teacher: I'm going to work.   គ្រូ: ខ្ញុំេទៅេធ្វើការ.

    Student: I'm going to work.   សិស្ស: ខ្ញុំេទៅេធ្វើការ.

Teacher: the bank   គ្រូ: ធនាគារ

    Student: I'm going to the bank.   សិស្ស: ខ្ញុំេទៅ ធនាគារ.

Teacher: the school   គ្រូ: សាលាេរៀន

    Student: I'm going to the school.   សិស្ស: ខ្ញុំេទៅសាលាេរៀន.

(Etc.)   (១៣)

The teacher may do these repetitions
individually, in unison, or ideally,
both ways. Remember, the more often
a student hears, understands, and re-
peats a particular grammatical pattern,
the more fluency he develops in the use
of that pattern.

2) <u>Transformation Drills</u>

      Transformation drills contrast
two different, but closely related,
grammatical patterns; they do this by
having the student convert a set of
sentences with one grammatical structure
to a set of sentences having another
grammatical structure <u>in a consistent</u>
<u>way</u>; the following example occurs in
2D4:

I have some pencils.

    I don't have any pencils.

I have some books.

    I don't have any books.

I have some paper.

    I don't have any paper.

I have some money.

    I don't have any money.

I have some chairs.

    I don't have any chairs.

I have some water.

    I don't have any water.

(The alternation between 'some' and
'any' will already have been explained
in the grammar note.)

Use the following procedure:

 គ្រូអាចធ្វើយសិស្សថាតាមម្នាក់ម្ដង, ទាំងអស់គ្នា, ឬ
ប្រសើរណាស់ទៅទេវិត, ទាំងពីររបៀប ។
សូមចាំថា ដីរាបណាសិស្សពុ ឮថាតាម ចំណុចវិទ្យា-
ករណៃាមួយបានច្រើនដង ដីរាបនោះគេមានការ
ស្ទាត់ជំនាញក្នុងការប្រើចំណុចវិទ្យាករណ៍នោះ ។

២) សំហាត់វៃប្របុ្ បុ ្ លួញ្ញា

    ក្នុងសំហាត់វៃប្របុ្ បុ ្ លួញ្ញា គេប្រៀបធៀបធៀបធៀបធៀបធន្គុរ
ចំណុចវិទ្យាករណ៍ពីរវៃៃ៦៦ដលមិនដូ៦គ្នា វៃតទាក់ទ៦
គ្នា ។ គេធ្វើៃទៅៃដាយធ្វើយសិស្សផ្ដលាស់ម្ដាមួយចំនួន
វៃ៦ៃ៦ប្រើចំណុចវិទ្យាករណ៍ម្ដួយ នឹៃយៃៃទៅជាញ្ញាៃ៦ៃ្ ៦
ៃ៦ៃ៦ៃ៦ប្រើចំណុចវិទ្យាករណ៍ម្ដួយៃ៦ៃ្ ៦ៃ៦ៃ៦ៃទៀៃត ។
ៃ៦ៃ៦ៃ៦ៃ្ ៦ៃ៦ៃ៦ៃ៦យៃៃ៦ៃ៦ៃ៦ៃ៦៦៦៦ៃៃ៦ៃ៦៦ៃ្ ៃៃ៦ៃ៦ពី ២D៤
(ៃ៦ៃ៦ៃ៦ៃ៦ៃ៦ៃ៦ៃ៦ទី ២ , ៃៃ៦ៃ៦ៃ៦ យ, ៃ៦ៃ៦ៃ៦ៃ៦ៃ៦ៃ៦ៃ៦ៃ៦ៃ៦
ទី ៤) :

ខ្ញុំមានខ្មៅដៃៃ៦ៃ(ខ្ញៈ).

    ខ្ញុំគ្មានខ្មៅដៃៃ៦(ណា)ៃទ.

ខ្ញុំមានៃៃៃ៦ៃវិៃ៦ៃ៦(ខ្ញៈ).

    ខ្ញុំគ្មានៃៃៃ៦ៃវិៃ៦ៃ៦(ណា)ៃទ.

ខ្ញុំមានៃ៦ៃកៃដាៃ៦ៃ(ខ្ញៈ).

    ខ្ញុំគ្មានៃ្ ៦ៃកៃដាៃ៦ៃ(ណា)ៃទ.

ខ្ញុំមានៃ៦ៃលុយ(ខ្ញៈ).

    ខ្ញុំគ្មានៃ៦ៃលុយ(ណា)ៃទ.

ខ្ញុំមានៃកៃ៦អីៃ(ខ្ញៈ).

    ខ្ញុំគ្មានៃកៃ៦អីៃ(ណា)ៃទ.

ខ្ញុំមានៃទឹក(ខ្ញៈ).

    ខ្ញុំគ្មានៃទឹក(ណា)ៃទ.

(ៃការៃផ្ដលាស់ៃៃ៦ៃរៃៃ៦ៃ៦ some ៃ៦ៃ៦ៃនិៃ៦ any នឹៃ៦
មានៃ៦ៃៃ៦ៃៃ៦
ៃនៃ៦ៈ ៃ៦ៃ៦ៃ៦ ។)

ៃ៦ៃ៦ៃ៦ៃធាៃ៦ៃ៦ៃ៦ៃ៦ៃ៦ៃ៦ៃ៦ៃ៦ៃ៦ៃ៦ៈ :

Step One: Have the students repeat both the teacher's sentence and the student's sentence, e.g.:

Teacher: I have some pencils.
  Student: I have some pencils.
Teacher: I don't have any pencils.
  Student: I don't have any pencils.
Teacher: I have some books.
  Student: I have some books.
Teacher: I don't have any books.
  Student: I don't have any books.
(Etc.)

Step Two: Provide the teacher's sentence, and have the student(s) provide the transformation, e.g.:

Teacher: I have some pencils.
  Student: I don't have any pencils.
Teacher: I have some books.
  Student: I don't have any books.
(Etc.)

This procedure gives the student(s) practice in using (and comprehending) both structures, and helps him understand the grammatical point being drilled.

3) Response Drills

  In this book 'Response Drill' refers only to a set of questions of the same structure which require a set of answers with the same structure. In some cases, the response is based on information contained in the teacher's question; the following example is

ជំហានទីមួយ៖ សូមឱ្យសិស្សថាតាមទាំងឃ្លាសម្រាប់ គ្រូបញ្ជេរៀន ទាំងឃ្លាសម្រាប់កូនសិស្ស , ឧ.

គ្រូ៖ ខ្ញុំមានខ្មៅដៃផង៖.
សិស្ស៖ ខ្ញុំមានខ្មៅដៃផង៖.
គ្រូ៖ ខ្ញុំគ្មានខ្មៅដៃណាទេ.
សិស្ស៖ ខ្ញុំគ្មានខ្មៅដៃណាទេ.
គ្រូ៖ ខ្ញុំមានសៀវភៅខ្លះ.
សិស្ស៖ ខ្ញុំមានសៀវភៅខ្លះ.
គ្រូ៖ ខ្ញុំគ្មានសៀវភៅណាទេ.
សិស្ស៖ ខ្ញុំគ្មានសៀវភៅណាទេ.
(១៩)

ជំហានទីពីរ៖ លើកនេះអានឱ្យឃ្លាសម្រាប់គ្រូ, ទុក ឱ្យសិស្សថាឃ្លាសម្រាប់កូនសិស្សខ្លួនឯង , ឧ.

គ្រូ៖ ខ្ញុំមានខ្មៅដៃខ្លះ.
សិស្ស៖ ខ្ញុំគ្មានខ្មៅដៃណាទេ.
គ្រូ៖ ខ្ញុំមានសៀវភៅខ្លះ.
សិស្ស៖ ខ្ញុំគ្មានសៀវភៅណាទេ.
(១៩)

ទម្រង់ការនេះ អនុញ្ញាតឱ្យសិស្សប្រឹក្សាហ្វឹកហ្វឺនក្នុងការ ប្រើប្រាស់ (និងយល់) រចនាសម្ព័ន្ធនៃឃ្លាទាំងពីរ ហើយនិងជួយឱ្យគេយល់នូវចំណុចនៃវេយ្យាករណ៍ដែល គ្រូវហ្វឹកហ្វឺននោះ ។

៣) លំហាត់ចម្លើយ

  នៅក្នុងសៀវភៅនេះ លំហាត់ចម្លើយសំដៅ ចំពោះតែសំនួនមួយចំនួនមានទម្រង់វេយ្យាករណ៍ដូច គ្នា ដែលល្វូវការចម្លើយមួយចំនួនដែលមានទម្រង់ វេយ្យាករណ៍ដូចគ្នាដែរ ។ ក្នុងករណីខ៖ ចម្លើយ សំអាងទៅលើពត៌មាននៅក្នុងសំនួនរបស់គ្រូ ។ ឧទាហរណ៍ខាងក្រោមនេៈ ស្រង់យកមកពី ៣យៈ៨ (មេរៀនទី ៣ , ថ្នែក ២ , កំណត់នៃវេយ្យាករណ៍

from 3D8:	ទី ៨) :
Are you sick?	លោកឈឺឬ ?
Yes, I am.	បាទ, ឈឺ.
Is he there?	គាត់នៅនោះទេ ?
Yes, he is.	បាទ, នៅ.
Am I wrong?	ខ្ញុំខុសឬ ?
Yes, you are.	បាទ, ខុស.
Can you read?	អ្នកមើលសៀវភៅបានទេ ?
Yes, I can.	បាទ, បាន.
Do you have a book?	អ្នកមានសៀវភៅទេ ?
Yes, I do.	បាទ, មាន.
Are you married?	លោករៀបការហើយឬនៅ ?
Yes, I am.	បាទ, រៀបការហើយ.
(Etc.)	(ល។)
In other cases, the response is based on a 'Cue' provided by the teacher following the question, as in the following example from 3D12:	ក្នុងករណីដ៏ទៃទៀត ចម្លើយសំអាងទៅលើ 'ពាក្យសោ' ដែលគ្រូផ្តល់ឲ្យនៅក្រោយសំនួរនិមួយ ៗ , ដូចនៅក្នុងឧទាហរណ៍ខាងក្រោមនេះដែលយើងស្រង់យកមកពី ៣ឃ១២ :
How many children do you have? (three)	អ្នកមានកូនប៉ុន្មាននាក់ ? (បី)
I have three children.	ខ្ញុំមានកូនបីនាក់.
How many books do you have? (fifty)	អ្នកមានសៀវភៅប៉ុន្មាន ? (ហាសិប)
I have fifty books.	ខ្ញុំមានសៀវភៅហាសិប.
How many cars do you have? (two)	អ្នកមានឡានប៉ុន្មាន ? (ពីរ)
I have two cars.	ខ្ញុំមានឡានពីរ.
How many chairs do you have? (twenty)	អ្នកមានកៅអីប៉ុន្មាន ? (ម្ភៃ)
I have twenty chairs.	ខ្ញុំមានកៅអីម្ភៃ.
(Etc.)	(ល។)
Use the same two-step procedure in such drills, e.g.:	ចំពោះលំហាត់ចម្លើយទាំងពីររបៀបនេះ សូមប្រើនូវវិធីហ្វឹកហ្វឺនពីរដំណាក់ដែរ, ឧ.
<u>Step One</u>:	<u>ដំហានទីមួយ</u>:
Teacher: How many children do you have?	គ្រូ: អ្នកមានកូនប៉ុន្មាននាក់ ?
Student: How many children do you have?	សិស្ស: អ្នកមានកូនប៉ុន្មាននាក់ ?

Teacher: I have three children.   គ្រូ: ខ្ញុំមានកូនបីនាក់.

    Student: I have three children.   សិស្ស: ខ្ញុំមានកូនបីនាក់.

Teacher: How many books do you have?   គ្រូ: អ្នកមានសៀវភៅប៉ុន្មាន ?

    Student: How many books do you have?   សិស្ស: អ្នកមានសៀវភៅប៉ុន្មាន ?

Teacher: I have fifty books.   គ្រូ: ខ្ញុំមានសៀវភៅហាសិប.

    Student: I have fifty books.   សិស្ស: ខ្ញុំមានសៀវភៅហាសិប.

(Etc.)   (១៣)

Step Two: ជំហានទីពីរ:

Teacher: How many children do you   គ្រូ: អ្នកមានកូនប៉ុន្មាននាក់ ?
        have? (three)   (បី)

    Student: I have three children.   សិស្ស: ខ្ញុំមានកូនបីនាក់.

Teacher: How many books do you   គ្រូ: អ្នកមានសៀវភៅប៉ុន្មាន ?
        have? (fifty)   (ហាសិប)

    Student: I have fifty books.   សិស្ស: ខ្ញុំមានសៀវភៅហាសិប.

(Etc.)   (១៣)

4) Expansion Drills   ៤) លំហាត់បន្ថែមពាក្យ

    In an Expansion drill the student   នៅក្នុងលំហាត់បន្ថែមពាក្យ សិស្សបន្លាយប្លា
expands the teacher's sentence by in-   របស់គ្រូដោយបន្ថែមពាក្យមួយ (ឬជំនាកាលពាក្យ
serting a word or phrase in a consistent   ពីរបី) ស្របទៅតាមក្បួនបញ្ញត្តិ ។ លំហាត់
way throughout the drill; such drills   របៀបនេះ មិនត្រាន់តែផ្តល់នូវការហ្វឹកហ្វឺនក្នុងការ
not only provide practice in the use of   ប្រើប្រាស់ចំណុចនៃវេយ្យាករណ៍នេះឯង ពុ ទេ តែដ111
the pattern, but also teach him at what   បង្ហាញសិស្សនូវដឹងថាតើពាក្យបន្ថែមទាំងនោះ
point such additional material belongs   ត្រូវដាក់ត្រង់ណានៅក្នុងឃ្លាឯគេស្ល ។ ឧទាហរណ៍
in the sentence. The following example   ខាងក្រោមនេះ យកមកពី ៥Dll :
is from 5Dll:

They're at school.   គេគេនៅសាលារៀន.

    They're both at school.   គេគេនៅសាលារៀនទាំងពីរនាក់.

We're hungry.   យើងឃ្លានបាយ.

    We're both hungry.   យើងឃ្លានបាយទាំងពីរនាក់.

They like it here.   គេចូលចិត្តកន្លែងនេះ.

    They both like it here.   គេចូលចិត្តកន្លែងនេះទាំងពីរនាក់.

We work hard.   យើងខំធ្វើការ.

    We both work hard.   យើងខំធ្វើការទាំងពីរនាក់.

(Etc.)   (១៣)

Use the same two-step procedure:

Step One:

Teacher: They're at school.

   Student: They're at school.

Teacher: They're both at school.

   Student: They're both at school.

Teacher: We're hungry.

   Student: We're hungry.

Teacher: We're both hungry.

   Student: We're both hungry.

(Etc.)

Step Two:

Teacher: They're at school.

   Student: They're both at school.

Teacher: We're hungry.

   Student: We're both hungry.

(Etc.)

5) Combination Drills

    Combination drills provide prac-
tice in combining phrases or sentences,
usually involving the use of conjunc-
tions. The following combination drill
from 12D13 involves the use of the
correlative conjunctions 'both...and':

John is a teacher.

Mary is a teacher.

   Both John and Mary are teachers.

This one is good.

That one is good.

   Both this one and that one are good.

I need a raincoat.

I need a topcoat.

   I need both a raincoat and a topcoat.

(Etc.)

ក្នុងការហាត់លំហាត់របៀបនេះ សូមឲ្យប្រើជំហានពីរ:

ជំហានទីមួយ:

 គ្រូ: គេនៅសាលារៀន.

   សិស្ស: គេនៅសបលារៀន.

គ្រូ: គេនៅសាលារៀនទាំងពីរនាក់.

   សិស្ស: គេនៅសាលារៀនទាំងពីរនាក់.

គ្រូ: យើងឃ្លានពួយ.

   សិស្ស: យើងឃ្លានពួយ.

គ្រូ: យើងឃ្លានពួយទាំងពីរនាក់.

   សិស្ស: យើងឃ្លានពួយទាំងពីរនាក់.

(១៧១)

ជំហានទីពីរ:

គ្រូ: គេនៅសាលារៀន.

   សិស្ស: គេនៅសាលារៀនទាំងពីរនាក់.

គ្រូ: យើងឃ្លានពួយ.

   សិស្ស: យើងឃ្លានពួយទាំងពីរនាក់.

(១៧១)

៥) លំហាត់ចម្រុះឃ្លា

    លំហាត់ចម្រុះឃ្លាផ្ដល់នូវការហ្វឹកហ្វឺនយកឃ្លា
ផ្សេងៗ ពុ មកបញ្ចូលគ្នា ។ ធម្មតាត្រូវរប្រើពាក្យ
ភ្ជាប់ផង ។ លំហាត់ចម្រុះឃ្លាខាងក្រោមនេះ
ស្រង់យកមកពី ១២D១៣, ដែលមានរប្រើពាក្យភ្ជាប់
ទាក់ទងគ្នា both...and 'ទាំង...ទាំង,
ទាំង...ហើយ':

ជ៉ាននធ្វើគ្រូ.

ម៉េរិនធ្វើគ្រូ.

   ទាំងជ៉ាននទាំងម៉េរិនធ្វើគ្រូ.

អានេះល្អ.

អានាះល្អ.

   ទាំងអានេះហើយនិងអានាះល្អ.

ខ្ញុំត្រូវការអាវភ្លៀង.

ខ្ញុំត្រូវការអាវរងា.

   ខ្ញុំត្រូវការទាំងអាវភ្លៀងហើយនិងអាវរងា.

(១៧១)

Use the following procedure:

Step One:

Teacher: John is a teacher.

    Student: John is a teacher.

Teacher: Mary is a teacher.

    Student: Mary is a teacher.

Teacher: Both John and Mary are
        teachers.

    Student: Both John and Mary are
        teachers.

(Etc.)

Step Two:

Teacher: John is a teacher.
      Mary is a teacher.

    Student: Both John and Mary are
        teachers.

Teacher: This one is good.
      That one is good.

    Student: Both this one and that
        one are good.

(Etc.)

6) Multiple Substitution Drills

    Multiple substitution drills re-
quire the student to make substitutions
at various points in the teacher's sen-
tence, depending on the teacher's cue
word, and thus help the student recog-
nize different word classes and where
they fit in the sentence. The follow-
ing example is from 11D11:

    They have <u>only</u> two children.

    They have only <u>one car</u>.

    They have <u>just</u> one car.

សូមប្រើជំហានពីរខាងក្រោមនេះ ៖

ជំហានទីមួយ៖

គ្រូ៖ ផ្ចានធ្វើគ្រូ.

    សិស្ស៖ ផ្ចានធ្វើគ្រូ.

គ្រូ៖ ម៉ែរិធ្វើគ្រូ.

    សិស្ស៖ ម៉ែរិធ្វើគ្រូ.

គ្រូ៖ ទាំងផ្ចានទាំងម៉ែរិធ្វើគ្រូ.

    សិស្ស៖ ទាំងផ្ចានទាំងម៉ែរិធ្វើគ្រូ.

(១៣៩)

ជំហានទីពីរ៖

គ្រូ៖ ផ្ចានធ្វើគ្រូ.
    ម៉ែរិធ្វើគ្រូ.

    សិស្ស៖ ទាំងផ្ចានទាំងម៉ែរិធ្វើគ្រូ.

គ្រូ៖ អានេះល្អ.
    អានោះល្អ.

    សិស្ស៖ ទាំងអានេះហើយនិងអានោះល្អ.

(១៣៩)

៦) លំហាត់ប្ដូរពាក្យផ្សេងៗ

    ក្នុងលំហាត់ប្ដូរពាក្យផ្សេងៗ សិស្សត្រូវយក
'ពាក្យសោ' របស់គ្រូមកផ្លាស់ពាក្យផ្សេងៗ,
ហើយពត់កន្លែងផ្សេងៗ, នៅក្នុងឃ្លារបស់គ្រូ ។
ធ្វើយ៉ាងនេះ ជួយឱ្យសិស្សយល់ភូវិភាពវិបុកគ្នានៃ
ចំពុកពាក្យផ្សេងៗ ហើយនិងបចេ្រ្យនិយតគេចេះ
ប្រើពាក្យទាំងនោះនិយៈ្រូវកន្លែងដែលគ្រូប្រើ ។
ឧទាហរណ៍ខាងក្រោមនេះ ហើងស្រង់យកមកពីនៃផ្ដែក
១១ឃ១១ ៖

    គេមានកូន<u>ទ្រឹត</u>ពីរនាក់ទេ.

    គេមាន<u>ឡាន</u>តែមួយទេ.

    គេមានឡាន<u>តែ</u>មួយទេ.

They have just <u>two books</u>.   គេមាន<u>សៀវភៅ</u>តែពីរក្បាលទេ.

<u>I've read</u> just two books.   <u>ខ្ញុំអានសៀវភៅ</u>បានតែពីរក្បាលទេ.

I've read <u>nearly</u> two books.   ខ្ញុំអានសៀវភៅ<u>ជិត</u>បានពីរក្បាលហើយ.

I've read nearly <u>two hours</u>.   ខ្ញុំអានសៀវភៅជិតពីរ<u>ម៉ោង</u>ហើយ.

(Etc.)   (។ល។)

Use the following procedure: សូមប្រើដំណាក់របៀបដូចតទៅ:

<u>Step One</u>:   ដំណាក់ទីមួយ:

Teacher: They have only two children.   គ្រូ: គេមានកូនតែពីរនាក់ទេ.

   Student: They have only two children.   សិស្ស: គេមានកូនតែពីរនាក់ទេ.

Teacher: They have only one car.   គ្រូ: គេមានឡានតែមួយទេ.

   Student: They have only one car.   សិស្ស: គេមានឡានតែមួយទេ.

(Etc.)   (។ល។)

<u>Step Two</u>:   ដំណាក់ទីពីរ:

Teacher: They have only two children.   គ្រូ: គេមានកូនតែពីរនាក់ទេ.

   Student: They have only two children.   សិស្ស: គេមានកូនតែពីរនាក់ទេ.

Teacher: one car   គ្រូ: ឡានមួយ

   Student: They have only one car.   សិស្ស: គេមានឡានតែមួយទេ.

Teacher: just   គ្រូ: តែ...ទេ

   Student: They have just one car.   សិស្ស: គេមានឡានតែមួយទេ.

Teacher: two books   គ្រូ: សៀវភៅពីរក្បាល

   Student: They have just two books.   សិស្ស: គេមានសៀវភៅតែពីរក្បាលទេ.

Teacher: I've read   គ្រូ: ខ្ញុំអាន...បាន

   Student: I've read just two books.   សិស្ស: ខ្ញុំអានសៀវភៅបានតែពីរក្បាលទេ.

(Etc.)   (។ល។)

7) <u>Construction Drills</u>

   Construction drills are radically
different from the six kinds of drills
described above, and provide an oppor-
tunity for a little bit of game-playing.
A chart provides a number of substitu-
tions in multiple syntactic positions
in a given sentence structure (all of
which have, of course, been previously

៧) លំហាត់កសាងឃ្លា

   លំហាត់កសាងឃ្លា ខុសគ្នាច្រើនពីលំហាត់ទាំង ៦
ប្រាំមួយប្រភេទដែលបានឈ្លានវចមកហើយ ៧ ដូច
ជាផ្តល់ឱ្យកាលជាវិស្សាងលេងបន្តិចផង ២ ។ នៅក្នុង
តារាងមួយមានពាក្យមួយចំនួនដែលគេអាចយកមក
ផ្តាស់ក្នុងចុះឡើង តាមលំដាប់ជាមួលផ្តានមួយ ;
ពាក្យទាំងនេះសិស្សនិងមានដូបរបៈរួចមកហើយ ៧
សិស្សត្រូវធ្វើឃ្លាតាមលំដាប់លេខដែលគ្រូប," ស្រៀន
ផ្តល់ឱ្យ (ឬប្រើសេរីសលំដាប់លេខតាមចិត្តខ្លួន១១

introduced), and the student is required
to construct one of the possible sen-
tences based on a sequence of numbers
provided by the teacher (or another
student) and corresponding with the
substitution possibilities in the
chart. The following Construction
Drill chart from 10D3 will generate
over 8,000 grammatically correct Eng-
lish sentences (6 x 7 x 8 x 5 x 5 =
8,400):

កំបានវ៉ែរ) ហើយវ៉ែលយោលទៅតាមលេខនៃ
ពាក្យផ្ដុង ។ នៅក្នុងចំព្ចកនិម្ម ។ របស់តារាង
នោះ ។ នូទាហរណ៍លំហាត់កសាង ឃ្លានៅខាង
ព្រកាមនេះ ហើយស្រង់យកមកពីវ៉ែផ្ដក ១០យ៉ា
ពាក្យទាំងអស់នៅក្នុងតារានាងខាងព្រកាមនេះ
អាចយកមកផ្ដុរ្តគ្នាកសាឃ្លាបានជាង ៨.០០០ ឃ្លា
វ៉ែលព្រឹមព្រូវតាមក្បួនវ៉ិយ្យាករណ៍អង់គ្លេស
(៦ x ៧ x ៨ x ៥ x ៥ = ៨.៤០០) :

1) My	book	is	on	the table	in	the living room.
2) Your	dog		under	the desk		the dining room.
3) Her	pen		above	the chair		the kitchen.
4) His	pencil		on top of	the bed		the bedroom.
5) Our	cat		beside	the shelf		the house.
6) Their	money		behind			
7)	letter		below			
8)			in front of			

1) (របស់) ខ្ញុំ	សៀវភៅភ៉ា	នៅ	លើ	ក្	[នៅ] ក្នុង	បន្ទប់ទទួលភ្ញៀវ.
2) (របស់) អ្នក	ឆ្កែ		ព្រកាម	ក្សរលេស		បន្ទប់ញ្ចាំបាយ.
3) (របស់) នាង	បិច	(ពិ)លើ	ការ៉ី		បន្ទប់ធ្វើបាយ.
4) (របស់) គាត់	ខ្មៅដៃ	លើ	វ៉ែគ្រ		បន្ទប់ដេក.
5) (របស់) ហើង	ឆ្មា	វ៉ែក្បួន	ធ្នើរ		ផ្ទះ:.
6) (របស់) គេ	លុយ	(ពិ)ព្រកាយ			
7)	សំបុត្រ	(ពិ)មុខ			
8)						

Procedure:

Teacher: 1-2-2-4-4

   Student: My dog is under the bed
                       in the bedroom.

ទ្រមង់ការ :

ព្រូ: 1-2-2-4-4

សិស្ស: ឆ្កែខ្ញុំនៅព្រកាមវ៉ែព្រ
             នៅក្នុងបន្ទប់ដេក.

Teacher: 2-6-1-5-3

    Student: Your money is on the shelf
          in the kitchen.

Teacher: 3-5-4-2-2

    Student: Her cat is on top of the
          desk in the dining room.

(Etc.)

This kind of drill does not, of course,
do much for the student's fluency, but
it does provide an awareness of the
various word classes represented in the
pattern, some practice in reading as
well as in the use of numbers, and a
change from the repetition required by
all the other drills. It is not, of
course, possible (or even desirable)
to construct all 8,400 possibilities;
the exercise should be continued only
until the teacher feels that the stu-
dents understand the structure, or un-
til they become bored, whichever comes
first.

8) Grammar Notes

    It is sometimes necessary to in-
troduce new vocabulary or grammatical
structure in the Grammar Notes and
Drills, in order to provide sufficient
vocabulary for a given drill, or to
give a more complete picture of a par-
ticular grammatical point. Although
it is kept to a minimum, the student
should try to memorize and assimilate
any such new material.

គ្រូ: 2-6-1-5-3

    សិស្ស: លុយអ្នកនៅលើធ្នើរនៅក្នុង
          បន្ទប់ផ្ទះបាយ។

គ្រូ: 3-5-4-2-2

    សិស្ស: ឆ្មានាងនៅលើតុសុរនសេវ
          នៅក្នុងបន្ទប់ញ៉ាំបាយ។

(១ល។)

លំហាត់ប្រភេទនេះ មិនជាជួយឆ្ពោះឱ្យសិស្សនិយាយបាន
រត្មាត់ប៉ុន្មានទេ កិប៉ុន្តែអាចជួយឆ្ពោះឱ្យសិស្សស្រួល
យល់នូវចំ្ពូកពាក្យផ្សេងៗ ៗ ដែលប្រើក្នុងល្បាទាំង
នោះ: ហើយជួយឆ្ពោះឱ្យចំណេះវិយ្យាករណ៍ផង ការ
ហាត់អានផង ហើយនិងជួយឲ្យសវ្រាងការថាតាម
គ្រូដែលចាំបាច់ក្នុងការហ្វឹកហ្វឺនលំហាត់ទៅៗទាំងឯង ។
ហើយយល់ឃើញហើយថា សិស្សនិងធ្វើល្បាទាំង ៨.៤០០
នេះមិនរកឺឥតទេ ម្យ៉ាងទៅវិតុបរិបូលជាគ្មាន
ប្រយោជន៍នឹងឯង ។ គេគួរវែលប់ធ្វើលំហាត់នេះ
ឌិនាបណាគ្រូបានឭុងនឃល់ថា សិស្សយល់ចំណេះវិយ្យា-
ករណ៍សព្វគ្រប់ហើយ ឬកិសិស្សបង្កាញនូវវិការធុញ
ទ្រាន់ហើយ ។

៨) កំណត់ទេវិយ្យាករណ៍

    ជួនកាលយើងគ្រូវិដ៏ជាចាំបាច់បរិបាក្យថ្មី ឬ
បំណូចវិយ្យាករណ៍ថ្មី នៅក្នុងផ្នែកពន្យល់និងលំហាត់
ទេវិយ្យាករណ៍ ដើម្បីនឹងបំគ្រប់នូវការខ្វះខាត
ពាក្យក្នុងលំហាត់ណាមួយ ឬដើម្បីនឹងបំពេញការ
ណ៍នានៃបំណូចវិយ្យាករណ៍ណាមួយ ។ ថ្វីបើយើង
ខិតខំធ្វើនៃវិការបត្ថ្តមពាក្យនេះ ឱ្យមានចំនូនតិ
តិចបំផុតកិដោយ សិស្សគ្រូវិនៃទខិតខំទន្ទេញហើយ
និងធ្វើឱ្យវិនាឌិតជាប់ក្នុងខួរក្បាល ។

E. <u>Model Conversations</u>

     This section is in a sense the
most important of all, and is designed
to show the student the relevance of
what he has learned and to give him
the opportunity to use what he has
learned in actual communication. The
conversations illustrated are not
necessarily to be memorized or used
verbatim, but are rather merely sam-
ples of the kinds of information that
can be conveyed by means of the vocabu-
lary and grammar that the student has
learned up to that point. Perhaps it
would be useful to have the students
repeat the sentences of the Model Con-
versations for the sake of compre-
hension and fluency, but this part of
the lesson should be used primarily to
give the students a chance to 'play
around' a bit with what they have
learned, by engaging in conversation
with the teacher and with the other
students. It is also an opportunity
for the students to ask specific
questions of the teacher, and to
solicit any vocabulary in which they
might be particularly interested, or
which they might need in their day-to-
day routines. Most students seem to
have a psychological need for this kind
of 'unstructured' language study, es-
pecially as a welcome change from the

ង. <u>សន្ទនាគំរូ</u>

     ផ្នែកនេះ បើនាមគិតមើលទៅ ជាផ្នែក
មួយសំខាន់ជាងគេបំផុត ។ ហើយផ្នែកនេះប្រឌិតឡើង
ដើម្បីនឹងបង្ហាញសិស្សនូវសំណើរទាក់ទងគ្នានៃរបស់
ដែលគេបានបង្រៀនូវមកហើយ ហើយនិងផ្តល់នូវកាល
និយាយសិស្សយកគ្នូវរបស់ដែលគេបានសិក្សាហើយ មកប្រើ
ក្នុងការទាក់ទងជាក់ស្តែង ។ សន្ទនាដែលយើង
ផ្តល់ជូន មិនសម្រាប់ជាក់នឹងទន្ទេញ ឬយកមកប្រើ
ត្រង់ ៗ នោះទេ ប៉ុន្តែគ្រាន់តែជាគំរូនៃ
ប្រភេទពត៌មានដែលសិស្សអាចសរសៃងទៅបានដោយ
ប្រើពាក្យនិងវេយ្យាករណ៍ដែលឃ្លាងបុប្បទៈមក
ទល់និងពេលសំណាក់នោះ ។ ប្រហែលជាការមាន
ប្រយោជន៍មួយដែរ បើឲ្យគ្នូវសិស្សថាឃ្លារបស់
សន្ទនាគំរូមួយ ៗ តាមជាមួលសិន ដើម្បីនឹងឲ្យសិស្ស
បានយល់និងនរ់មាត់ ប៉ុន្តែផ្នែកនេះ ជាបថម ទុក
សម្រាប់នឹងឲ្យសិស្សមានឲ្យកាលនឹង 'សាកល្បង' បន្តិច
បន្តួចនូវរបស់ដែលគេបានបង្រៀននូវមកហើយ ដោយ
និយាយសារសងជាមួយនឹងគ្រូបង្រៀននៃហើយនិងសិស្ស
ដទៃទៀត ។ នេះជាឧកាលមួយដែរ ទុកនឹងឲ្យសិស្ស
សួរគ្រូបង្រៀននូវនូវសំនួរផ្សេង ៗ ហើយនិងពាក្យ
ខ្លះដែលគេចង់ដឹង ឬដែលគេត្រូវការក្នុងកិច្ចការ
ប្រចាំនៃថ្ងៃ ។ សិស្សភាគច្រើន មានសេចក្តីត្រូវ
ការខាងចិត្តសាស្ត្រ បំពោះការសិក្សាភាសា
ដោយ 'គ្មានរៃបបទជាក់លាក់' ដែលជាការ
ប្តូរបរិយាកាសពីវិធីប្រកបដោយរៃបបទឃ្យាងជាក់
លាក់ ដែលគេប្រើនៅផ្នែកដទៃនៃទៀតផ្សេង ៗ
នៅក្នុងសៀវនៃភាគនេះ ។ ក៏ប៉ុន្តែ គ្រូបង្រៀន
សួមប្រយ័ត្នកុំណំោយពេលនឹយប្រើនៃនពេក ក្នុងការ
និយាយសារសងអំពីនៃរៃបងផ្សេង ៗ ដែលគ្មានក្នុង
សៀវនៃភាគនេះ ពីព្រៈការធ្វើទៅដោយ
ផតបំពោះឃ្យាងនេះ មិនសូវនឹសក្តិសិទ្ធប៉ុន្មានទេ
ខាងគុនុកាលល្អ ជាពិសេស នៅពេលនៃដែល
កូនសិស្សទើបនឹងចាប់ផ្តើមសិក្សាគ្នូវភាសាអំមួម ។

highly structured approach used in the
other sections of the lesson, but the
teacher should be careful not to let it
consume too much of the class time, as
it is too random to be pedagogically
effective, especially at the beginning
level of language study.

ទាល់តែក្នុងសិល្ប្បានខិតខំឡើកឡើនឲ្យវា ក្នុងសូន្យពីឈនិង
ចំណុចរវង្សារកណ៌ជាមូលដ្ឋាននៃនភាសាមួយ ទើបគេ
អាចតំឡែ្រ្រ្រុ្រ ្រ្រ ្រ្រ្រ្រ្រ្រ្រុ្រ្រ្រ្រ ្រ្រ្រ្រ្រ្រ្រ្រ្រ
នោះបាន ។   នេះគឺជា គេនាលដៅ រ្រុ្រ្រ្រ្រ
ក្នុងការ ្រ្រ្រ្រុ្រ្រ្រ្រ្រ្រ្រ្រ្រ ្រ្រ្រ្រ ។

PHONETIC TRANSCRIPTION SYSTEM FOR ENGLISH

តំណាងសូរសព្ទអង់គ្លេស

The English writing system is very irregular. As in Khmer, one sound may be written several different ways; e.g.:

ក្នុងអក្សរវិន្យាសអង់គ្លេស អក្សរអង់គ្លេសមិនសូវ ទៀងទាត់ដូចអក្សរខ្មែរទេ ក្នុងការតំណាងសូរសព្ទ ។ ក្នុងភាសាទាំងពីរ សូរមួយអាចសរសេរបានច្រើនយ៉ាង:

English (អង់គ្លេស)

to	/tuw/	[ធូ] ដល់
too	/tuw/	[ធូ] ថែវ
two	/tuw/	[ធូ] ពីរ

Khmer (ខ្មែរ)

ទំ	/tum/	'to perch'
ទុំ	/tum/	'ripe'
ទុម	/tum/	(no meaning)

But the most serious problem is that, unlike Khmer, one spelling may have many different pronunciations. In the following examples, the written vowel a represents five different sounds, and the syllable spelled -ough is pronounced five different ways:

កំបុ៉ន្តែបញ្ហាដ៏ធំមួយដែលចោទទ្បើង (ខុសគ្នានឹងភាសា ខ្មែរ) ដោយយកពីរចង្វាក់មអក្សរ ១ ក្រុម ពុ អាច មានសូរម្លេងខ្លែក ពុ គ្នា ។ នៅក្នុងឧទាហរណ៍ខាង ក្រោមនេះ: ស្រៈសរសេរ a ហើយនិងព្យាង្គសរសេរ -ough អាចតំណាងសូរខុសគ្នាបានទៅ ដល់ប្រាំ :

fat	/faet/	[ហ្វែត] ធាត់
fate	/feyt/	[ហ្វេត] ព្រោះ
father	/fádhər/	['ហ្វានឺរ] ឱពុក
about	/əbáwt/	[អ៊ 'ហ្វោត] ប្របវិល
fall	/fol/	[ហ្វល] ធ្លាក់

dough	/dow/	[ធូ] ព្រាត់
slough	/sluw/	[ស្លូ] បឹង
bough	/baw/	[ហ្វោ] ថែមក
rough	/rəf/	[រ៉ូ] គព្រោត
cough	/kof/	[ខ្ឫ] ក្អក

For this reason we have developed two systems of phonetic symbols to help you pronounce the English words - one using roman symbols and one using Khmer symbols. Both the roman and Khmer systems are used in Lessons 1-5 to help students learn the sounds of the English alphabet, but only the romanized symbols are used in Lessons 6-15.

ហេតុនេះហើយបានជា ហើងក្រុនរកមធឞ្យាបាយតំណាងសូរ អង់គ្លេសនិយាយនទៀងទាត់ ដើម្បីជាជំនួយក្នុងការអាន ភាសាអង់គ្លេស ។ នៅក្នុងការតំណាងសូរសព្ទអង់គ្លេស ហើងប្រើទាំងសញ្ញាជាអក្សរខ្មែរ ទាំងសញ្ញាជា អក្សរអង់គ្លេស ។ នៅក្នុងមេរៀនទី ១ ទៅមេរៀន ទី ៥ ហើងនិងប្រើបញ្ហាទាំងពីរយ៉ាង បុ៉ន្តែពីមេរៀន ទី ៦ ទៅមេរៀនទី ១៥ ហើងនិងប្រើតែសញ្ញាជា អក្សរអង់គ្លេសទេ ដើម្បីជួយឱយសិស្សរៀតទែស្គាល់សូរទៃ អក្សរអង់គ្លេស ។

One symbol will always represent the same sound in English, regardless

ក្នុងរបៀបតំណាងសូរទាំងពីរយ៉ាង សញ្ញា ១ តំណាងសូរបានតែ ១ ទេ ទោះជាតេសរសេរយ៉ាង

of how the English word may be spelled.
In the following description of the
English sound system, the English sounds
will be described in terms of Khmer
symbols, but you must remember three
things:

1) Some of the Khmer letters repre-
sent almost the same sound as in Khmer,
but not exactly the same sound. So you
should listen very carefully to the
teacher so you can pronounce the sounds
accurately in English.

2) Some of the Khmer letters repre-
sent sounds which are totally different
from those they represent in Khmer, e.g.
/j/ [ជ] and /g/ [គ], so you must learn
to associate these new sounds with the
old symbols. Also, remember that a
letter represents the same sound re-
gardless of where it occurs in the
word, e.g. /b/ [ប] at the beginning of
'bad' /baed/ [ប៊ែដ] អាក្រក់ has exactly
the same sound at the end of 'dab'
/daeb/ [ដ៊ែប] ប៉ាត.

3) For some English sounds which do
not exist in Khmer, we have had to in-
vent totally new combinations of Khmer
letters, such as /sh/ [ស្យ] and /wh/
[ហ្វ]. You will have to learn what
sounds the new combinations represent.

ណា ក៏ដោយផ្សេងភាសាអង់គ្លេស ។ នៅក្នុងពន្យល់សូរ
សព្ទអង់គ្លេសនៅ ខាងក្រោយនេះ គេនឹងនិយាយពន្យល់សញ្ញា
អង់គ្លេសមកប្រៀបធៀបនិងសញ្ញាខ្មែរ តែសិស្សត្រូវ
យកចិត្តទុកដាក់ចូរចាំចំពុច ៣ នៅខាងក្រោយនេះ :

១. មានអក្សរខ្មែរខ្លះ តំណាងសូរ ៕ដែលស្ទើងស្ទូចគ្នា
និងអក្សរខ្មែរ ៕តមិនដូចគ្នា បេះបិទទេ ។ ដូច្នេះ
សិស្សត្រូវស្ដាប់ប៉ុគ្គូបស្រៀងយ៉ាងផ្ចិតផ្ចង់ជាទីបំផុត ។
ធ្វើដូច្នេះទើបសិស្សថាសូរសព្ទអង់គ្លេសបានត្រឹមត្រូវ ។

២. អក្សរខ្មែរខ្លះទៀត មានសូរ (តំណាងសូរ)
៕ដែលខុសគ្នាស្រឡះពីសូរ៕ដែលអានជាខ្មែរ ៗ.
/j/ [ជ] ហើយនិង /g/ [គ]; ដូច្នេះសិស្សត្រូវ
ចាំជានិច្ចថា អក្សរណា តំណាងសូរណា ក្នុងភាសា
អង់គ្លេស ។ ម្យ៉ាងទៀត ត្រូវចាំថា អក្សរខ្មែរ
និមួយ ៗ តំណាងសូរនៃតម្យ ទោះបើនៅត្រង់ណា
ក៏ដោយ, ៗ. /b/ [ប] ប្រើនៅដើមពាក្យ
bad /baed/ [ប៊ែដ] 'អាក្រក់' មានសូរដូចគ្នា
និងអក្សរ /b/ [ប] នៅចុងក្រោយពាក្យ dab
/daeb/ [ដ៊ែប] 'ប៉ាត' ។

៣. ចំពោះសូរក្នុងភាសាអង់គ្លេសខ្លះ ៕ដែលគ្មាន
ក្នុងភាសាខ្មែរ គេបានបង្កើតតំណាងសូរនោះដោយ
យកអក្សរខ្មែរមកផ្ដុំគ្នា ដូចជា /sh/ [ស្យ] ហើយ
និង /wh/ [ហ្វ] ។ សិស្សត្រូវ៕តចាំថាតើ អក្សរ
ផ្ដុំណា តំណាងសូរណា ។

A. English Consonants   ក. ព្យញ្ជនៈអង់គ្លេស

1) At the Beginning of a Word   ១. នៅខាងដើមពាក្យ

/p/	[ផ] pay /pey/ [ផេ] ចេញឈ្មោះ ,	[ភ] pea /piy/ [ភី] សណ្តែក
/t/	[ថ] toe /tow/ [ថូ] ម្រាមជើង,	[ធ] two /tuw/ [ធូ] ពីរ
/ch/	[ឆ] chat /chaet/ [ឆែត] និយាយគ្នា ,	[ឈ] chip /chip/ [ឈិព] កាស
/k/	[ខ] cat /kaet/ [ខែត] ឆ្មា ,	[ឃ] kit /kit/ [ឃិត] គ្រឿងរៀង
/b/	[ប] boat /bowt/ [បូត] ទូក,	[ប៊] boot /buwt/ [ប៊ូត] ស្បែកជើងទឹកកក
/d/	[ដ] day /dey/ [ដេ] ថ្ងៃ,	[ឌ] do /duw/ [ឌូ] ធ្វើ
/j/	[ជ] juice /juws/ [ជូស] ទឹកដម,	[ជ៊] job /jab/ [ជ៊ាប] ការងារ
/g/	[គ] goose /guws/ [គូស] ក្ងាន ,	[គ៊] go /gow/ [គ៊ូ] ទៅ
/m/	[ម] me /miy/ [មី] (មក) ខ្ញុំ,	[ម៊] my /may/ [ម៊ាយ] (របស់) ខ្ញុំ
/n/	[ន] knee /niy/ [នី] ជង្គង់,	[ណ] no /now/ [ណូ] ទេ
/f/	[ហ្វ] fat /faet/ [ហ្វែត] ធាត់,	[ហ្វ៊] fit /fit/ [ហ្វ៊ិត] ត្រូវ
/v/	[វ] vim /vim/ [វិម] កម្លាំង,	[វ៊] vine /vayn/ [វ៊ាយន] វល្លិ៍
/th/	[ថ] thigh /thay/ [ថាយ]ភ្លៅ,	[ថ៊] think /think/ [ថ៊ិងក] គិត
/dh/	[ធ] they /dhey/ [ធេ] គេ,	[ធ៊] this /dhis/ [ធ៊ិស] នេះ
/s/	[ស] say /sey/ [សេ] ថា,	[ស៊] see /siy/ [ស៊ី] ឃើញ
/z/	[ហ្ស] zany /zéyni/ ['ហ្សេនិ] ចម្លែក,	[ហ្ស៊] zoo /zuw/ [ហ្ស៊ូ] សួនសត្វ
/sh/	[ស្យ] show /show/ [ស្យូ] បង្ហាញ,	[ស្យ៊] shoe /shuw/ [ស្យ៊ូ] ស្បែកជើង
/w/	[អ្វ] water /wåter/ ['អ្វាតឺ] ទឹក,	[អ្វ៊] we /wiy/ [អ្វ៊ី] យើង
/l/	[ល] live /liv/ [លិវ] រស់នៅ,	[ឡ] lake /leyk/ [ឡេក] បឹង
/r/	[រ] read /riyd/ [រីដ] មើល,	[រ៊] ride /rayd/ [រ៊ាយដ] ជិះ
/y/	[យ] you /yuw/ [យូ] លោក, អ្នក,	[យ៊] young /yəng/ [យ៊ុង] ក្មេង
/wh/	[ហ្វ៊] why /whay/ [ហ្វាយ] ហេតុអ្វី,	[ហ្វ៊ិន] when /when/ [ហ្វ៊ិន] កាលណា

2) As Second Member of a Cluster   ២. ព្យញ្ជនៈទីពីរនៅក្នុងចង្កោមព្យញ្ជនៈ

/p/	[ខ្ព] spit /spit/ [ស្ពិត] ស្តោះ ,	[ខ្ព] spot /spat/ [ស្ពាត] ស្នាម (កុជ ព)
/t/	[ខ្ត] stop /stap/ [ស្តាព] ឈប់,	[ខ្ត] stick /stik/ [ស្តិក] ដំបង
/k/	[ខ្ក] sky /skay/ [ស្កាយ] មេឃ,	[ខ្ក] school /skuwl/ [ស្កូល] សាលារៀន
/m/	[ខ្ម] smile /smayl/ [ស្មាយល] ញញឹម,	[ខ្ម] smooth /smuwdh/ [ស្មូធ] រលោង
/n/	[ខ្ន] snail /sneyl/ [ស្នេល] ខ្យង,	[ខ្ន] sneeze /sniyz/ [ស្និហ្ស] កណ្តាស់
/w/	[ខ្វ] swear /swaer/ [ស្វែរ] ស្បថ,	[ខ្វ] sweet /swiyt/ [ស្វ៊ីត] ផ្អែម
/l/	[ខ្ល] slow /slow/ [ស្លូ] យឺត;	[ខ្ល] slip /slip/ [ស្លិព] រអិល
/r/	[ត្រ] try /tray/ [ត្រាយ] ល,	[ត្រ] trip /trip/ [ត្រិព] ដំណើរ

3) At the End of a Word   ៣. នៅចុងព្រឹកាយពាក្យ

/p/	[ព]	cap /kaep/ [ខែព] កាតិប,	top /tap/ [ថាព] កំពូល
/t/	[ត]	cat /kaet/ [ខែត] ឆ្នា,	sit /sit/ [ស៊ុត] អគ្គុយ
/ch/	[ឆ]	catch /kaech/ [ខែឆ] ចាប់,	touch /təch/ [ថឹរ] ពាល់
/k/	[ក]	pick /pik/ [ភិក] រប៖,	book /buk/ [ប៊ុក] សៀវនៅភៅ
/b/	[ប]	cab /kaeb/ [ខែប] តាក់ស៊ី,	job /jab/ [ជ៉ាប់] ការងារ
/d/	[ដ]	bad /baed/ [ប៉ែដ] អាក្រក់,	road /rowd/ [រ៉ូដ] ផ្លូវ
/j/	[ជ]	age /eyj/ [អេជ] អាយុ,	judge /jəj/ [ជ៉ឹជ] ចៅក្រម
/g/	[គ]	dog /dog/ [ដគ] ឆ្កែ,	bug /bəg/ [ប៊ឹគ] សត្តល្អិត
/m/	[ម]	come /kəm/ [ខ៉ឹម] មក,	room /ruwm/ [រូម] បន្ទប់
/n/	[ន]	man /maen/ [ម៉ែន] មនុស្សប្រុស,	son /sən/ [ស៊ឹន] កូនប្រុស
/ng/	[ង]	sing /sing/ [ស៊ិង] ប្រច្រៀង,	young /yəng/ [យ៉ឹង] ក្មេង
/f/	[ហ្វ]	roof /ruf/ [រូហ្វ] ដំបូល,	cough /kof/ [ខហ្វ] ក្អក
/v/	[វ]	have /haev/ [ហ៉ែវ] មាន,	of /əv/ [អ៊ឹវ] នៃ
/th/	[ថ]	mouth /mawth/ [មោថ] មាត់,	both /bowth/ [ប៊ូថ] ទាំងពីរ
/dh/	[ធ]	bathe /beydh/ [បេធ] ងូតទឹក,	breathe /briydh/ [ព្រីធ] ដកដង្ហើម
/s/	[ស]	boss /bos/ [បស] ចាងហ្វាង,	kiss /kis/ [ឃិស] ថើប
/z/	[ឋ]	raise /reyz/ [រ៉េឋ] លើក,	jazz /jaez/ [ជ៉ែឋ] ភ្លេងម្យ៉ាង
/sh/	[ស្យ]	push /push/ [ភើស្យ] រុញ,	dish /dish/ [ឌិស្យ] ចាន
/zh/	[ហ្យ]	beige /bezh/ [ប៉េហ្យ] ពណ៌ក្រម្មៅ,	garage /gərázh/ [គ៉ឹ'រ៉ាហ្យ] យានដ្ឋាន
/w/	[អ]	no /now/ [ណូ] ទេ,	cow /kaw/ [ខោ] គោ
/l/	[ល]	call /kol/ [ខល] ហៅ,	kill /kil/ [ឃិល] សម្លាប់
/r/	[រ]	car /kar/ [ខារ] ឡ្យាន,	hair /haer/ [ហ៉ែរ] សក់
/y/	[យ]	I /ay/ [អាយ] ខ្ញុំ,	buy /bay/ [ប្យយ] ទិញ

Notes on the Consonants   កំណត់អំពីព្យញ្ជនៈ

1) Notice that /p t k/ are pronounced with more breath initially than when second in a cluster and finally, e.g.:

/t/ Initial: [ថ], e.g. top [tʰap]

    Cluster: [ត̬], e.g. stop [stap]

      Final: [ត], e.g. pot [pat]

2) Notice that since [ប] always represents /b/ wherever it occurs, [ព] must

១. កត់សម្គាល់ថា បើកាលណាមាន /p t k/ នៅ ដើមពាក្យ វ៉ាអាន់ថា [ផ ថ ខ], ៖តបើកាលណា នៅកន្លែងទីពីរ្រក្នុងអាន់ថា [ព ត ក], ឧ.

/t/ ដើមពាក្យ: [ថ], ឧ. [ថាព] កំពូល

    ព្យញ្ជនៈទីពីរ: [ត̬], ឧ. [ស្តាព] ឈប់

    ចុងព្រឹកាយពាក្យ: [ត], ឧ. [ផាត] ឆ្នាំង

២. សូមចាំថា [ប] តំណាងសូរ /b/ ជានិច្ច; [ព] តំណាងសូរ /p/ នៅចុងពាក្យ ឬប្រើបើជាអក្សរទីពីរ

always be used for /p/ finally and when second in a cluster, with [x̱] converted to [ẋ̱] for 1st Series vowels, e.g.:

    Cluster: spit /spit/

           spot /spat/

    Final: cap /kaep/

3) Since [គ] always represents /g/ (a sound which Khmer lacks), /k/ must always be represented [ក] finally and when second in a cluster, with [x̱] converted to [x̱̃] for 2nd Series vowels e.g.:

    Cluster: sky /skay/

           school /skuwl/

    Final: back /baek/

4) Since [x̱] and [x̱] occur only after [ស] in initial clusters, [ស្ស] and [ស្ស] must be converted to [ស្ញ̃] and [ស្ញ̃] for 2nd Series vowels, e.g.:

    smile /smayl/, but smell /smel/

    snail /sneyl/, but sneeze /sniyz/

5) [ប/ប៉], [ឌ/ឌ], [ជ /ជ៉], and [គ /គ៉] represent /b d j g/ wherever they occur. /j g/ do not exist in Khmer, so they must be converted to [ជ៉ គ៉] for 1st Series vowels, e.g.

    juice /juws/, but job /jab/

    goose /guws/, but go /gow/

6) Notice that [ប] represents the same sound wherever it occurs in the word:

    Initial: but /bət/ (like /b/ in

           Khmer ប៉ិទ)

    Cluster: brown /brawn/ (unlike /p/

           in Khmer ប្រ៉)

នៅក្នុងចង្គោមព្យព្ជ្ន: ។ [x̱] ត្រូវតែប្រន្ងិយទៅ ជា [ẋ̱] សម្រាប់ប្រើជាមួយនិស្រ:អឃោស: ១.

ចង្គោម : [ស្ពិត] ស្លោះ

        [ស្ប៉ាត] ស្ពាមអុជ ព

ចុងពាក្យ: [កែ៉ប] កាតិប

៣. [គ] តំរាងស្ងូវ /g/ (ស្ងរង់តមានធ្របើក្នុងភាសា ខ្មែរ); ស្ងូវ /k/ ឃើងយកអក្ស្ន [ក] មកតំរាង កាឃ្ណាធ្របើនៅចុងពាក្យ ឬជាអក្ស្នទីពីនក្នុង ចង្គោមព្យព្ជ្ន: ។ ឃើងវ៍្រប [x̱] ន្ងិយទៅជា ឃោស: [x̱̃] សម្រាប់ប្រើជាមួយស្រ:ឃោស: ។ ១.

ចង្គោម : [ស្កាយ] នមយ

       [ស្គ៉ូល] សាលានរ៉ៀន

ចុងព្រកាយ: [បែ៉ក] ខ្នង

៤. ដ៍ឃាយឃហតុថា [x̱] ឃើយនិង [x̱] ធ្របើតែ ជាមួយ [ស] ក្នុងចង្គោមព្យព្ជ្ន:នៅដ៍ឃើមពាក្យ ឃើងវ៍្រប [ស្ស] ឃើយនិង [ស្ស] ន្ងិយទៅ ជា [ស្ញ̃] និង [ស្ញ̃] វិញស្រម្ាប់ប្រើជាមួយស្រ:ឃោស: , ១.

[ស្ម៉ាយល] ញ្ញ៉ឹម , ៍តែ [ស្ញ̃ល] ផុំ

[ស្ន៉ល] ខ្ងង , ៍តែ [ស្ញ̃ង] កណ្ណាល់

៥. [ប/ប៉],[ឌ/ ឌ], ជ[/ជ៉], ឃើយនិង [គ/គ៉] តំរាងស្ងូវ /b d j g/ នៅ កន្ល៉ៃ្ងណាក៏ដ៍ឃាយ ។ [ជ គ] គ្មានធ្របើក្នុងភាសាខ្មែរនុទ; ដូ៉ឃ្ន:ឃើង ត្រូវ៍តែបន្ងិយទៅ ជា [ជ៉ គ៉] សម្រាប់ប្រើជាមួយ ស្រ:អឃោស: ។ ១.

[ជ៉ូស] ទឹកជ៉ផ្ង, ៍តែ [ជ៉ាប] ការងាន

[គ៉ូស] ក្ងាន , ៍តែ [គ៉] ទៅ

៦. ច្ងរចាំថា [ប] មានស្ងូវដ៍ដ៍ល ទោ:ធ្របើ នៅ កន្ល៉ៃ្ងណាក៏ដ៍ឃាយ ។ ១.

ដ៍ឃើមពាក្យ: [បិត] ប៉ុ៍ន្ត (ដូ៉ឃ [ប] ក្នុង

           ពាក្យ៍ខ្មែរ 'ប៉ិទ')

ចង្គោម : [ធ្របាន] ណ៍រគ្លោត (ឧស្ពីី

           [ប] ក្នុងពាក្យ៍ខ្មែរ 'ប្រ៉ា')

Final: job /jab/ (unlike /p/ in
    Khmer ចាប់)

7) Khmer វ is similar to English /v/ in
initial and final positions, but more
like English /w/ when 2nd in a cluster,
e.g.:

    English /v/: វ៉ា, អាវ

    English /w/: ស្វាយ

We have therefore chosen [វ] to repre-
sent /v/, while inventing the compound
[វ៉] for /w/. However, when /w/ occurs
second in a cluster, it will be written
[ឈ], as in

    swallow /swálow/, sweep /swiyp/

8) /th/ and /dh/ are totally new sounds,
but are very important in English. You
will have to learn to make these sounds
by imitating the teacher. We have
chosen [ថ៌/ថ៌] and [ទ,ធ̂], which are not
otherwise needed, to represent these
sounds.

9) The sounds /sh/ and /z/ are very
common in English; /zh/ is less common.
We write /sh/ as [ស្ហ] (which is pho-
netically accurate), and use the Khmer
letter [ហ] to write /z/ and the com-
pound [ហ្ស] to write /zh/.

10) English /r/ is very different from
Khmer រ and will be very difficult for
you to pronounce, especially at the end
of a word. The Khmer រ is made with the
tip of the tongue, while English /r/ is
made with the tongue retracted, and in

ចុងពាក្យ: [ជ៉ាប] 'ការងារ'(ខុសពី [ប]
    ក្នុងពាក្យខ្មែរ 'ចាប់')

៧. [វ] ខ្មែរមានសូរស្រដៀងគ្នានិង /v/ កាល
ណាប្រើនៅដើមពាក្យ, តែស្រដៀងនិង /w/
កាលណាប្រើជាអក្សរទីពីរនៅក្នុងចង្គោមព្យញ្ជន:
ឧ.

    /v/ អង់គ្លេស: វ៉ា, អាវ

    /w/ អង់គ្លេស: ស្វាយ

ហេតុដូច្នេះហើយ យើងប្រើ [វ] តំណាងសូរ /v/
ហើយយើងបង្កើត [វ៉] សម្រាប់តំណាងសូរ /w/ ។
បើកាលណា /w/ ប្រើជាអក្សរទីពីរនៅក្នុងចង្គោម
ព្យញ្ជន: តែត្រូវសរសេរ [ឈ] ។

    ['ស្វាឡៗ] លេប, [ស្វ៊ីប] ថោស

៨. /th/ ហើយនិង /dh/ ជាសូរថ្មី (ឥតមានប្រើ
ក្នុងភាសាខ្មែរ) តែសំខាន់ចំបែកលែងនៅក្នុងភាសា
អង់គ្លេស ។ សិស្សត្រូវរហាត់បន្លឺសូរនេះដោយធ្វើត្រាប់
តាមគ្រូ ។ យើងយក [ថ៌/ថ៌] ហើយនិង [ទ/ធ̂]
មកតំណាងសូរទាំងពីរនេះ:

៩. សូរ /sh/ ហើយនិង /z/ ក៏ប្រើជាញឹកញ្យាប់
ណាស់ដែរក្នុងភាសាអង់គ្លេស ។ សូរ /zh/ ប្រើតិច
ណាស់ ។ /sh/ ហើយសរសេរ [ស្ហ](ត្រូវនឹងកូន
សូរ) ហើយយើងប្រើអក្សរ [ហ](ដែលមិនត្រូវការ
ទៅក្នុងអង់គ្លេស) សម្រាប់តំណាងសូរ /z/ ។ ហើយ
ប្រើអក្សរផ្គុំ [ហ្ស] សម្រាប់តំណាងសូរ /zh/ ។

១០. សូរ /r/ អង់គ្លេស មានសូរខ្លួកពី [រ] ខ្មែរ
សូរនេះពិបាកថាចំពោះអ្នកនិយាយភាសាខ្មែរ ជាពិ-
សេសកាលណាប្រើនៅចុងពាក្យ ។ សូរ [រ] ខ្មែរ
បន្លឺទៀងនិងចុងអណ្ដាត; ចំណែក /r/ អង់គ្លេស
វិញ គេបន្លឺទៀងដោយគត់វាត់អណ្ដាតទៅ
ប្រកាយ ។ តាមពិត សូរ /r/ អង់គ្លេសមានលក្ខណ:

many words sounds more like a vowel than a consonant.

ដូចស្រៈជាងព្យញ្ជនៈ ។

11) The English sound /wh/, represented [ហ្វ], is actually a cluster; it occurs in many question words, such as

what   /what/

when   /when/

where /whaer/

why   /whay/

Some English speakers don't distinguish between /wh/ and /w/, but most do; e.g.

whale : wail   /wheyl : weyl/

១១. សូរ /wh/ អង់គ្លេស យើងសរសេរ [ហ្វ] ជាខ្មែរ ពីព្រោះតាមពិតសូរនេះជាចង្កោម ព្យញ្ជនៈ ។ សូរនេះរប្រើច្រើនក្នុងពាក្យសំនួរ ដូចជា

[ហ្វាត] អ្វី

[វ្ហេ៊ន] កាលណា

[វ្ហេ៊រ] ឯណា

[ហ្វាយ] ហេតុអ្វីបានជា

អ្នកនិយាយភាសាអង់គ្លេសខ្លះបន្លឺសូរ /wh/ ហើយនិង /w/ ដូចគ្នា តែភាគច្រើនអានខុសគ្នា ឧ.

[ហ្វេល : វេល] ព្រៃត្បៀន : យំ

B. English Vowels

ខ. ស្រៈអង់គ្លេស

/iy/	[អ៊ី]	peak /piyk/	[ភីក] កំពូល,	seek /siyk/ [ស៊ីក] រក
/i/	[អ៊ិ]	pick /pik/	[ភិក] រូបៈ,	sick /sik/ [ស៊ុក] ឈឺ
/ey/	[សេ]	bake /beyk/	[បេក] ដុត,	gate /geyt/ [គេ៉ត] ទ្វារ
/e/	[វ៉ែ]	peck /pek/	[ពែក] ចឹក,	bed /bed/ [បែ៊ដ] គ្រែ
/ae/	[វ៉ែ]	back /baek/	[ប៉ែក] ខ្នង,	mad /maed/ [ម៉ែដ] ខឹង
/ə/	[អ]	buck /bək/	[ប៉ក] ឈ្មូល,	judge /jəj/ [ជុ៉ជ] ចៅក្រម
/a/	[អា]	bock /bak/	[ប៉ក] ប៊ីៃយ៉ម្យ៉ាង,	hot /hat/ [ហាត] ក្ដៅ
/uw/	[អ៊ូ]	boot /buwt/	[ប៊ូ៊ត] ស្បែកជើង,	food /fuwd/ [ហ្វ៊ូដ] ម្ហូប
/u/	[អ៊ុ]	book /buk/	[ប៊ុ៊ក] សៀវភៅ,	put /put/ [ភ៊ុត] ដាក់
/ow/	[អូ]	boat /bowt/	[ប៊ូត] ទូក,	road /rowd/ [រ៉ូដ] ផ្លូវ
/o/	[អ]	bought /bot/	[បត] ទិញ(ព.ម.),	on /on/ [អន] លើ
/ay/	[អាយ]	bite /bayt/	[ប៉ាយត] ខាំ,	buy /bay/ [ប៉ាយ] ទិញ
/aw/	[អៅ]	bout /bawt/	[ប៉ៅត] ដុំ,	mouth /mawth/ [ម៉ៅថ] មាត់
/oy/	[អយ]	boy /boy/	[បយ] ក្មេងប្រុស,	void /voyd/ [វ៉យដ] ទទេ

Notes on the Vowels

កំណត់អំពីស្រៈ:

1) Remember that these Khmer equivalents are only approximations of the English sounds. Listen to your teacher for the exact pronunciation.

១. ត្រូវចាំថា អក្សរខ្មែរដែលយើងយកមកតំណាង សូរអង់គ្លេសនេះ គ្រាន់តែប្រហាក់ប្រហែលទេ មិន ដូចបេះបិទទេ ។ សូមចាំស្ដាប់គ្រូបង្រៀនដែលបន្លឺ សូរប្រិមគ្រូទំនើយស្គាប់ ។

2) Since the vowel symbols in the above chart always represent the same sound, we must always use a 2nd Series consonant before the vowels /iy i e uw u/, and a 1st Series consonant before all the others; e.g.:

1st Series	2nd Series
pay /pey/	pea /piy/
boat /bowt/	boot /buwt/
way /wey/	wood /wud/
snail /sneyl/	sneeze /sniyz/

3) The vowels /iy ey e uw ow ay/ are fairly similar in English and Khmer. All the others are somewhat different, as follows:

/i/: There is no satisfactory way to write /i/ in Khmer. Although [អ៊ិ] implies shortness in Khmer, /i/ is not really shorter than the other vowels. Its pronunciation is somewhere between [អ៊ី] and [អ៊ើ].

/ae/: Khmer doesn't have the sound /ae/; it is not diphthongized like Khmer ែអ, and is between Khmer ែអ៊ and អា.

/a/ is between Khmer អា and អ.

/ə/ is between Khmer អឺ and អ៊ី.

/u/ is between Khmer អឺ and ែអ៊ុ.

/o/ is between Khmer អ and អ៊.

/aw/ is between Khmer ៖អា and អាវ.

/oy/ is between Khmer អយ and អ៊យ.

4) All English vowels are somewhat shorter before voiceless finals (/p t k f s sh th/) than before voiced finals

២. ត្រូវចាំទុកថា ស្រៈ [អ៊ី], [អ៊ិ], [អ៊ឺ], [ែអ៊ី], ពើយនិង [ែអ៊ី] ប្រើបីរៃតជាមួយព្យញ្ជនៈឃោសៈទេ ។ ស្រៈឯទៀតប្រើបីរៃជាមួយព្យញ្ជនៈអឃោសៈជាដីរាប ។

អឃោសៈ		ឃោសៈ	
[ែផ] ៖ចញ្ចុលយ		[អ៊ី] សញ្ញែក	
[ឬត] ឡុក		[ឬ៊ត] ៖ស្ល្យកៈជើង	
[ែឮ] ផ្ទុង		[ែអ៊ុង] ៖ឈឺ	
[៖ស្ល] ឧ្យង		[ស្ល៊ង] កណ្តាល់	

៣. ក្នុងភាសាអង់៖គ្លសពើយនិងភាសា៖ខ្មរ ស្រៈ [អ៊ី], [ែអ], [ែអ៊ី], [អ៊ឺ], [អ៊ុ], [អាយ] មានសួរ ស្រៈដៃ៖ងគ្នា ។ ស្រៈឯទៀតមិនមានសួរស្រៈដៃ៖ងគ្នា ប៉ុន្នានៃ ទេ វ៉ាខុសគ្នាដូច៖តទៅៈ៖នៈ :

/i/: ពើងគ្នានមៃធ្យៀប៉ាយសៈរៈសួរ /i/ ៖នៈ ជាអក្សៈរៃ៖ខ្មៃរ៉ន៊ឺយៈតឹមៃត្រូវៈ៖ទ ។ /i/ មិនជាខ្លីប៉ុន្នាន ជាងស្រៈឯទៀត ។ សួរស្រៈ៖នៈ ៖នៅៈចៈន្លាៈ ស្រៈៃ៖ខ្មៃ [អ៊ី] ពើយនិង [៖អ៊ី] ។

/ae/: ៖ខ្មៃរ៉គ្មានសួរ /ae/ ៖ទ ។ /ae/ មិនៈ ស្ទួចៈ ស្រៈ: [ែអ] ៖ខ្មៃរៈ៖ទ, ៃ៖តៈចៈន្លាៈ ស្រៈ: [ែអ៊ី] និង ស្រៈ: [អា] ៖ខ្មៃរ ។

/a/ មានសួរៈចៈន្លាៈ ស្រៈ: [អា] និង [អ] ៖ខ្មៃរ ។

/ə/ មានសួរៈចៈន្លាៈ ស្រៈ: [អ៊ី] និង [អ៊ឺ] ៖ខ្មៃរ ។

/u/ មានសួរៈចៈន្លាៈ ស្រៈ: [អ៊ឺ] និង [ែអ៊ុ] ។

/o/ មានសួរៈចៈន្លាៈ ស្រៈ: [អ] និង [អ៊] ។

/aw/ មានសួរៈចៈន្លាៈ ស្រៈ: [៖អា] និង [អាវ] ។

/oy/ មានសួរៈចៈន្លាៈ ស្រៈ: [អយ] និង [អ៊យ] ។

៤. ស្រៈអង់៖គ្លស ធម្មៈតាមានសួរៈកៈបុតៈបីៈ៖ប៉ើៈ៖នៅ មុខ ព្យញ្ជនៈៈៃ៖ដលគ្មានៈសៈម្ឡង់ខ្លួៈ ([៣ ត ក ឫ ស ស្ស]); ៖នៅ មុខៈព្យញ្ជនៈៈៃ៖ដលៈមានៈសៈម្ឡង់ខ្លួៈ មិនៈសួៈវៈៈ៖ៈកៈបុត

(all others); e.g.:

pick : pig	/pik : pig/
but : bud	/bət : bəd/
back : bag	/baek : baeg/
pot : pod	/pat : pad/
cook : could	/kuk : kud/
sought : sawed	/sot : sod/
right : ride	/rayt : rayd/
lout : loud	/lawt : lawd/

However, we will ignore these small
differences and write each vowel only
one way, as shown in the preceding
chart.

C. Medial Consonants

In Khmer words of more than one
syllable, there is usually a clear
break between syllables, but in English
words of two syllables, especially in
words with the accent on the first
syllable, there is no clear break in
the middle. The middle consonant
(whether written single or double) both
ends the first syllable and begins the
next, like a bridge between vowels.
In the Khmer transcriptions of the
following examples, we will write the
medial consonant twice to show that it
must be pronounced at the end of the
first syllable and the beginning of
the second, but there is in fact no
break between them.

បុន្លានទេ ៗ ។ ៣.

[ភិក : រភគ]	របៈ : ប្រង្កក
[បិត : បីង]	វ័ត : ប្រកពុំ
[រ័បក់ : រ័បង]	ខ្ឌ : អាប្រកក់
[ផាត់ : ផាង]	ផ្លាំង : កូវ
[យិក : យើង]	ស្ឌ : អាច
[សត់ : សង]	រក : អាវ (លើ)
[រ័វ័ត : រ៉ាយង]	ស្លាំ : ជិៈ

[ទេព្យៀត : ទេព្យាង] អ្នកទ្រនោៈ : ខ្លាំង
ទោៈជាយ៉ាងនេៈក៏ដោយ យើងបំភ្លេចចាលនូវិភាព
ឧសុគ្គាបន្តិចបន្តួចនេៈ ហើយយើងសរសេរស្រៈនិមួយ ៗ
រ័តមួយរ័បប ដូចមានជាឧទាហរណ៍នៅក្នុងតារាង
ស្រៈខាងលើនេៈប្រាប់ ។

៣. ស្មរព្យព្យន្ធ៖នៅ កណ្ដាលពាក្យ

ក្នុងភាសារ័ខ្មរ ៣កុរណៈរ័ដលលើសពី ១
ព្យាង្គ ធម្មតាគេថាព្យាង្គនិមួយ ៗ ជាប់ ៗ ពីគ្នា ។
ចរ័ណកងភាសាអង់គ្លេសវិញ ជាពិសេសពាក្យរណៈរ័ដល
គេសង្កត់សម្ឡងលើព្យាង្គទី ១ ព្យាង្គនិមួយ ៗ មិនជាប់
កំបុតពីគ្នាទេ ពីព្រោៈព្យព្យន្ធ៖នៅចន្លោៈស្រៈ
ពីរ គេបន្តីទៅ៉ឹងបន្តុភ្គាប់ពីស្រៈ ទី ១ ទៅ៉ស្រៈទី ២
(ទោៈបីក្នុងភាសាអង់គ្លេសគេសរសេរជាព្យព្យន្ធ៖មួយ
ក៏ដោយ ពីរក៏ដោយ) ស្រដ្យងគ្នានិងពាក្យ
'កណ្ដា ' ក្នុងភាសារ័ខ្មរ ។ នៅក្នុងឧទាហរណ៍ខាង
ប្រកាមនេៈ យើងនិងសរសេរសព្យព្យា៌ខ្មរពីរដងនៅ
កណ្ដាលពាក្យ រដើម្បីបង្ហាញ៉ឹយឃើញថា ព្យព្យន្ធ៖
នោៈ ប្រតូវៈប្រើនៅចុងស្រៈទី ១ ផង ហើយនិងនៅ
រដើមស្រៈទីពីរផង ។ ប៉ុរ័ន្តតាមពិត ព្យាង្គទាំងពីរ
ប្រតូវៈអានជាប់គ្នា ។

/-p-/	[ព]	happy	/háepi/	['ហៃព-ភិ]	សប្បាយចិត្ត
/-t-/	[ត]	little	/lítəl/	['លិត-តិល]	តូច
/-v-/	[វ]	river	/rívər/	['រិវ-វិរ]	ស្ទឹង
/-z-/	[ហ]	lazy	/léyzi/	['ឡេយ្ស-ស្ហិ]	ខ្ជិល
/-dh-/	[ឌ]	father	/fádhər/	['ហ្វាឌ-ឌិរ]	ទំពុក

D. English Stress

In English, stress can make a difference in the meaning of words and sentences. In words, we will use the symbol /´/ over the stressed vowel in the roman transcription, and the symbol /'/ before the stressed syllable in the Khmer transcription; e.g.

record : record /rékərd : rikórd/

In sentences, we will underline the word to be stressed, e.g.:

What is your name? /what iz yowr neym?/

ឃ. ការសង្កត់សម្លេងក្នុងភាសាអង់គ្លេស

ក្នុងភាសាអង់គ្លេស ការសង្កត់សម្លេងអាចធ្វើឱ្យ ពាក្យ ឬ ឃ្លាទៃតមួយមានន័យផ្សេងៗគ្នា ។ ហេតុនេះ ហើយ យើងនឹងប្រើសញ្ញា ['] នៅមុខព្យាង្គណា ដែលត្រូវសង្កត់សម្លេងនៅក្នុងពាក្យដែលមានព្យាង្គ ពីរ ឬ ច្រើនជាងពីរ ។

['ទៃរកិរដ : រិ'ខរដ] ថាល់ : ថត (សម្លេង)

នៅក្នុងឃ្លា យើងគូសបន្ទាត់ពីក្រោមពាក្យណាៃដល ត្រូវសង្កត់សម្លេង ។ ឧ.

[ហ្វិាត អ៊ិៈ យ៉ូរ ណេម?] លោកឈ្មោះអ្វី?

ENGLISH SPELLING

អក្សរាវិរុទ្ធអង់គ្លេស

There are some regular rules in English spelling, but the pronunciation of many words cannot be predicted from the spelling. The reason for this is that English spelling has remained the same over many centuries, while the pronunciation has changed. The purpose of this section is:

1) to explain why it is necessary to use a regular system of phonetic transcription to show you how English words are pronounced, and

2) to show you some of the regular rules of the English writing system so you can learn to read and write English without the aid of a teacher or a phonetic transcription.

In the following charts, each English sound (or sequence of sounds) is followed by the letter(s) which may be used to represent it in various positions in the word, with one example of each spelling.

ភាសាអង់គ្លេសមានការទៅងទាត់ខ្លះដែរ ក្នុងការសរសេរ តែចំពោះពាក្យជាច្រើន គេ មិនអាចដឹងជាមុនថាតើ ត្រូវអានដូចម្ដេចទេ ។ ហេតុនេះបណ្ដាលមកពីអក្សរាវិរុទ្ធអង់គ្លេស ដដែលមាន រក្សាប្រែ ក្នុងប៉ុន្មានសតវត្សរ៍កន្លងមក ចំណែកឯ សូរសព្ទវិញ មានការវិប្របប្រួលជាច្រើន ។ គោលបំណងឡើងនៅក្នុងវគ្គនេះ គឺ :

១. ចង់បង្ហាញឱ្យឃើញថា ហេតុអ្វីបានជាគេ ត្រូវប្រើជាចាំបាច់នូវក្បួនសញ្ញាតំណាងសូរសព្ទអង់ គ្លេស ដើម្បីនិងបំណែនាំសិស្សឱ្យចេះអានពាក្យ អង់គ្លេស ។

២. ចង់បង្ហាញនូវក្បួនដ៏ទៅងទាត់ក្នុងប្រព័ន្ធ ភាសាសរសេរអង់គ្លេសខ្លះ ។ ដូន្ដេះសិស្សអាចទៅន អាននិងសរសេរភាសាអង់គ្លេសដោយមិនបាច់ពឹងពាក់ ទៅលើគ្រូបង្រៀន ឬ សញ្ញាតំណាងសូរសព្ទ ។

ក្នុងតារាងខាងក្រោមនេះ នៅរៀយក្រោយ សូរក្នុងភាសាអង់គ្លេសនិមួយ ៗ ឃើងបាននាយនូវអក្សរ ផ្សេងៗ ៗ ដែលអាចតំណាងសូរនោះ ហើយមាន ឧទាហរណ៍ដែលប្រើអក្សរនោះ ដើមពាក្យ នៅ កណ្ដាលពាក្យ ឬ នៅចុងក្រោយពាក្យ ។

A. Consonants

ក. ព្យញ្ជនៈ:

Sound	Letter	Initially	Medially	Finally
សូរ	អក្សរ	នៅដើមពាក្យ	នៅកណ្ដាលពាក្យ	នៅចុងក្រោយពាក្យ
/p/	p	pot [ផាត] ឆ្នាំង	open ['អូផិន] បើក	rip [រិព] ហែក
	pe			ripe [រ៉ាយព] ទុំ
	pp		stopper ['ស្តាផិរ] ឆ្នុក	

Sound	Letter	Initially	Medially	Finally
ស្វរ	អក្សរ	នៅដើមពាក្យ	នៅកណ្ដាលពាក្យ	នៅចុងក្រោយពាក្យ
/t/	t	top [ថាព] ផ្នែកខាងលើ	writer ['រ៉ាយធ័រ] អ្នកនិពន្ធ	bit [ប៊ិត] បន្តិច
	te			bite [ប្ហយត] កាប់
	tt		bitter ['ប៊ីតឺរ] ម្ញឹង	butt [ប៊ត] ផល់
	bt			doubt [ដោត] សង្ស័យ
	ght			right [រ៉ាយត] ស្ដាំ
/ch/	ch	chop [ឆាព] កាប់		rich [រិឆ] មាន (លុយ)
	tch			catch [ខេឆ] ចាប់
	t		nature ['ណេឆ័រ] ធម្មជាតិ	
/k/	k	key [ហ៊ី] កូនសោ	maker ['មេក័រ] អ្នកផ្លើ	leak [លីក] លិច
	ke			lake [ទ្យក៉] ប៊ឹង
	c	cat [ខេត] ឆ្មា	acute [អ៊ីយ្ហុត] ធ្ងន់	sac [សេក] ថង់
	ck		bicker ['ប៊ិកឺរ] ឈ្លោះ	lack [ទ្យក] ខ្វះ
	cc		soccer ['សាកឺរ] បាល់ទាត់	
	ch	chaos ['ខេអោស] ការវឹកវរ		stomach ['ស្ដ័មិក] ពោះ
	che			ache [អេក] ឈឺ
/b/	b	be [ប៊ី] ជា	table ['ថេប៊ីល] តុ	rob [រ៉ាប] ប្លន់
	be			robe [រ៉ូប] អាវវែង
	bb		rubber ['រ៉ុបឺរ] កៅស៊ូ	ebb [អ៊ែប] នាច
/d/	d	do [ឌូ] ផ្លើ	rider ['រ៉ាយដ័រ] អ្នកជិះ	bad [ប៊ែដ] អាក្រក់
	de			made [មេដ] ផ្លើ (ព.ម)
	dd		ladder ['ទ្យុដ័រ] ជណ្ដើរ	
/j/	j	jail [ជែល] គុក	raja ['រ៉ាជ៉ា] រាជា	raj [រ៉ាជ] រាជ្យ
	g	germ [ជ៊ឺម] មេរោគ	wager ['វេជ៉ឺរ] ភ្នាល់	
	ge			age [អេជ] អាយុ
	dg		badger ['ប៊ែជ៉ឺរ] ស្ពា	
	dge			judge [ជ៊ង] ចៅក្រម
/g/	g	go [គ៉ូ] ទៅ	bogus ['ប៊ូគុស] ទ្ក្លែង	big [ប៊ិគ] ធំ
	gu	guest [គែសត] ភ្ញៀវ		
	gg		bigger ['ប៊ិគឺរ] ធំជាង	
	gh	ghost [គ៉ូសត] ខ្មោច		
	gue			league [លីគ] សម្ព័ន្ធ

Sound	Letter	Initially	Medially	Finally
សូរ	អក្សរ	នៅដើមពាក្យ	នៅកណ្ដាលពាក្យ	នៅចុងក្រោយពាក្យ
/m/	m	man [ម៉ែន] មនុស្សប្រុស	timid ['ធិមិដ] ញេញញើត	dim [ទិម] ស្រអាប់
	me			dime [ដាយម] កាក់
	mm		hammer ['ហែម៉ឺរ] ញញួរ	
	mb			climb [ខ្លាយម] ទ្រេឹង
	mn			damn [ដែម] ចទ្រ្ចូរ
/n/	n	name [ណេម] ឈ្មោះ	money ['ម៉ិនិ] លុយ	can [ខែន] កំប៉ុង
	kn	knee [នី] ជង្គង់		
	ne			cane [ខេន] ឈើច្រត់
	nn		manner ['ម៉ែនឺរ] របៀប	
	gn	gnat [ណែត] លុច		reign [រេ៉ន] រាជ្យ
/ng/	ng		singer ['ស៊ីង័រ] អ្នក ច្រៀង	sing [ស៊ីង] ច្រៀង
/ngg/	ng		finger ['ហ្វ៊ីងគ័រ] ម្រាមដៃ	
/f/	f	fat [ហ្វែត] ធាត់	rifle ['រ៉ាយហ្វល] កាំភ្លើងទ្រនិង	if [អ៊ីហ្វ] បើ
	fe			wife [អ្វាយហ្វ] ប្រពន្ធ
	ff		coffee ['ខហ្វ៊ី] កាហ្វេ	off [អហ្វ] ចេញ
	ph	photo ['ហ្វូតូ] រូបថត	cipher ['សាយហ្វ៉រ] លេខសូន្យ	graph [ក្រែហ្វ] តំណរនាង
	gh		tougher ['ថហ្វ៉រ] ស្វិតជាង	laugh [ឡែហ្វ] សើច
	lf			half [ហែហ្វ] កន្លះ
/v/	v	vine [វ៉ាយន] វល្លិ	river ['រីវ៉ីរ] ស្ទឹង	
	ve			love [ឡវ] ស្រឡាញ់
	f			of [អ៊វ] នៃ
/th/	th	thigh [ថាយ] ភ្លៅ	ether ['អ៊ីថ៉ឺរ] អេវ៉ែថ៉រ	breath [ប្រែថ] ដង្ហើម
/dh/	th	thy [ឆាយ] របស់លោក	either ['អ៊ីធ៉ឺរ] ឬ	breathe [ប្រែធ] ដកដង្ហើម
/s/	s	see [ស៊ី] ឃើញ	basic ['បេស៊ិក] ជា រគោល	bus [បស] ឡានឈ្នួល
	se			case [ខេស] ទ្រុង
	ss		lesson ['ឡែស៊ិន] មេរៀន	less [ឡែស] តិចជាង
	sc	scent [សែស៊ិនត] ក្លិន	descend [ឌិ'សែស៊ិនដ] ចុះ	

Sound	Letter	Initially	Medially	Finally
ស្សូរ	អក្សរ	នៅដើមពាក្យ	នៅកណ្ដាលពាក្យ	នៅចុងក្រោយពាក្យ
(/s/)	c	cease [ស៊ីស] ឈប់	recent ['រីស៊ីនត] ថ្មី	
	ce			rice [រ៉ាយស] អង្ករ
	sce			coalesce [ខូអ៊ី'លែស] ចូលគ្នា
/z/	z	zoo [ហ្ស៊ូ] សួនសត្វ	lazy ['ឡេហ្ស៊ី] ខ្ជិល	fez [ហ្វេស] កាតិប
	ze			size [សាយស] ទំហំ
	zz		buzzard ['បធ៊ីរដ] គ្នាត	fuzz [ហ្វ៊ស] រនាមទន់
	s		easy ['អ៊ីធ៊ី] ស្រួល	his [ហ៊ិស] របស់គាត់
	se			rise [រ៉ាយស] ទេ្បីង
/sh/	sh	shoe [ស៊ូ] ស្បែកជើង	fisher ['ហ្វ៊ីស៊ីរ] អ្នក សូបត្រី	fish [ហ្វ៊ីស] ត្រី
	ch	chef [ស៊ីហ្វ] ចុងភៅ		
	ss		pressure ['ព្រិសស៊ីរ] សម្ពាធ	
	ti		nation ['ណេសស៊ីន] ជាតិ	
/zh/	s		leisure ['លិហស៊ីរ] ពេលទំនេរ	
	ge			beige [បិហស] ណ៏តង្កាតថ្មី
/l/	l	leg [លែគ] ជើង	melon ['មែឡ៊ីន] ត្រសក់ ស្រូវ	tail [ថេល] កន្ទុយ
	le			tale [ថេល] ទេរ៉ីង
	ll		yellow ['យែឡ៊]	tall [ថល] ខ្ពស់
/r/	r	red [រែដ] ក្រហម	foreign ['ហ្វ៊រិន] នីទេ	car [ខារ] ឡ្យាន
	re			care [ខែរ] ការថែរក្សា
	rr		carry ['ខែរ៊ី] យកទៅ	err [អ៊ីរ] ធ្វើខុស
	wr	write [រ៉ាយត] សរសេរ		
/y/	y	you [យូ] លោក អ្នក ។ល។	beyond [ប៊ី'យ៉ានដ] ហួស	boy [បយ] ក្មេងប្រុស
/w/	w	way [វេ] ផ្លូវ	coward ['ខោអ៊ីរដ] កំសាក	cow [ខោ] គោ
/h/	h	hair [ហែរ] សក់		
	wh	who [ហ៊ូ] អ្នកណា		
/wh/	wh	where [ហ្វ៊ែរ] ឯណា		

B. Vowels — ខ. ស្រៈ

Sound	Letter	Example	Sound	Letter	Example
ស្រៈ	អក្សរ	ឧទាហរណ៍	ស្រៈ	អក្សរ	ឧទាហរណ៍
/iy/	ee	see [ស៊ី] ឃើញ	(/ə/)	e	water ['វ៉ាត័រ] ទឹក
	ea	sea [ស៊ី] សមុទ្រ			open ['អូពិន] បើក
	ie	piece [ភីស] ដុំ		o	come [ខ៊ម] មក
	ei	ceiling ['ស៊ីលិង] ពិតាន			mother ['ម៉ឌ័រ] ម្តាយ
	e	cede [ស៊ីដ] ប្រគល់នឹយ			lesson ['ល៊ែសិន] មេរៀន
	i	cuisine [ឃ្វី'ជីន] មួប		i	bird [ប៊ឺដ] សត្វហើរ
/i/	i	pick [ភិក] បេះ		ou	tough [ថ៊ហ្វ] ស្ទិត
	e	here [ហ៊ីរ] ឯនេះ		ea	learn [ឡ៊ូរន] នេរៀនចេះ
	ee	beer [ប៊ីរ] ប៊ីយ៉ែរ		(l)e	table ['ថេប៊ល] តុ
	ie	pier [ភិរ] ផ្ទែ	/a/	a	father ['ហ្វា ឌ័រ] ឪពុក
		bonnie ['ប៉និ] ស្ម៉ាត		o	bother ['ប៉ឌ័រ] រំខាន
	y	symbol ['ស៊ីមប៉ុល] សញ្ញា	/uw/	u	rude [រ៊ូដ] ប្រទោះ
		city ['ស៊ីទិ] ទីក្រុង		ue	blue [ប្ល៊ូ] ពណ៌ខៀវ
	ey	money ['ម៉និ] លុយ		ew	blew [ប្ល៊ូ] ផ្លុំ(ព.ម.)
/ey/	a	tale [ថេល] នេរឿង		o	to [ធូ] ដល់
	ai	tail [ថេល] កន្ទុយ		oo	too [ធូ] ផងដែរ
	ay	pray [ប្រេផ] បន់		wo	two [ធូ] ពីរ
	ey	prey [ប្រេផ] សត្វបរបាញ់		oe	shoe [ស៊ូ] ស្បែកជើង
	ei	rein [រ៉េន] បង្ហៀន		ou	route [រ៊ូត] ផ្លូវ
/e/	e	bed [ប៊ែដ] គ្រែ		ough	through [ធ្រ៊ូ] ឆ្លូប
	ea	head [ហ៊ែដ] ក្បាល	/u/	u	put [ផ៊ុត] ដាក់
	ai	said [ស៊ែដ] ថា (ព.ម.)		oo	book [ប៊ុក] សៀវភៅ
/ae/	a	bad [ប៊ែដ] អាក្រក់		ou	could [ឃ៊ុដ] អាច
	ai	pair [ផែរ] គូ	/ow/	o	so [ស៊ូ] អញ្ចឹង
	ea	pear [ផែរ] ផ្លែពែរ		ow	sow [ស៊ូ] ព្រោះ
	e	there [ធ៊ែរ] ឯនោះ		ew	sew [ស៊ូ] ដេរ
/ə/	u	but [ប៊ត] តែ		oe	toe [ធូ] ម្រាមជើង
	a	about [អ៊ី'ប៉ោត] អំពី		ough	though [ថូ] ថ្វីបើ
		sofa ['ស៊ូហ្វ៉ា] ស៊ូហ្វ៉ា	/o/	o	dog [ដ៉គ] ឆ្កែ
	e	her [ហ៊ីរ] (របស់)នាត់(ស្រី)		ou	cough [ខ៉ហ្វ] ក្អក

Sound	Letter	Example	Sound	Letter	Example
ស្វរ	អក្សរ	ឧទាហរណ៍	ស្វរ	អក្សរ	ឧទាហរណ៍
(/o/)	a	call [ខល] ហៅ	(/ay/)	uy	buy [ប៉យ] ទិញ
	aw	law [ឡ្វ] ច្បាប់		ye	dye [ដាយ] ក្រឡេកពណ៌
	au	haul [ហល] ដឹកនាំ		ei	height [ហាយត] កម្ពស់
/ay/	i	I [អាយ] ខ្ញុំ	/aw/	ow	cow [ខៅ] គោ
		rice [រ៉ាយស] អង្ករ		ou	out [អៅត] ក្រៅ
	igh	high [ហាយ] ខ្ពស់		ough	bough [បៅ] មែកឈើ
	ie	die [ដាយ] ស្លាប់	/oy/	oy	boy [បយ] ក្មេងប្រុស
	y	by [ប៉យ] ដោយ		oi	boil [បយល] ស្ងោរ

C. Initial Clusters   គ. បរង្គាមព្យញ្ជនៈនៅខាងដើមពាក្យ

1) Two-Place Initial Clusters   ១. បរង្គាមមានព្យញ្ជនៈពីរនៅដើមពាក្យ

Sound	Letter	Example	Sound	Letter	Example
ស្វរ	អក្សរ	ឧទាហរណ៍	ស្វរ	អក្សរ	ឧទាហរណ៍
/pr/	pr	pry [ប្រ៉ាយ] គាស់	/fl/	fl	fly [ហ្វ្លាយ] រហោះ
/tr/	tr	try [ត្រ៉ាយ] ល		phl	phlegm [ហ្វ្លេម] ស្លេស្ម
/kr/	cr	cry [ក្រ៉ាយ] យំ	/tw/	tw	twelve [ធ្វែលវ] ដប់ពីរ
	kr	Kris [ក្រិស] (ឈ្មោះ)	/kw/	qu	quick [ឃ្វិក] លឿន
	chr	chrome [ក្រូម] ក្រូម		kw	kwik [ឃ្វិក] លឿន
/br/	br	brown [ប្រោន] ក្រម៉ៅ	/dw/	dw	dwell [ឌ្វែល] នៅ
/dr/	dr	drive [ឌ្រាយវ] បើក (ឡាន)	/gw/	gu	guava [ّ ្គ័វ៉] ត្របែក
/gr/	gr	grass [គ្រាស] ស្មៅ		gw	Gwen [្គែន] (ឈ្មោះ)
/fr/	fr	friend [្រ្ហ្វិនឌ] ពួកម៉ាក	/thw/	thw	thwart [ធ្វតថ] មិននឹយ ្របមច
	phr	phrase [្រ្ហ្វេ] ឃ្លា	/sw/	sw	swim [ស្វិម] ហែលទឹក
/thr/	thr	throw [្រ្ហ្វ] បោល	/hw/	wh	what [ហ្វាត] អ្វី
/shr/	shr	shrimp [្រស្រ៉ិមព] ្របពាន	/py/	p(u)	pure [ភ្យួរ] បរិសុទ្ធ
/pl/	pl	play [ភ្ល] លេង	/ty/	t(u)	tube [ធ្យួប] បំពង់
/kl/	cl	clay [្ខ្ល] ដីឥដ្ឋ	/ky/	c(u)	cure [្ខ្យួរ] ព្យាបាលជា
	kl	klepto [្ខ្លេព្ត] បោរ	/by/	b(ea)	beauty ['ប៊្យូទិ] សំ្រស់
/bl/	bl	blue [្ប៊្លូ] ពណ៌ខៀវ	/dy/	d(u)	duty ['ឌ្យូទិ] ភារ
/gl/	gl	glue [្គ្លូ] កាវ	/my/	m(u)	music ['ម្យូ ្ជិក] ភ្លេង
/sl/	sl	slow [ស្លូ] យឺត	/ny/	n(e)	new [ញ្យូ] ថ្មី

Sound សូរ	Letter អក្សរ	Example ឧទាហរណ៍
/rl/	-rl	girl [គឺរល] ក្មេងស្រី
/lp/	-lp	help [ហែលព] ជួយ
/lt/	-lt	colt [ខូលត] កូនសេះ
/lch/	-lch	belch [បៃលឈ] រភើ
/lk/	-lk	milk [មិលក] ទឹកដោះគោ
/lb/	-lb	Elb [អៃលប] (ឈ្មោះ)
/ld/	-ld	cold [ខូលដ] រងា
	-led	failed [ហ្វៃលដ] ធ្លាក់ (ព.ម.)
	-lled	called [ខលដ] ហៅ (ព.ម.)
/lj/	-lge	bulge [ប៉ិលជ] ទេ្រីងច្រេាង
/lm/	-lm	realm [រៃលម] រាជ្យ
/ln/	-ln	kiln [ឃិលន] ឡ (ដុត)
/lf/	-lf	shelf [ស្ហៃលហ្វ] ធ្នើរ
	-lph	Ralph [រ៉ាលហ្វ] (ឈ្មោះ)
/lv/	-lve	solve [សលវ] ដោះស្រាយ
/lth/	-lth	health [ហៃលថ] សុខភាព
/ls/	-lse	else [អៃលស] ទៀត
/lz/	-ls	tails [ថៃលស] កន្ទុយ (ព.)
	-les	tales [ថៃលស] ទេ្រឿង (ព.)
	-lls	tells [ថៃលស] ប្រាប់
/lsh/	-lsh	welsh [វៃលស្ហ] អ៊ែពួក
/sp/	-sp	wasp [អ្វាសព] ឪម៉ាល់
/st/	-st	past [ផៃសត] អតីត
	-ste	paste [ផេសត] កាវ
	-sed	based [បេសត] សំអាងលើ
	-ced	paced [ផេសត] ដើររទៅមក
	-ssed	passed [ផៃសត] ដើររួល
/sk/	-sk	ask [អៃសក] សួរ
	-sc	disc [ទិសក] អ្វីៗ មូលសំប៉ែត
/zd/	-zed	amazed [អ៊ីមេដ] ភ្លាល់
	-sed	raised [រៃដ] លើក (ព.ម.)

Sound សូរ	Letter អក្សរ	Example ឧទាហរណ៍
/pt/	-pt	slept [ស្លៃពន] គេង (ព.ម.)
	-ped	sloped [សួបត] ប្រជោល
	-pped	stopped [ស្លាពត] ឈប់ (ព.ម.)
/ps/	-ps	caps [ខៃពស] កាតិប (ព.)
	-pes	capes [ខេពស] អាវរងា (ព.)
	-pse	lapse [ឡៃពស] កន្លងទៅ
/ts/	-ts	hats [ហៃតស] មួក (ព.)
	-tes	hates [ហេតស] ស្អប់
/cht/	-ched	matched [ម៉ៃឆត] ផ្គូ
/kt/	-ct	fact [ហ្វៃកត] កត្តា
	-ked	faked [ហ្វេកត] ក្លែង
	-cked	packed [ផៃកត] ខ្ចប់
	-ched	ached [អេកត] ឈី (ព.ម.)
/ks/	-x	box [ប្រកស] ប្រអប់
	-xe	axe [អៃកស] ពូថៅ
	-kes	cakes [ខេកស] នំប៉័ងនាំង (ព.)
	-cks	backs [ខៃកស] ខ្នង (ព.)
	-ches	aches [អេកស] ឈី
/bd/	-bed	robed [រ៉ូបដ] ពាក់អាវរៃវៃង
	-bbed	robbed [រ៉ាបដ] ប្លន់ (ព.ម.)
/bz/	-bs	ribs [រិបស] ឆ្អឹងជំនី (ព.)
	-bes	robes [រ៉ូបស] អាវរៃវៃង (ព.)
/dth/	-dth	width [អ៊ីដថ] ទទឹង
/dz/	-ds	beds [ប៉ិដស] គ្រែ (ព.)
	-des	rides [រ៉ាយដស] ជិះ
/jd/	-ged	gouged [គៅជដ] មានស្លាមឆ្កូត
	-dged	judged [ជ៉ិជដ] កាត់សេចក្ដី
/gd/	-gged	hugged [ហ៊ីកដ] ឱប (ព.ម.)
/gz/	-gs	dogs [ដគស] ឆ្កែ (ព.ម.)
	-gues	rogues [រ៉ូគស] មនុស្សឃោរ (ព.)
/mp/	-mp	jump [ជ៉ិមព] លោត

Sound	Letter	Example		Sound	Letter	Example
ស្វរ	អក្សរ	ឧទាហរណ៍		ស្វរ	អក្សរ	ឧទាហរណ៍
/fy/	f(e)	few [ហ្វ៊្យូ] តិច		(/sk/)	sch	school [ស្គូល] សាលារៀន
/sp/	sp	spy [ស្ប៉ាយ] ចារបុរស		/sm/	sm	smile [ស្ម៉ាយល] ញញឹម
/st/	st	sty [ស្ត៉ាយ] ពពិតភ្នែក		/sn/	sn	sneeze [ស្ន៊ីង] កណ្ដាស់
/sk/	sk	sky [ស្គ៉ាយ] មេឃ		/sf/	sph	sphere [ស្ហ៊្វ៉ិរ] ទ្រូង
	sc	scare [ស្គ៉ែរ] បន្លាច				

2) Three-Place Initial Clusters   ២. ចង្កោមមានព្យញ្ជនៈបីនៅដើមពាក្យ

Sound	Letter	Example		Sound	Letter	Example
ស្វរ	អក្សរ	ឧទាហរណ៍		ស្វរ	អក្សរ	ឧទាហរណ៍
/spr/	spr	spring [ស្ព្រីង] រដូវផ្កានិក		/skw/	squ	squid [ស្គ៊្វិដ] ត្រីមីក
/str/	str	string [ស្ទ្រីង] ខ្សែ		/spy/	sp(e)	spew [ស្ព្យូ] ព្រួសចេញ
/skr/	scr	scrape [ស្គ្រេព] កោស		/sty/	st(e)	stew [ស្ត្យូ] ស្ល
/spl/	spl	split [ស្ព្លិត] បំបែក		/sky/	sk(e)	skew [ស្គ៊្យូ] ចង្អៀត
/skl/	scl	sclerosis [ស្គ្លឺ'រ៉ូស៊ីស] រោគមម្រាំង				

D. Final Clusters   ឃ. ចង្កោមព្យញ្ជនៈនៅចុងត្របាយពាក្យ
1) Two-Place Final Clusters   ១. ចង្កោមមានព្យញ្ជនៈពីរនៅចុងពាក្យ

Sound	Letter	Example		Sound	Letter	Example
ស្វរ	អក្សរ	ឧទាហរណ៍		ស្វរ	អក្សរ	ឧទាហរណ៍
/rp/	-rp	sharp [ស្យ៉ារព] មុត		/rg/	-rg	burg [បឺរគ] ក្រុង
/rt/	-rt	cart [ខារត] រទេះ		/rm/	-rm	arm [អារម] ទៃដ
/rch/	-rch	porch [ផរឆ] ហោលាណ៍		/rn/	-rn	learn [ឡឺរន] រៀន
/rk/	-rk	work [អ៊ីរក] ធ្វើការ		/rf/	-rf	scarf [ស្គារហ្វ] កន្ទុះទ្រនុំ
	-rc	arc [អារក] ធ្នូ			-rph	morph [ម៉រហ្វ] រូប
/rb/	-rb	curb [ខឺរប] ចិរពេជ្ញ័ឆម្ងល់		/rth/	-rth	hearth [ហារថ] ដើងក្រាន
/rd/	-rd	card [ខារដ] របៀ		/rs/	-rse	horse [ហរស] សេះ
	-red	scared [ស្គ៉ែរដ] ខ្លាច		/rz/	-rs	cars [ខារ៍ស] ឡ្យាន (ព.)
	-rred	scarred [ស្គ៉ារដ] សំណាម			-res	wares [ទៃរ៍ស] ទំនិញ
/rj/	-rge	large [ឡ្យារជ] ធំ		/rsh/	-rsh	harsh [ហារស្យ] គ្រោតគ្រាត

Sound	Letter	Example		Sound	Letter	Example
សូរ	អក្សរ	ឧទាហរណ៍		សូរ	អក្សរ	ឧទាហរណ៍
/md/	-med	tamed [ថេមដ] ផ្សាំង		/ngk/	-nk	think [ថិងក] គិត
	-mmed	stemmed [ស្តែមដ] មានទង		/ngd/	-nged	hanged [ហែងដ] ចងក (៣.ម.)
/mz/	-ms	yams [យ៉េមៗ] ដំឡូងជ្វា		/ngz/	-ngz	things ថិងៗ អីវ៉ាន់
	-mes	names [នេមៗ] ឈ្មោះ (៣.)		/ft/	-ft	left [ឡែហ្វត] ឆ្វេង
/nt/	-nt	want [វ៉ានត] ចង់បាន			-ghed	laughed [ទ្បៗហ្វត] សើច
	-n't	can't [ខែនត] មិនកើត		/fth/	-fth	fifth [ហ្វិហ្វថ] ទីប្រាំ
/nch/	-nch	pinch [ភិនឆ] ក្និច		/fs/	-fs	roofs [រៀហ្វស] ដំបូល (៣.)
/nd/	-nd	find [ហ្វាយនដ] រកឃើញ			-fes	knifes [ណាយហ្វស] ចាក់និងកាំបិត
	-ned	fined [ហ្វាយនដ] ត្រូវវិធាក			-fe's	wife's [វ៉ាយហ្វស] របស់ប្រពន្ធ
	-nned	finned [ហ្វ៊ីនដ] មានព្រុយ			-ffs	puffs [ផហ្វស] កំប៉ុល (៣.)
	-gned	reigned [រ៉េនដ] សោយ			-ghs	laughs [ទ្បៗហ្វស] សើច
		រាជ្យ (៣.ម.)		/vd/	-ved	lived [លិវិដ] រស់នៅ (៣.ម.)
/nj/	-nge	change [ឆេនជ] ផ្លាស់ប្ដូរ		/vz/	-ves	lives [លិវិៗ] រស់នៅ
/nth/	-nth	month [ម៉ុនថ] ខែ		/ths/	-ths	breaths [ប្រិៗថស] ដង្ហើម (៣.)
/nz/	-ns	cans [ខែនៗ] កំប៉ុង (៣.)		/dhd/	-thed	breathed [ប្រឹៗដ] ដកដង្ហើម
	-nes	canes [ខេនៗ] ឈើច្រត់ (៣.)		/dhz/	-thes	breathes [ប្រឹៗៗ] ដកដង្ហើម

2) Three-Place Final Clusters   ២. ចង្កោមដែលមានពួកព្យញ្ជនៈបីនៅចុងនៃព្យាយពាក្យ

Sound	Letter	Example		Sound	Letter	Example
សូរ	អក្សរ	ឧទាហរណ៍		សូរ	អក្សរ	ឧទាហរណ៍
/rps/	-rps	harps [ហារពស] ពិណ (៣.)			-lph's	Ralph's [រ៉េ័លហ្វស] របស់
/rts/	-rts	carts [ខារតស] រទេះ (៣.)				(ឈ្មោះ)
/rks/	-rks	works [អ៊ិរកស] ធ្វើការ		/lths/	-lth's	health's [ហេ័លថស] នៃ
	-rcs	arcs [អារកស] ធ្ទ (៣.)				សុខភាព
/rfs/	-rfs	surfs [សិរហ្វស] ជិះរលក		/sps/	-sps	wasps [អ្វាសពស] ឌ្បម៉ាល់ (៣.)
	-rphs	morphs [ម៉រហ្វស] រូប (៣.)		/sts/	-sts	fasts [ហ្វ័សតស] អត់បាយ
/rths/	-rths	births [បីរថស] កំណើត (៣.)			-stes	pastes [ផេសតស] បិទ
/lps/	-lps	helps [ហេ័លពស] ជួយ		/sks/	-sks	asks [អែសកស] សួរ
/lts/	-lts	belts [បិ៊លតស] ខ្សែក្រវ៉ាត់		/pts/	-pts	adapts [អ៊ី'ដែពតស] សម្រួល
/lks/	-lks	silks [សិលកស] វៃប្រ		/kts/	-cts	facts [ហ្វ័កតស] កត្តា (៣.)
/lfs/	-lf's	wolf's [វ៉ុលហ្វស] នៃចចក		/dths/	-dths	widths [វ៉ិដថស] ទទឹង (៣.)

Sound	Letter	Example	Sound	Letter	Example
ស្វ្រ	អក្សរ	ឧទាហរណ៍	ស្វ្រ	អក្សរ	ឧទាហរណ៍
/mps/	-mps	lamps [ទ័ៃ្សមពស] ចង្កៀង	/rst/	-rst	first [ហ្វ័រសត] ទីមួយ
	-mpse	glimpse [គ្លិមពស] ឃើញ		-rsed	cursed [ខ័រសត] ត្រូវគេជេរ
		មួយភ្លែត		-rced	forced [ហ្វរសត] បង្ខំ
/nts/	-nts	pants [ផែនតស] ខោ	/lpt/	-lped	helped [ហែលពត] ជួយ(ព.ម.)
	-nse	sense [សេ៊នតស] វិញ្ញាណ	/lcht/	-lched	belched [បេ៊លឈត] រអ៊ើ(')
	-nce	since [សុ៊នតស] តាំងពី	/lkt/	-lked	walked [អុលកត] ដើរ (')
/nths/	-nths	months [ម៉ុនថស] ខែ(ព.)	/lst/	-lst	whilst [ហវ៉ាយលសត] រពល
/ngks/	-nks	drinks [ទ្រិងកស] ផឹក		-lsed	pulsed [ផុលសត] ដើរប៊ុត ពុ
	-nx	jinx [ជិងកស] សំ៊យ	/lsht/	-lshed	welshed [វេ៊លស្យត] នឧ្បាក
/ngkth/	-ngth	strength [ស្ត្រ៉េងកថ]	/spt/	-sped	lisped [លិសពត] និយាយទ្បលពុ
		កម្លាំង	/skt/	-sked	asked [អែសកត] សួរ (ព.ម.)
/fts/	-fts	lifts [លិហ្វតស] រលើក	/pst/	-psed	lapsed [ទ័ៃ្សពសត] កន្លងទៅ
/fths/	-fths	fifths [ហ្វ៊ហ្វថស] ភាគប្រាំ (ព.)	/kst/	-xed	boxed [ប្រាកសត] ដាក់ក្នុងប្រអប់
/rbz/	-rbs	herbs [ហ៊រ្បស] ទិណ្ណទស (ព.)	/mpt/	-mpt	tempt [ទែមពត] ទាក់ចិត្ត
/rdz/	-rds	birds [ប៊រដស] សត្វស្លាប (ព.)		-mped	jumped [ជ៉ុមពត] លោត(ព.ម.)
/rgz/	-rgs	burgs [ប៊រគស] ក្រុង(ព.)	/mpf/	-mph	lymph [លិមពហ្វ] លសិកា
/rmz/	-rms	arms [អារមស] ដៃ(ព.)	/ncht/	-nched	pinched [ភិនឈត] ក្ដិច
/rnz/	-rns	thorns [ថនស] បន្លា (ព.)	/ngkt/	-nked	thanked [ទ័ៃ្ងកត] អរគុណ
/rlz/	-rls	girls [គ៊រលស] ក្មេងស្រី (ព.)	/rbd/	-rbed	curbed [ខ័របដ] ទប់(ព.ម.)
/ldz/	-lds	wilds [អាយលដស] ព្រៃ	/rjd/	-rged	merged [ម៉ុរជដ] ចូលគ្នា (ព.)
/lmz/	-lms	films [ហ្វ៊លមស] កុន (ព.)	/rmd/	-rmed	armed [អារមដ] ប្រដាប់អាវុធ
/lnz/	-lns	kilns [ឃិលនស] ឡ (ព.)	/rnd/	-rned	burned [ប៊រនដ] ដែលនេះ
/lfth/	-lfth	twelfth [ទ័ៃ្វលហ្វថ] ទីដប់ពីរ	/rld/	-rld	world [អ៊ុរលដ] ពិភពលោក
/lvz/	-lves	shelves [សេ៊ៗលវស] ធ្នើរ		-rled	whirled [ហវ៊រលដ] វិល(ព.ម.)
/rpt/	-rped	warped [អ្វារពដ] រវៀច	/ljd/	-lged	bulged [ប៊លជដ] ទ្បើងប៉ោង
/rcht/	-rched	arched [អានឈត] រកោង	/lmd/	-lmed	filmed [ហ្វ៊លមដ] ថត(ព.)
/rkt/	-rked	worked [អ៊ុរកត] ធ្វើការ	/lvd/	-lved	solved [សលវដ] ដោះស្រាយ
/rnt/	-rnt	burnt [ប៊រនត] ខ្លាច	/njd/	-nged	changed [ឆែនជដ] ដែលផ្លាស់
/rft/	-rfed	turfed [ថ៊រហ្វត] ដុសស្បែ	/nzd/	-nsed	cleansed [ខ្លែនសដ] ដែល
/rtht/	-rthed	berthed [ប៊រថត] ចត			ត្រូវគេសម្អាត

3) Four-Place Final Clusters   ៣. ចង្កោមទីដែលមានព្យញ្ជនៈបួននៅចុងឬកាយពាក្យ

Sound	Letter	Examples
លួរ	អក្ខរ	ឧទាហរណ៍
/mpts/	-mpts	tempts [ទែមពតស] ទាក់ចិត្ត
/mpst/	-mpsed	glimpsed [គ្លីមពលត] បើញមួយរំភ្លែត (៣.ម.)
/ntst/	-nst	against [អិ'ទ័ន្នតលត] ទល់និង
	-nsed	rinsed [រិនតលត] ទីដែលលាងជម្រះ
	-nced	minced [មិនតលត] ទីដែលកាត់ជាដុំតូច ៗ
/ngkst/	-ngst	amongst [អិ'ម៉ុងកលត] ក្នុងចំណោម
	-nxed	jinxed [ជិងកលត] ទីដែលលិយ
/ngkths/	-ngths	strengths [ទ្រ្សួងកថស] គុណភាព (៣.)

LIST OF KHMER ABBREVIATIONS

នៅក្នុងសៀវភៅនេះ យើងនឹងប្រើពាក្យ   The following Khmer abbreviations
ខ្មែរសរសេរកាត់នៅខាងក្រោមនេះ ។ រៀងទៅ   are used in this book, listed in Khmer
តាមលំដាប់អក្សរខ្មែរ ។   alphabetical order.

ក.	កិរិយាសព្ទ	Verb
ក.ជ.	កិរិយាសព្ទជំនួយ	Auxiliary Verb
ក.វិ.	កិរិយាវិសេសនី	Adverb
គ.	គុណនាម	Adjective
គ.ប.	គុណនាមប្រៀបធៀប	Comparative Adjective
គ.អ.	គុណនាមអតិវិសេស	Superlative Adjective
ន.	នាមសព្ទ	Noun
ប.	បដិសេធ	Negative
បុំ.	បុំលិង្គ	Masculine
ព.	ពហុវចនៈ	Plural
ព.ក.	ពេលកន្លងទៅ	Perfect Tense
ព.កំ.	ពេលកំពុងបច្ចុប្បិត្ត	Present Progressive Tense
ព.ឧ.	ពេលខាងមុខ	Future Tense
ព.ភ.	ពាក្យភ្ជាប់	Conjunction
ព.ម.	ពេលមុន	Past Tense
ព.ឥ.	ពេលឥឡូវ	Present Tense
ម.ល.	មានលក្ខខណ្ឌ	Conditional
វិ.	វិជ្ជមាន	Affirmative
ស.	សព្វនាម	Pronoun
ស.ស.	សាមីសម្បត្ត	Possessive
អ.	អាយតនិបាត	Preposition
ឥ.	ឥត្ថីលិង្គ	Feminine
ឯ.	ឯកវចនៈ	Singular
ឧ.	ឧទាហរណ៍	Example
ឧ.ស.	ឧទានសព្ទ	Interjection

LESSON 1: MEETING PEOPLE

របេ រៀន ទី ១: ការ ជួប គ្នា

A. MODEL SENTENCES	ENGLISH PHONETICS	KHMER PHONETICS	TRANSLATION
ក. ឃ្លា គំរូ	តំណាង សូរ ជា អក្សរ អង់ គ្លេស	តំណាង សូរ ជា អក្សរ ខ្មែរ	ការ បៃ ប្រ ជា ខ្មែរ
Bill:			បៃ៊ល:
hello	/helów/	[ហ៊ែ ໋ໍ 'ទ្ឤូ]	ជំរាប សួរ
you	/yuw/	[យ៊ូ]	លោក, អ្នក, ។ល។
how are you	/haw ar yuw/	[ហោ អារ យ៊ូ]	សុខ សប្បាយ ជា ទេ
1. Hello! How are you?	/helów! haw ar yuw?/	[ហ៊ែ ໋ໍ 'ទ្ឤូ! ហោ អារ យ៊ូ ?]	ជំរាប សួរ! លោក សុខ សប្បាយ ជា ទេ ?
Sok:			សុខ:
I	/ay/	[អាយ]	ខ្ញុំ
I'm	/aym/	[អាយម]	ខ្ញុំ(ជា)
fine	/fayn/	[ហ្វាយន]	សុខ សប្បាយ ជា
thank	/thaenk/	[ថៃ ង ក]	អរ គុណ
thank you	/thaenk yuw/	[ថៃ ង ក យ៊ូ]	អរ គុណ លោក, អ្នក, ។ល។
2. I'm fine, thank you.	/aym fayn, thaenk yuw./	[អាយម ហ្វាយន, ថៃ ង ក យ៊ូ]	ខ្ញុំ សុខ សប្បាយ ជា ទេ, អរ គុណ(លោក).
and	/aend/	[ថៃ ន ដ]	និង, ហើយ និង, ចុះ
3. And you?	/aend yuw?/	[ថៃ ន ដ យ៊ូ ?]	ចុះ លោក ?
Bill:			បៃ៊ល:
what	/what/	[ហ្វ៉ា ត]	អ្វី, អី, ស្អី
is	/iz/	[អ៊ិ ៨]	គឺ, ជា
your	/yowr/	[យ៊ូ រ]	(របស់)លោក
name	/neym/	[ណេម]	ឈ្មោះ
4. What is your name?	/what iz yowr neym?/	[ហ្វ៉ា ត អ៊ិ ៨ យ៊ូ រ ណេម?]	លោក ឈ្មោះ អ្វី ?
Sok:			សុខ:
my	/may/	[ម៉ា យ]	(របស់) ខ្ញុំ
5. My name is Sok.	/may neym iz sowk./	[ម៉ា យ ណេម អ៊ិ ៨ សុក.]	ខ្ញុំ ឈ្មោះ សុខ.
Bill:			បៃ៊ល:
pleased	/pliyzd/	[ភ្លី ៨ ដ]	ប្រ ត អរ

to meet	/tuw miyt/	[ធូ មីត]	ជួប, ស្គាល់
6. I'm pleased to meet you.	/aym pliyzd tuw miyt yuw./	[អាយម ភ្លីងដ ធូ មីត យូ.]	ខ្ញុំត្រកអរ[ណាស់] ដោយ បានជួបលោក.
do	/duw/	[ឌូ]	(ក.ដ.)
speak	/spiyk/	[ស្ពីក]	និយាយ
English	/énglish/	['វ៉ឹង្គ្លិស្យ]	អង់គ្លេស
7. Do you speak English?	/duw yuw spiyk énglish?/	[ឌូ យូ ស្ពីក 'វ៉ឹង្គ្លិស្យ?]	លោក[ចេះ]និយាយ អង់គ្លេសទេ?
Sok:			សុខ:
yes	/yes/	[យ៉ែស]	បាទ/ចា៎ះ
little	/lítəl/	['លិតិល]	តិច, តូច
a little	/ə lítəl/	អ៊ 'លិតិល	បន្តិច, បន្តិចបន្តួច
8. Yes, a little.	/yes, ə lítəl./	[យ៉ែស, អ៊ 'លិតិល.]	បាទ, បន្តិចបន្តួច.
Bill:			ប៊ិល:
sorry	/sári/	['សារិ]	ស្គាយ
I'm sorry	/aym sári/	[អាយម 'សារិ]	ខ្ញុំស្គាយ, សុំទោស
don't	/downt/	[ដ៉ូនត]	មិន[ចេះ]
Khmer	/kmaer/	[ខ្មែរ]	ខ្មែរ
9. I'm sorry, I don't speak Khmer.	/aym sári, ay downt spiyk kmaer./	[អាយម 'សារិ, អាយ ដ៉ូនត ស្ពីក ខ្មែរ.]	សុំទោស, ខ្ញុំមិន[ចេះ] និយាយខ្មែរទេ.
Sok:			សុខ:
never	/névər/	['ណែវ៉ឺរ]	មិនអីដែល
mind	/maynd/	[ម៉ាយនដ]	ខ្វល់
10. Never mind.	/névər maynd./	['ណែវ៉ឺរ ម៉ាយនដ.]	មិនអីទេ.

B. KHMER PRONUNCIATION OF THE MODEL SENTENCES FOR THE TEACHER

The following are phonetic transcriptions of the Khmer equivalents of the English model sentences. These pronunciation guides to the model sentences will be provided in each lesson for the use of the teacher working with Khmers who do not read Khmer script. (For a description of this system, see Huffman, Cambodian System of Writing and Beginning Reader, Yale University Press, 1970, Chapter 2: Phonology).

1. cumriəp suə! look sok-sɑpbaay ciə tee?

2. kñom sok-sɑpbaay ciə tee, qɑɑ-kun.

3. coh look?

4. look cmuə̀h qwəy?

5. kñom cmuə̀h sok.

6. kñom treik-qɑɑ nah daoy baan cuəp look.

7. look ceh niyiəy qɑŋkleeh tee?

8. baat, bɑntəc-bɑntuəc.

9. som-tooh, kñom mɨn ceh niyiəy kmae tee.

10. mɨn qəy tee.

C. PRONUNCIATION DRILLS

1. Final /-r/

    One of the hardest English sounds for Khmers is the final /-r/; to pronounce it you have to retract the whole tongue to the back of the mouth. Practice the following words with final /-r/ from Lesson 1:

are	/ar/
your	/yowr, yur/
sorry	/sári/
Khmer	/kmaer/

Following are some minimal pairs. A minimal pair is a pair of words which differ only in one sound, as in Khmer /bəy : pəy/ 'three : flute', or English /big : pig/. We will use minimal pairs extensively in the 'Pronunciation Drills' section of the following lessons, since they permit you to focus on the contrasting sound. We will also include the meanings of the words used just

គ. លំហាត់អានសូរសព្ទអង់គ្លេស

១. /-r/ [-រ] ចុងពាក្យ

សូរមួយពិបាកថ្នាជាងគេចំពោះអ្នកនិយាយភាសា
ខ្មែរ គឺសូរ /r/ នៅចុងនៃព្រាយពាក្យ ។ ដើម្បី
និងថាសូរនេះ គេត្រូវបង្វាញអណ្ដាតទៅខ្ទែកខាង
ព្រាយនៃព្រកអូមមាត់ ។ ហាត់ថាពាក្យក្នុងមេរៀន
ទី ១ ដែលមានសូរ /r/ [រ] នៅខាងព្រាយ:

[អ៶រ]	គ៎, ជា
[យ៉ូរ, យើរ]	(របស់) លោក
['សារិ]	ស្ដាយ
[ខ្មែរ]	ខ្មែរ

នៅខាងព្រាមនេះ មាន 'គូពាក្យខុសគ្នាតែមួយ
ត្ល' ។ 'គូពាក្យខុសគ្នាតែមួយត្ល' គីជាពាក្យគូរដែល
មានសូរតែមួយតួត់ដែលប្លែកគ្នា ដូចជា 'បី : ប៉ិ'
ឬ 'ខ្ចែក : ខ្ផ្នក' ក្នុងភាសាខ្មែរ ឬ big : pig
[ប៊ិត : ភិត] 'ធំ : ជ្រូក' ក្នុងភាសាអង់គ្លេស ។
យើងនឹងប្រើពាក្យរៀបបែបនេះជាព្រើកញ្ញាប់ក្នុងលំហាត់
អាន\នៅក្នុងមេរៀនទាំងឡាយបន្ទាប់ពីនេះ ; ធ្វើ
ដូច្នេះយើងអាចនឹងដាក់ទមុន់ទៅលើសូរពីរដែលខុសគ្នា
នោះ ។ យើងនឹងប្រើបញ្ចពាក្យទាំងអស់ដែលយើងយក
មកប្រើក្នុងខ្ទែលំហាត់អានានេះ ដើម្បីបង្ហាញ៍ឥូ

for your information, but you do not have to learn them unless you want to. Minimal pairs should be practiced in the following way:

<u>Teacher</u>	<u>Student</u>
1) die, die	die, die
2) dire, dire	dire, dire
3) die : dire	die : dire

Pairs of words which are not 'exact' minimal pairs will be preceded by an asterisk (*).

die : dire	/day : dayr/
*aw : are	/o : ar/
*caw : car	/ko : kar/
high : hire	/hay : hayr/
foe : four	/fow : fowr/
so : sore	/sow : sowr/
*bee : beer	/biy : bir/

2. <u>Medial Consonants</u>

In Khmer words of more than one syllable, there is usually a clear break between syllables, but in English words of two syllables, especially in words with the accent on the first syllable, there is no clear break in the middle; the middle consonant (whether written single or double) both ends the first syllable and begins the next, like a bridge between vowels. In such words the accent is usually on the first syllable ('Hello' /helów/ is an exception). Practice the

ឃើញថាមានន័យថាម៉េច តែសិស្សមិនចាំបាច់យកចិត្តទុកដាក់នឹងន័យនៃពាក្យទាំងនោះទេ បើមិនចង់ ។ គូពាក្យខុសគ្នាតែមួយតួនេះ ត្រូវហាត់តាមរបៀបខាងក្រោមនេះ :

<u>គ្រូបង្រៀន</u>	<u>កូនសិស្ស</u>
១.[ដាយ, ដាយ]	[ដាយ, ដាយ]
២.[ដាយរ, ដាយរ]	[ដាយរ, ដាយរ]
៣.[ដាយ : ដាយរ]	[ដាយ : ដាយរ]

គូពាក្យដែលមិនមែនជា 'គូពាក្យខុសគ្នាតែមួយតួ' ពេញលេញ យើងនឹងដាក់សញ្ញា (*) នៅពីមុខ ។

[ដាយ : ដាយរ]	ស្លាប់ : ធ្ងន់
[អ : អារ]	អូ : ជា
[ខ : ខារ]	(សូរក្អែកយំ) : ឡាន
[ហាយ : ហាយរ]	ខ្ពស់ : ជួល
[ហ្វូ : ហ្វូរ]	សត្រូវ : បួន
[សូ : សូរ]	អញ្ចឹង : ឈឺ
[ប៊ី : ប៊ីរ]	ឃ្មុំ : ប៊ីយែរ

២. <u>ព្យញ្ជនៈនៅកណ្ដាលពាក្យ</u>

ក្នុងភាសាខ្មែរ ពាក្យណាដែលលើសពីពីរព្យាង្គ ធម្មតាគេថាព្យាង្គនីមួយៗ ដាច់ៗពីគ្នា ។ ប៉ុន្តែក្នុងភាសាអង់គ្លេស ជាពិសេសពាក្យណាដែលគេសង្កត់សម្លេងលើព្យាង្គទីមួយ ព្យាង្គនីមួយៗ មិនដាច់ច្បាស់ពីគ្នាទេ; ព្យញ្ជនៈនៅកណ្ដាលពាក្យ គេបន្លឺឡើងបន្តភ្ជាប់ពីស្រៈទី ១ ទៅស្រៈទី ២ (ទោះបីក្នុងភាសាអង់គ្លេសគេសរសេរជាព្យញ្ជនៈមួយក៏ដោយ ពីរក៏ដោយ) ស្រដៀងគ្នានឹងពាក្យ 'កញ្ញា' ក្នុងភាសាខ្មែរ ។ ពាក្យក្នុងចំពូកនេះ ធម្មតាគេសង្កត់សម្លេងលើព្យាង្គទី ១ (លើកលែងតែពាក្យ Hello គេសង្កត់សម្លេងលើព្យាង្គទី ២) ។ ហាត់ថាពាក្យដកស្រង់ពីមេរៀនទី ១ នៅខាងក្រោមនេះ :

following words from Lesson 1:

Hello	/helów/	[ទិ៉ៅ 'ឡូ]	ជំរាបសួរ
little	/lítəl/	['លិតិល]	បន្តិច
sorry	/sári/	['សារិ]	ស្លាយ
never	/névər/	['ណែវ៉ឺរ]	មិនដែល

Contrast the following examples: ចូរថាឆ្លាស់ពាក្យខាងក្រោមនេះ :

yell : yellow	/yel : yélow/	[ញែល : 'ញែឡូ]	ស្រែក : លឿង
hair : hairy	/haer : háeri/	[ហែរ : 'ហែរិ]	សក់ : រោមជាយសក់
bit : bitter	/bit : bítər/	[ប៊ិត : 'ប៊ិតឺរ]	បន្តិច : ល្វីង
ham : hammer	/haem : háemər/	[ហែម : 'ហែមឺរ]	សាច់ហែម : ញញួរ
love : lover	/ləv : lévər/	[ឡុៈវ : 'ឡុៈវឺរ]	ស្រឡាញ់ : សាហាយ
make : maker	/meyk : méykər/	[មេ៉ក : 'មេកឺរ]	ធ្វើ : អ្នកធ្វើ

It is sometimes necessary to distinguish ពាក្យដែលមានពីរព្យាង្គខៈ គេសង្កត់សម្លេងលើព្យាង្គ
these disyllables from disyllables with ទីពីរ ។ ក្នុងពាក្យចំណុចនេះ គេថាព្យាង្គនិមួយ ពុ
the accent on the second syllable, where ដាច់ ពុ ពីគ្នា ។ នៅក្នុងពាក្យខាងក្រោមនេះ
the 'bridging effect' does not take ពាក្យទី ១ សង្កត់សម្លេងលើព្យាង្គទី ១; ពាក្យទីពីរ
place; contrast the following words: វិញ្ ត្រូវសង្កត់សម្លេងលើព្យាង្គទីពីរ :

reaper : repeat	/ríypər : riy-píyt/	['រីពឺរ : រី 'ភីត]	ម៉ាស៊ីនច្រូត : ថាម្តងទៀត
record : record (v)	/rékərd : riy-kórd/	['រែកឺរដ : រី 'ខរដ]	ថាស : ថត(សម្លេង)
differ : defer	/dífər : diy-fér/	[ឌិហ្ផឺរ : ឌី 'ហ្វ៉ឺរ]	ខុសគ្នា : ពន្យារពេល
rubber : rebuke	/rébər : riy-byúwk/	['រ៉ិបឺរ : រី 'ប៊ុក]	កៅស៊ូ : ស្ដីបន្ទោស

3. Final /-y/ vs. /-ym/   ៣. /-y/ [-យ] ខុសពី /-ym/ [-យម] ចុងពាក្យ

    In Khmer only one consonant sound ក្នុងភាសាខ្មែរ ពាក្យនិមួយ ពុ អាចទទួលនូវខាង
can occur at the end of a word. English ព្យញ្ជនៈទីតម្លួយទេ នៅចុងក្រោយពាក្យ ។ ក្នុង
words, on the other hand, frequently ភាសាអង់គ្លេសវិញ្ ពាក្យខៈអាចទទួលនូវិស្លនព្យញ្ជនៈ
have two and sometimes three consonant ពីរ រហើយជួនកាលដល់ទៅបី នៅចុងពាក្យ ។
sounds at the end of a word. Practice ចូរថាឆ្លាស់ពាក្យខាងក្រោមនេះ :
the following pairs of words:

I : I'm	/ay : aym/	[អាយ : អាយម]	ខ្ញុំ : ខ្ញុំ(ជា)
die : dime	/day : daym/	[ដាយ : ដាយម]	ស្លាប់ : មួយកាក់
tie : time	/tay : taym/	[ថាយ : ថាយម]	ចង : ពេល
lie : lime	/lay : laym/	[ឡាយ : ឡាយម]	ទប្រេក : កំបោរ
cry : crime	/kray : kraym/	[ក្រាយ : ក្រាយម]	យំ : បទឧក្រិដ

4. <u>Final /-y/ vs. /-yn/</u>

fie : fine	/fay : fayn/
die : dine	/day : dayn/
tie : tine	/tay : tayn/
vie : vine	/vay : vayn/
lie : line	/lay : layn/

5. <u>Initial /t-/ vs. /th-/</u>

/th/ is an entirely new sound for
Khmer speakers, and will therefore be
difficult to pronounce. It is made by
putting the tongue in position for /t/,
then blowing air between the tongue and
the upper teeth. Contrast the follow-
ing words:

tank : thank	/taenk : thaenk/
tie : thigh	/tay : thay/
tin : thin	/tin : thin/
tick : thick	/tik : thik/
taught : thought	/tot : thot/

6. <u>Final /-ng/ vs. /-nk/</u>

/-nk/ is one of many final clus-
ters which Khmer doesn't have; practice
the following:

tang : tank	/taeng : taenk/
sing : sink	/sing : sink/
rang : rank	/raeng : raenk/
thing : think	/thing : think/
bang : bank	/baeng : baenk/

7. <u>Initial /wh-/</u>

This is an important English sound
which occurs at the beginning of many
question words (although some English

speakers don't make a contrast between /wh-/ and /w-/). The way to make it is to shape your lips for /uw/ and then blow. Practice the following question words:

what	/what/	[ហ្វ៉ត]	អ្វី
when	/when/	[វ៉ែន]	អង្កាល
why	/whay/	[ហ្វ៉ាយ]	ហេតុអ្វីបានជា
which	/which/	[វ៉ិឆ]	ណាមួយ
where	/whaer/	[វ៉ែរ]	ឯណា

(Note: the question word 'who' is pronounced simply /huw/.)

ភាគខុសគ្នារវាងសូរ [ហ្វ៉] និង [វ៉] ទេ)។ ដើម្បីនិងបន្លឺសូរនេះ គេត្រូវរៀបបបូរមាត់ដូចគេ ថាស្រៈ[អ៊ូ] ហើយបញ្ចេញខ្យល់ ។ ហាត់ថាពាក្យ សំនួរខាងក្រោមនេះ :

(កំណត់: ពាក្យសំនួរ who 'អ្នកណា' គេពុ៎តិត [ហ៊ូ] ទេ ។)

8. Final /-s/ vs. /-z/

In Khmer the sound /s/ occurs initially but not finally; the sound /z/ doesn't occur at all except in some loan words. Thus the symbol we have chosen to represent it in Khmer is arbitrary, and the sound association will have to be learned. Contrast the following pairs:

៨. /-s/ [⁏ស] ខុសពី /-z/ [⁏ឆ] ចុងពាក្យ

ក្នុងភាសាខ្មែរ សូរ [ស] មានប្រើនៅដើម ពាក្យ តែឥតមានប្រើនៅចុងពាក្យទេ ។ សូរ [ឆ] មិនប្រើសោះក្នុងភាសាខ្មែរ លើកលែងតែក្នុងពាក្យ ខ្លីពីបរទេសខ្លះ ។ ហេតុនេះហើយ ឃើញបានប្រើសរសេរវិល អក្សរ [ឆ] តំណាងសូរនេះ សិស្សត្រូវចាំថាតម្លៃ អង់គ្លេសនៃសញ្ញានេះ ខុសស្រឡះពីតម្លៃអក្សរខ្មែរ ។ ហាត់ថាគូពាក្យខាងក្រោមនេះ :

*kiss : is	/kis : iz/	[ឃិស : អ៊ិឆ]	ថើប : ជា
*police : please	/pəlíys : pliyz/	[ផ៊ូលីស : ភ្លីឆ]	ប៉ូលីស : សូម
niece : knees	/niys : niyz/	[នីស : នីឆ]	ក្មួយស្រី : ជង្គង់ (ព.)
hiss : his	/his : hiz/	[ហ៊ិស : ហ៊ិឆ]	សូរស៊ី ៗ : របស់តាត់(ប.)
loose : lose	/luws : luwz/	[លូស : លូឆ]	រលុង : បាត់

9. Final /-z/ vs. /-zd/

Many adjectives can be formed by adding /d/ to a verb ending in /z/; practice the following:

៩. /-z/ [⁏ឆ] ខុសពី /-zd/ [⁏ឆដ] ចុងពាក្យ

គេអាចធ្វើកិរិយាសព្ទ៍ដែលមានសូរ [ឆ] នៅ ខាងចុង ឱ្យទៅជាគុណនាមបានដោយបន្ថែមសូរ [ដ] ពីខាងក្រោយ ។ ហាត់ថាគូពាក្យខាងក្រោមនេះ :

| please : pleased | /pliyz : pliyzd/ | [ភ្លីឆ : ភ្លីឆដ] | បង្គាប់ចិត្ត : ត្រេកអរ |
| raise : raised | /reyz : reyzd/ | [រេវ៉ឆ : រេវ៉ឆដ] | ចិញ្ចឹម : ដែលគេចិញ្ចឹម |

seize : seized	/siyz : siyzd/	[ស៊ីង : ស៊ីងដ] ចាប់ : ត្រូវគេចាប់
prize : prized	/prayz : prayzd/	[ប្រាយង : ប្រាយងដ] ទុកជាថ្លៃ : ដែលទុកជាថ្លៃ
amaze : amazed	/əméyz : əméyzd/	[អ៊ឺ'ម៉េង : អ៊ឺ'ម៉េងដ] ធ្វើឪ្យភ្ញាល់ : ភ្ញាល់

10. Final /-n/ vs. /-nt/

Many English words end in /-nt/, as in 'don't' /downt/; practice the following:

can : can't	/kaen : kaent/	[ខែន : ខែនត] គេកិត : មិនគេកិតទេ
an : ant	/aen : aent/	[អែន : អែនត] (មួយ) : ស្រមោច
Ben : bent	/ben : bent/	[បែ៊ន : បែ៊នត] (ឈ្មោះ) : គោង
run : runt	/rən : rənt/	[រ៉ុន : រ៉ុនត] រត់ : កូនគូចជាងធម្មតា
den : dent	/den : dent/	[ដែន : ដែនត] រូង(សត្វ) : ស្នាមពេៀច

៩០. /-n/ [-ន] ឧស្សពី /-nt/ [-នត] ចុងពាក្យ

ពាក្យអង់គ្លេសជាច្រើនមាន [-នត] ចុងពាក្យ ដូចជា [ដូនត] 'មិន'; ហាត់ថាតួពាក្យ ខាងក្រោមនេះ :

11. Final /-n/ vs. /-nd/

Many English words end in /-nd/; practice the following:

mine : mind	/mayn : maynd/	[ម៉ាយន : ម៉ាយនដ] របស់ខ្ញុំ : ខួល
can : canned	/kaen : kaend/	[ខែន : ខែនដ] កំប៉ុង : ដែលដាក់ក្នុងកំប៉ុង
an : and	/aen : aend/	[អែន : អែនដ] (មួយ) : ហើយនិង
Ben : bend	/ben : bend/	[បែ៊ន : បែ៊នដ] (ឈ្មោះ) : ធ្វើឪ្យគោង
fine : find	/fayn : faynd/	[ហ្វាយន : ហ្វាយនដ] ល្អ : រកឃើញ

៩៩. /-n/ [-ន] ឧស្សពី /-nd/ [-នដ] ចុងពាក្យ

ពាក្យអង់គ្លេសជាច្រើនមាន [-នដ] ចុង ពាក្យ; ហាត់ថាតួពាក្យខាងក្រោមនេះ :

12. Final /-nt/ vs. /-nd/

ant : and	/aent : aend/	[អែនត : អែនដ] ស្រមោច : ហើយនិង
bent : bend	/bent : bend/	[បែ៊នត : បែ៊នដ] គោង : ធ្វើឪ្យគោង
can't : canned	/kaent : kaend/	[ខែនត : ខែនដ] មិនគេកិតទេ : ដាក់ក្នុងកំប៉ុង
lent : lend	/lent : lend/	[លែនត : លែនដ] ដែលគេខ្ចី : ខ្ចី
rent : rend	/rent : rend/	[រែនត : រែនដ] ឈ្នួល : ហែក

៩២. /-nt/ [នត] ឧស្សពី /-nd/ [នដ] ចុងពាក្យ

D. GRAMMAR NOTES AND DRILLS

ឃ. ពន្យល់ហើយនិងលំហាត់វេយ្យាករណ៍

1. The Pronouns 'I : My' and 'You : Your'

Khmer has many different ways to refer to oneself and to someone else,

៩. សព្វនាម I : My និង You : Your

ក្នុងភាសាខ្មែរ មានពាក្យច្រើនណាស់ សម្រាប់ ចំពោះខ្លួនឯង (ខ. ខ្ញុំ, អញ, អាត្មា ។ល។)និង

depending on the relationship between
the speaker and the person spoken to.
English, on the other hand, has only
one word for referring to oneself and
one for the person addressed, as in:

    I don't speak Khmer.

    Do you speak English?

Another important difference is that,
unlike Khmer, English pronouns take
different forms depending on their
use in the sentence; e.g.:

    I don't speak English.

      My name is Sok.

    Do you speak English?

      What is your name?

Practice the following names, and
use them in the drills which follow:

John	/jan/	[ជ៉ាន]	(ឈ្មោះប្រុស)
Dick	/dik/	[ឌិក]	(ឈ្មោះប្រុស)
Mary	/máeri/	[ម៉ែរិ]	(ឈ្មោះស្រី)
Jane	/jeyn/	[ជេ៉ន]	(ឈ្មោះស្រី)
Ann	/aen/	[អ៉ែន]	(ឈ្មោះស្រី)
Bill	/bil/	[ប៊ីល]	(ឈ្មោះប្រុស)

1a. Substitution Drill

My name is Bill.

My name is John.

My name is Dick.

My name is Mary.

My name is Jane.

My name is Ann.

My name is Sok.

My name is Sopha.

1b. <u>Response Drill</u>   សំហាត់ចម្លើយ

    Now, if there are several students   ឥឡូវ បើមានកូនសិស្សច្រើននៅក្នុងថ្នាក់
in the class, take turns asking 'What   ជាក់ទេនសួរគ្នាម្តងម្នាក់ 'អ្នកឈ្មោះអ្វី?' បើយ
is your name?' and responding 'My name   ឆ្លើយថា 'ខ្ញុំឈ្មោះ ____.' ។
is ___.', e.g.:

<u>1st Student</u>: What is your name?   <u>សិស្សទី ១</u>: អ្នកឈ្មោះអ្វី?

<u>2nd Student</u>: My name is _____.   <u>សិស្សទី ២</u>: ខ្ញុំឈ្មោះ_____.
                    What is your name?   អ្នកឈ្មោះអ្វី?

<u>3rd Student</u>: My name is _____.   <u>សិស្សទី ៣</u>: ខ្ញុំឈ្មោះ_____.
                    What is your name?   អ្នកឈ្មោះអ្វី?

(Etc.)   (។ល។)

If you are the only student, respond   បើមានតែកូនសិស្សម្នាក់នៅក្នុងថ្នាក់ ត្រូវចាំឆ្លើយ
to the question using the cue provided   សំនួរក្រូ, ។
by the teacher:

What is your name? (Bill)   អ្នកឈ្មោះអ្វី? (ប៊ិល)
    My name is Bill.   ខ្ញុំឈ្មោះប៊ិល.

What is your name? (John)   អ្នកឈ្មោះអ្វី? (ជ៉ាន)
    My name is John.   ខ្ញុំឈ្មោះជ៉ាន.

What is your name? (Dick)   អ្នកឈ្មោះអ្វី? (ឌិក)
    My name is Dick.   ខ្ញុំឈ្មោះឌិក.

What is your name? (Mary)   អ្នកឈ្មោះអ្វី? (ម៉ែរិ)
    My name is Mary.   ខ្ញុំឈ្មោះម៉ែរិ.

What is your name? (Jane)   អ្នកឈ្មោះអ្វី? (ជេ៉ន)
    My name is Jane.   ខ្ញុំឈ្មោះជេ៉ន.

What is your name? (Ann)   អ្នកឈ្មោះអ្វី? (អែន)
    My name is Ann.   ខ្ញុំឈ្មោះអែន.

2. <u>Predicate Adjectives</u>   ២. <u>គុណនាមឲ្យបើជា កិរិយាសព្ទ</u>

    In Khmer, adjectives follow the   ក្នុងភាសាខ្មែរ គុណនាមនៅរប្រកាយប្រធាន
subject directly. In English, however,   ជាប់ ៗ ចំរិណកងនេនៅភាសាអង់គ្លេសវិញ ត្រូវមាន
predicate adjectives must be preceded   កិរិយាសព្ទ to be 'ជា' នៅពីមុខ ៗ ម្យ៉ាងទេវៀត
by the appropriate form of the verb   កិរិយាសព្ទ to be ត្រូវបួនរូបរាងទៅតាមប្រធាន
'to be'. The form which must be used   បើមានប្រធាន I 'ខ្ញុំ' គេត្រូវប្រើកិរិយាសព្ទមាន
with 'I' is 'am' /aem/, as in: រូបរាង am [អែម] គួចជា

I <u>am</u> fine.

I <u>am</u> sick.

The form used with a person or thing

referred to is 'is' /iz/, as in:

  Sok <u>is</u> sick.

  My name <u>is</u> Bill.

Learn the following new vocabulary,

and use it in the following drills:

tired	/tayrd/	[ថាយរ៊ដ]	អស់កម្លាំង, ហត់
hungry	/hénggri/	[ហ៊ីងគ្រី]	ឃ្លាន(ប្បាយ)
sick	/sik/	[ស៊ិក]	ឈឺ
sleepy	/slíypi/	[ស្លីពី]	រងុយគេង
cold	/kowld/	[ខូលដ]	រងា

2a. Substitution Drill

I am <u>fine</u>.

I am <u>tired</u>.

I am <u>hungry</u>.

I am <u>sick</u>.

I am <u>sleepy</u>.

I am <u>cold</u>.

2b. Substitution Drill

Bill is <u>fine</u>.

Bill is <u>tired</u>.

Bill is <u>hungry</u>.

Bill is <u>sick</u>.

Bill is <u>sleepy</u>.

Bill is <u>cold</u>.

3. Contraction of 'I am' to 'I'm'

  In normal speech the words 'I am'

are shortened to 'I'm' /aym/, as in:

<u>I'm</u> fine.

<u>I'm</u> sorry.

ខ្ញុំ(ជា)សុខសប្បាយជាទេ.

ខ្ញុំ(ជា)ឈឺ.

បើមានប្រធាន 'អ្នកទីបី' (គឺអ្នកណាៗកាពិខ្លួនឯងឬគេ

សន្ទនា) ត្រូវៃប្រើរូបរាង is [អ៊ិៈ] ដូចជា

សុខ(ជា)ឈឺ.

ឈ្មោះៈខ្ញុំ(ជា)ប៊ិល.

ព៌ទ្យៃទេរៀននិយាយចេៈពាក្យថ្មីខាងក្រោមនេៈ ហើយ

យកមកប្រើៃទនៅក្នុងលំហាត់តទៅ:

លំហាត់ប្ដូរពាក្យ

ខ្ញុំ(ជា)សុខសប្បាយជាទេ.

ខ្ញុំ(ជា)អស់កម្លាំង.

ខ្ញុំ(ជា)ឃ្លានប្បាយ.

ខ្ញុំ(ជា)ឈឺ.

ខ្ញុំ(ជា)រងុយគេង.

ខ្ញុំ(ជា)រងា.

លំហាត់ប្ដូរពាក្យ

ប៊ិល(ជា)សុខសប្បាយជាទេ.

ប៊ិល(ជា)អស់កម្លាំង.

ប៊ិល(ជា)ឃ្លានប្បាយ.

ប៊ិល(ជា)ឈឺ.

ប៊ិល(ជា)រងុយគេង.

ប៊ិល(ជា)រងា.

៣. I am បំប្បញៃទៅជា I'm

ក្នុងភាសានិយាយធម្មតា ពាក្យ I am ត្រូវៃ

បំប្បញៃទៅជា I'm [អាយម],ដូចជា

ខ្ញុំ(ជា)សុខសប្បាយជាទេ.

(ខ្ញុំជា)សុំទោស.

3a. Transformation Drill

In the following sentences,
change 'I am' to 'I'm':

I am fine.

   I'm fine.

I am tired.

   I'm tired.

I am hungry.

   I'm hungry.

I am pleased.

   I'm pleased.

I am sick.

   I'm sick.

I am sleepy.

   I'm sleepy.

I am cold.

   I'm cold.

I am sorry.

   I'm sorry.

4. Yes-or-no Questions

When you ask a question in Khmer,
you use a question particle at the end
of the question, combined with a ques-
tion intonation. In English you also
use a rising intonation at the end of
a yes-or-no question, combined with
various auxiliaries at the beginning
of the question, such as 'do' /duw/
at the beginning of

  Do you speak English?

Learn the following new vocabulary to
use in the drills which follow:

លំហាត់វិប្របុបុណ្ណា

នៅក្នុងឃ្លាខាងក្រោមនេះ ត្រូវបំប្រួញ
I am ខ្លីយទៅជា I'm:

ខ្ញុំសុខសប្បាយជាទេ.

  (ពូចគ្នា)

ខ្ញុំអស់កម្លាំង.

  (ពូចគ្នា)

ខ្ញុំឃ្លានព្យាយ.

  (ពូចគ្នា)

ខ្ញុំពេញចិត្តអរ[ណាស់].

  (ពូចគ្នា)

ខ្ញុំឈឺ.

  (ពូចគ្នា)

ខ្ញុំងងុយគេង.

  (ពូចគ្នា)

ខ្ញុំរងា.

  (ពូចគ្នា)

(ខ្ញុំ)សុំទោស.

  (ពូចគ្នា)

៤. សំនួរ 'បាទ/ ចាៈ-ឬ-ទេ'

ក្នុងភាសាខ្មែរ កាលណាគេសួរសំនួរ គេប្រើ
ពាក្យ 'ទេ' នៅខាងចុងសំនួរ ហើយនិងនកឡើងសម្លេង
ផង ។ ក្នុងភាសារបស់គេលស គេក៏លើកសម្លេងនៅខាង
ចុងសំនួរប្រភេទ 'បាទ-ឬ-ទេ' នេះដែរ; ម្យ៉ាង
ទៀត គេត្រូវប្រើកិរិយាសព្ទជំនួយនៅដើមសំនួរផង
ពូចជា do [ឌូ] នៅក្នុងសំនួរ

អ្នកចេះនិយាយអង់គ្លេសទេ?

ព័ន្ធពាក្យទនៅនទយទៀនទ្បីយចេៈពាក្យថ្មីនេះ ហើយយកមកប្រើ
នៅក្នុងលំហាត់ខាងក្រោមនេៈ :

Chinese	/chayníyz/	[អាយ 'នីង]	(ភាសា) ចិន
Thai	/tay/	[ថាយ]	(ភាសា) ថៃ
Vietnamese	/viyətnəmíyz/	[វ]ី$)$ណាម 'មីង]	(ភាសា) យួន
Lao	/law/	[ឡោ]	(ភាសា) លាវ

4a. <u>Substitution Drill</u>   លំហាត់បូរពាក្យ

Do you speak <u>English</u>?   អ្នកចេះនិយាយ<u>អង់គ្លេស</u>ទេ?

Do you speak <u>Khmer</u>?   ខ្មែរ

Do you speak <u>Chinese</u>?   ចិន

Do you speak <u>Thai</u>?   ថៃ

Do you speak <u>Vietnamese</u>?   យួន

Do you speak <u>Lao</u>?   លាវ

4b. <u>Response Drill</u>   លំហាត់ចម្លើយ

     Answer 'Yes, a little.' to each   ចូរឆ្លើយថា Yes, a little ' បាទ/ចា៎ះ,
of the following questions: បន្តិចបន្តួច' ទៅនឹងសំនួននិមួយ ៗ ខាងក្រោមនេះ :

Do you speak English?   អ្នកចេះនិយាយអង់គ្លេសទេ?

     Yes, a little.   បាទ/ចា៎ះ ,បន្តិចបន្តួច.

Do you speak Khmer?   អ្នកចេះនិយាយខ្មែរទេ?

     Yes, a little.   បាទ/ចា៎ះ ,បន្តិចបន្តួច.

Do you speak Chinese?   អ្នកចេះនិយាយចិនទេ?

     Yes, a little.   បាទ/ចា៎ះ ,បន្តិចបន្តួច.

Do you speak Thai?   អ្នកចេះនិយាយថៃទេ?

     Yes, a little.   បាទ/ចា៎ះ, បន្តិចបន្តួច.

Do you speak Vietnamese?   អ្នកចេះនិយាយយួនទេ?

     Yes, a little.   បាទ/ចា៎ះ, បន្តិចបន្តួច.

Do you speak Lao?   អ្នកចេះនិយាយលាវទេ?

     Yes, a little.   បាទ/ចា៎ះ, បន្តិចបន្តួច.

5. <u>Contraction of 'Do not' to 'Don't'</u>   ៥. <u>Do not បំប្រញទៅជា Don't</u>

     Just as 'I am' is shortened to   I am គេបំប្រញនិយទៅជា I'm; do not
'I'm', 'do not' /duw nat/ in colloquial   [ខ្ញុំ ណាត] ក៏ស្ដូចគ្នាដែរ; ក្នុងភាសាសាមព្ញ ធម្មតា
speech is normally shortened to 'don't'   គេបំប្រញនិយទៅជា don't [ដូនត], ស្ដូចជានៅ
/downt/, as in   ឃ្លា

     I <u>don't</u> speak Khmer.   ខ្ញុំមិនចេះនិយាយខ្មែរទេ.

5a. Substitution Drill — លំហាត់ប្តូរពាក្យ

I don't speak <u>Khmer</u>.   ខ្ញុំមិនចេះនិយាយខ្មែររទេ.

I don't speak <u>English</u>.   អង់គ្លេស

I don't speak <u>Chinese</u>.   ចិន

I don't speak <u>Thai</u>.   ថៃ

I don't speak <u>Vietnamese</u>.   យួន

I don't speak <u>Lao</u>.   លាវ

5b. Transformation Drill — លំហាត់ប្តូរប្រប្រលួម្មា

In the following drill, change   នៅក្នុងលំហាត់នេះ បំប្រញ do not នឹយ

'do not' to 'don't':   ទៅជា don't:

I do not speak Khmer.   ខ្ញុំមិនចេះនិយាយខ្មែររទេ.

  I don't speak Khmer.   (ដូចគ្នា)

I do not speak English.   ខ្ញុំមិនចេះនិយាយអង់គ្លេសទេ.

  I don't speak English.   (ដូចគ្នា)

I do not speak Chinese.   ខ្ញុំមិនចេះនិយាយចិនទេ.

  I don't speak Chinese.   (ដូចគ្នា)

I do not speak Thai.   ខ្ញុំមិនចេះនិយាយថៃទេ.

  I don't speak Thai.   (ដូចគ្នា)

I do not speak Vietnamese.   ខ្ញុំមិនចេះនិយាយយួនទេ.

  I don't speak Vietnamese.   (ដូចគ្នា)

I do not speak Lao.   ខ្ញុំមិនចេះនិយាយលាវទេ.

  I don't speak Lao.   (ដូចគ្នា)

6. English 'Yes' and 'No' — ៦. ពាក្យ Yes 'ព្យ/ថ៉ា៖ 'ហើយនិង No 'ទេ'

The English 'yes' is stronger   ពាក្យ Yes [យែស] មានន័យខ្លាំងជាង
than Khmer /baat/caah/; Khmers usually   'ព្យ/ថ៉ា៖ ' ក្នុងភាសាខ្មែរ ។ នៅពេលកាលសំខ្មែរ
answer 'yes' by repeating the verb.   'អ្នកនិយាយខ្មែររទេ ?',ច្បើយ Yes មានន័យថា
English 'no' /now/ is very close to   'ព្យ (ខ្ញុំនិយាយខ្មែរ)' ។ ពាក្យ No [ឡ] អង់គ្លេស
Khmer /tee/ in meaning.   មានន័យប្រហែលគ្នានិងពាក្យ 'ទេ 'ក្នុងភាសាខ្មែរ ។

6a. Response Drill — លំហាត់ចម្លើយ

When the teacher asks you the   កាលគ្រូសួរថ៉ា 'អ្នកនិយាយ____ទេ? សិស្ស
following questions, answer 'Yes,   ត្រូវឆ្លើយថ៉ា 'ព្យ/ថ៉ា៖, ខ្ញុំនិយាយ____.
I speak _____.'

Do you speak English?   អ្នកនិយាយអង់គ្លេសទេ ?

  Yes, I speak English.   បាទ/ចាៈ, ខ្ញុំនិយាយអង់គ្លេស.

Do you speak Khmer?   អ្នកនិយាយខ្មែរទេ ?

  Yes, I speak Khmer.   បាទ/ចាៈ, ខ្ញុំនិយាយខ្មែរ.

Do you speak Chinese?   អ្នកនិយាយចិនទេ ?

  Yes, I speak Chinese.   បាទ/ចាៈ, ខ្ញុំនិយាយចិន.

Do you speak Thai?   អ្នកនិយាយថៃទេ?

  Yes, I speak Thai.   បាទ/ចាៈ, ខ្ញុំនិយាយថៃ.

Do you speak Vietnamese?   អ្នកនិយាយយួនទេ?

  Yes, I speak Vietnamese.   បាទ/ចាៈ, ខ្ញុំនិយាយយួន.

Do you speak Lao?   អ្នកនិយាយលាវទេ?

  Yes, I speak Lao.   បាទ/ចាៈ, ខ្ញុំនិយាយលាវ.

6b. Response Drill   លំហាត់ចម្លើយ

    When the teacher asks you the   កាលគ្រូសួរថា 'អ្នកនិយាយ----ទេ ?', សិស្ស
following questions, answer 'No, I   ត្រូវឆ្លើយថា 'ទេ, ខ្ញុំមិននិយាយ----ទេ.'
don't speak _____.'

Do you speak English?   អ្នកនិយាយអង់គ្លេសទេ?

  No, I don't speak English.   ទេ, ខ្ញុំមិននិយាយអង់គ្លេសទេ.

Do you speak Khmer?   អ្នកនិយាយខ្មែរទេ?

  No, I don't speak Khmer.   ទេ, ខ្ញុំមិននិយាយខ្មែរទេ.

Do you speak Chinese?   អ្នកនិយាយចិនទេ?

  No, I don't speak Chinese.   ទេ, ខ្ញុំមិននិយាយចិនទេ.

Do you speak Thai?   អ្នកនិយាយថៃទេ?

  No, I don't speak Thai.   ទេ, ខ្ញុំមិននិយាយថៃទេ.

Do you speak Vietnamese?   អ្នកនិយាយយួនទេ?

  No, I don't speak Vietnamese.   ទេ, ខ្ញុំមិននិយាយយួនទេ.

Do you speak Lao?   អ្នកនិយាយលាវទេ?

  No, I don't speak Lao.   ទេ, ខ្ញុំមិននិយាយលាវទេ.

E. MODEL CONVERSATIONS   ២. សន្ទនាគំរូ

The purpose of this section is to give you an opportunity to use what you have learned in the preceding lesson in actual communication. If there are several students in the class, try to talk to each other, using the sentences in the lesson. If you are the only student, have a real conversation with the teacher. The following sentences are provided just as suggestions; you don't have to use only these, but they should be included in your practice.

នៅក្នុងថ្នែកនេះ លោកអ្នកនាងមាននឱិកាស និងប្រើអ្វី ៗ ទាំងអស់ដែលបានទទួលរៀនរួចមកហើយ ក្នុង ការនិយាយសាលងគ្នា នេះជាគោលបំណងរបស់ យើង ៗ បើមានកូនសិស្សច្រើននៅក្នុងថ្នាក់ យក ឃ្លាៗដែលរៀនរួចមកហើយ មកប្រើនិយាយសាលងផ្លែយ ឆ្លងគ្នា ៗ បើមានកូនសិស្សតែម្នាក់ ត្រូវនិយាយ ជាមួយនិងគ្រូបច្រើងៗន ៗ ឃ្លាទាំងឡាយខាង ក្រោមនេះ គ្រាន់តែជាការផ្ដល់នូវវិគតិនិតទ ៗ លោកអ្នកមិនបាច់យកមកប្រើក៏បាន ក៏ប៉ុន្តែ ប្រើឃ្លា ទាំងនេះក្នុងការសមមាត់ ៗ

a) He__ll__o! How are __you__?   ក. ជំរាបសួរ! លោកសុខសប្បាយជាទ?

b) I'm __fine__, thank you. And __you__?   ខ. ខ្ញុំសុខសប្បាយជាទ, អរគុណ. ចុះលោក?

a) __Fine__, thank you.   ក. ខ្ញុំសុខសប្បាយ, អរគុណ.
   What is your __name__?   លោកឈ្មោះអ្វី ?

b) My name is __Bill__.   ខ. ខ្ញុំឈ្មោះបុីល.
   What is __your__ name?   លោកឈ្មោះអ្វីដែរ ?

a) My name is __Sok__.   ក. ខ្ញុំឈ្មោះសុខ.

b) I'm pleased to __meet__ you.   ខ. ខ្ញុំប្រែកអរណាស់ជាយបានជួបលោក.

a) I'm pleased to meet __you__.   ក. ខ្ញុំក៏សប្បាយនឹងជួបលោកដែរ.

b) Do you speak __Khmer__?   ខ. លោកនិយាយខ្មែរទ ?

a) Yes, __I__ speak Khmer.   ក. បាទ, ខ្ញុំនិយាយខ្មែរ.
   Do __you__ speak Khmer?   លោកនិយាយខ្មែរទ ?

b) No, I'm sorry, I don't __speak__ Khmer.   ខ. បាទទ, សុំទោស, ខ្ញុំមិននិយាយខ្មែរទ.
   I speak __Thai__ a little.   ខ្ញុំនិយាយថៃ[បាន]បន្តិចបន្តួច.

a) I speak Vietnam__ese__ a little.   ក. (ខ្ញុំវិញ)ខ្ញុំនិយាយយួនបន្តិចបន្តួច.
   I'm __hungry__.   ខ្ញុំឃ្លានបាយ.

b) I'm __tired.__   ខ. ខ្ញុំអស់កម្លាំង.
   John is __sleepy__.   ជ៉ាន[ក៏]រងុយគេង.

LESSON 2: IN THE CLASSROOM

របៀនទី ២៖ នៅបន្ទប់រៀន

A. MODEL SENTENCES	ENGLISH PHONETICS	KHMER PHONETICS	TRANSLATION
ក. ឃ្លាគំរូ	តំណាងសូរជាអក្សរអង់គ្លេស	តំណាងសូរជាអក្សរខ្មែរ	ការបៀបជាខ្មែរ
Teacher:			គ្រូ៖
where	/whaer/	[វ៉ែហ្ងរ]	ឯណា
book	/buk/	[បុ៊ក]	សៀវភៅ
1. Where is your book?	/whaer iz yowr buk?/	[វ៉ែហ្ងរ អ៊ុឌ យ៉ូរ បុ៊ក?]	សៀវភៅអ្នកនៅឯណា ?
Student:			កូនសិស្ស៖
it's (= it is)	/its (= it iz)/	[អ៊ិតស(=អ៊ិត អ៊ិឌ)]	វាជា, វានៅ
on	/on/	[អន]	លើ
the	/dhiy, dhə/	[ឌ្ហី, ឌ្ហ]	(គ.ម្យ៉ាង)
table	/téybəl/	['ថេបិល]	តុ
2. It's on the table.	/its on dhə téybəl./	[អ៊ិតស អន ឌ្ហ 'ថេបិល.]	វានៅលើតុ.
Teacher:			គ្រូ៖
have	/haev/	[ហែវ]	មាន
a	/ey, ə/	[រេ, អ៊ី]	(គ.ម្យ៉ាង)
pen	/pen/	[ផែន]	ប៉ាកកា, ប៊ិច
3. Do you have a pen?	/duw yuw haev ə pen?/	[ឌូ យូ ហែវ អ៊ី ផែន?]	អ្នកមានប៊ិចទេ ?
Student:			កូនសិស្ស៖
one	/won/	[វ៉ន]	មួយ
4. Yes, I have one.	/yes, ay haev won./	[យែស, អាយ ហែវ វ៉ន.]	បាទ/ចាះ, ខ្ញុំមាន(មួយ).
some	/səm/	[សិម]	ខ្លះ
pencil	/pensəl/	['ផែនស្ល៊ីល]	ខ្មៅដៃ
pencils	/pensəlz/	['ផែនស្ល៊ីលឌ]	ខ្មៅដៃ(ព.)
5. And I have some pencils.	/aend ay haev səm pensəlz./	[អែនឌ អាយ ហែវ សិម 'ផែនស្ល៊ីលឌ.]	ហើយខ្ញុំមានខ្មៅដៃ(ខ្លះ).
but	/bət/	[បិត]	តែ, ប៉ុន្តែ
any	/áeni/	[អែនិ]	(ខ្លះ)

67

paper	/péypər/	['ផេព៌ើរ]	ក្រដាស
6. But I don't have	/bət ay downt haev	[បិត អាយ ដូនត ៥ហវ	៥តខ្ញុំគ្មានក្រដាសទេ.
any paper.	áeni péypər./	'ៃអនិ 'ផេព៌ើរ.]	

Teacher: ត្រូ:

I'll (= I will)	/ayl (= ay wil)/	[អាយល(=អាយ ៊វិល)]	ខ្ញុំនិង
give	/giv/	[គិ៊វ]	ន្ញឹយ
7. I'll give you	/ayl giv yuw	[អាយល គិ៊វ យូ	ខ្ញុំនិងន្ញឹយខ្លះ:[ទៅ]អ្នក.
some.	səm./	សឹម.]	
ask	/aesk/	[ៃអសក]	សួរ
question	/kwéschən/	['ៃឃ្វុសចឹន]	សំនួរ
8. I'll ask a	/ayl aesk ə	[អាយល ៃអសក អ៊	ខ្ញុំឹងសួរសំនួរ.
question.	kwéschən./	'ៃឃ្វុសចឹន.]	
can	/kaen/	[ៃខន]	ពន, ៥កីត
understand	/əndər-stáend/	[អ៊នដ៊ឺរ 'ស្តៃនដ]	យល់, ស្តា់ប់ពន
9. Can you	/kaen yuw	[ៃខន យូ	អ្នកស្តា់ប់ពនទ?
understand?	əndər-stáend?/	អ៊នដ៊ឺរ 'ស្តៃនដ?]	

Student: កូនសិស្យ:

can't (= cannot)	/kaent (= kaenát)/	[ៃខនត(=ៃខន'ណាត)]	មិនពនទ
answer	/áensər/	['ៃអនស៌ឺរ]	ឆ្លើយ
10. Yes, but I	/yes, bət ay	[ៃយស, បិត អាយ	ពទ/ចា់:, ៥តខ្ញុំឆ្លើយ
can't answer.	kaent áensər./	ៃខនត 'ៃអនស៌ឺរ.]	មិនពនទ.

Teacher: ត្រូ:

write	/rayt/	[រ៉ាយត]	សរៃសរ
this	/dhis/	[ឌ្ហិស]	ៃនះ
word	/wərd/	[អ៊ូរដ]	ពាក្យ
11. Write this word.	/rayt dhis wərd./	[រ៉ាយត ឌ្ហិស អ៊ូរដ.]	សរៃសរពាក្យៃនះ.
read	/riyd/	[រី៊ដ]	ៃមីល, អាន
that	/dhaet/	[ឌ្ហៃត]	ៃនាះ
sentence	/séntənts/	['ៃសៃនតឹនតស]	ឃ្លា
12. Read that	/riyd dhaet	[រី៊ដ ឌ្ហៃត	ៃមីលឃ្លាៃនាះ:.
sentence.	séntənts./	'ៃសៃនតឹនតស.]	
what's	/whats/	[ហ្វ៊ា់តស]	(តីជា)ស្ញី
(= what is)	(= /what iz/)	(=[ហ្វ៊ា់ត អ៊ិស])	(តីជា)ស្ញី

13. What's that?   /whats <u>dhaet</u>?/   [ឃ្វាតស ថែត ?]   នោះស្អី?

Student: កូនសិស្ស:

    chair   /chaer/   [ឆែរ]   កៅអី

14. This is a chair./dhis iz ə <u>chaer</u>./   [ឌិស អ៊ិង អ៊ី ឆែរ.] នេះគឺជាកៅអី.

Teacher: គ្រូ:

    that's   /dhaets/   [ថែតស]   នោះគឺជា

    (=that is)   (= /dhaet iz/)   (=[ថែត អ៊ិង])   នោះគឺជា

    right   /rayt/   [រ៉ាយត]   ត្រូវ

15. That's right.   /dhaets <u>rayt</u>./   [ថែតស រ៉ាយត.]   (នោះ)ត្រូវ[ហើយ].

    wrong   /rong/   [រ៉ង]   ខុស, មិនត្រូវ

16. That's wrong.   /dhaets <u>rong</u>./   [ថែតស រ៉ង.]   (នោះ)មិនត្រូវទេ.

    open   /ówpən/   ['អូផិន]   បើក

    window   /window/   ['វ៉ិនដូ]   បង្អួច

17. Open the window./ówpən dhə <u>window</u>./   ['អូផិន ឌី 'វ៉ិនដូ.] បើកបង្អួច.

    close   /klowz/   [ខ្លូង]   បិទ

    door   /dowr/   [ដួរ]   ទ្វារ

18. Close the door. /klowz dhə <u>dowr</u>./   [ខ្លូង ឌី ដួរ.]   បិទទ្វារ.

    repeat   /ri-píyt/   [រិ 'ភីត]   ថា (ម្ដងទៀត)

    after   /áeftər/   ['អែហ្វត័រ]   តាម, ប្រកាយ

    me   /miy/   [មី]   ខ្ញុំ

19. Repeat after me./ri-píyt <u>áeftər</u> miy./ [រិ 'ភីត 'អែហ្វត័រ មី.] ថាតាមខ្ញុំ.

    very   /véri/   ['វ៉ែរិ]   ណាស់

    good   /gud/   [គើដ]   ល្អ, ពូកែ

20. Very good!   /véri <u>gud</u>!   ['វ៉ែរិ គើដ !]   ពូកែណាស់!

B. KHMER PRONUNCIATION OF THE MODEL SENTENCES FOR THE TEACHER

1. siəwphɨw neǎq nɨw qae-naa?   8. kñom nɨŋ suə səmnuə.

2. wiə nɨw ləə tok.   9. neǎq sdap baan tee?

3. neǎq miən bɨc tee?   10. baat/caah, tae kñom claəy mɨn

4. baat/caah, kñom miən (muəy).   baan tee.

5. haəy kñom miən kmaw-day (klah).   11. səsei piəq nih.

6. tae kñom kmiən krɑdah tee.   12. məəl kliə nuh.

7. kñom nɨŋ qaoy (klah tɨw neǎq).   13. nuh sqəy?

14. nih kɨɨ ciə kaw-qəy.   18. bət twiə.

15. trəw haəy!   19. thaa taam kñom.

16. mɨn trəw tee!   20. pukae nah!

17. baək bɑŋquəc.

C. PRONUNCIATION DRILLS   គ. លំហាត់អានស្វរសព្ទអង់គ្លេស

1. The English vowel /u/   ១. ស្រៈ /u/ [រ៊ឺ] អង់គ្លេស

    Although Khmer has many more vowel   ថ្វីបើ ភាសាខ្មែរមានស្វរស្រៈច្រើនជាង
sounds than English, it doesn't have   ភាសាអង់គ្លេស ក៏ានស្រៈណាមួយដែលមានស្វរដូចជា
any vowel sound exactly like the sound   និងស្រៈនៅក្នុងពាក្យ book [ប៊ុក] 'សៀវភៅ'
in words such as 'book, look, cook,   ពោយនិង good [គ៊ុដ] 'ល្អ, ពូកែ' ។ ស្រៈ
took, put, could', etc. We represent   [រ៊ឺ] ឃោស មានស្វរសឡេងស្រដៀងបន្តិច ។ ស្វរ
this sound as /u/ phonetically. Prac-   នេះ ឃើងយកអក្សរអង់គ្លេស /u/ មកតំណាងជានិច្ច ។
tice the following words having this   ហាត់ថានូវវិពាក្យដែលមានស្វរស្រៈនេះនៅខាង
vowel sound: ក្រោម:

book	/buk/	[ប៊ុក]	សៀវភៅ
look	/luk/	[ល៊ីក]	មើល
cook	/kuk/	[ប៊ុក]	ដាំស្ល
took	/tuk/	[ធ៊ុក]	យក(ព.ម.)
good	/gud/	[គ៊ុដ]	ល្អ, ពូកែ, ឆ្លាញ់
wood	/wud/	[អ៊ូដ]	ឈើ
could	/kud/	[ប៊ុដ]	អាច
would	/wud/	[អ៊ូដ]	និង (ធ្វើ)

2. /u/ vs. /ə/   ២. ស្រៈ /u/ [រ៊ឺ] ឧសពី /ə/ [អឺ] អង់គ្លេស

    Practice the following minimal   ហាត់ថានូវស្វរប្របហាក៏បវ៌បរពលគ្នានវាង [រ៊ឺ]
contrasts between /u/ and /ə/ in words   និង [អឺ], ដោយ្របើនៅវិធិហាត់ស្វរបង្ហាញក្នុង
such as 'but, buck, tuck', etc., using   ១គ១ (មេរៀនទី ១, ផ្នែក គ: លំហាត់អាន,
the pattern shown in 1C1.   លំហាត់ទី ១).

book : buck	/buk : bək/	[ប៊ុក : ប៉ីក]	សៀវភៅ
took : tuck	/tuk : tək/	[ធ៊ុក : ថ៉ីក]	យក(ព.ម.) : ញ្ញាត់
look : luck	/luk : lək/	[ល៊ុក : ឡ៊ីក]	មើល : សំណាង
put : putt	/put : pət/	[ព៊ុក : ផ៉ុត]	ដាក់ : វ៉ាយបញ្ចូលរន្ធ
could : cud	/kud : kəd/	[ប៊ុដ : ខ៉ឺដ]	អាច : ផ្នក

3. /iy/ vs. /i/   ៣. /iy/ [អ៊ី] ខុសពី /i/ [អ៊ិ]

    The sound /iy/, as in 'eat, read,   សូរ /iy/ [អ៊ី] នៃភាសាអង់គ្លេស ដូចជា
see, he', etc. already exists in Khmer,   នៅកាន្យ see [ស៊ី] 'មើញ' ប្រហែលគ្នានិងសូរ
so Khmer students won't have any trouble ស្រះ: អ៊ី ខ្មែរ ដូចជានៅក្នុងពាក្យ 'ស៊ី' ខ្មែរ ។
with it. However there is no Khmer   តែខ្មែរគ្មានសូរស្រះ:ដូច /i/ [អ៊ិ] អង់គ្លេសទេ
sound quite like /i/, as in 'it, bit,   ដូចជានៅក្នុងពាក្យ it [អ៊ិត] 'វា' ។ ហាត់ថា
sit, hid', etc. Contrast the following   គូពាក្យដែលមានសូរស្រះ:ពីរនេះ នៅខាងក្រោម
words: នេះ: :

eat : it	/iyt : it/	[អ៊ីត : អ៊ិត]	ស៊ី : វា
beat : bit	/biyt : bit/	[ប៊ីត : ប៊ិត]	ស្រូក : ទាំ (ព.ម.)
heat : hit	/hiyt : hit/	[ហ៊ីត : ហ៊ិត]	កំដៅ : វាយ
heed : hid	/hiyd : hid/	[ហ៊ីដ : ហ៊ិដ]	គោរពតាម : លាក់
read : rid	/riyd : rid/	[រ៊ីដ : រ៊ិដ]	អាន : កំចាត់
he's : his	/hiyz : hiz/	[ហ៊ីហ្ស : ហ៊ិហ្ស]	គាត់ជា : របស់គាត់

4. /e/ vs. /ae/   ៤. /e/ [រ៊ែ] ខុសពី /ae/ [រ៊ែ]

    Both these vowels are slightly   ក្នុងប្រព័ន្ធនៃឧសភ្លាតំរោងសូរអង់គ្លេស មើង
different from any Khmer sound, so Khmer   យកស្រះ: [រ៊ែ] និងស្រះ: [រ៊ែ] មកតំរោងសូរអង់-
students will have some difficulty with   គ្លេស /e/ និង /ae/ ។ សូរអង់គ្លេសទាំងពីរនេះ
both these sounds. Practice the follow-   ខុសពីស្រះ:ខ្មែរបន្តិច ។ ហាត់ថានូវពាក្យខាងក្រោម
ing words in Lessons 1 and 2 involving   នេះ: ដែលមើងស្រង់ចេញពីមេរៀនទី ១ និងទី ២:
these sounds:

/e/:	hello	/helów/	[ហ៊ែ 'ឡូ]	ជំរាបសួរ
	pencil	/pénsəl/	['ផែនសួល]	ខៅ រ៊ែដ
	question	/kwéschən/	['ឃ្វែសចិន]	សំនួន
	sentence	/séntənts/	['សែនតិនតស]	ឃ្លា
	very	/véri/	[វ៊ែរិ]	ណាស់
	never	/névər/	['នែវ៊ែរ]	មិនដែល
/ae/:	thank	/thaenk/	[ថែងក]	អរគុណ
	have	/haev/	[ហែវ]	មាន
	where	/whaer/	[ហ្វ៊ែរ]	ឯណា
	can	/kaen/	[ខែន]	អាច
	understand	/əndərstáend/	[អិនដ៊ែរ 'ស្ត៊ែនដ]	យល់
	that	/dhaet/	[ធ៊ែត]	នោះ

Now practice the following minimal
contrasts:

Ken : can	/ken : kaen/	[ខែន : ខែន] (ឃ្លា:) : អាច
Em : am	/em : aem/	[ខអិម : ខអម] (ឃ្លា:) : ជា
bet : bat	/bet : baet/	[ខប៊ិត : ខបត] ភ្លាល់ : ព្រនង់
bed : bad	/bed : baed/	[ខប៊ិដ : ខបដ] ខ្ត្រែ : អាត្រក់
said : sad	/sed : saed/	[ខស៊ិដ : ខសដ] ថា(ព.ម.) : ព្រួយ
send : sand	/send : saend/	[ខស៊ិនដ : ខសនដ] ស្ភ្តី : ខ្សាច់

ផង ទ្បូវិហាត់ថាគូពាក្យខាងប្រកាមនេះ:

5. Initial /k/ vs. /g/

Khmer has a /k/ sound, as in 'coat'
and 'could', but no /g/, as in 'goat'
and 'good'. Practice the following
minimal contrasts between these two
initial consonants:

could : good	/kud : gud/	[ខឃឺដ : ខគឺដ] អាច : ល្អ
coat : goat	/kowt : gowt/	[ខ្ជត : គ៉ុត] អាវិធំ : ពទីព
*can : again	/kaen : əgáen/	[ខែន : អ៊ី'ខ៉ែន] អាច : ទទ្បូត
Kate : gate	/keyt : geyt/	[ខេត : ខគ៉ត] (ឃ្លា:) : ទ្ទាន
cap : gap	/kaep : gaep/	[ខែព : ខគ៉ព] កាតិប : ចន្ទ្លា:
come : gum	/kəm : gəm/	[ខ៊ិម : គ៉ុម] មក : អញ្ច្បាញេធ្ពញ
close : glows	/clowz : glowz/	[ខ្ជឹង : គ៉ឹង] បិទ : បពញ្ចពន្លី
crow : grow	/krow : grow/	[ក្រ្ជ : ក្រ៉ូ] ខ្ក្រក : ដុ:

៥. /k/ [ខ/ឃ] ឬសពី /g/ [គ/គ៉] ដើមពាក្យ

ព្យញ្ជន: /k/ អង់គ្លេសប្រើនៅដើមពាក្យ
មានសូរិដូចគ្នានិង [ខ] ឬ [ឃ] នៃភាសាខ្មែរុរគ្នាន
ព្យញ្ជន:ខដលឡើងយកអកក្សរ [គ] មកឈ្នោងទ
ដូចជានៅក្នុងពាក្យ good [គឌ]'ល្អ' និងgive
[គិវ] 'ឱ្យ '។ ហាត់ថាគូពាក្យខាងប្រកាមនេះ:

6. Initial /th/ vs. /dh/

These are the sounds at the be-
ginning of 'thigh' vs. 'thy', or
'thistle' vs. 'this'. Although they
are written the same in English, the
two sounds are quite different. We
have kept /th/ for the sound at the
beginning of 'thigh', while using /dh/
for the sound at the beginning of 'thy'.
Khmer has neither of these sounds; in

៦. /th/ [ថ/ថ៌] ឬសពី /dh/ [ឌ/ឌ៌] ដើមពាក

នៅក្នុងមេទរ្យូនទី ១ លោកអ្នកបានដូបប្រទ:
និងសូរុមួយ ខដលឡើងយកអកក្សរ [ថ] ជាតំណាង ។
សូររន:មានរប្រើនៅក្នុងពាក្យដូចជា thank
[ថែងក]'អរគុណ' ។ សូរមួយទទ្បូតខដលឡើងយកអកក្សរ
[ឌ] ជាតំណាង មានសូររប្បហាក់ប្រហែលគ្នានិង [ថ]
ខដរ វិត្បគ្នាន់ខែតមានសរម្ញងខ្ជរនៅក្នុងបំពង់កនៅ
ពេលខដលបន្លឺទ្បឹង (ឬសពី [ថ], ខដលមានសរម្ញង
ថ្ងង់)។ ទនរប្រើសូរ [ឌ] នេះជាញឹកញញាប់ណាស់
ក្នុងភាសាអង់គ្លេស ដូចជានៅក្នុងពាក្យ this

fact they are two of the hardest English [ធឹស]'នៈ' ហើយនិង that [ទ្ហៃត] 'នោៈ' ។
sounds for speakers of other languages នៈជាសូរពិបាកថា បំផុតចំពោៈអ្នកនិយាយភាសា ព្រោ
to make. Practice the following words ពីអង់គ្លេស ។ សូមហាត់ថាត្តូវពាក្យនៅ ខាងក្រោម
which contrast these two sounds; they នៈ ។ គូពាក្យ ទាំងនៈមិនមែនជាគូពាក្យ ខុសគ្នា
are not all minimal contrasts, as តែ មួយគត់ច្បាស់ ទាំងអស់ទេ   ដោយ ហេតុមកពីគូពាក្យ
minimal contrasts for these two sounds សម្រាប់សូរពីរនៈ ពិបាកករណាល់ ។
are difficult to find:

thigh : thy	/thay : dhay/	[ថាយ : ឍាយ]	ភ្ហៅ : របស់លោក
*thistle : this	/thísəl : dhis/	['ថុិសិល : ឍិស]	បន្លា : នៈ
*thin : then	/thin : dhen/	[ថុិន : ទ្ហៃន]	ស្ភ្ដីង : កាលនោៈ
*thatch : that	/thaech : dhaet/	[ថៃឆ : ទ្ហៃត]	ស្ភ្ហៅ : នោៈ
*thimble : them	/thímbəl : dhem/	['ថុិម្ភុិល : ទ្ហៃម]	ស្ថាប់ផ្ដេរ : ពួកគេ
*theme : the	/thiym : dhiy/	[ថុិម : ឍិ]	ទ្ហ្ផូនរ្ផីង : (គ.ម្ផ្ហ៉ាង)
*thank : than	/thaenk : dhaen/	[ថៃងក : ទ្ហៃន]	អរគុណ : ជាង
*thief : these	/thiyf : dhiyz/	[ថុិហ្វ : ឍិង]	ចោរ : ទាំងនៈ

7. Final /-l/   ៧. /-l/ [_ល] ចុងពាក្យ

Khmer has a final /-l/, but it is   សូរ /-l/អង់គ្លេសដាក់នៅចុងពាក្យ ខុស
very different from English /l/, which ឆ្ងាយពី [_ល] ខ្មែរ ។ ដើម្ផ្ហីនិងបន្លឺសូរ [ល]
is pronounced by curling the tongue   អង់គ្លេស គេ ត្រូវរ ធ្ផើ ឱ្យអណ្ដាត ងជ្រមង់ទៅ ព្រ ឈ្កម្ភ មាត់
back toward the roof of the mouth,   ខាងក្រោម ធ្ផើ ឱ្យ ច្ឌ: គេបង្កើ តសូរម្ផ្ហ៉ាង ងដែលគេ
producing a 'retroflex' or 'dark' sound. ហៅថា 'ងឌិត' ។ ហាត់ថា ន្តូវ ពាក្យ ខាងក្រោម
Practice the final /l/ in the follow- ដែលមាន សូរ [_ល] នៅ ខាងចុ:
ing words:

little	/lítəl/	['លិតិល]	គូច
table	/téybəl/	['ថេ ឞិល]	តុ
pencil	/pénsəl/	['ខៃ ភនសិល]	ខ្ចៅ ទ្ហៃដ
I'll	/ayl/	[អាយល]	ខ្ញុំនិង
will	/wil/	[វិល]	និង
full	/ful/	[ហ្ចុិល]	ពេញ
Bill	/bil/	[ឞិល]	(ឈ្មោៈ)
kill	/kil/	[យិល]	សម្លាប់

8. /l/ vs. /r/

English /l/ and /r/ are very different from their Khmer counterparts, both at the beginning and at the end of a word. Practice the following minimal pairs:

a) **Initially**:

light : right	/layt : rayt/
low : row	/low : row/
lead : read	/liyd : riyd/
lip : rip	/lip : rip/
long : wrong	/long : rong/
led : red	/led : red/

b) **Finally**:

I'll : ire	/ayl : ayr/
foal : four	/fowl : fowr/
pal : pair	/pael : paer/
hill : here	/hil : hir/
fill : fear	/fil : fir/
little : litter	/lítəl : lítər/

9. Final /-t/ vs. /-ts/

Since Khmer words have no final clusters, final /-ts/, as in 'it's, what's, that's, cats,' etc. will be difficult. Practice the following minimal contrasts:

it : its	/it : its/
that : that's	/dhaet : dhaets/
what : what's	/what : whats/
cat : cats	/kaet : kaets/
rat : rats	/raet : raets/
kite : kites	/kayt : kayts/
fight : fights	/fayt : fayts/

ៃ. **/l/ [ល] ឬសពី /r/ [រ]**

ទោះបើនៅដើមពាក្យក្ដី នៅចុងពាក្យក្ដី សូរ [ល] ហើយនិង [រ] ខ្មែរ ឧស្សាយណាស់ពីសូរ /l/ ហើយនិង /r/ អង់គ្លេស ។ ហាត់ថាពាក្យ ឧស្សាវៃត្រមួយគូរនៅខាងក្រោមនេ:

ក. **នៅខាងដើមពាក្យ**:

[ឡ្យាយត : រ៉ាយត]	ពន្លឺ : ត្រួវ
[ឡ្យ : រ៉ូ]	ទាប : ជួរ
[លីៃដ : រីៃដ]	នាំ : អាន
[លិព : រិព]	បរុមាត់ : ធ្វើនូវ្យរវឹហក
[ឡ្យង : រ៉ង]	វ៉ិង : ឧស
[ៃលដ : ៃរដ]	នាំ(ព.ម.) : ក្រហម

ខ. **នៅខាងចុងពាក្យ**:

[អាយល : អាយរ]	ខ្លឹង : កញ្ចឹង
[ហ្វូល : ហ្វូរ]	កូនសេះ : បួន
[ៃផល : ៃផរ]	គួន : គូ
[ហិុល : ហិុរ]	ភ្នំ : ទីនេះ
[ហ្វិុល : ហ្វិុរ]	បំពេញ : ខ្លាច
['លិតិល : 'លិតរ]	គូច : សុ្រមា

---

៩. **/-t/ [-ត] ឬសពី /-ts/ [-តស] ចុងពាក្យ**

ដោយហេតុថាពាក្យៃខ្មរគ្មានប្រើចង្គោម ព្យព្ជនៈនៅខាងចុង [-តស] ដូចជានៅពាក្យ it's 'វ៉ាជ៉ា', what's'គីជ៉ាអ្វី' ហើយនិង cats 'ឆ្មា(ព.)' ពិបាកថាណាស់ ។ ហាត់ថានូវៃពាក្យមានសូរ [-ត] ឬសពី [-តស] នៅខាងក្រោមនេ:

[អ៊ិត : អ៊ិតស]	វ៉ា : វ៉ាជ៉ា
[ៃឌ្ហត : ៃឌ្ហតស]	នោះ : នោះជា
[ហ្វ៉ាត : ហ្វ៉ាតស]	អ្វី : គីជ៉ាអ្វី
[ៃខត : ៃខតស]	ឆ្មា : ឆ្មា (ព.)
[ៃរ៉ាត : ៃរ៉ាតស]	កណ្ដុរ : កណ្ដុរ(ព.)
[ខាយត : ខាយតស]	ខ្លែង : ខ្លែង (ព.)
[ហ្វាយត : ហ្វាយតស]	ជម្លោះ : ជម្លោះ(ព.)

D. GRAMMAR NOTES AND DRILLS   ឃ. ពន្យល់ហើយនិងលំហាត់វេយ្យាករណ៍

1. <u>Question Words 'What' and 'Where'</u>   ១. <u>ពាក្យសំនួរ What និង Where</u>

    In Khmer, question words come at   ក្នុងភាសាខែ្មរ គេប្រើពាក្យសំនួននៅចុង
the end of the sentence, but in English   ឃ្លា ។ ចំរែកឯងភាសាអង់គ្លេសវិញ គេដាក់ពាក្យ
they typically come at the beginning;   សំនួននៅដើមឃ្លា,   ១.
e.g.:

    <u>What</u> is your name?   អ្នកឈ្មោះអ្វី ?

    <u>Where</u> is your book?   សៀវភៅអ្នកនៅឯណា ?

    <u>When</u> did you come?   អ្នកមកកាលណា ?

    <u>Why</u> did you do it?   ម៉េចក៏អ្នកធ្វើអ៊ីចឹង ?

    <u>Who</u> is that man?   មនុស្សនោះជាអ្នកណា ?

  Use the following new vocabulary in   ប្រើពាក្យថ្មីនៅខាងក្រោមនេះ ក្នុងលំហាត់តទៅ:
the drill which follows:

    chalk   /chok/   [ឆក]   ដីស

    eraser   /iyréysər/   [អ៊ី'រេសីរ]   ជ័រលុប

    notebook   /nówt-bùk/   ['ណូតប៊ុក]   សៀវភៅសរសេរ

la. <u>Substitution Drill</u>   <u>លំហាត់ប្តូរពាក្យ</u>

Where is your <u>book</u>?   <u>សៀវភៅអ្នកនៅឯណា</u> ?

Where is your <u>pencil</u>?   ខ្មៅដៃ

Where is your <u>paper</u>?   ក្រដាស

Where is your <u>chair</u>?   កៅអី

Where is your <u>chalk</u>?   ដីស

Where is your <u>eraser</u>?   ជ័រលុប

Where is your <u>notebook</u>?   សៀវភៅសរសេរ

2. <u>The Articles 'A' and 'The'</u>   ២. <u>គុណនាមពិសេស A ហើយនិង The</u>

    The articles 'a' and 'the' don't   ភាសាខ្មែរឥតមានប្រើគុណល្បៗ a និង the
exist in Khmer, so it will be very   ទេ ។ ដូច្នេះហើយ ខ្មែរក៏គ្មានពាក្យសម្រាប់បកប្រែ
difficult for Khmers to understand how   ពាក្យទាំងពីរនេះដែរ ។ យ៉ាងណាក៏ដោយ ពាក្យ
and why they are used in English. Since   ទាំងពីរនេះសំខាន់ណាស់ក្នុងភាសាអង់គ្លេស ។ លោក
their use is automatic for English speak-   អ្នកត្រូវចេះប្រើពាក្យទាំងពីរនេះ ទើបលោកអ្នក
ers, we don't have to ask ourselves when   អាចនិយាយភាសាអង់គ្លេសបានត្រឹមត្រូវ ។ ក្នុងភាសា
to use them, but in fact the rules for   អង់គ្លេស គេប្រើពាក្យនេះជាស្វ័យប្រវត្ត; ដូច្នេះ

their use are very complicated. We are
told in school that 'a' is the 'indefi-
nite' article and that 'the' is the
'definite' article, but in 'The dog is
man's best friend.', 'the' is indefinite,
and in 'What a day!', 'a' is definite -
just the reverse of the rule!

     In general, however, you use 'the'
before a noun that refers to something
     1) that has already been mentioned,
     2) that the hearer already knows
        about, or
     3) of which there is only one.
'A', on the other hand, is used before
nouns which refer to something
     1) that hasn't already been mentioned,
     2) that the hearer doesn't know
        about, or
     3) of which there are several.
Contrast the following examples:
     I bought a car.
        The car is new.
     That's a chair.
        Give me the chair.
     I see a man.
        I see the man I met yesterday.
     It's on a table.
        It's on the table.
Of course certain grammatical functions
of 'a' and 'the' can be translated in
Khmer when necessary, such as 'one' for
'a' and 'that' for 'the', but their
use is not compulsory as it is in

អ្នកនិយាយភាសាអង់គ្លេសភាគច្រើន មិនអាចប្រាប់សិល្ប
ច្រោះប្រទេសអំពីរបៀបប្រើពាក្យនេះៗទេ ថ្វីបើ
គេដឹងជាគ្មានថាពេលណាត្រូវប្រើ ពេលណាមិនត្រូវ
ប្រើ មួយណាត្រូវប្រើ មួយណាមិនត្រូវប្រើ ។

ធម្មតាគេប្រើ the នៅមុខនាមសព្ទណាដែល
ស្ដីអំពីអ្វីមួយ :
     ១. ដែលគេបានថ្លែងមុខៗមកហើយ,
     ២. ដែលអ្នកស្ដាប់បានដឹងៗមកហើយ, ឬ
     ៣. ដែលមានតែមួយ.

ផ្ទុយទៅវិញ គេប្រើ a នៅមុខនាមសព្ទណា
ដែលស្ដីអំពីអ្វីមួយ :
     ១. ដែលមិនទាន់បានថ្លែងនៅឡើយ,
     ២. ដែលអ្នកស្ដាប់មិនដែលដឹងៗ, ឬ
     ៣. ដែលមានច្រើន.

នេះជាគូឧទាហរណ៍ខាងក្រោមនេះ:
     ខ្ញុំទិញឡាន(មួយ).
        ឡាន(នោះ)ថ្មី.
     នោះគឺជាកៅអី(មួយ).
        ឲ្យយកៅអី(នោះ)[មក]ខ្ញុំ.
     ខ្ញុំឃើញមនុស្សម្នាក់.
        ខ្ញុំឃើញមនុស្សដែលខ្ញុំបពិមួលមិញ.
     វានៅលើតុ. (មានតែមួយ)
        វានៅលើតុ. (មានច្រើន)
'ម្នាក់' នៅក្នុងឃ្លា ខ្ញុំឃើញមនុស្សម្នាក់' មាននយ
ស្របដៀងនិង a; 'នោះ' នៅក្នុងឃ្លា ឡាននោះ
ថ្មី' មាននយស្របដៀងគ្នានិង the; ក៏ប៉ុន្តែនៅក្នុង
ភាសាអង់គ្លេស a ហើយនិង the គេប្រើបាននៅ
ច្រើនកន្លែងជាង 'ម្នាក់' និង 'នោះ' ក្នុងភាសា

English.   ខ្មែរ ។

'A' has two forms; 'a' is used   A មានទ្រង់ទ្រាយពីរៈ គេប្រើ a នៅមុខ
before nouns which start with a conson-   ពាក្យណាដែលមានព្យញ្ជនៈនៅមុខគេបង្គល់; ចំពោះ
ant, and 'an' before nouns which start   ពាក្យណាដែលមានស្រៈនៅមុខ គេប្រើ an
with a vowel, e.g.:   [អែន], ឧ.

   a table   /ə téybəl/   [អ៊ 'ថេបិល]   តុ
     an apple   /aen áepəl/   [អែន អែពិល]   ផ្លែចេ្ម
   a chair   /ə chaer/   [អ៊ ឆែរ]   កៅអី
     an ant   /aen aent/   [អែន អែនត]   ស្រមោច
   a book   /ə buk/   [អ៊ ប៊ុក]   សៀវិនៅភៅ
     an ear   /aen ir/   [អែន អ៊ុរ]   ត្រចៀក

Likewise, 'the' has two pronunciations: ចំណែកឯ the វិញ ក៏មានសភាពពូរច្នៈដែរ គឺថា
/dhə/ before nouns that begin with a   មាននរបៀបអានពីរយ៉ាង: គេអានថា [ឌ៊ី] នៅ
consonant, and /dhiy/ before nouns that   មុខពាក្យណាដែលផ្ដើមទៅព្ញឹងឹងព្យញ្ជនៈ; ចំណែក
begin with a vowel, e.g.:   ពាក្យណាដែលមានស្រៈមុខគេបង្គល់ គេអានថា [ឌ៊ី]:

   the table   /dhə téybəl/   [ឌ៊ី 'ថេបិល]   តុ
     the airplane /dhiy áerpleyn/   [ឌ៊ី 'អែររផ្លេន]   កប៉ាល់ហោះ
   the chair   /dhə chaer/   [ឌ៊ី ឆែរ]   កៅអី
     the oven   /dhiy óvən/   [ឌ៊ី 'អ៊វិន]   ឡ
   the book   /dhə buk/   [ឌ៊ី ប៊ុក]   សៀវិនៅភៅ
     the eraser   /dhiy iyréysər/   [ឌ៊ី អ៊ី 'រេសិរ]   ជ័រលុប

2a. Pronunciation Drill   លំហាត់អាន

a car : an airplane /ə kar : aen áerpleyn/[អ៊ី ខារ : អែន 'អែររផ្លេន] ឡ្យាន : យន្តហោះ
a table : an eye   /ə téybəl : aen ay/   [អ៊'ថេបិល : អែន អាយ] តុ : ភ្នែក
a book : an apple   /ə buk : aen áepəl/   [អ៊ ប៊ុក : អែន 'អែពិល] សៀវិនៅភៅ : ចេ្ម
a name : an oven   /ə neym : aen óvən/   [អ៊ ណេម : អែន 'អ៊វិន] ឈ្មោះ : ឡ
a chair : an ant   /ə chaer : aen aent/   [អ៊ ឆែរ : អែន អែនត] កៅអី : ស្រមោច
a pencil : an ear   /ə pénsəl : aen ir/   [អ៊'ផែនសិល : អែន អ៊ុរ] ខ្មៅដៃ : ត្រចៀក

2b. Pronunciation Drill   លំហាត់អាន

the car : the air   /dhə kar : dhiy aer/   [ឌ៊ី ខារ : ឌ៊ី អែរ]   ឡ្យាន : អាកាស
the pen : the ant   /dhə pen : dhiy aent/ [ឌ៊ី ផែន : ឌ៊ី អែនត] បិច : ស្រមោច
the chair : the eye /dhə chaer : dhiy ay/ [ឌ៊ី ឆែរ : ឌ៊ី អាយ]   កៅអី : ភ្នែក
the book : the ear /dhə buk : dhiy ir/   [ឌ៊ី ប៊ុក : ឌ៊ី អ៊ុរ] សៀវិនៅភៅ : ត្រចៀក

the name : the age /dhə neym : dhiy eyj/ [ឌឺ ណេម : ឌី អេជ] ឈ្មោះ : អាយុ

the boat : the oar /dhə bowt : dhiy owr/ [ឌឺ បូត : ឌី អូរ] ទូក : ចង្វា

2c. Substitution Drill

In the following drill, use the appropriate pronunciation of 'the':

Where is the book? (/dhə/)
Where is the eraser? (/dhiy/)
Where is the pencil? (/dhə/)
Where is the oven? (/dhiy/)
Where is the paper? (/dhə/)
Where is the ant? (/dhiy/)
Where is the car? (/dhə/)

លំហាត់ប្តូរពាក្យ

ក្នុងលំហាត់នេះ ប្រើពាក្យ the, ដោយអានថា [ឌឺ] ឬ [ឌី] តាមពាក្យប្តូរនីមួយៗ :

សៀវភៅនៅឯណា? ([ឌឺ])
ជ័រលុប ([ឌី])
ខ្មៅដៃ ([ឌឺ])
ឡ ([ឌី])
ក្រដាស ([ឌឺ])
ស្រមោច ([ឌី])
ឡាន ([ឌឺ])

2d. Substitution Drill

In this drill, use either 'a' or 'an', as required:

Do you have a pencil?
Do you have an eraser?
Do you have a book?
Do you have an oven?
Do you have a car?
Do you have an airplane?
Do you have an apple?

លំហាត់ប្តូរពាក្យ

ក្នុងលំហាត់នេះ ប្រើពាក្យ a ឬ an តាមពាក្យដែលនៅពីក្រោយ :

អ្នកមានខ្មៅដៃទេ ?
ជ័រលុប
សៀវភៅ
ឡ
ឡាន
កប៉ាល់ហោះ
ប៉ោម

3. The Plural Endings /s/ and /z/

The regular English plural is formed by adding the sound /-s/ to nouns which end in the voiceless sounds /p t k f th/ and the sound /-z/ to nouns which end in the voiced sounds /b d j g m n ng v dh w l y r/ or any vowel. (Additionally, words which end in /ch j s sh z zh/ form the plural by

៣. បច្ច័យពហុវចនៈ [ស] ហើយនិង [ង] អង់គ្លេស

ភាសាអង់គ្លេស បើកាលណាគេចង់ប្តូរនាមសព្ទឯកវចនៈឱ្យទៅជានាមសព្ទពហុវចនៈ (ច្រើនជាងមួយ) នាមសព្ទភាគច្រើនគេបន្ថែមសូរ /-s/ [-ស] នៅខាងក្រោយនាមសព្ទណាដែលមានសូរ /p t k f th/ [ព ត ក ហ្វ ថ] នៅខាងចុង ។ គេបន្ថែមសូរ /-z/ [-ង] នៅខាងក្រោយនាមសព្ទឯទៀត (លើកលែងតែនាមសព្ទណាដែលមានសូរ /c j s sh z zh/ [ច ជ ស ស្យ ង ហ្ស] ដែលយើងនិងពន្យល់

adding /-əz/, but we will take that up   នៅពេលក្រោយ ។ ឧទាហរណ៍មានដូចខាង
later.) Examples: ក្រោមនេះ :

a) Add /-s/:   ក. បន្ថែមសូរ /-s/ [_ស] :

cap : caps   /kaep : kaeps/   [ខែព : ខែពស]   កាតិប : (ព.)

cat : cats   /kaet : kaets/   [ខែត : ខែតស]   ឆ្មា : (ព.)

book : books   /buk : buks/   [ប៊ុក : ប៊ុកស]   សៀវភៅ : (ព.)

b) Add /-z/:   ខ. បន្ថែមសូរ /-z/ [_ង] :

job : jobs   /jab : jabz/   [ជ៉ាប : ជ៉ាបង]   ការងារ : (ព.)

wood : woods   /wud : wudz/   [វ៉ូដ : វ៉ូដង]   ឈើ : (ព.)

dog : dogs   /dog : dogz/   [ដក : ដកង]   ឆ្កែ : (ព.)

English plurals will cause a double   បច្ចុប្បពហុវចនៈនេះ ពិបាកណាស់ចំពោះអ្នកនិយាយភាសា
problem for Khmer speakers because: ខ្មែរ ដោយហេតុថា

  1) Khmer nouns are not modified for   ១. ក្នុងភាសាខ្មែរ នាមសព្ទមិនប្រែប្រួលទៅ
     singular and plural;   ស្រាយទៅតាមពហុវចនៈទេ

  2) Khmer does not have /s/ or /z/ in   ២. ពាក្យខ្មែរគ្មានសូរ [ស/ង] នៅចុងក្រោយ
     final position, not to mention in   ពាក្យទេ (បើយើងយកទៅត គ្មានទៅង
     final clusters.   ព្យញ្ជនៈពីរនៅចុងក្រោយពាក្យសោះ)

3a. Pronunciation Drill   លំហាត់អាន

    Practice the following contrasts: ហាត់បន្ថែមបច្ចុប្បន្ននាមសព្ទខាងក្រោមនេះ:

a) Plural formed by adding /-s/:   ក. បច្ចុប្បបច្ចុប្បពហុវចនៈ: [_ស]:

book : books   /buk : buks/   [ប៊ុក : ប៊ុកស]   សៀវភៅ : (ព.)

cat : cats   /kaet : kaets/   [ខែត : ខែតស]   ឆ្មា : (ព.)

cap : caps   /kaep : kaeps/   [ខែព : ខែពស]   កាតិប : (ព.)

cough : coughs   /kof : kofs/   [ខឡ : ខឡស]   ការក្អកម្ដង : (ព.)

cup : cups   /kəp : kəps/   [ខិព : ខិពស]   ថៃពង : (ព.)

ant : ants   /aent : aents/   [ខែអនត : ខែអនតស]   ស្រមោច : (ព.)

b) Plural formed by adding /-z/:   ខ. បច្ចុប្បបច្ចុប្បពហុវចនៈ: [_ង]:

pen : pens   /pen : penz/   [ខែន : ខែនង]   ប៊ិច : (ព.)

pencil : pencils /pénsəl : pénsəlz/   ['ខែនសិល : 'ខែនសិលង]ខ្មៅដៃ : (ព.)

chair : chairs   /chaer : chaerz/   [ខែឆរ : ខែឆរង]   កៅអី : (ព.)

dog : dogs   /dog : dogz/   [ដក : ដកង]   ឆ្កែ : (ព.)

name : names   /neym : neymz/   [ណេម : ណេមង]   ឈ្មោះ : (ព.)

door : doors   /dowr : dowrz/   [ដ៉ូរ : ដ៉ូរង]   ទ្វារ : (ព.)

3b. Substitution Drill

លំហាត់បូនពាក្យ

I have two <u>books</u>.

ខ្ញុំមានសៀវភៅពីរ.

I have two <u>pens</u>.

ប៊ិច

I have two <u>dogs</u>.

ឆ្កែ

I have two <u>cats</u>.

ឆ្មា

I have two <u>names</u>.

ឈ្មោះ

I have two <u>chairs</u>.

កៅអី

3c. <u>Transformation Drill</u>

<u>លំហាត់ប្រែប្រួលឈ្មោះ</u>

The following drill is called a 'transformation' drill; in a transformation drill the student changes the teacher's sentence into a different sentence. In the following drill, the student changes the singular noun in the teacher's sentence to a plural noun preceded by the word 'two':

លំហាត់ខាងក្រោយនេះ គេហៅថា 'លំហាត់ ប្រែប្រួលឈ្មោះ ' ។ ក្នុងការហាត់លំហាត់របៀបនេះ សិស្សប្រែប្រួលទាំងប្រាឃ្មោះគ្រូឃ្មើយទៅជាឃ្មោធផ្សេង ។ ក្នុងលំហាត់ខាងក្រោយនេះ សិស្សប្រែនាមសព្ទហុឯចន: ន្លើយទៅជានាមសព្ទពហុឯចន: ១. សិស្សប្រែ a book ន្លើយទៅជា two books ។

I have a book.

ខ្ញុំមានសៀវភៅ(មួយ).

I have two books.

ខ្ញុំមានសៀវភៅពីរ.

I have a pen.

ខ្ញុំមានប៊ិច(មួយ).

I have two pens.

ខ្ញុំមានប៊ិចពីរ.

I have a dog.

ខ្ញុំមានឆ្កែ(មួយ).

I have two dogs.

ខ្ញុំមានឆ្កែពីរ.

I have a cat.

ខ្ញុំមានឆ្មា(មួយ).

I have two cats.

ខ្ញុំមានឆ្មាពីរ.

I have a chair.

ខ្ញុំមានកៅអី(មួយ).

I have two chairs.

ខ្ញុំមានកៅអីពីរ.

I have a pencil.

ខ្ញុំមានខ្មៅដៃដ(មួយ).

I have two pencils.

ខ្ញុំមានខ្មៅដៃដពីរ.

I have a cup.

ខ្ញុំមានពែង(មួយ).

I have two cups.

ខ្ញុំមានពែងពីរ.

I have a name.

ខ្ញុំមានឈ្មោះ(មួយ).

I have two names.

ខ្ញុំមានឈ្មោះពីរ.

4. 'Some' and 'Any'

  'A' and 'the' are used with singular nouns and individual items which can be counted, such as 'book, table, car,' etc. 'Some' and 'any' are used with plural nouns and with mass nouns (nouns which are not countable), such as 'water' /wátər/, 'money' /méni/, and 'paper' /péypər/. Examples:

  I have <u>some</u> pencils.

  I need <u>some</u> water.

In a negative sentence, 'any' is used:

  I don't have <u>any</u> paper.

  I don't want <u>any</u> water.

In a question, either 'some' or 'any' may occur, with very little difference in meaning (or at least the difference is so subtle that we will not take it up here), e.g.:

  Do you have <u>some</u> money?

  Do you have <u>any</u> money?

4a. Substitution Drill

I have some <u>pencils</u>.

I have some <u>books</u>.

I have some <u>paper</u>.

I have some <u>money</u>.

I have some <u>chairs</u>.

I have some <u>water</u>.

4b. Transformation Drill

I have a book.

 I have some books.

I have a chair.

 I have some chairs.

---

៤. Some ហើយនិង Any

 A ហើយនិង the ប្រើប្រាស់ជាមួយនិងនាមសព្ទ ឯកវចន: ឬ ពហុវចន: ដែលអាចរាប់បាន ដូចជា 'សៀវភៅ,' 'ខ្សែ ៃដ,' 'កៅអី' ។ល។ Some [សឹម] ហើយនិង any ['ៃអនិ] ប្រើប្រាស់ៃតជាមួយ នាមសព្ទពហុវចន:, ដូចជា some pencils 'ខ្សៅ ៃដ (មិនដឹងចំនួនប្រាកដ), ហើយនិងជាមួយនាមសព្ទ ជាដុំ ឬ ជារបស់ដែលមិនអាចរាប់បែងភាគបាន, ដូចជា water[ឣាតិរ] 'ទឹក,' money ['ម៉ុនិ] 'លុយ', ។

ខ្ញុំមានខ្សៅ ៃដ(ខ្លះ).

ខ្ញុំ ត្រូវ ការ ទឹក(ខ្លះ).

នៅ ក្នុងឃ្លាបដិសេធ តេ ត្រូវប្រើ any វិញ, ។

ខ្ញុំគ្មាន ប្រ កដាស (ណា) ទេ.

ខ្ញុំមិនចង់បានទឹក (ណា) ទេ.

នៅ ក្នុងសំនួរ តេ ត្រូវប្រើ some ក៏បាន, any ក៏បាន, ដោយមានន័យមិនសូវខុសគ្នាប៉ុន្មានទេ (ភាពខុសគ្នាតិច តួចនេះ ហើយមិនបាច់យកចិត្តទុកដាក់ៃដ ទ្បើ នេះ:ទេ), ។

អ្នកមានលុយ(ខ្លះ)ទេ?

អ្នកមានលុយ(ខ្លះ)ទេ?

<u>លំហាត់ប្ដូរពាក្យ</u>

ខ្ញុំមានខ្សៅ ៃដ(ខ្លះ).

សៀវ ៃ ភៅ

ប្រកដាស

លុយ

កៅអី

ទឹក

<u>លំហាត់ៃ្រ ប្រ ប្រួញ្ញា</u>

ខ្ញុំ មាន សៀវ ៃ ភៅ.

ខ្ញុំមានសៀវ ៃ ភៅ(ខ្លះ).

ខ្ញុំ មាន កៅ អី.

ខ្ញុំ មាន កៅ អី(ខ្លះ).

I have a pen.   ខ្ញុំមានប៊ិច.

   I have some pens.   ខ្ញុំមានប៊ិច(ខ្លះ).

I have a paper.   ខ្ញុំមានប្រដាស(១ សន្លឹក).

   I have some papers.   ខ្ញុំមានប្រដាស(មិនដឹងប៉ុន្មានសន្លឹក).

I have a dog.   ខ្ញុំមានឆ្កែ(មួយ).

   I have some dogs.   ខ្ញុំមានឆ្កែ(ខ្លះ).

I have a car.   ខ្ញុំមានឡាន(មួយ).

   I have some cars.   ខ្ញុំមានឡាន(ខ្លះ).

4c. Substitution Drill   លំហាត់ប្តូរពាក្យ

I don't have any <u>paper</u>.   ខ្ញុំគ្មានប្រដាស(ណា)ទេ.

I don't have any <u>pencils</u>.   ខ្មៅដៃ

I don't have any <u>money</u>.   លុយ

I don't have any <u>water</u>.   ទឹក

I don't have any <u>chairs</u>.   កៅអី

I don't have any <u>books</u>.   សៀវភៅ

4d. Transformation Drill   លំហាត់ច្រែប្រល្មួញា

I have some books.   ខ្ញុំមានសៀវភៅ(ខ្លះ).

   I don't have any books.   ខ្ញុំគ្មានសៀវភៅ(ណា)ទេ.

I have some pencils.   ខ្ញុំមានខ្មៅដៃ(ខ្លះ).

   I don't have any pencils.   ខ្ញុំគ្មានខ្មៅដៃ(ណា)ទេ.

I have some paper.   ខ្ញុំមានប្រដាស(ខ្លះ).

   I don't have any paper.   ខ្ញុំមានប្រដាស(ណា)ទេ.

I have some money.   ខ្ញុំមានលុយ(ខ្លះ).

   I don't have any money.   ខ្ញុំគ្មានលុយ(ណា)ទេ.

I have some chairs.   ខ្ញុំមានកៅអី(ខ្លះ).

   I don't have any chairs.   ខ្ញុំគ្មានកៅអី(ណា)ទេ.

I have some water.   ខ្ញុំមានទឹក(ខ្លះ).

   I don't have any water.   ខ្ញុំគ្មានទឹក(ណា)ទេ.

4e. Response Drill   លំហាត់ចចម្លើយ

   If someone asks you   បើគេសួរថា:

   Do you have any money?   អ្នកមានលុយទេ?

you can answer in the affirmative   បើមាន ក៏ដេញ្លើយបានថា:

   Yes, I have some.   បាទ/ចា៎ះ, ខ្ញុំមាន(ខ្លះ).

or in the negative   បើគ្មានទេ, ឆ្លើយថា:

   No, I don't have any.   ទេ, ខ្ញុំគ្មានទេ.

In the following response drill, give   ក្នុងលំហាត់ចម្លើយខាងក្រោមនេះ សិស្សត្រូវវិវល់ខ្លួន

the appropriate answer based on the   ចម្លើយដោយស្របទៅតាម 'ពាក្យសោ' ដែលគ្រូ

teacher's cue: ផ្ដល់ឲ្យ គឺ 'បាទ/ចា៎ះ' ឬ 'ទេ':

Do you have any money? (Yes)   អ្នកមានលុយទេ? (បាទ)

   Yes, I have some.   បាទ, ខ្ញុំមាន(ខ្លះ).

Do you have any money? (No)   អ្នកមានលុយទេ? (ទេ)

   No, I don't have any.   ទេ, ខ្ញុំគ្មានទេ.

Do you have any paper? (Yes)   អ្នកមានក្រដាសទេ? (បាទ)

   Yes, I have some.   បាទ, ខ្ញុំមាន(ខ្លះ).

Do you have any water? (Yes)   អ្នកមានទឹកទេ? (បាទ)

   Yes, I have some.   បាទ, ខ្ញុំមាន(ខ្លះ).

Do you have any water? (No)   អ្នកមានទឹកទេ? (ទេ)

   No, I don't have any.   ទេ, ខ្ញុំគ្មានទេ.

Do you have any paper? (No)   អ្នកមានក្រដាសទេ? (ទេ)

   No, I don't have any.   ទេ, ខ្ញុំគ្មានទេ.

Do you have any pencils? (Yes)   អ្នកមានខ្មៅដៃទេ? (បាទ)

   Yes, I have some.   បាទ, ខ្ញុំមាន (ខ្លះ).

Do you have any books? (No)   អ្នកមានសៀវភៅទេ? (ទេ)

   No, I don't have any.   ទេ, ខ្ញុំគ្មានទេ.

5. 'One' and 'It'   ៥. One របៀបនិង It

   Notice that when the teacher asks   កត់សម្គាល់ថា បើគ្រូសួរ:

   Do you have a pen? (Sentence 3)   អ្នកមានប៊ិចទេ? (ឃ្លាទី ៣)

the student answers   កូនសិស្សឆ្លើយថា:

   Yes, I have <u>one</u>. (Sentence 4)   បាទ, ខ្ញុំមាន (មួយ). (ឃ្លាទី ៤)

'One' is also used for a negative reply,   គេប្រើ one នៅក្នុងចម្លើយបដិសេធន៍ផង ដូចជា

as in

   No, I don't have <u>one</u>.   ទេ, ខ្ញុំគ្មាន (មួយ)ទេ.

If the question is   បើសិនជាសំនួរយ៉ាងនេះវិញ,

   Do you have the book?   អ្នកមានសៀវភៅ (នោះ)ទេ?

implying there is only one, or that   គឺសំដៅទៅតែសៀវភៅណាមួយ ឬ អ្នកស្គាល់ជឹងហើយ

the hearer already knows what book
you're referring to, the answer is

> Yes, I have <u>it</u>., or
>
> No, I don't have <u>it</u>.

In the following drill, give the
correct response based on the
teacher's question and cue.

ថាគេចង់និយាយអំពីសៀវភៅអ្វីមួយ, គេត្រូវឆ្លើយ
ថា៖

> បាទ, ខ្ញុំមាន(វា). ឬ
>
> ទេ, ខ្ញុំគ្មាន(វា)ទេ.

ក្នុងលំហាត់ខាងក្រោមនេះ សិស្សត្រូវឆ្លើយនិយាយស្រប
ទៅតាមពាក្យសួរ 'បាទ/ថា៖ 'ឬ'ទេ' ដែលគ្រូ
ផ្តល់នូវិយ៖

5a. Response Drill

Do you have a pen? (Yes)

> Yes, I have one.

Do you have a pen? (No)

> No, I don't have one.

Do you have the book? (Yes)

> Yes, I have it.

Do you have the book? (No)

> No, I don't have it.

Do you have the chair? (No)

> No, I don't have it.

Do you have a chair? (Yes)

> Yes, I have one.

Do you have an eraser? (Yes)

> Yes, I have one.

Do you have a car? (No)

> No, I don't have one.

Do you have the car? (Yes)

> Yes, I have it.

លំហាត់ចម្លើយ

អ្នកមានប៊ិចទេ? (បាទ)

> បាទ, ខ្ញុំមាន(មួយ).

អ្នកមានប៊ិចទេ? (ទេ)

> ទេ, ខ្ញុំគ្មាន(មួយ)ទេ.

អ្នកមានសៀវភៅ(នោះ)ទេ? (បាទ)

> បាទ, ខ្ញុំមាន(វា).

អ្នកមានសៀវភៅ(នោះ)ទេ? (ទេ)

> ទេ, ខ្ញុំគ្មាន(វា)ទេ.

អ្នកមានកៅអី(នោះ)ទេ? (ទេ)

> ទេ, ខ្ញុំគ្មាន(វា)ទេ.

អ្នកមានកៅអី(មួយ)ទេ? (បាទ)

> បាទ, ខ្ញុំមាន(មួយ).

អ្នកមានជ័រលុបទេ? (បាទ)

> បាទ, ខ្ញុំមាន(មួយ).

អ្នកមានឡាន(មួយ)ទេ? (ទេ)

> ទេ, ខ្ញុំគ្មាន(មួយ)ទេ.

អ្នកមានឡាន(នោះ)ទេ? (បាទ)

> បាទ, ខ្ញុំមាន(វា).

6. 'One', 'It', 'Some', and 'Any'

Now you see that, in response to
the question 'Do you have ____?',
'one' is used after 'a', 'it' is used
after 'the', and after plural or mass
nouns, 'some' is used in the affirmative

One, It, Some ហើយនិង Any

ឥឡូវនេះលោកអ្នកដឹងហើយថា ក្នុងការឆ្លើយទៅ
និងសំនួរ Do you have___?, គេប្រើ one ប្រើ
សំនួរៗប្រើពាក្យ a; it ៗប្រើសំនួរៗប្រើពាក្យ the ៗ
ជាមួយនិងវត្តុនាប់ចំនួនមិនបាន ឬ អ្វី ៗ លើសពីមួយ
ៗរឿងៗ គេប្រើ some ប្រើចម្លើយជាវិជ្ជមាន ៗ

and 'any' is used in the negative.
All possibilities are shown in the
following examples:

ក្នុងចម្លើយបដិសេធនិវិញ្ញ តគេប្រើពាក្យ any ។
ឃើញបង្ហាញរបៀបប្រើទាំងអស់នៅក្នុងឧទាហរណ៍
ខាងក្រោមនេះ៖

    Do you have <u>a</u> pen?

        Yes, I have <u>one</u>.

    Do you have <u>a</u> pen?

        No, I don't have <u>one</u>.

    Do you have <u>the</u> book?

        Yes, I have <u>it</u>.

    Do you have <u>the</u> book?

        No, I don't have <u>it</u>.

    Do you have <u>some</u> money?

        Yes, I have <u>some</u>.

    Do you have <u>some</u> money?

        No, I don't have <u>any</u>.

អ្នកមានប៊ិច(មួយ)ទេ?

    បាទ, ខ្ញុំមាន(មួយ).

អ្នកមានប៊ិច(មួយ)ទេ?

    ទេ, ខ្ញុំគ្មាន(មួយ)ទេ.

អ្នកមានសៀវភៅ(នោះ)ទេ?

    បាទ, ខ្ញុំមាន(វា).

អ្នកមានសៀវភៅ(នោះ)ទេ?

    ទេ, ខ្ញុំគ្មាន(វា)ទេ.

អ្នកមានលុយ(ខ្លះ)ទេ?

    បាទ, ខ្ញុំមាន(ខ្លះ).

អ្នកមានលុយ(ខ្លះ)ទេ?

    ទេ, ខ្ញុំគ្មាន(ខ្លះ)ទេ.

In the following drill, give the correct
response based on the teacher's article
and cue.

នៅក្នុងលំហាត់ខាងក្រោមនេះ៖ សិស្សត្រូវផ្តល់នូវ
ចម្លើយត្រូវនឹងស្របនឹងសំគាល់និងពាក្យសោរបស់គ្រូ.

6a. <u>Response Drill</u>

លំហាត់ចម្លើយ

Do you have a pen? (Yes)

    Yes, I have one.

Do you have any money? (No)

    No, I don't have any.

Do you have the chair? (Yes)

    Yes, I have it.

Do you have any water? (Yes)

    Yes, I have some.

Do you have a car? (No)

    No, I don't have one.

Do you have any money? (No)

    No, I don't have any.

Do you have the car? (Yes)

    Yes, I have it.

អ្នកមានប៊ិចទេ? (បាទ)

    បាទ, ខ្ញុំមាន(មួយ).

អ្នកមានលុយទេ? (ទេ)

    ទេ, ខ្ញុំគ្មានទេ.

អ្នកមានកៅអី(នោះ)ទេ? (បាទ)

    បាទ, ខ្ញុំមាន(វា).

អ្នកមានទឹកទេ? (បាទ)

    បាទ, ខ្ញុំមាន(ខ្លះ).

អ្នកមានឡានទេ? (ទេ)

    ទេ, ខ្ញុំគ្មាន(មួយ)ទេ.

អ្នកមានលុយទេ? (ទេ)

    ទេ, ខ្ញុំគ្មានទេ.

អ្នកមានឡាន(នោះ)ទេ? (បាទ)

    បាទ, ខ្ញុំមាន(វា).

Do you have a book? (Yes)   អ្នកមានសៀវភៅទេ? (បាទ)

   Yes, I have one.   បាទ, ខ្ញុំមាន(មួយ).

Do you have the eraser? (No)   អ្នកមានជ័រលុប(នោះ)ទេ? (ទេ)

   No, I don't have it.   ទេ, ខ្ញុំគ្មាន(វា)ទេ.

Do you have the pencil? (Yes)   អ្នកមានខ្មៅដៃ(នោះ)ទេ? (បាទ)

   Yes, I have it.   បាទ, ខ្ញុំមាន(វា).

Do you have a chair? (No)   អ្នកមានកៅអីទេ? (ទេ)

   No, I don't have one.   ទេ, ខ្ញុំគ្មាន(មួយ)ទេ.

Do you have any paper? (Yes)   អ្នកមានក្រដាសទេ? (បាទ)

   Yes, I have some.   បាទ, ខ្ញុំមាន(ខ្លះ).

7. Contraction of 'is' to -'s

In normal speech 'is' is shortened
to -'s, and, like the plural discussed
in Note 3, is pronounced /-s/ after
voiceless sounds and /-z/ after
voiced sounds; e.g.:

a) -'s pronounced /s/:

it is : it's   /it iz : its/

what is : what's   /what iz : whats/

that is : that's   /dhaet iz : dhaets/

b) -'s pronounced /z/:

where is : where's /whaer iz : whaerz/

pen is : pen's   /pen iz : penz/

chair is : chair's /chaer iz : chaerz/

7a. Transformation Drill

Change 'is' to -'s, giving it
the pronunciation /s/ or /z/ accor-
ding to the noun:

It is on the table.

   It's on the table.

What is that?

   What's that?

ការបំប្លួញ is [អ៊ិស] ឱ្យទៅជា -'s [ស/ឈ]

ក្នុងការវប្បស្រ័យទាក់ទងធម្មតា គេនែតងនៃត
បំប្លួញ is ឱ្យ ទៅជា -'s ។ ដូចគ្នានិងបច្ឆឹម
ពហុវិចន: ដែលបានឃើងអធិប្បាយនៅក្នុងកំណត់នៃយ្យាករណ៍
ទី ៣, -'s អានថា[ស] នៅរេក្រោយព្យញ្ជន:គ្មាន
សម្លេង,[ឈ] នៅរេក្រោយព្យញ្ជន:មានសម្លេង, ឧ.

ក. -'s អានថា [ស]:

[អ៊ិត អ៊ិស : អ៊ិតស]   វាជា : (ដូចគ្នា)

[ហ្វាត អ៊ិស : ហ្វាតស]គឺជាអ្វី : (ដូចគ្នា)

[ឌែ្នត អ៊ិស : ឌ្នែតស]   នោះជា : (ដូចគ្នា)

ខ. -'s អានថា [ឈ]:

[ហ្វែរ អ៊ិស : ហ្វែរឆ្ន]នៅឯណា : (ដូចគ្នា)

[ប៉ែន អ៊ិស : ប៉ែនឆ្ន]   ប៊ិចជា : (ដូចគ្នា)

[ឈែរ អ៊ិស : ឈែរឆ្ន]   កៅអីជា : (ដូចគ្នា)

លំហាត់ប្រែប្រួលប្រយោគ

បំប្លួញ is ឱ្យទៅជា -'s, ដោយអាន
ថា [ស] ឬ [ឈ] តាមព្យញ្ជន:នៅពីមុខខ្ញុំឈ្ឈា
របស់គ្រូ:

វានៅ លើតុ.

   (ដូចគ្នា)

នោះអ្វី?

   (ដូចគ្នា)

That is a chair.   នោះគឺជាកៅអី.

   That's a chair.   (ដូចគ្នា)

What is your name?   អ្នកឈ្មោះអ្វី ?

   What's your name?   (ដូចគ្នា)

Where is your book?   សៀវភៅអ្នកនៅណា?

   Where's your book?   (ដូចគ្នា)

That is a pen.   នោះគឺជាប៊ិច.

   That's a pen.   (ដូចគ្នា)

The book is on the table.   សៀវភៅនៅលើតុ.

   The book's on the table.   (ដូចគ្នា)

The pen is on the table.   ប៊ិចនៅលើតុ.

   The pen's on the table.   (ដូចគ្នា)

7b. Response Drill   លំហាត់ចម្លើយ

   Give the correct response, based   ក្នុងលំហាត់នេះ សិស្សត្រូវផ្តល់នូវចម្លើយនិយាយស្រប
on the teacher's cue: តទៅតាមពាក្យសោរបស់គ្រូ:

What's that? (book)   នោះអ្វី ? (សៀវភៅ)

   That's a book.   នោះគឺជាសៀវភៅ.

What's that? (pen)   នោះអ្វី ? (ប៊ិច)

   That's a pen.   នោះគឺជាប៊ិច.

What's that? (chair)   នោះអ្វី ? (កៅអី)

   That's a chair.   នោះគឺជាកៅអី.

What's that? (apple)   នោះអ្វី ? (ប៉ោម)

   That's an apple.   នោះគឺជាប៉ោម.

What's that? (door)   នោះអ្វី ? (ទ្វារ)

   That's a door.   នោះគឺជាទ្វារ.

What's that? (window)   នោះអ្វី ? (បង្អួច)

   That's a window.   នោះគឺជាបង្អួច.

What's that? (eraser)   នោះអ្វី ? (ជ័រលុប)

   That's an eraser.   នោះគឺជាជ័រលុប.

What's that? (pencil)   នោះអ្វី ? (ខ្មៅដៃ)

   That's a pencil.   នោះគឺជាខ្មៅដៃ.

What's that? (airplane)   នោះអ្វី ? (កប៉ាល់ហោះ)

   That's an airplane.   នោះគឺជាកប៉ាល់ហោះ.

7c. <u>Visual Cue Drill</u>   លំហាត់ចង្អុលបង្ហាញ

    The teacher will hold up or point
to the items included in the preceding
drill which are present in the class-
room, and ask 'What's that?'. You
should respond, giving the right
answer without a cue. Then, if there
are several students in the class,
take turns asking and responding to
the same question.

8. <u>'Can' and 'Can't'</u>   ៨. Can ហើយនិង Can't

    The modal verbs 'can' and 'can't'
shouldn't cause much trouble for Khmer
speakers, since Khmer has modal verbs
in the same preverbal position. How-
ever the final /-nt/ in 'can't' will
be difficult for them; e.g.:

    I <u>can</u> understand.   ខ្ញុំស្តាប់បាន.

    I <u>can't</u> understand.   ខ្ញុំស្តាប់មិនបានទេ.

In questions, however, 'can' comes
before the subject, as in

    <u>Can</u> you understand?   អ្នកស្តាប់បានទេ ?

8a. <u>Substitution Drill</u>   លំហាត់ប្តូរពាក្យ

I can <u>understand</u>.   ខ្ញុំស្តាប់បាន.

I can <u>ask</u>.   ខ្ញុំសួរបាន.

I can <u>answer</u>.   ខ្ញុំឆ្លើយបាន.

I can <u>read</u>.   ខ្ញុំមើលបាន.

I can <u>write</u>.   ខ្ញុំសរសេរបាន.

I can <u>repeat</u>.   ខ្ញុំថាតាមបាន.

8b. <u>Substitutiion Drill</u>   លំហាត់ប្តូរពាក្យ

I can't <u>understand</u>.   ខ្ញុំស្តាប់មិនបានទេ.

I can't <u>ask</u>.   ខ្ញុំសួរមិនបានទេ.

I can't <u>answer</u>.   ខ្ញុំឆ្លើយមិនបានទេ.

I can't <u>read</u>.   ខ្ញុំមើលមិនបានទេ.

I can't <u>write</u>.   ខ្ញុំសរសេរមិនបានទេ.

I can't <u>repeat</u>.   ខ្ញុំថាតាមមិនបានទេ.

I can't <u>speak Khmer</u>.   ខ្ញុំនិយាយខ្មែរមិនបានទេ.

8c. <u>Transformation Drill</u>   លំហាត់ប្រែប្រួលល្បៈ

I can understand.   ខ្ញុំស្ដាប់បាន.

  I can't understand.   ខ្ញុំស្ដាប់មិនបានទេ.

I can ask.   ខ្ញុំសួរបាន.

  I can't ask.   ខ្ញុំសួរមិនបានទេ.

I can answer.   ខ្ញុំឆ្លើយបាន.

  I can't answer.   ខ្ញុំឆ្លើយមិនបានទេ.

I can read.   ខ្ញុំមើល[សៀវភៅ]បាន.

  I can't read.   ខ្ញុំមើល[សៀវភៅ]មិនបានទេ.

I can repeat.   ខ្ញុំថាម្ដងទៀតបាន.

  I can't repeat.   ខ្ញុំថាម្ដងទៀតមិនបានទេ.

8d. <u>Substitution Drill</u>   លំហាត់ប្ដូរពាក្យ

Can you <u>understand</u>?   អ្នកស្ដាប់បានទេ ?

Can you <u>read</u>?   អ្នកមើល[សៀវភៅ] បានទេ ?

Can you <u>repeat</u>?   អ្នកថាម្ដងទៀតបានទេ ?

Can you <u>write</u>?   អ្នកសរសេរបានទេ ?

Can you <u>ask</u>?   អ្នកសួរបានទេ ?

Can you <u>answer</u>?   អ្នកឆ្លើយបានទេ ?

8e. <u>Response Drill</u>   លំហាត់ចម្លើយ

    Give the correct answer, based   ផ្ដល់នូវចម្លើយនិយ្យស្របទៅតាមសំនួរហើយនិង
on the teacher's cue.   ពាក្យសោ៖បស់គ្រូ.

Can you read? (Yes)   អ្នកមើល[សៀវភៅ]បានទេ ? (បាទ)

  Yes, I can read.   បាទ, ខ្ញុំមើល[សៀវភៅ]បាន.

Can you read? (No)   អ្នកមើល[សៀវភៅ]បានទេ ? (ទេ)

  No, I can't read.   ទេ, ខ្ញុំមើល[សៀវភៅ] មិនបានទេ.

Can you understand? (No)   អ្នកស្ដាប់បានទេ ? (ទេ)

  No, I can't understand.   ទេ, ខ្ញុំស្ដាប់មិនបានទេ.

Can you understand? (Yes)	អ្នកស្ដាប់បានទេ? (បាទ)
Yes, I can understand.	បាទ, ខ្ញុំស្ដាប់បាន.
Can you write? (Yes)	អ្នកសរសេរបានទេ? (បាទ)
Yes, I can write.	បាទ, ខ្ញុំស្ដាប់បាន.
Can you answer? (No)	អ្នកឆ្លើយបានទេ? (ទេ)
No, I can't answer.	ទេ, ខ្ញុំឆ្លើយមិនបានទេ.
Can you answer? (Yes)	អ្នកឆ្លើយបានទេ? (បាទ)
Yes, I can answer.	បាទ, ខ្ញុំឆ្លើយបាន.
Can you ask? (Yes)	អ្នកសួរបានទេ? (បាទ)
Yes, I can ask.	បាទ, ខ្ញុំសួរបាន.
Can you repeat? (Yes)	អ្នកថាម្ដងទៀតបានទេ? (បាទ)
Yes, I can repeat.	បាទ, ខ្ញុំថាម្ដងទៀតបាន.
Can you write? (No)	អ្នកសរសេរបានទេ? (ទេ)
No, I can't write.	ទេ, ខ្ញុំសរសេរមិនបានទេ.

E. MODEL CONVERSATIONS

ង. សន្ទនាគំរូ

Approximately 150 different English sentences have been presented in this lesson. If you add to that the some 50 sentences presented in Lesson 1, you can now say some 200 sentences in English. Try to use as many of these sentences as you can in talking with the teacher and with the other students. Following are some sample conversations, just to give you ideas, but you don't have to follow them; just say whatever you like - try your wings!

មានឃ្លាជាភាសាអង់គ្លេសប្រហែល ១៥០ ហើយដែលយើងប្រទះឃើញក្នុងមេរៀននេះ ។ បើយើងបូកបញ្ចូលប្រហែល ៥០ ឃ្លាទៀតពីមេរៀនទី ១ លោកអ្នកបានសិក្សាឃ្លាទាំងអស់ប្រហែល ២០០ ហើយ ។ សូមឆ្លៀតយកឃ្លាទាំងនេះ មកប្រើនិយាយឆ្លើយឆ្លងជាមួយនិងគ្រូបង្រៀនហើយកូនសិស្សឯទៀត ។ ការសន្ទនាខាងក្រោមនេះ សម្រាប់គ្រាន់តែជាគំរូទេ ហើយនិងផ្ដល់នូវគំនិតខ្លះ ។ សិស្សមិនបាច់យកតាមទាំងអស់ទេ ។ សិស្សចង់ថ្លែងយ៉ាងម៉េចក៏បាន ។ ចូរសាកល្បងខ្លួនឯងចុះ!

1. a) Hello! How are you?	១. ក. ជំរាបសួរ! អ្នកសុខសប្បាយជាទេ?
b) Fine, thank you.	ខ. បាទ, ខ្ញុំសុខសប្បាយជាទេ, អរគុណ.
a) What's your name?	ក. អ្នកឈ្មោះអ្វី ?

b) My name's John.   ឥ. ខ្ញុំឈ្មោះជ៉ាន.

What's that?   តនាះស្អី?

a) That's a book.   ក. តនាះគឺជាសៀវិនៅ.

b) I don't have one.   ឥ. ខ្ញុំគ្មាន(មួយ)តេ.

a) I'll give you one.   ក. ខ្ញុំនឹងឱ្យមួយ[តៅ]អ្នក.

b) Thank you.   ឥ. អរគុណ.

2. a) <u>What's that?</u>   ២. ក. <u>តនាះស្អី</u> ?

b) That's a pen.   ឥ. តនាះគឺជាបិច.

Do you have any pencils?   អ្នកមានតេ្ៅរៃដៃទេ ?

a) Yes, I have some.   ក. ឬទ, ខ្ញុំមាន(ខ្លះ).

But I don't have any paper.   ៃតខ្ញុំគ្មានព្រកដាសទេ.

Do you have any paper?   អ្នកមានព្រកដាសទេ ?

b) Yes, I have some.   ឥ. ឬទ, ខ្ញុំមាន(ខ្លះ).

I'll give you some.   ខ្ញុំនឹងឱ្យ(ខ្លះ)[តៅ]អ្នក.

a) Thank you.   ក. អរគុណ.

Where's your eraser?   ជ័រលុបអ្នកតនៅឯណា ?

b) It's on the table.   ឥ. វាតនៅលើតុ.

3. a) <u>Can you read this word?</u>   ៣. ក. <u>អ្នកមើលពាក្យតនះជាច់ទេ</u> ?

b) No, but I can write it.   ឥ. ទេ, ៃតខ្ញុំសរសេរ(វា)ឬន.

a) I'll ask a question.   ក. ខ្ញុំនឹងសួរសំនួរ.

Can you understand?   អ្នកស្ដាប់ឬនទេ ?

b) Yes, I can understand.   ឥ. ឬទ, ខ្ញុំស្ដាប់ឬន.

a) Can you answer?   ក. អ្នកឆ្លើយឬនទេ ?

b) No, I can't answer.   ឥ. ទេ, ខ្ញុំឆ្លើយមិនឬនទេ.

a) Repeat after me.   ក. ថាតាមខ្ញុំ.

That's very good.   អាញ៉ឹងល្អព៌ណាស់ !

b) Can you open the door?   ឥ. អ្នកបើកទ្វារឬនទេ ?

a) Yes, but I can't close the window. ក. ឬទ[ឬន], ៃតខ្ញុំបិទបង្អួចមិនកើតទេ.

4. a) <u>Hello! My name's Sok.</u>

   Can you speak Khmer?

b) Yes, a little.

   But I can't speak English.

a) Repeat after me.

   I can speak English.

b) I can speak English.

a) That's right.

   That's very good.

b) Thank you.

   Can you understand this sentence?

a) No, I can't understand it.

b) I'll ask the teacher.

a) I'm hungry.

b) I have some apples.

   I'll give you one.

៤. ក. <u>ជំរាបសួរ ! ខ្ញុំឈ្មោះសុខ.</u>

        អ្នកនិយាយថៃ្ខ្មរបានទេ?

    ១. បាទ[ព្រន]បន្តិចបន្តួច.

        តែខ្ញុំនិយាយអង់គ្លេសមិនបានទេ.

    ក. ថាតាមខ្ញុំ.

        ខ្ញុំនិយាយអង់គ្លេសបាន.

    ១. ខ្ញុំនិយាយអង់គ្លេសបាន.

    ក. ត្រូវហើយ.

        អាច្បាំងល្អណាស់ !

    ១. អរគុណ.

        អ្នកស្ដាប់ឃ្លានេះបានទេ?

    ក. ទេ, ខ្ញុំស្ដាប់(វា)មិនបានទេ.

    ១. ខ្ញុំនិងសួរអ្នកគ្រូ.

    ក. ខ្ញុំឃ្លាន[ព្រយ].

    ១. ខ្ញុំមានប៉ោម(ខ្លះ).

        ខ្ញុំនិងឱ្យមួយ[ទៅ]អ្នក.

LESSON 3: AN INTERVIEW

មេរៀនទី ៣: ការសម្ភាសន៍

A. MODEL SENTENCES	ENGLISH PHONETICS	KHMER PHONETICS	TRANSLATION
ក. ឃ្លាគំរូ	តំណាងសូរជាអក្សរអង់គ្លេស	តំណាងសូរជាអក្សរខ្មែរ	ការប្រែជាខ្មែរ
Mrs. Smith:			អ្នកស្រីស្ម៊ីថ:
please	/pliyz/	[ភ្លីង]	អេញ្ជើញ
sit	/sit/	[ស៊ិត]	អង្គុយ
down	/dawn/	[ដៅន]	ចុះ
1. Please sit down.	/pliyz sit dawn./	[ភ្លីង ស៊ិត ដៅន.]	អេញ្ជើញអង្គុយ.
Mrs.	/mízəz/	['មិឌិង]	អ្នកស្រី, លោកស្រី
Smith	/smith/	[ស្ម៊ីថ]	ស្ម៊ីថ (នាមត្រកូល)
2. I'm Mrs. Smith.	/aym mízəz smith./	[អាយម 'មិឌិង ស្ម៊ីថ.]	ខ្ញុំ(ជា)អ្នកស្រីស្ម៊ីថ.
you're	/yur/	[យ៊ើរ]	អ្នកជា
(= you are)	(= /yuw ar/)	(=[យ៊ូ អារ])	អ្នកជា
Mr.	/místər/	['មិសត៊ើរ]	លោក
3. You're Mr. Sok,	/yur místər sowk,	[យ៊ើរ 'មិសត៊ើរ ស៊ុក,	លោកជាលោកសុខ,
right?	rayt?/	រ៉ាយត ?]	មែនទេ?
Sok:			សុខ:
that's right	/dhaets rayt/	[ឌែទស រ៉ាយត]	ត្រូវហើយ, ឆ្ងាយហើយ
4. Yes, that's	/yes, dhaets	[យែស, ឌែទស	បាទ, ឆ្ងាយហើយ.
right.	rayt./	រ៉ាយត.]	
Mrs. Smith:			អ្នកស្រីស្ម៊ីថ:
how	/haw/	[ហៅ]	ប៉ុន្នាន, យ៉ាងម៉េច
old	/owld/	[អូលដ]	អាយុ, ចាស់
5. How old are you?	/haw owld ar yuw?/	[ហៅ អូលដ អារ យ៊ូ?]	លោកអាយុប៉ុន្នាន ?
Sok:			សុខ:
thirty	/thə́rti/	['ថ៊ីរទិ]	សាមសិប
eight	/eyt/	[អេត]	ប្រាំបី
thirty-eight	/thə̀rti-éyt/	['ថ៊ីរទិ_អេត]	សាមសិបប្រាំបី
year	/yir/	[យិរ]	ឆ្នាំ
years	/yirz/	[យិរង]	ឆ្នាំ (ព.)
6. I'm thirty-eight	/aym thə̀rti-éyt	[អាយម 'ថ៊ីរទិ_អេត	ខ្ញុំអាយុសាមសិបប្រាំបីឆ្នាំ.
years old.	yirz owld./	យិរង អូលដ.]	

93

Mrs. Smith: អ្នកស្រីស្ម៊ីថ:

look	/luk/	[លើក]	មើល, ដូចជា
twenty	/twénti/	['ផ្ទែនទិ]	ម្ភៃ
five	/fayv/	[ហ្វាយវ៍]	ប្រាំ
twenty-five	/twénti-fáyv/	['ផ្ទែនទិ_ហ្វាយវ៍]	ម្ភៃប្រាំ

7. You look   /yuw luk   [យូ លើក   លោកដូចជាម្ភៃប្រាំ!
   twenty-five!   twènti-fáyv!/   'ផ្ទែនទិ_ហ្វាយវ៍ !]

   married   /maeriyd/   ['ម៉ែរិដ]   នៀបការរហើយ

8. Are you married? /ar yuw máeriyd?/ [អារ យូ'ម៉ែរិដ ?] លោកមានប្របពន្ធហើយ[ឬនៅ

Sok: សុខ:

9. Yes, I am.   /yes, ay aem./   [យ៉ែស, អាយ ផ៍អែម.]   បាទ, (ខ្ញុំ)មានហើយ.

Mrs. Smith: អ្នកស្រីស្ម៊ីថ:

| how many | /haw máeni/ | [ហោ 'ម៉ែនិ] | ប៉ុន្មាន |
| children | /chíldrən/ | [ឈិល្ទ្រឹន] | កូន (ព.) |

10. How many   /haw máeni   [ហោ 'ម៉ែនិ   លោកមានកូនប៉ុន្មាន
    children do   chíldrən duw   ឈិល្ទ្រឹន ឌូ   [នាក់]?
    you have?   yuw haev?/   យូ ហ៍ែវ ?]

Sok: សុខ:

three	/thriy/	[ថ្រ្ញី]	បី
boy	/boy/	[បយ]	ក្មេងប្រុស
girl	/gərl/	[គ៍ឺរល]	ក្មេងស្រី
girls	/gərlz/	[គ៍ឺរលz]	ក្មេងស្រី (ព.)

11. Three - one boy /thriy - won boy [ថ្រ្ញី - អ៊ុន បយ បី [នាក់] - ប្រុសម្នាក់
    and two girls. aend tuw gərlz./ ផ៍អនដ ឌូ គ៍ឺរលz.] ហើយនិងស្រីពីរ[នាក់].

Mrs. Smith: អ្នកស្រីស្ម៊ីថ:

| wife | /wayf/ | [អ្វាយហ្វ] | ប្រពន្ធ |
| here | /hir/ | [ហ៊ិរ] | ឯនេះ |

12. Is your wife   /iz yowr wayf   [អ៊ិz យ៉ូរ អ្វាយហ្វ ប្រពន្ធលោកនៅឯនេះទេ?
    here?   hir?/   ហ៊ិរ ?]

Sok: សុខ:

| she | /shiy/ | [ស៊្ញី] | គាត់, នាង, វា(ស្រី) |

13. Yes, she is.   /yes, shiy iz./   [យ៉ែស, ស៊្ញី អ៊ិz.] បាទ, គាត់នៅឯនេះ.

    husband   /hézbənd/   [ហ៊ិងប៊ិនដ]   ប្ដី

14. Where is your husband? /whaer iz yowr hə́zbənd?/ [វ៉ែហ្វរ អ៊ិង យ៉ូរ 'ហ៊ឹងប៊ិនដ ?] ប្ដីអ្នកស្រីនៅឯណា?

Mrs. Smith: អ្នកស្រីស្មិថ:

he	/hiy/	[ហ៊ី]	គាត់, វា (ប្រុស)
he's (= he is)	/hiyz/ (=/hiy iz/)	[ហ៊ីង (=ហ៊ី អ៊ិង)]	គាត់(ប្រុស)ជា
over	/ówvər/	['អូវឺរ]	កាត់, ឆ្លង (ប្រែមិនចំ)
there	/dhaer/	[ឌែរ]	ឯនោះ

15. He's over there. /hiyz ówvər dhaer./ [ហ៊ីង 'អូវឺរ ឌែរ.] គាត់នៅឯនោះ.

B. KHMER PRONUNCIATION OF THE MODEL SENTENCES FOR THE TEACHER

1. qαñcəəñ qαŋkuy.
2. kñom (ciə) nĕəq-srəy smith.
3. look ciə look sok, mεεn tee?
4. baat, nəŋ haəy.
5. look qaayuq ponmaan?
6. kñom qaayuq saam-səp pram-bəy.
7. look douc-ciə məphɨy-pram!
8. look miən prαpŭən haəy-rɨɨ-nɨw?
9. baat, miən haəy.
10. look miən koun ponmaan nĕəq?
11. bəy nĕəq - proh mənĕəq haəy-nɨŋ srəy pii nĕəq.
12. prαpŭən look nɨw qae-nih tee?
13. baat, kŏət nɨw qae-nih.
14. pdəy nĕəq-srəy nɨw qae-naa?
15. kŏət nɨw qae-nuh.

C. PRONUNCIATION DRILLS

គ. លំហាត់អានសូរសព្ទអង់គ្លេស

1. Final /-th/ vs. /-dh/

១. /th/ [ថ] ខុសពី /dh/ [ឌ] ចុងពាក្យ

In Lesson 2C6 we practiced the sounds /th/ and /dh/ in initial position. Here we will practice them in final position, but there are very few words with /-dh/ in final position, so minimal pairs are hard to find. In those minimal pairs that can be found, a noun ending in /th/ has a corresponding verb form ending in /dh/, e.g.: mouth(n) : mouth(v) /mawth : mawdh/

ក្នុងមេរៀន ២គ៦ យើងហាត់សូរ /th/ [ថ] ហើយនិង /dh/ [ឌ] នៅដើមពាក្យ ៗ ឥឡូវនេះ យើងហាត់សូរដដែលនៅចុងពាក្យ ៗ /th/ [ថ] ប្រើញឹកញាប់នៅចុងពាក្យ តែមានពាក្យតិចណាស់ដែលប្រើ /dh/ [ឌ] នៅខាងចុង; ដូច្នេះ គូពាក្យដែលខុសគ្នាត្រង់តែចំពោះសូរពីរនេះពិបាករកណាស់ ៗ គូពាក្យខ្លះមាននូវនាមសព្ទដែលមានសូរ [ថ] ចុងពាក្យ ហើយដែលប្រើបានជាកិរិយាសព្ទដែលមានសូរ [ឌ] ចុងពាក្យ, ឧ. [ម៉ៅថ : ម៉ៅឌ] មាត់ : និយាយតែមាត់

Practice the following words: ចូរអនុវត្តពាក្យ ពោយនិងគូពាក្យខាងក្រោមនេះ ៖

Smith	/smith/	[ស្ម៊ីថ់]	(ឈ្មោះ)
with	/with/	[អ៊ិថ់]	ជាមួយនិង
death	/deth/	[ដ៊ែថ់]	ការស្លាប់
youth	/yuwth/	[យូថ់]	ក្មេង
mouth : mouth	/mawth : mawdh/	[ម៉ោថ់ : ម៉ោន]	មាត់ : និយាយវែតមាត់
wreath : wreathe	/riyth : riydh/	[រ៊ីថ់ : រ៊ីន]	ក្រមង : ពន្ធជវិញ្ញ
*breath : breathe	/breth : briydh/	[ប្រ៊ែថ់ : ប្រ៊ីន]	ដង្ហើម : ដកដង្ហើម
*bath : bathe	/baeth : beydh/	[ប៊ែថ់ : បេន]	ការងូតទឹក : ងូតទឹក

2. Final /-l/ vs. /-ld/

Since neither English /-l/ nor /-d/ occurs finally in Khmer, it will be difficult to pronounce them in a final cluster. Practice the following minimal pairs:

toll : told	/towl : towld/	[ថូល : ថូលដ]	ថ្ងៃព្រើ : ប្រាប់ (ព.ម.)
coal : cold	/kowl : kowld/	[ខូល : ខូលដ]	ធ្យូង : ត្រជាក់
feel : field	/fiyl : fiyld/	[ហ្វ៊ីល : ហ្វ៊ីលដ]	ស៊ីងដោយវិញ្ញាណ : វាល
roll : rolled	/rowl : rowld/	[រ៉ូល : រ៉ូលដ]	របុំ : ដែលរុំជារបុំ
kill : killed	/kil : kild/	[ឃិល : ឃិលដ]	សម្លាប់ : ត្រូវគេសម្លាប់
ball : bald	/bol : bold/	[បល : បលដ]	ព្រល់ : ទំពែក

3. Final /-d/ vs. /-ld/

code : cold	/kowd : kowld/	[ខូដ : ខូលដ]	សញ្ញាសំឯាត់ : ត្រជាក់
owed : old	/owd : owld/	[អូដ : អូលដ]	ជំពាក់ (ព.ម.) : ចាស់
feed : field	/fiyd : fiyld/	[ហ្វ៊ីដ : ហ្វ៊ីលដ]	ឱ្យយណឹ : វាល
wide : wild	/wayd : wayld/	[អ្វាយដ : អ្វាយលដ]	ធំ (ទទឹង) : ដែលនៅក្នុងព្រៃ
road : rolled	/rowd : rowld/	[រ៉ូដ : រ៉ូលដ]	ផ្លូវ : ដែលរុំជារបុំ
sewed : sold	/sowd : sowld/	[សូដ : សូលដ]	ដេរ (ព.ម.) : លក់ជាច់ពើ

4. Final /-r/ vs. /-rl/

Final /-rl/ will be one of the most difficult pronunciations for Khmer speakers, since neither sound

occurs finally in Khmer, and both
sounds are very different from Khmer
initial /r/ and /l/.

ពីរ ខុសគ្នាឆ្ងាយណាស់ពីសូរខ្មែរ [រ] និង [ល] នៅ
ដើមពាក្យ ។ ចាត់ថាក្បួនពាក្យខាងក្រោមនេះ៖

cur : curl	/kər : kərl/	[ខ័រ : ខ័រល]	ព័ត្រកាត់ : ផ្តួត
car : Carl	/kar : karl/	[ខារ : ខារល]	រថយន្ត : (ឈ្មោះ)
her : hurl	/hər : hərl/	[ហ័រ : ហ័រល]	របស់តាត់ (ស្រី) : ចោល
purr : pearl	/pər : pərl/	[ផ័រ : ផ័រល]	ធ្វើខ្ពុ ពុ : គុជខ្យង
fur : furl	/fər : fərl/	[ហ្វ័រ : ហ្វ័រល]	នរាម (សត្វ) : រុំ
whir : whirl	/whər : whərl/	[ហ្វ្រ័រ : ហ្វ្រ័រល]	ស្លនខ្ពង ពុ : វិលខ្វាៗ

5. Final /-rl/ vs. /-rlz/

As we pointed out in 2D3, -s after
a voiced sound such as /l/ is pronounced
/z/. Practice the following contrasts:

៥. /rl/ [រល] ខុសពី /rlz/ [រលៗ] ចុងពាក្យ

ដូចយើងបានជំរាបហើយនៅ ២ឃ៣ , -s
ដាក់នៅក្រោយព្យញ្ជនៈណាមួយដែលមានសូរល្បើងខ្ពុន ,
ដូចជា /l/ [ល], មានសូរ /z/ [ៗ], ដូចជា៖

girl : girls	/gərl : gərlz/	[គ័រល : គ័រលៗ]	ក្មេងស្រី : ក្មេងស្រី (ព.)
curl : curls	/kərl : kərlz/	[ខ័រល : ខ័រលៗ]	ផ្តួត : ផ្តួត (ព.)
pearl : pearls	/pərl : pərlz/	[ផ័រល : ផ័រលៗ]	គុជខ្យង : គុជខ្យង (ព.)
Carl : Carl's	/karl : karlz/	[ខារល : ខារលៗ]	(ឈ្មោះ) : របស់ (ឈ្មោះ)
hurl : hurls	/hərl : hərlz/	[ហ័រល : ហ័រលៗ]	ចោល : (តាត់) ចោល
whirl : whirls	/whərl : whərlz/	[ហ្វ្រ័រល : ហ្វ្រ័រលៗ]	វិល : (វា) វិល

6. Final /-y/ vs. /-yz/

Likewise -s after /y/ is pro-
nounced /z/. Practice the following:

៦. /y/ [យ] ខុសពី /yz/ [យៗ] ចុងពាក្យ

ដូចគ្នាដែរ, -s នៅក្រោយ /y/ [យ]
មានសូរ /z/ [ៗ] ។ ចាត់ថាក្បួនពាក្យនេះ៖

boy : boys	/boy : boyz/	[បយ : បយៗ]	ក្មេងប្រុស : ក្មេងប្រុស (ព.)
eye : eyes	/ay : ayz/	[អាយ : អាយៗ]	ភ្នែក : ភ្នែក (ព.)
toy : toys	/toy : toyz/	[ថយ : ថយៗ]	ប្រដាប់ក្មេងលេង : (ព.)
die : dies	/day : dayz/	[ដាយ : ដាយៗ]	ស្លាប់ : (តាត់) ស្លាប់
Roy : Roy's	/roy : royz/	[រ័យ : រ័យៗ]	(ឈ្មោះ) : របស់ (ឈ្មោះ)
buy : buys	/bay : bayz/	[ប៉ាយ : ប៉ាយៗ]	ទិញ : (តាត់) ទិញ

D. GRAMMAR NOTES AND DRILLS

ឃ. ពន្យល់ពីន័យនិងលំហាត់នៃវេយ្យាករណ៍

1. English Numbers

The primary emphasis of the gram-
mar section of this lesson will be to
learn to count in English. Experience
has shown that learning to use the
number system of a language requires a
great deal more practice than do other
areas of vocabulary. It is not quite
clear why this is true, since there is
ususlly a certain amount of repetition
of roots in a number system; the answer
is probably that number systems really
involve an almost infinite set of com-
binations which are not familiar to
the student, while items of vocabulary
like 'chair, book, car' etc. are finite
and can be more easily remembered.

To count to 1,000,000 in English
requires the use of only 30 different
words. The other 999,970 terms are
combinations of these, such as 'thirty-
eight'; students can't construct these
combinations until they are thoroughly
familiar with the separate elements.
First work on the pronunciation of the
following 30 numerals:

១. លេខអង់គ្លេស

គោលដៅសំខាន់នៃនៃផ្នែកវេយ្យាករណ៍នៃមេ
រៀននេះ គឺរៀននាប់ជាអង់គ្លេស ។ ការពិ-
សោធរបស់យើងបានបង្ហាញនូវឲ្យឃើញថា ការទទួល
ប្រើលេខក្នុងភាសានិមួយៗ ត្រូវការការអនុវត្តហើកហ្វឹនច្រើន
ជាងផ្នែកផេ្សង ៗ នៃវាក្យសព្ទ ។ ហើយមិន
ដឹងជាប្រាកដទេ ហេតុអ្វីបានជាវាស្តូវធ្វេ ពីព្រោះ
ធម្មតាគតែងប្រើនូវមូលស្ព័ព្ទនៃប្រព័ន្ធលេខជូន ៗ
គ្នា ។ ប៉ុន្តែនាមយោបល់យើង ប្រហែលជាវាបណ្តាល
មកពីប្រព័ន្ធលេខក្នុងភាសានិមួយ ៗ ព្រើវិធីយកលេខ
មកផេ្សំគ្នាមានចំនួនសឹងនាប់មិនអស់ ហើយកូនសិស្សមិនស្ទួន
បានផេ្សំដឹង ឬ ដូបប្រទេះទេ្រៀយ ។ ចំណែកឯពាក្យ
គណនាឯវត្ថុ ដូចជា 'តៅអី', 'សៀវភៅ', 'រថយន្ត'
ជាវត្ថុប្រាកដប្រដោ ហើយរីដែលអាចចាំបានយ៉ាងស្រួល ។

ដើម្បីនឹងនាប់ពី ១ ទៅ ១.០០០.០០០ ក្នុង
ភាសាអង់គ្លេស ត្រូវប្រើពាក្យផេ្សងគ្នាតែ ៣០
ពាក្យទេ ។ លេខ ៩៩៩.៩៧០ ទៅ្រ គេត្រូវនៃ
ប្រើពាក្យខ្លះក្នុងចំណោមពាក្យទាំង ៣០ នោះ មក
ផេ្សំគ្នាទៅ្រ ដូចជា thirty-eight [thərti-
éyt/ [ធ៌ិរទិ-ʼឯត] 'សាមសិបប្រាំបី' ជាដើម ។
សិស្សមិនផេ្សំបាននូវចំនួនផេ្សង ៗ ទេ ហើយគេមិនទាន់
ចេះមូលស្ព័ព្ទលេខទាំង ៣០ នេះទេ ។

មុនដំបូង ហ្វឹកហ្វឺនឲ្យនាត់ថា លេខទាំង ៣០ នៅ
ខាងក្រោមនេះ :

1) one	/won/	[អ្គន]	មួយ	
2) two	/tuw/	[ធូ]	ពីរ	
3) three	/thriy/	[្រធ៌ី]	បី	
4) four	/fowr/	[ហ្វួរ]	បួន	
5) five	/fayv/	[ហ្វាយវ]	ប្រាំ	

6) six	/siks/	[ស៊ិកស]	ប្រាំមួយ
7) seven	/sévən/	['ស៊ែវិន]	ប្រាំពីរ
8) eight	/eyt/	[អេត]	ប្រាំបី
9) nine	/nayn/	[ណាយន]	ប្រាំបួន
10) ten	/ten/	[ធែន]	ដប់
11) eleven	/ilévən/	[អ៊ិ 'ឡែវិន]	ដប់មួយ
12) twelve	/twélv/	[ធ្វែលវ៍]	ដប់ពីរ
13) thirteen	/thə̀r-tíyn/	[ធើរ 'ធីន]	ដប់បី
14) fourteen	/fòwr-tíyn/	[ហ្វូរ 'ធីន]	ដប់បួន
15) fifteen	/fìf-tíyn/	[ហ្វិ៍ហ្វ 'ធីន]	ដប់ប្រាំ
16) sixteen	/sìks-tíyn/	[ស៊ិកស 'ធីន]	ដប់ប្រាំមួយ
17) seventeen	/sèvən-tíyn/	['ស៊ែវិន 'ធីន]	ដប់ប្រាំពីរ
18) eighteen	/èyt-tíyn/	[អេត 'ធីន]	ដប់ប្រាំបី
19) nineteen	/nàyn-tíyn/	[ណាយន 'ធីន]	ដប់ប្រាំបួន
20) twenty	/twénti/	['ធ្វែនធិ]	ម្ភៃ
21) thirty	/thə́rti/	['ធើរធិ]	សាមសិប
22) forty	/fórti/	['ហ្វូរធិ]	សែសិប
23) fifty	/fífti/	['ហ្វិ៍ហ្វធិ]	ហាសិប
24) sixty	/síksti/	['ស៊ិកសធិ]	ហុកសិប
25) seventy	/sévənti/	['ស៊ែវិនធិ]	ចិតសិប
26) eighty	/éyti/	['អេធិ]	ប៉ែតសិប
27) ninety	/náynti/	['ណាយនធិ]	កៅសិប
28) hundred	/hə́ndrəd/	['ហ៊ិនដ្រឹដ]	រយ
29) thousand	/tháwzənd/	['ថៅងឹនដ]	ពាន់
30) million	/mílyən/	['មិលយ៉ឹន]	លាន

1a. <u>Expansion Drill</u> — <u>លំហាត់បន្ថែមពាក្យ</u>

one — មួយ

  one — មួយ

one, two — មួយ, ពីរ

  one, two — មួយ, ពីរ

one, two, three — មួយ, ពីរ, បី

  one, two, three — មួយ, ពីរ, បី

one, two, three, four   មួយ, ពីរ, បី, បួន

   one, two, three, four   មួយ, ពីរ, បី, បួន

one, two, three, four, five   មួយ, ពីរ, បី, បួន, ប្រាំ

   one, two, three, four, five   មួយ, ពីរ, បី, បួន, ប្រាំ

six   ប្រាំមួយ

   six   ប្រាំមួយ

six, seven   ប្រាំមួយ, ប្រាំពីរ

   six, seven   ប្រាំមួយ, ប្រាំពីរ

six, seven, eight   ប្រាំមួយ, ប្រាំពីរ, ប្រាំបី

   six, seven, eight   ប្រាំមួយ, ប្រាំពីរ, ប្រាំបី

six, seven, eight, nine   ប្រាំមួយ, ប្រាំពីរ, ប្រាំបី, ប្រាំបួន

   six, seven, eight, nine   ប្រាំមួយ, ប្រាំពីរ, ប្រាំបី, ប្រាំបួន

six, seven, eight, nine, ten   ប្រាំមួយ, ប្រាំពីរ, ប្រាំបី, ប្រាំបួន, ដប់

   six, seven, eight, nine, ten   ប្រាំមួយ, ប្រាំពីរ, ប្រាំបី, ប្រាំបួន, ដប់

[The objective is to be able to count   [បំណងរបស់លើងគឺ ចង់ឱ្យលោកអ្នករាប់ពី 'មួយ' ទៅ

from one to ten without stopping, i.e.   ដល់ 'ដប់' ដោយមិនបាច់ឈប់ គឺថា នឹយជាប់គ្នានដឹក

the sequence should become automatic   ទាល់តែនាទៅជាស្រួប្រវត្ត ។ ដូច្នេះទើបសិស្សមិន

so the student doesn't have to stop   ចាំយប់រកនឹកថានៃ ពាក្យណាតពីពាក្យណា ។]

and think what the next number is.]

1b. <u>Expansion Drill</u>   លំហាត់បន្ថែមពាក្យ

   Now use the same build-up for   ឥឡូវនៃប្រើវិធីបន្ថែមពាក្យនៃដែលនេះដើម្បី

the numbers eleven through fifteen,   នឹងនេរៀនរាប់ពី ១១ ទៅដល់ ១៥, រួចពី ១៦ ទៅ

then sixteen through twenty, e.g.   ដល់ ២០, ។

eleven   ដប់មួយ

   eleven   ដប់មួយ

eleven, twelve   ដប់មួយ, ដប់ពីរ

   eleven, twelve   ដប់មួយ, ដប់ពីរ

eleven, twelve, thirteen   ដប់មួយ, ដប់ពីរ, ដប់បី

   eleven, twelve, thirteen   ដប់មួយ, ដប់ពីរ, ដប់បី

eleven, twelve, thirteen, fourteen   ដប់មួយ, ដប់ពីរ, ដប់បី, ដប់បួន

   eleven, twelve, thirteen, fourteen   ដប់មួយ, ដប់ពីរ, ដប់បី, ដប់បួន

(Etc.)   (។ល។)

1c. Expansion Drill   លំហាត់បន្ថែមពាក្យ

Next, practice the multiples of ten, as follows:

បន្ទាប់មកហាត់ថា លេខទីដែលវិចកជាកំនិងដប់ ដូច មានខាងក្រោមនេះ

twenty   ម្ភៃ

     twenty   ម្ភៃ

twenty, thirty   ម្ភៃ, សាមសិប

     twenty, thirty   ម្ភៃ, សាមសិប

twenty, thirty, forty   ម្ភៃ, សាមសិប, សែសិប

     twenty, thirty, forty   ម្ភៃ, សាមសិប, សែសិប

twenty, thirty, forty, fifty   ម្ភៃ, សាមសិប, សែសិប, ហាសិប

     twenty, thirty, forty, fifty   ម្ភៃ, សាមសិប, សែសិប, ហាសិប

twenty, thirty, forty, fifty, sixty   ម្ភៃ, សាមសិប, សែសិប, ហាសិប, ហុកសិប

     twenty, thirty, forty, fifty, sixty   ម្ភៃ, សាមសិប, សែសិប, ហាសិប, ហុកសិប

seventy   ចិតសិប

     seventy   ចិតសិប

seventy, eighty   ចិតសិប, ប៉ែតសិប

     seventy, eighty   ចិតសិប, ប៉ែតសិប

seventy, eighty, ninety   ចិតសិប, ប៉ែតសិប, កៅសិប

     seventy, eighty, ninety   ចិតសិប, ប៉ែតសិប, កៅសិប

seventy, eighty, ninety, a hundred   ចិតសិប, ប៉ែតសិប, កៅសិប, មួយរយ

     seventy, eighty, ninety, a hundred   ចិតសិប, ប៉ែតសិប, កៅសិប, មួយរយ

1d. Expansion Drill   លំហាត់បន្ថែមពាក្យ

Next, practice the sequences twenty to twenty-nine, thirty to thirty-nine, etc.; e.g.

បន្ទាប់មកទៀត ហាត់ថាលេខពីម្ភៃទៅម្ភៃ ប្រាំបួន, សាមសិបទៅសាមសិបប្រាំបួន, ។ល។

twenty   ម្ភៃ

     twenty   ម្ភៃ

twenty, twenty-one   ម្ភៃ, ម្ភៃមួយ

     twenty, twenty-one   ម្ភៃ, ម្ភៃមួយ

twenty, twenty-one, twenty-two   ម្ភៃ, ម្ភៃមួយ, ម្ភៃពីរ

     twenty, twenty-one, twenty-two   ម្ភៃ, ម្ភៃមួយ, ម្ភៃពីរ

(Etc.)   (។ល។)

1e. <u>Counting Drill</u>   លំហាត់រាប់

    Finally, have the students prac-   ប្រកាយបំផុត នឹយកូនសិស្សរាប់រាប់ពី ១ ទៅ
tice counting sequentially to one hun-   ១00, ដោយជាក់វេនឆ្លាស់គ្នាម្តងម្នាក់ ជាមួយនិងគ្រូពើយ
dred, taking turns among themselves and   និងសិស្សឯងទៅវិត ៗ, ខ.
the teacher, e.g.:

Teacher	1st Student	2nd Student	គ្រូបច្រ្រៀន	កូនសិស្សទី ១	កូនសិយ្សទី ២
one	two	three	មួយ	ពីរ	បី
four	five	six	បួន	ប្រាំ	ប្រាំមួយ
seven	eight	nine	ប្រាំពីរ	ប្រាំបី	ប្រាំបួន
(Etc.)			(១ល�)		

[The above drills are provided as a   [លំហាត់ខាងលើនេះ ផ្តល់ជូនជាគំនូសម្រាប់ហាត់រាប់
guide to practicing the numbers. It   លំហាត់មិនអាចធ្វើទៅបានក្នុងមួយថ្ងៃទេ ៗ លោកអ្នក
can't all be done in one day; you will   គ្រូវតែហ្វឹកហ្វឺនជាច្រើនថ្ងៃជាមួយនិងលំហាត់ឯទៅវិត ៗ
have to work on it over several days,   ផង ៗ ធ្វើដូច្នេះទើបវាមិនជាវ់ដែល ៗ ហើយវា
doing other kinds of drills each day   មិនសួរវដុញ្ញ ហើយសិស្សក៏មានពេលនិងហ្វឹកហ្វឺនខ្លួនឯងនៅ
so it doesn't become too monotonous,   ផ្ទះផង ៗ ជាការប្រសើរវ៏ដែរ បើវិលោកអ្នក
and giving students time to practice   អាចបកមកហ្វឹកហ្វឺនថ្ងៃកនេះវិញ្ញូវ ៗ ម្តង ដើម្បី
on their own at home. It might be   និងក្នុយវក្ភាច ៗ]
desirable to return to this section
at various points during later lessons
for reinforcement.]

2. <u>The Use of 'Please'</u>   ២. <u>ការវប្រើពាក្យ</u> <u>Please</u>

    The use of 'please' covers two   ពាក្យ please ភាសាអង់គ្លេស មានន័យថា
meanings in Khmer. In sentences like   'អពេញ្ជ្ញ' ដូចជានៅ ក្នុងឃ្លា Please sit
'Please come in.' and 'Please sit   down. 'អពញ្ជ្ញអង្គុយ.' ហើយមានន័យមួយទៀតថា
down.', Khmer uses a word meaning   'សូម' ដូចជានៅ ក្នុងឃ្លា Please close the
'invite', while in sentences such as   door. 'សូមបិទទ្វារ.' សូមវៀនពាក្យថ្មីខាង
'Please close the door.' and 'Please   ក្រោមនេះសិន វ្តសិមចាប់ហ្វឹកហ្វឺនលំហាត់ ៗ
hand me the salt.', Khmer uses a word
meaning 'request'. The following
drill involves the invitation meaning
of 'please'. Learn the following new

vocabulary:

come	/kəm/	[ខឹម]	មក
in	/in/	[អ៊ិន]	ចូល, ក្នុង
come in	/kəm in/	[ខឹម អ៊ិន]	ចូលមក
food	/fuwd/	[ហ្វ៊ូដ]	ម្ហូប
help	/help/	[ហ៊ែលព]	ជួយ
yourself	/yowr-sélf/	[យ៉ូរ 'ស៊ែលហ្វ]	ខ្លួនឯង
help yourself	/help yowr-sélf/	[ហ៊ែលព យ៉ូរ 'ស៊ែលហ្វ]	អញ្ជើញ (យកម្ហូប ។ល។)
make	/meyk/	[ម៉េក]	ធ្វើ
at	/aet/	[អែត]	នៅ
home	/howm/	[ហូម]	ផ្ទះ
make yourself at home	/meyk yowr-sélf aet howm/	[ម៉េក យ៉ូរ 'ស៊ែលហ្វ អែត ហូម]	ធ្វើដូចនៅផ្ទះលោក

2a. Substitution Drill	លំហាត់ប្តូរពាក្យ
Please come in.	អញ្ជើញ ចូលមក.
Please sit down.	អង្គុយ.
Please have some water.	ពិសាទឹក.
Please have some food.	ពិសាម្ហូប.
Please help yourself.	យក(អ្វីមួយ).
Please make yourself at home.	ធ្វើដូចនៅផ្ទះលោក.

2b. Substitution Drill	លំហាត់ប្តូរពាក្យ
In this drill, 'please' has the meaning of 'request'.	ក្នុងលំហាត់នេះ ពាក្យ please មានន័យថា 'សូម' ឬ 'ជួយ' វិញ ។
Please close the door.	សូម បិទទ្វារ.
Please open the window.	បើកបង្អួច.
Please repeat after me.	ថាតាមខ្ញុំ.
Please answer me.	ឆ្លើយខ្ញុំ.
Please write this word.	សរសេរពាក្យនេះ.
Please read that sentence.	មើលឃ្លានោះ.

2c. Expansion Drill	លំហាត់បន្ថែមពាក្យ
'Please' occurs also at the end of a sentence, perhaps more commonly	គេប្រើពាក្យ please នៅចុងឃ្លាដែរ ។ ហើយប្រើតាមយើងស្មាន គេប្រើនៅចុងឃ្លាញឹកញាប់

than at the beginning. In this drill, the student adds 'please' to the end of the teacher's sentence. Before actually doing the drill, however, the teacher should have the students imitate the responses so they can become familiar with the intonation required, which is different from sentences with 'please' at the beginning.

ជាងនៅដើមឃ្លា ។ នៅក្នុងលំហាត់បទ្ទមនេះ ក្មួយសិស្សបទ្ទមពាក្យ please នៅចុងឃ្លាគ្រូ ។ តែមុននឹងចាប់ធ្វើលំហាត់នេះ គ្រូត្រូវឱ្យសិស្សហាត់ថា តាមតទុវិឃ្លាបទ្ទមពាក្យ រាបស់សិស្សសិន; ធ្វើដូច្នេះទើបសិស្សដឹងគុន្ទនររបៀបលើកដាក់សម្ដេង ដែលខុសប្លែកគ្នាពីសម្ដេងនៃឃ្លាដែលមានពាក្យ please នៅដើមឃ្លា ។

Close the door.

   Close the door, please.

Come in.

   Come in, please.

Help yourself.

   Help yourself, please.

Sit down.

   Sit down, please.

Answer me.

   Answer me, please.

Open the window.

   Open the window, please.

បិទទ្វារ.

   សូមបិទទ្វារ.

ចូលមក.

   អញ្ជើញចូលមក.

យក(អ្វីមួយ).

   អញ្ជើញយក(អ្វីមួយ).

អង្គុយ.

   អញ្ជើញអង្គុយ.

ឆ្លើយខ្ញុំ.

   សូមឆ្លើយខ្ញុំ.

បើកបង្អួច.

   សូមបើកបង្អួច.

3. Contraction of 'You are' to 'You're'

   'You are' is normally shortened to 'you're' in colloquial speech. Learn the following new vocabulary, then do the drill:

៣. ការបំប្រួញ You are ឱ្យទៅជា You're

   You are ធម្មតាត្រូវបំប្រួញទៅជា you're នៅក្នុងការរៀបរាប់ធម្មតា ។ សូមទន្ទេញនូវពាក្យថ្មីខាងក្រោមនេះ ហើយរៀបើនៅក្នុងលំហាត់នៅខាងក្រោម.

Miss	/mis/	[មិស]	នាង, កញ្ញា
Jones	/jownz/	[ជូនz]	(នាមត្រកូល)
student	/stúwdənt/	['ស្ទុដិនត]	កូនសិស្ស
teacher	/tíychər/	['ធីចិរ]	គ្រូបង្រៀន

3a. Substitution Drill

You're Mr. Sok, right?
You're Mrs. Smith, right?
You're Miss Jones, right?
You're a teacher, right?
You're a student, right?
You're Mr. Smith, right?
You're Miss Smith, right?
You're Mr. Jones, right?

លំហាត់ប្តូរពាក្យ

អ្នក(ជា)លោកសុខ, មែនទេ?
អ្នកស្រីស្មិថ
នាងជ៉ូនង
គ្រូបង្រៀន
កូនសិស្ស
លោកស្មិថ
នាងស្មិថ
លោកជ៉ូនង

3b. Response Drill

Now take turns asking each other the question 'You're ____, right?', using real names, and answering 'Yes, that's right.', e.g.:

Teacher: You're ____, right?
1st Student: Yes, that's right.
You're ____, right?
2nd Student: Yes, that's right.
You're ____, right?

លំហាត់ចម្លើយ

ឥឡូវសួរគ្នាពីម្នាក់ទៅម្នាក់ទៀត: You're ____, right? 'អ្នកជា ----, មែនទេ?' ដោយប្រើឈ្មោះមែនទែន ហើយឆ្លើយថា: Yes, that's right. 'បាទ/ចា៎ះ, ហ្នឹងហើយ', ឧ.

គ្រូ: អ្នកជា ---- មែនទេ?
សិស្សទី ១: បាទ/ចា៎ះ, ហ្នឹងហើយ.
អ្នកជា ----, មែនទេ?
សិស្សទី ២: បាទ/ចា៎ះ, ហ្នឹងហើយ.
អ្នកជា ----, មែនទេ?

4. 'He' vs. 'She' vs. 'It'

Khmer makes no distinction between masculine and feminine in the 3rd person singular pronoun. Notice that English makes the distinction only in the 3rd person singular; i.e. 'I, you, we' etc. are both masculine and feminine. To put it another way, Khmer treats the 3rd person singular in the same way English treats 1st and 2nd person. Khmer does, however, have a neutral pronoun 'it'.

៤. He ខុសពី She ខុសពី It

នាមសព្ទខ្មែរ 'គាត់' 'វា' ។ល។ អាចប្រើជាតំណាងមនុស្សប្រុសក៏បាន ជាតំណាងមនុស្សស្រីក៏បាន ។ ចំណែកឯក្នុងភាសាអង់គ្លេសវិញ គេប្រើ he /hiy/ [ហ៊ី] សម្រាប់ប្រធានបុំលិង្គ (ប្រុស) ហើយនិង she /shiy/ [ស៊ី] សម្រាប់ឥត្ថីលិង្គ (ស្រី)។ ជាមួយនិងសត្វក៏គេធ្វើដូច្នេះដែរ ។ លោកអ្នកត្រូវតែខិតខំចំណាំនូវភាពខុសគ្នានេះឱ្យមែនទែន ដោយលោកអ្នកឥតបាច់គិតគូរអំពីរឿងនេះក្នុងភាសាខ្មែរទេ ។ ពាក្យ it /it/ [អ៊ិត] ស្រដៀងនិងពាក្យ 'វា' ក្នុងភាសាខ្មែរ ប្រើបានជាមួយនិងសត្វហើយនិងវត្ថុផ្សេងៗ ដែរ តែមិនប្រើជាមួយនិងមនុស្សទេ ។

4a. Transformation Drill

In this drill, shorten 'He is',
'She is', and 'It is' to 'He's' /hiyz/,
'She's' /shiyz/, and 'It's' /its/.
Notice that -s is pronounced /z/ after
'he' and 'she', but /s/ after 'it'.

លំហាត់ប្ដូរបំប្លួលឃ្លា

នៅក្នុងលំហាត់នេះ សិស្សត្រូវបំប្លួញ he is,
she is ហើយនិង it is នូ្យទៅជា he's
/hiyz/ ហ្ស៊ិង], she's /shiyz/ [ស្ស៊ិង], ហើយ
និង it's /its/ [អិតស] ។ ចាំថានៅប្រកាយ
he/she, -s អានថា [ង], ប្រកាយ it, [ស] ។

He is here.

  He's here.

She is here.

  She's here.

It is here.

  It's here.

She is over there.

  She's over there.

He is over there.

  He's over there.

It is over there.

  It's over there.

គាត់(ប្រុស)នៅឯនេះ.

  (គូចគ្នា)

គាត់(ស្រី)នៅឯនេះ.

  (គូចគ្នា)

វានៅឯនេះ.

  (គូចគ្នា)

គាត់(ស្រី)នៅឯនោះ.

  (គូចគ្នា)

គាត់(ប្រុស)នៅឯនោះ.

  (គូចគ្នា)

វានៅឯនោះ.

  (គូចគ្នា)

4b. Transformation Drill

In this drill, replace the subject
by the appropriate pronoun 'he', 'she',
or 'it':

លំហាត់ប្ដូរបំប្លួលឃ្លា

ក្នុងលំហាត់នេះ ប្រើជើសយកសព្វនាម he, she,
ឬ it មកប្រើជំនួយស្របទៅតាមប្រធាននៅក្នុងឃ្លា
និមួយ ៗ ។

My husband is here.

  He's here.

My wife is here.

  She's here.

The book is here.

  It's here.

Bill is here.

  He's here.

Mary is here.

  She's here.

The table is here.

  It's here.

ប្ដីខ្ញុំនៅឯនេះ.

  គាត់(ប្រុស)នៅឯនេះ.

ប្រពន្ធខ្ញុំនៅឯនេះ.

  គាត់(ស្រី)នៅឯនេះ.

សៀវភៅនៅឯនេះ.

  វានៅឯនេះ.

ប៊ីលនៅឯនេះ.

  គាត់(ប្រុស)នៅឯនេះ.

ម៉េរីនៅឯនេះ.

  គាត់(ស្រី)នៅឯនេះ.

តុនៅឯនេះ.

  វានៅឯនេះ.

Mr. Smith is here.	លោក ស្មីថ នៅ ឯ នេះ ។
He's here.	គាត់ (ប្រុស) នៅ ឯ នេះ ។
Miss Jones is here.	កញ្ញា ជូន នៅ ឯ នេះ ។
She's here.	គាត់ (ស្រី) នៅ ឯ នេះ ។
My car is here.	ឡាន ខ្ញុំ នៅ ឯ នេះ ។
It's here.	វា នៅ ឯ នេះ ។

4c. Response Drill

លំហាត់ ចម្លើយ

The affirmative response to a question like 'Is your wife here?' is 'Yes, she is.', with the emphasis on the 'is'; in such answers the contraction doesn't take place. In the following drill, answer the teacher's question with the appropriate pronoun plus 'is':

ចំពោះ សំនួរ ដូច ជា Is your wife here? ចម្លើយ វិជ្ជមាន គឺ Yes, she is., ដោយ សង្កត់ សម្លេង ទៅ លើ ពាក្យ is ។ នៅ ក្នុង ចម្លើយ របៀប នេះ គេ គត់ ប ប្រ ញ្ញ កិរិយា សព្ទ ទេ ។ នៅ ក្នុង លំហាត់ ខាង ក្រោម នេះ សូម ឆ្លើយ សំនួរ គ្រូ ដោយ ប្រើ សព្វ នាម និយ ស្រប ទៅ តាម សព្ទ និ មួយ ៗ ហើយ ប្រើ ពាក្យ is ផង ។ (ពាក្យ is នេះ វ៉ ប្រ មិន ចំ ទេ ក្នុង ភាសា ខ្មែរ ។)

Is your wife here?	ប្រពន្ធ លោក នៅ ឯ នេះ ទេ ?
Yes, she is.	បាទ, គាត់ (ស្រី) នៅ ។
Is Bill sick?	ប៊ីល ឈឺ ទេ ?
Yes, he is.	បាទ, គាត់ [ឈឺ] ។
Is your name Sok?	លោក ឈ្មោះ សុខ ទេ ?
Yes, it is.	បាទ, (ខ្ញុំ ជា) [ឈ្មោះ ខ្ញុំ សុខ] ។
Is your husband there?	ប្ដី អ្នក ស្រី នៅ ឯ នោះ ទេ ?
Yes, he is.	ចាំ ៎ ះ, គាត់ (ប្រុស) នៅ ។
Is the book on the table?	សៀវ ភៅ (នោះ) នៅ លើ តុ ទេ ?
Yes, it is.	បាទ/ចាំ ៎ ះ, វា នៅ [លើ តុ] ។
Is your wife sick?	ប្រពន្ធ លោក ឈឺ ទេ ?
Yes, she is.	បាទ, គាត់ (ស្រី) (ជា) [ឈឺ] ។
Is Sok married?	សុខ រៀប ការ ហើយ ឬ [នៅ] ?
Yes, he is.	បាទ/ចាំ ៎ ះ, គាត់ (ប្រុស) (ជា) [រៀប ការ ហើយ] ។
Is Mary there?	ម៉ែ រី នៅ ឯ នោះ ទេ ?
Yes, she is.	បាទ/ចាំ ៎ ះ, គាត់ (ស្រី) នៅ ។
Is that right?	(អា ញ្ចឹង) ត្រូវ ឬ ?
Yes, it is.	បាទ/ចាំ ៎ ះ, (វា ជា) [ត្រូវ នឹ ហើយ] ។

5. The Verbs 'Am', 'Are', and 'Is'

    In Lesson 1 we learned that the verb 'to be' takes different forms depending on the subject, e.g.:

    I <u>am</u> sick.

    Bill <u>is</u> hungry.

    My name <u>is</u> Sok.

In Lesson 2 we learned that 'it' also takes 'is', as in

    It <u>is</u> on the table.

In this lesson we see that 'you' takes 'are', as in

    You <u>are</u> Mr. Sok.

We also see that 'he' /hiy/ and 'she' /shiy/ take 'is', as in

    He <u>is</u> over there.

    She <u>is</u> here.

This can be shown in the following chart:

I	+ am	/ay/	+ /aem/	
You	+ are	/yuw/	+ /ar/	
He		/hiy/		
She		/shiy/		
It	+ is	/it/	+ /iz/	
The book		/dhə buk/		
Bill		/bil/		

5a. Substitution-Matching Drill

    In this drill, choose the right form of the verb 'to be' depending on the subject:

<u>Bill</u> is here.

<u>I</u> am here.

<u>You</u> are here.

He is here.   គាត់(ប្រុស)នៅឯនេះ.

It is here.   វានៅឯនេះ.

The book is here.   សៀវភៅនៅឯនេះ.

She is here.   គាត់(ស្រី)នៅឯនេះ.

Mary is here.   ម៉េរីនៅឯនេះ.

You are here.   លោកនៅឯនេះ.

The table is here.   តុនៅឯនេះ.

My wife is here.   ប្រពន្ធខ្ញុំនៅឯនេះ.

I am here.   ខ្ញុំនៅឯនេះ.

5b. Substitution-Matching Drill

លំហាត់បូរពាក្យហើយនិងប្រៀដែលកិរិយាសព្ទ

Now choose the right form of the ពទ្រូវប្រើសក្រទង់ត្រទាយណាមួយនៃកិរិយាសព្ទ

verb 'to be' in the following questions: to be ដែលត្រូវប្រើក្នុងសំនួរខាងក្រោមនេះ

Where is Bill?   ប៊ីលនៅឯណា?

Where are you?   លោក

Where is your book?   សៀវភៅលោក

Where is it?   វា

Where is she?   គាត់(ស្រី)

Where is Mr. Smith?   លោកស្មីធ

Where is Mary?   ម៉េរី

Where is the table?   តុ

Where am I?   ខ្ញុំ

Where is he?   គាត់(ប្រុស)

6. Inversion of the Verb in Questions

៦. បញ្ច្រាសកិរិយាសព្ទនៅក្នុងសំនួរ

Most English questions are formed ក្នុងសំនួរអង់គ្លេសភាគច្រើន គេបញ្ច្រាស

by placing a verb before the subject, កិន្លងកិរិយាសព្ទ គឺថាកិរិយាសព្ទត្រូវយកទៅដាក់មុខ

in both yes-or-no and content questions, ប្រធាន ។ គេធ្វើយ៉ាងនេះទាំងនៅក្នុងសំនួរឥតរបៀប

e.g.:   បាទ/ទេ ហើយនិងសំនួរដែលមានពាក្យសំនួរ, ខ.

I can understand.   ខ្ញុំស្តាប់បាន.

Can you understand?   អ្នកស្តាប់បានទេ?

You are married.   លោករៀបការហើយ.

Are you married?   លោករៀបការហើយបូនៅ?

Your wife is here.   ប្រពន្ធលោកនៅឯនេះ.

Is your wife here?   ប្រពន្ធលោកនៅឯនេះទេ?

Bill is sick.   ប៊ីល(ជា)ឈឺ.

   Is Bill sick?   ប៊ីល (ជា)ឈឺទេ ?

Your name is Sok.   ឈ្មោះលោក (ជា)សុខ.

   Is your name Sok?   ឈ្មោះលោក (ជា)សុខទេ ?

You are ten years old.   អ្នកអាយុដប់ឆ្នាំ.

   How old are you?   អ្នកអាយុប៉ុន្មាន ?

It's on the table?   វានៅលើតុ.

   Where is it?   វានៅឯណា ?

Khmer questions never reverse the   ក្នុងសំនួរភាសាខ្មែរវិញ គេមិនបូរកន្លែងប្រធាននិង

position of the subject and verb, i.e. កិរិយាសព្ទឡោះគ្នាទេ, គឺថា សំនួរភាសាខ្មែរ

they are all like the following   ធម្មតាមានលំនាំ ដូចសំនួរអង់គ្លេសខាងក្រោមនេះ

English questions:

   You're Mr. Sok, right?   លោកគឺជា លោកសុខ, មែនទេ ?

   You speak English?   អ្នកចេះនិយាយអង់គ្លេសទេ ?

   Your book is where?   សៀវនៅភៅអ្នកនៅឯណា ?

Thus it will be a difficult problem   ដូច្នេះ នេរៀនឲ្យបីកិរិយាសព្ទទាំងឡាយនៅ ក្នុងសំនួរ

for Khmers to learn to put a verb of   គេជាយកកិរិយាសព្ទមកជាក់មុខប្រធាន ជាបញ្ហាគំ

some kind in front of the subject in   លំ្បាកចំពោះសិស្សខ្មែរ ។

questions. In the following drills,

then, practice changing statements   នៅ ក្នុងលំហាត់ទាំងឡាយនៅខាងក្រោម

into questions, all of which involve   នេះ ហាត់ប្រែប្រួលឃ្លា របស់គ្រនីឃយទៅជាសំនួរ

reversal of subject and verb.   គេជាយបញ្ញាសព្ទប្រធានថើយនិងកិរិយាសព្ទ គឺថា ជាក់

                                        កិរិយាសព្ទនៅមុខប្រធាន ។

6a. Transformation Drill   លំហាត់ប្រែប្រួល

You are married.   លោករៀបការរ
ើយ.

   Are you married?   លោករៀបការរ
ើយឬនៅ ?

You are Mr. Sok.   លោកគឺជា លោក កសុខ .

   Are you Mr. Sok?   លោកគឺជា រលោក កសុខ ទេ ?

You are there.   អ្នកនៅឯនោះ.

   Are you there?   អ្នកនៅឯនោះទេ ?

You are sick.   អ្នក(ជា)ឈឺ.

   Are you sick?   អ្នក(ជា)ឈឺទេ ?

You are hungry.   អ្នក(ជា)ឃ្លានឃ្យយ.

   Are you hungry?   អ្នក(ជា)ឃ្លានឃ្យយទេ ?

6b. <u>Transformation Drill</u>   លំហាត់ប្រែប្រួលឃ្លា

I am sick.   ខ្ញុំ(ជា)ឈឺ.

   Am I sick?   ខ្ញុំ(ជា)ឈឺទេ ?

I am right.   ខ្ញុំ(ជា)ត្រូវ [ហើយ].

   Am I right?   ខ្ញុំ(ជា)ត្រូវទេ ?

I am here.   ខ្ញុំនៅឯនេះ.

   Am I here?   ខ្ញុំនៅឯនេះទេ ?

I am wrong.   ខ្ញុំ(ជា)ខុស.

   Am I wrong?   ខ្ញុំ(ជា)ខុសទេ ?

I am hungry.   ខ្ញុំ(ជា)ឃ្លានបាយ.

   Am I hungry?   ខ្ញុំ(ជា)ឃ្លានបាយទេ ?

6c. <u>Transformation Drill</u>   លំហាត់ប្រែប្រួលឃ្លា

Bill is sick.   ប៊ីល(ជា)ឈឺ.

   Is Bill sick?   ប៊ីល(ជា)ឈឺទេ ?

She is here.   តាត់(ស្រី)នៅឯនេះ.

   Is she here?   តាត់(ស្រី)នៅឯនេះទេ ?

He is there.   តាត់(ប្រុស)នៅឯនោះ.

   Is he there?   តាត់(ប្រុស)នៅឯនោះទេ ?

It is on the table.   វា(ជា)នៅលើតុ.

   Is it on the table?   វា(ជា)នៅលើតុទេ ?

Your wife is here.   ប្រពន្ធលោកនៅឯនេះ.

   Is your wife here?   ប្រពន្ធលោកនៅឯនេះទេ ?

John is hungry.   ដ្យាន(ជា)ឃ្លានបាយ.

   Is John hungry?   ដ្យាន(ជា)ឃ្លានបាយទេ ?

6d. <u>Transformation Drill</u>   លំហាត់ប្រែប្រួលឃ្លា

You are married.   លោករៀបការហើយ.

   Are you married?   លោករៀបការហើយឬនៅ ?

Bill is sick.   ប៊ីល(ជា)ឈឺ.

   Is Bill sick?   ប៊ីល(ជា)ឈឺទេ ?

She is here.   តាត់(ស្រី)នៅឯនេះ.

   Is she here?   តាត់(ស្រី)នៅឯនេះទេ ?

You are Mr. Smith.   លោកជាលោកស្មីថ.

   Are you Mr. Smith?   លោកជាលោកស្មីថទេ ?

Your wife is here.	ប្រពន្ធលោកនៅឯនេះ.
Is your wife here?	ប្រពន្ធលោកនៅឯនេះទេ ?
It is on the table.	វានៅលើតុ.
Is it on the table?	វានៅលើតុទេ ?
He is there.	គាត់(ប្រុស)នៅឯនោះ.
Is he there?	គាត់(ប្រុស)នៅឯនោះទេ ?
Your name is Sok.	ឈ្មោះលោកគឺជាសុខ.
Is your name Sok?	ឈ្មោះលោកគឺជាសុខទេ ?
That is my chair.	នោះគឺជាកៅអីខ្ញុំ.
Is that my chair?	នោះគឺជាកៅអីខ្ញុំទេ ?
You can read.	អ្នកមើល [សៀវភៅ] បាន.
Can you read?	អ្នកមើល[សៀវភៅ]បានទេ?
I am right.	ខ្ញុំ (ជា) ត្រូវ[ហើយ].
Am I right?	ខ្ញុំ(ជា)ត្រូវទេ ?

7. The 'Dummy' Verb 'Do'   ៧. កិរិយាសព្ទជំនួយ Do

When a question does not have one of the forms of the verb 'to be' (am, is, are) or a modal verb such as 'can', the 'dummy' verb 'do' is used to form questions, e.g.:

នៅក្នុងសំនួរ បើកាលណាគ្មានទ្រង់ទ្រាយផ្សេង ៗ នៃកិរិយាសព្ទ to be (am/is/are) ឬ កិរិយាសព្ទជំនួយ ដូចជា can [ខែន] 'បាន' ទេ, គេត្រូវប្រើកិរិយាសព្ទជំនួយ do [ឌុ] នៅពីមុខប្រ‌. ធានដើម្បីនឹងសួរសំនួរ ៗ ។ ឧ.

You have a pen.	អ្នកមានប៊ិច.
Do you have a pen?	អ្នកមានប៊ិចទេ ?
You have children.	អ្នកមានកូន (៣.).
Do you have children?	អ្នកមានកូនទេ ?
You speak English.	អ្នក [ចេះ] និយាយអង់គ្លេស.
Do you speak English?	អ្នក [ចេះ] និយាយអង់គ្លេសទេ ?
You understand.	អ្នកស្គាល់បាន.
Do you understand?	អ្នកស្គាល់បានទេ ?

7a. Transformation Drill   លំហាត់ប្រែប្រួលល្បា

You have a pen.	អ្នកមានប៊ិច.
Do you have a pen?	អ្នកមានប៊ិចទេ ?
You have children.	អ្នកមានកូន (៣.).
Do you have children?	អ្នកមានកូនទេ ?

You speak English.

    Do you speak English?

You understand.

    Do you understand?

You have a book.

    Do you have a book?

You read Khmer.

    Do you read Khmer?

អ្នក[ចេះ]និយាយអង់គ្លេស.

អ្នក[ចេះ]និយាយអង់គ្លេសទេ ?

អ្នកយល់[ហើយ].

អ្នកយល់ទេ ?

អ្នកមានសៀវភៅ.

អ្នកមានសៀវភៅទេ ?

អ្នក[ចេះ]អានខ្មែរ.

អ្នក[ចេះ]អានខ្មែរទេ ?

8. Answering Yes-or-No Questions

    In English a yes-or-no question can be answered simply 'Yes' /yes/ or 'No' /now/, but it is more common, and somewhat more polite, to add the pronoun and initial verb of the question as a further confirmation. In such answers the stress is on the verb, as in the following examples:

    Are you married?

        Yes, I _am._

    Is your wife here?

        Yes, she _is._

    Am I right?

        Yes, you _are._

    Is it on the table?

        Yes, it _is._

    Can you read?

        Yes, I _can._

    Do you speak English?

        Yes, I _do._

    Is Bill sick?

        Yes, he _is._

    Is that your book?

        Yes, it _is._

៨. ការឆ្លើយសំនួរ 'បាទ/ចាះ ' ឬ 'ទេ'

    ក្នុងភាសាអង់គ្លេស ក្នុងសំនួរ 'បាទ/ចាះ ' ឬ 'ទេ' គេអាចឆ្លើយកំបុតថា Yes [យែស] 'បាទ/ចាះ' ឬ No [ណូ] 'ទេ' ។ តែជាការនិយមទូទៅ ហើយ ជាការគួរសមផង គេថែងបន្ថែមនូវសព្វនាមនិងកិរិយា-សព្ទដំបូងក្នុងសំនួរនោះ ដើម្បីនិងបញ្ជាក់ន័យកាន់តែ ច្បាស់ថែមទៀតផុត ។ ក្នុងចម្លើយរបៀបនេះ គេ សង្កត់សម្លេងនៅលើកិរិយាសព្វ ដូចជានៅក្នុងឧទាហរណ៍ ខាងក្រោមនេះ :

    លោករៀបការហើយឬនៅ ?

        បាទ, (ខ្ញុំជា)[ខ្ញុំរៀបការហើយ].

    ប្រពន្ធលោកនៅឯនេះទេ ?

        បាទ, គាត់(ស្រី)នៅ.

    ខ្ញុំ(ជា)ត្រូវទេ ?

        បាទ, (អ្នកជា)[ត្រូវហើយ].

    វានៅលើតុទេ ?

        បាទ, (វាជា)[វានៅលើតុ].

    អ្នកអានបានទេ ?

        បាទ, (ខ្ញុំ)បាន.

    អ្នក[ចេះ]និយាយអង់គ្លេសទេ ?

        បាទ, (ខ្ញុំ(ក.ង.))[ចេះ].

    ប៊ីល(ជា)ឈឺទេ ?

        បាទ, (គាត់ជា)[ឈឺ].

    នោះគឺជាសៀវភៅអ្នកទេ ?

        បាទ, (វាជា)[ខ្ញុំងហើយ].

8a. <u>Response Drill</u>   លំហាត់ចម្លើយ

    In the following drill, give the   នៅក្នុងលំហាត់នេះ សិស្សត្រូវផ្តល់នូវចម្លើយជា
correct affirmative answer to the   វិជ្ជមាន ដោយឆ្លើយប្រើសព្ទនាមនិងកិរិយាសព្ទឱ្យស្របគ្នា ។
questions. Notice that you will have នៅក្នុងការបកប្រែលំហាត់នេះ ឃើងនឹងប្រើសព្ទននិង
to choose both the right pronoun and ចម្លើយអង់គ្លេសទាំងឡាយឱ្យទៅ តាមន័យជាភាសា
the right form of the verb.   ខ្មែរតែម្តង មិនតាមន័យពាក្យអង់គ្លេសនិមួយ ៗ ទេ ។

Are you sick?   លោកឈឺឬ ?

    Yes, I am.   បាទ, ឈឺ.

Is he there?   គាត់នៅឯនោះទេ ?

    Yes, he is.   បាទ, នៅ.

Am I wrong?   ខ្ញុំសុឬ ?

    Yes, you are.   បាទ, ុស.

Can you read?   អ្នកមើលសៀវភៅបានទេ ?

    Yes, I can.   បាទ, បាន.

Do you have a book?   អ្នកមានសៀវភៅទេ ?

    Yes, I do.   បាទ, មាន.

Are you married?   លោករៀបការហើយឬនៅ ?

    Yes, I am.   បាទ, រៀបការហើយ.

Is your wife there?   ប្រពន្ធលោកនៅឯនោះទេ ?

    Yes, she is.   បាទ, នៅ.

Do you speak English?   អ្នកចេះនិយាយអង់គ្លេសទេ ?

    Yes, I do.   បាទ, ចេះ.

Is your husband sick?   ប្ដីអ្នកឈឺទេ ?

    Yes, he is.   បាទ, ឈឺ.

Is your book on the table?   សៀវភៅអ្នកនៅលើតុទេ ?

    Yes, it is.   បាទ, នៅលើតុ.

Can he speak Khmer?   គាត់និយាយខ្មែរបានទេ ?

    Yes, he can.   បាទ, បាន.

Are you Mr. Smith?   លោកជាលោកស៊្មីធឬ ?

    Yes, I am.   បាទ, ថ្លើងហើយ.

Is Miss Jones there?   នាងផ្ញុនងនៅឯនោះទេ ?

    Yes, she is.   បាទ, នៅ.

Is your name John?   អ្នកឈ្មោះជាំនឬ ?

    Yes, it is.   បាទ, ថ្លើងហើយ.

9. The Negation of 'Am, Is, Are'

We have learned that the negative form of 'do' is 'do not' /duw nat/, shortened in normal speech to 'don't' /downt/, as in

I <u>don't</u> speak Khmer.,

and that the negative form of 'can' /kaen/ is 'cannot' /kaen-nát/, usually shortened to 'can't' /kaent/, as in

I <u>can't</u> answer.

Likewise, the negative form of 'am' is 'am not' /aem nat/, usually shortened to 'I'm not' /aym nat/. The negative form of 'is' is 'is not' /iz nat/, usually shortened to 'isn't' /ízənt/ or '(he)'s not' /hiyz nat/. The negative form of 'are' is 'are not' /ar nat/, usually shortened to 'aren't' /árənt/ or '(you)'re not' /yur nat/. All this can be shown in the following chart:

៩. ទម្រង់បដិសេធនៃ Am, Is, Are

យើងបានដឹងរួចមកហើយថា ទម្រង់បដិសេធនៃ do គឺ do not [ខ្ ណាត],ដែលក្នុងភាសានិយាយធម្មតាគេបំប្រួញទៅជា don't [ដូនត], ដូចជា

ខ្ញុំមិន[ចេះ]និយាយខ្មែរទេ.

ចំណែកឯទម្រង់បដិសេធនៃ can [ខែន] គឺ cannot [ខែ 'ណាត], ហើយធម្មតាគេទៅតងបំប្រួញទៅជា can't [ខែនត], ដូចជា

ខ្ញុំឆ្លើយមិនបានទេ.

ដូចគ្នានិងខាងលើនេះ ទម្រង់បដិសេធនៃ am [អែម] គឺ am not [អែម ណាត],ដែលធម្មតាគេបំប្រួញ ទៅជា I'm not [អាយម ណាត] ។ ទម្រង់ បដិសេធនៃ is [អ៊ិស] គឺ is not [អ៊ិស ណាត], ធម្មតាបំប្រួញទៅជា isn't [អ៊ិសនត] ឬ (he)'s not [ហ៊ីស ណាត] ។ ទម្រង់បដិសេធនៃ are [អារ] គឺ are not [អារ ណាត] ដែលធម្មតា បំប្រួញទៅជា aren't [អារនត] ឬ (you)'re not [យើរ ណាត] ។

ទាំងអស់នេះ ផាក់ផ្ដាំតារាងដូចទៅខាង រូបកាមនេះ :

Affirmative ទម្រង់វិជ្ជមាន	Negative ទម្រង់បដិសេធ		
	Formal ព្រឹមព្រូវ	Informal ធម្មតា	
		Contraction of Verb ទម្រង់បំប្រួញនៃកិរិយាស័ព្ទ	Contraction of 'Not' ទម្រង់បំប្រួញនៃពាក្យ Not
I am	I am not	I'm not	
He is	He is not	He's not	He isn't
You are	You are not	You're not	You aren't
I do	I do not		I don't
I can	I cannot		I can't

The negations in Column 2 are used only in formal speech or in written English. The forms in Columns 3 and 4 are roughly equivalent in meaning, although those in Column 3 may be a bit more emphatic. Notice that 'I do not', 'I cannot', and 'I am not' have only one possible contraction. In the following drills, change the affirmative sentences to negative sentences, using the form indicated.

ទម្រង់បដិសេធក្នុងជួរទី ២ សម្រាប់ប្រើបីរតែក្នុងការ និយាយជាផ្លូវការ ឬក្នុងភាសាសរសេរ ។ ជួរទី ៣ និងទី ៤ មាននយ័ប្រហាក់ប្រហែលគ្នា តែគ្គាន់តែជួរ ទី ៣ ដូចជាមាននការសង្កត់បញ្ជាក់ជាង ។ កត់ សម្គាល់ថា I do not, I cannot, ហើយនិង I am not អាចបំប្បញ្ញតែមួយរបៀបទេ គឺ I don't, I can't, ហើយនិង I'm not ។ ក្នុងលំហាត់ខាងក្រោមនេះ សិស្សត្រូវបីរបួប្បញ្ញា វិជ្ជមានរបស់គ្រូ នូវយទៅជាឃ្លាបដិសេធ ដូចបាន បង្ហាញរបៀបបួចមកហើយ ។

9a. Transformation Drill

I'm sick.

    I'm not sick.

I'm hungry.

    I'm not hungry.

I'm cold.

    I'm not cold.

I'm married.

    I'm not married.

I'm Mr. Smith.

    I'm not Mr. Smith.

I'm right.

    I'm not right.

លំហាត់បំប្បឬប្បញ្ញា

ខ្ញុំឈឺ.

    ខ្ញុំមិនឈឺទេ.

ខ្ញុំឃ្លានបាយ.

    ខ្ញុំមិនឃ្លានបាយទេ.

ខ្ញុំត្រជាក់.

    ខ្ញុំមិនត្រជាក់ទេ.

ខ្ញុំនៀបការហើយ.

    ខ្ញុំមិន[ទាន់]នៀបការទេ.

ខ្ញុំជាលោកស្មីថ.

    ខ្ញុំមិន[មែន]ជាលោកស្មីថទេ.

ខ្ញុំត្រូវហើយ.

    ខ្ញុំមិនត្រូវទេ.

9b. Transformation Drill

He's sick.

    He's not sick.

She's here.

    She's not here.

He's right.

    He's not right.

It's on the table.

    It's not on the table.

លំហាត់បំប្បឬប្បញ្ញា

គាត់ឈឺ.

    គាត់មិនឈឺទេ.

គាត់នៅនេះ.

    គាត់មិននៅនេះទេ.

គាត់ត្រូវហើយ.

    គាត់មិនត្រូវទេ.

វានៅលើតុ.

    វាមិននៅលើតុទេ.

He's married.   គាត់រៀបការហើយ.

   He's not married.   គាត់មិន[ទាន់]រៀបការទេ.

She's my wife.   គាត់ជាប្រពន្ធខ្ញុំ.

   She's not my wife.   គាត់មិន[មែន]ជាប្រពន្ធខ្ញុំទេ.

9c. Transformation Drill   លំហាត់ប្រែប្រួលឃ្លា

You're sick.   អ្នកឈឺ.

   You're not sick.   អ្នកមិនឈឺទេ.

You're right.   អ្នកត្រូវហើយ.

   You're not right.   អ្នកមិនត្រូវទេ.

You're married.   អ្នករៀបការហើយ.

   You're not married.   អ្នកមិន[ទាន់]រៀបការទេ.

You're my husband.   លោកជាប្ដីខ្ញុំ.

   You're not my husband.   លោកមិន[មែន]ជាប្ដីខ្ញុំទេ.

You're Miss Jones.   នាងជានាងជ្វូនស.

   You're not Miss Jones.   នាងមិន[មែន]ជានាងជ្វូនសទេ.

You're a teacher.   អ្នកជាអ្នកគ្រូ.

   You're not a teacher.   អ្នកមិន[មែន]ជាអ្នកគ្រូទេ.

9d. Transformation Drill   លំហាត់ប្រែប្រួលឃ្លា

   In this drill, change 'He's not' to   ក្នុងលំហាត់នេះ សិស្សប្ដូរប្រែ He's not

'He isn't', etc.   នឹយទៅជា He isn't, ។ល។

He's not sick.   គាត់មិនឈឺទេ.

   He isn't sick.   (ដូចគ្នា)

She's not here.   គាត់មិននៅនេះទេ.

   She isn't here.   (ដូចគ្នា)

He's not right.   គាត់មិនត្រូវទេ.

   He isn't right.   (ដូចគ្នា)

It's not on the table.   វាមិននៅលើតុទេ.

   It isn't on the table.   (ដូចគ្នា)

He's not married.   គាត់មិន[ទាន់]រៀបការទេ.

   He isn't married.   (ដូចគ្នា)

She's not my wife.   គាត់មិន[មែន]ជាប្រពន្ធខ្ញុំទេ.

   She isn't my wife.   (ដូចគ្នា)

9e. <u>Transformation Drill</u>   លំហាត់វិប្របូបួលញ្ញា

     In this drill, change 'You're not'   ក្នុងលំហាត់នេះ សិស្សប្តូវនៃប្រ You're not
to 'You aren't'.   ឱ្យទៅ ជា You aren't ។

You're not sick.   លោកមិនឈឺទេ.

    You aren't sick.   (ឆ្លុចគ្នា)

You're not right.   លោកមិនត្រូវទេ.

    You aren't right.   (ឆ្លុចគ្នា)

You're not married.   លោកមិន [ទាន់] រៀបការទេ.

    You aren't married.   (ឆ្លុចគ្នា)

You're not my husband.   លោកមិន [មែន] ជាប្តីខ្ញុំទេ.

    You aren't my husband.   (ឆ្លុចគ្នា)

You're not Miss Jones.   នាងមិន [មែន] ជានាងជ្ជូនឆទេ.

    You aren't Miss Jones.   (ឆ្លុចគ្នា)

You're not a teacher.   អ្នកមិន [មែន] ជាគ្រូទេ.

    You aren't a teacher.   (ឆ្លុចគ្នា)

9f. <u>Transformation Drill</u>   លំហាត់វិប្របូបួលញ្ញា

     In this drill, change the affir-   ក្នុងលំហាត់នេះ វិប្របញ្ញា វិជ្ជមានរបស់គ្រូឱ្យ
mative sentences to negative sentences,   ទៅជាប្បញ្ញាបដិសេធ ដោយបន្ថែមពាក្យ not ។
using the 'not' form of the negative:

He's a teacher.   គាត់ជាគ្រូ.

    He's not a teacher.   គាត់មិន [មែន] ជាគ្រូទេ.

I'm hungry.   ខ្ញុំឃ្លានបាយ.

    I'm not hungry.   ខ្ញុំមិនឃ្លានបាយទេ.

You're married.   លោករៀបការហើយ.

    You're not married.   លោកមិន [ទាន់] រៀបការទេ.

She's my wife.   គាត់ជាប្របពន្ធខ្ញុំ.

    She's not my wife.   គាត់មិន [មែន] ជាប្របពន្ធខ្ញុំទេ.

It's on the table.   វានៅលើតុ.

    It's not on the table.   វាមិននៅលើតុទេ.

He's sick.   គាត់ឈឺ.

    He's not sick.   គាត់មិនឈឺទេ.

You're a student.   អ្នកជាកូនសិស្ស.

    You're not a student.   អ្នកមិន [មែន] ជាកូនសិស្សទេ.

9g. <u>Transformation Drill</u>   លំហាត់ប្តូរប្រលោម

    In this drill, change the affirm-   ក្នុងលំហាត់នេះ សិស្សប្តូរវប្រែប្រលោមវិធជម្លាននៅរបស់
ative sentences to negative sentences,   ប្រូនីយនទៅជាឃ្លាបដិសេធ ដោយប្រើទ្រង់ប្រដង់បំប្រុញ
using the <u>-n't</u> forms of the negative.   ធីនពាក្យ not ។ ចូរកត់សម្គាល់ថា ឃ្លាណារដែល
Notice that the statements which do not   ឥតមានប្រើពាក្យ is/am/are/can, គេត្រូវ
have 'am, is, are, can' must be negated   ដាក់ពាក្យ don't នៅមុខកិរិយាសព្ទដើម្បីធ្វើទ្បើយ
by adding the word 'don't' before the   ទៅជាឃ្លាបដិសេធ ថ្វីបើគឥតមានប្រើពាក្យ do
verb, even though 'do' does not occur   នៅក្នុងឃ្លាវិធជម្លាននោះ ។
in the statement.

He's a teacher.   គាត់ជាគ្រូ.

  He isn't a teacher.   គាត់មិន [មែន] ជាគ្រូទេ.

You're married.   លោកនៅរៀបការហើយ.

  You aren't married.   លោកមិន [ទាន] នៅរៀបការទេ.

I can read.   ខ្ញុំអានពាន.

  I can't read.   ខ្ញុំអានមិនពានទេ.

I speak English.   ខ្ញុំ [ចេះ] និយាយអង់គ្លេស.

  I don't speak English.   ខ្ញុំមិន [ចេះ] និយាយអង់គ្លេសទេ.

She's my wife.   គាត់ជាប្រពន្ធខ្ញុំ.

  She isn't my wife.   គាត់មិន [មែន] ជាប្រពន្ធខ្ញុំទេ.

Bill is sick.   ប៊ីលឈឺ.

  Bill isn't sick.   ប៊ីលមិនឈឺទេ.

You're right.   អ្នកត្រូវហើយ.

  You aren't right.   អ្នកមិនត្រូវទេ.

It's on the table.   វានៅលើតុ.

  It isn't on the table.   វាមិននៅលើតុទេ.

Mary is here.   ម៉ែរ៉ីនៅនេះ.

  Mary isn't here.   ម៉ែរ៉ីមិននៅនេះទេ.

I can understand.   ខ្ញុំស្ដាប់ពាន.

  I can't understand.   ខ្ញុំស្ដាប់មិនពានទេ.

I read Khmer.   ខ្ញុំ [ចេះ] អានខ្មែរ.

  I don't read Khmer.   ខ្ញុំមិន [ចេះ] អានខ្មែរទេ.

He can write Chinese.   គាត់សរសេរចិនពាន.

  He can't write Chinese.   គាត់សរសេរចិនមិនពានទេ.

10. <u>Negative Answers to Yes-or-No</u>
    <u>Questions</u>

    We saw in Grammar Note 6 that
affirmative answers to yes-or-no ques-
tions involve the repetition of the
first verb of the question. Likewise,
negative answers involve the negation
of the first verb; e.g.:

Are you sick?

    Yes, I <u>am</u>.

    No, I'm <u>not</u>.

Is Bill here?

    Yes, he <u>is</u>.

    No, he's <u>not</u>./No, he <u>isn't</u>.

Am I right?

    Yes, you <u>are</u>.

    No, you're <u>not</u>./No, you <u>aren't</u>.

Do you understand?

    Yes, I <u>do</u>.

    No, I <u>don't</u>.

Can you answer?

    Yes, I <u>can</u>.

    No, I <u>can't</u>.

10a. <u>Response Drill</u>

    In this drill, give the appropriate
affirmative or negative response to the
teacher's questions, based on the cue
'Yes' or 'No'. In this drill you will
have to think about three different
things:

    1) 'Yes' or 'No'

    2) Using the correct pronoun

    3) The correct form of the verb
      'to be'.

---

១០. <u>ចម្លើយបដិសេធចំពោះសំនួនដែលត្រូវនើ្ម</u>
    <u>បាទ/ចាះ ឬ ទេ</u>

    ដូចបានឃើញបានឃើញនៅ ក្នុងកំណត់ពន្យល់វិយ្យា-
ករណ៍ទី ៦ ហើយ ក្នុងចម្លើយវិជ្ជមានចំពោះសំនួររបរ្យ
បាទ/ចាះ ឬ ទេ, គេត្រូវចេ្រីកិរិយាសព្ទទី ១ រួបស់
សំនួន ។ ក្នុងចម្លើយបដិសេធ ក៏ដូច្នេះដែរ គេត្រូវ
យកកិរិយាសព្ទដែលនោះ មកបេ្រនៃ្យទៅជាបដិសេធ
 ។

សោកឈឺ ?

    បាទ, (ខ្ញុំជា)[ឈឺ].

    ទេ, (ខ្ញុំមិនជា)[មិនឈឺ]ទេ.

ប៊ីលនៅនេះទេ ?

    បាទ/ចាះ, (គាត់ជា) [នៅ].

    ទេ, (គាត់)មិននៅទេ./(ដូចគ្នា)

ខ្ញុំត្រូវទេ ?

    បាទ/ចាះ, (អ្នកជា)[ត្រូវហើយ].

    ទេ, (អ្នកមិនជា)[មិនត្រូវ]ទេ./(ដូចគ្នា)

អ្នកយល់ទេ ?

    បាទ/ចាះ, (ខ្ញុំ(ក.ជ.)) [យល់ហើយ].

    ទេ, (ខ្ញុំមិនជា)[មិនយល់]ទេ.

អ្នកឆ្លើយបានទេ ?

    បាទ/ចាះ, (ខ្ញុំ) បាន.

    ទេ, (ខ្ញុំ)មិនបានទេ.

លំហាត់ចម្លើយ

    ក្នុងលំហាត់នេះ សិស្សត្រូវផ្តល់នូវចម្លើយវិជ្ជមាន
ឬបដិសេធ ដោយយោងទៅ តាមពាក្យសោរបស់គ្រូ
បាទ/ចាះ ឬ ទេ ដែលត្រូវផ្តល់នៅពីគ្រោះកាលសំនួននិមួយ
ៗ នៅក្នុងលំហាត់នេះ មានរបល់បីដែលសិស្សត្រូវ
យកតិតពិចារណា គឺ:

    ១. បាទ/ចាះ ឬ ទេ

    ២. សព្ទនាមដែលត្រូវប្រើ

    ៣. ទ្រង់កិរិយាសព្ទ to be ដែលត្រូវប្រើ

In those sentences which can be negated ក្នុងឃ្លាណាដែលអាចបំប្រ្បញបានពីរបែបរៀប សិស្សប្រើ
in two different ways, you may use ទម្រង់បំប្រ្បញនៃកិរិយាសព្ទកំបាន ទម្រង់បំប្រ្បញនៃ
either the 'not' or the -n't form. ពាក្យ not កំបាន ។ បើសិស្សធ្វើលំហាត់នេះមិន
If you can't do this drill, you need កើតទេ គេត្រូវការវ្ឌ្ឍនទ្បើញប់ទៅធ្វើក្បើនលំហាត់ទាំង
to go back and work some more on the ឡាយដែលបានធ្វើមកហើយ ហើយដែលនាំទៅដល់និងកំណត់
various drills leading up to it, ដែលឡាករណីនេះ មកទល់និងលំហាត់នេះ ។ មួយទ្បូត
perhaps on several different days in សិស្សអាចធ្វើក្បើនក្បើនលំហាត់នេះជារៀចើនថ្ងៃបន្តបន្ទាប់គ្នា
succession. កំបានដែរ ។

Are you hungry? (Yes)   អ្នកឃ្លានប្បាយទេ? (ប្បទ/ចាំ៖)
    Yes, I am.   ប្បទ/ចាំ៖, ឃ្លាន.
Is he here? (No)   គាត់នៅនេះទេ? (ទេ)
    No, he's not./No, he isn't.   ទេ, មិននៅទេ./(ស្ងួចគ្នា)
Can you read? (Yes)   អ្នកអានប្បានទេ? (ប្បទ/ចាំ៖)
    Yes, I can.   ប្បទ/ចាំ៖, ប្បាន.
Is Mary sick? (Yes)   ម៉ែរីឈឺទេ? (ប្បទ/ចាំ៖)
    Yes, she is.   ប្បទ/ចាំ៖, ឈឺ.
Is your wife here? (No)   ប្រពន្ធលោកនៅនេះទេ? (ទេ)
    No, she's not./No, she isn't.   ទេ, មិននៅនេះទេ./(ស្ងួចគ្នា)
Do you speak Khmer? (Yes)   អ្នកចេះនិយាយខ្មែរទេ? (ប្បទ/ចាំ៖)
    Yes, I do.   ប្បទ/ចាំ៖, ចេះ.
Am I right? (Yes)   ខ្ញុំត្រូវទេ? (ប្បទ/ចាំ៖)
    Yes, you are.   ប្បទ/ចាំ៖, ត្រូវហើយ.
Is Bill there? (No)   ប៊ីលនៅនោះទេ? (ទេ)
    No, he's not./No, he isn't.   ទេ, មិននៅនោះទេ./ (ស្ងួចគ្នា)
Do you have a book? (Yes)   អ្នកមានសៀវភៅទេ? (ប្បទ/ចាំ៖)
    Yes, I do.   ប្បទ/ចាំ៖, មាន.
Are you married? (No)   អ្នករៀបការហើយឬនៅ? (ទេ)
    No, I'm not.   ទេ, មិនទាន់រៀបការទេ.
Is that Mr. Smith? (Yes)   នោះគឺជាលោកស្មីធ្ឬ? (ប្បទ/ចាំ៖)
    Yes, it is.   ប្បទ/ចាំ៖, ថ្មីងហើយ.
Is your husband there? (Yes)   ប្តីអ្នកស្រីនៅនោះទេ? (ចាំ៖)
    Yes, he is.   ចាំ៖, នៅ.

Is your book on the table? (No)   សៀវភៅអ្នកនៅលើតុទេ ? (ទេ)

   No, it's not./No, it isn't.   ទេ, មិននៅលើតុទេ./ (ស៊ូចគ្នា)

Can you answer? (No)   អ្នកឆ្លើយបានទេ ? (ទេ)

   No, I can't.   ទេ, មិនបានទេ.

Is Mary your wife? (No)   ម៉ែរីជាប្រពន្ធលោកឬ ? (ទេ)

   No, she's not./No, she isn't.   ទេ, មិនមែនទេ./ (ស៊ូចគ្នា)

Do you speak English? (No)   អ្នកចេះនិយាយអង់គ្លេសទេ ? (ទេ)

   No, I don't.   ទេ, មិនចេះទេ.

Can you repeat? (Yes)   អ្នកថាតាមបានទេ ? (បាទ/ចា៎ះ)

   Yes, I can.   បាទ/ចា៎ះ, បាន.

Is it cold? (Yes)   រងារទេ ? (បាទ/ចា៎ះ)

   Yes, it is.   បាទ/ចា៎ះ, រងាណាស់.

Do you understand? (Yes)   អ្នកយល់ទេ ? (បាទ/ចា៎ះ)

   Yes, I do.   បាទ/ចា៎ះ, យល់ហើយ.

Am I wrong? (No)   ខ្ញុំខុសឬ ? (ទេ)

   No, you're not./No, you aren't.   ទេ, មិនខុសទេ./ (ស៊ូចគ្នា)

11. <u>How old are you</u>?   ១១. លោក/អ្នក/នាង អាយុប៉ុន្មាន ?

   In answer to the question: ចំពោះសំនួរ

   'How old are you?'   អ្នកអាយុប៉ុន្មាន ?

you can answer either: គេអាចឆ្លើយបានពីរយ៉ាង:

   'I'm twenty-five.'   ខ្ញុំ(ជា)[អាយុ]ម្ភៃប្រាំ.

or: 'I'm twenty-five years old.   ឬ: ខ្ញុំ(ជា)អាយុម្ភៃប្រាំឆ្នាំ.

In the following drill, give the   ក្នុងលំហាត់នេះ សិស្សត្រូវផ្តល់នូវចម្លើយនឹ័យស្របទៅ

correct answer based on the teacher's   តាមពាក្យសោររបស់គ្រូ ។ ក្នុងលំហាត់នេះ របើ

cue, using the shorter form.   ចម្លើយខ្លីនៅខាងលើនេះ ។

11a. <u>Response Drill</u>   លំហាត់ចម្លើយ

How old are you? (twenty-five)   អ្នកអាយុប៉ុន្មាន? (ម្ភៃប្រាំ)

   I'm twenty-five.   ខ្ញុំ[អាយុ]ម្ភៃប្រាំ.

How old are you? (thirty-eight)   អ្នកអាយុប៉ុន្មាន? (សាមសិបប្រាំបី)

   I'm thirty-eight.   ខ្ញុំ[អាយុ]សាមសិបប្រាំបី.

How old are you? (forty-three)   អ្នកអាយុប៉ុន្មាន? (សែសិបបី)

   I'm forty-three.   ខ្ញុំ[អាយុ]សែសិបបី.

How old are you? (nineteen)   អ្នកអាយុប៉ុន្មាន ? (ដប់ប្រាំបួន)

   I'm nineteen.   ខ្ញុំ[អាយុ]ដប់ប្រាំបួន.

How old are you? (fifty-two)   អ្នកអាយុប៉ុន្មាន? (ហាសិបពីរ)

   I'm fifty-two.   ខ្ញុំ[អាយុ]ហាសិបពីរ.

How old are you? (sixty-one)   អ្នកអាយុប៉ុន្មាន ? (ហុកសិបមួយ)

   I'm sixty-one.   ខ្ញុំ[អាយុ]ហុកសិបមួយ.

11b. Expansion Drill   លំហាត់បន្ថែមពាក្យ

   In this drill, convert the short   ក្នុងលំហាត់នេះ ប្រែបទម្លើយខ្លីនូវទៅជាបទម្លើយ

form to the short form.   វែង ។

I'm twenty-five.   ខ្ញុំ[អាយុ]ម្ភៃប្រាំ.

   I'm twenty-five years old.   ខ្ញុំអាយុម្ភៃប្រាំឆ្នាំ.

I'm thirty-eight.   ខ្ញុំ[អាយុ]សាមសិបប្រាំបី.

   I'm thirty-eight years old.   ខ្ញុំអាយុសាមសិបប្រាំបីឆ្នាំ.

He's forty-three.   គាត់[អាយុ]សែសិបបី.

   He's forty-three years old.   គាត់អាយុសែសិបបីឆ្នាំ.

She's nineteen.   គាត់[អាយុ]ដប់ប្រាំបួន.

   She's nineteen years old.   គាត់អាយុដប់ប្រាំបួនឆ្នាំ.

You're fifty-two.   អ្នក[អាយុ]ហាសិបពីរ.

   You're fifty-two years old.   អ្នកអាយុហាសិបពីរឆ្នាំ.

Mr. Smith is sixty-one.   លោកស្មិថ[អាយុ]ហុកសិបមួយ.

   Mr. Smith is sixty-one years old. លោកស្មិថអាយុហុកសិបមួយឆ្នាំ.

12. How many xxx do you have?   ១២. អ្នកមាន ____ ប៉ុន្មាន ?

   We discussed some regular plural   យើងបានអធិប្បាយរួចមកហើយក្នុងផ្នែក ២ឃ៣

endings in 2D3. The irregular plural គួរបច្ច័យពហុវចន:ទៃនាមសព្ទធម្មតា ។ មាននាមសព្ទទៃត

-(r)en occurs in only three words: បីទេ ដែលគួរបច្ច័យបហុវច្ច័យ៍ពិសេសមួយ -(r)en:

child : children /chayld : chíldrən/ [ឆាយល្ដ : ឈិល្ត្រិន] កូន : (ព.)

brother : brethren /brádhər : brédhrən/ [្ប្រធ៌ីរ : ៍ប្រ៊ិធ្ន៍វិន] បងប្អូនប្រុស : (ព.)

ox : oxen   /aks : áksən/   [អាកស : ៍អាកសិន]   គោ : (ព.)

12a. Substitution Drill   លំហាត់ប្ដូរពាក្យ

How many children do you have? អ្នកមានកូនប៉ុន្មាន[នាក់]?

How many books do you have?   អ្នកមានសៀវភៅប៉ុន្មាន ?

How many cars do you have?   អ្នកមានឡានប៉ុន្មាន ?

How many chairs do you have? — អ្នកមានកៅអីប៉ុន្មាន ?

How many pens do you have? — ប៊ិច

How many tables do you have? — តុ

How many notebooks do you have? — សៀវភៅសរសេរ

12b. Response Drill — លំហាត់ចម្លើយ

Answer the following questions, based on the teacher's cue:

ឆ្លើយសំនួរខាងក្រោមនេះ ដោយយោងទៅតាមពាក្យសោរបស់គ្រូ ។

How may children do you have? (three) — អ្នកមានកូនប៉ុន្មាន[នាក់]? (បី)

I have three children. — ខ្ញុំមានកូនបី[នាក់].

How many books do you have? (fifty) — អ្នកមានសៀវភៅប៉ុន្មាន ? (ហាសិប)

I have fifty books. — ខ្ញុំមានសៀវភៅហាសិប.

How many cars do you have? (two) — អ្នកមានឡានប៉ុន្មាន? (ពីរ)

I have two cars. — ខ្ញុំមានឡានពីរ.

How many chairs do you have? (twenty) — អ្នកមានកៅអីប៉ុន្មាន ? (ម្ភៃ)

I have twenty chairs. — ខ្ញុំមានកៅអីម្ភៃ.

How many pens do you have? (five) — អ្នកមានប៊ិចប៉ុន្មាន ? (ប្រាំ)

I have five pens. — ខ្ញុំមានប៊ិចប្រាំ.

How many tables do you have? (eleven) — អ្នកមានតុប៉ុន្មាន? (ដប់មួយ)

I have eleven tables. — ខ្ញុំមានតុដប់មួយ.

E. MODEL CONVERSATIONS — ង. សន្ទនាគំរូ

Use the following sample conversations as guides to the kinds of things you can discuss with the other students and with the teacher.

សូមយកនូវសំណាកនៃការនិយាយឆ្លើយឆ្លងខាងក្រោមនេះ ជាគំរូសម្រាប់ប្រើប្រាស់ឡើងនូវបទនិយាយឆ្លើយឆ្លងផ្សេងទៀត ដែលអស់លោកអ្នកអាចពិភាក្សាជាមួយសិស្សឯទៀតនិងគ្រូបង្រៀន ។

1\. a) Hello! Please come in. — ១. ក. ជំរាបសួរ! អញ្ជើញចូលមក.

b) Thank you. Are you Mrs. Smith? — ខ. អរគុណ. អ្នកស្រីជាអ្នកស្រីស្មិទទេ ?

a) Yes, I am. — ក. ចា៎ះ, ហ្នឹងហើយ.

You're Mr. Jones, right? — លោកជាលោកជូនស, មែនឬ ?

b) That's right. — ខ. [បាទ], ហ្នឹងហើយ.

Is your husband here? — ប្ដីអ្នកស្រីនៅនេះទេ ?

a) No, he isn't.   ក. [ចាះ]ទេ, (គាត់)មិននៅទេ.

   Can I help you?   ខ្ញុំជួយលោកបានទេ ?

b) No, thank you.   ខ. ទេ, អរគុណ.

a) Are you hungry?   ក. លោកឃ្លានឬាយទេ ?

b) Yes, I am.   ខ. ឃ្លាន, ឃ្លាន [ស្រួន].

a) I have some food.   ក. ខ្ញុំមានមួបខ្លះ.

   I'll give you some.   ខ្ញុំនឹងឲ្យខ្លះ[ទៅ]លោក.

   Please help yourself.   អញ្ជើញពិសាកទៅ !

b) Thank you.   ខ. អរគុណ.

2. a) <u>Are you married?</u>   ២. ក. លោករៀបការហើយឬឬនៅ ?

b) Yes, I am.   ខ. ឃ្លាន, ខ្ញុំនរៀបការហើយ.

a) Where is your wife?   ក. ប្រពន្ធលោកនៅឯណា ?

b) She's over there.   ខ. គាត់នៅឯនោះ.

a) How old are you?   ក. លោកអាយុប៉ុន្មាន ?

b) I'm forty-seven.   ខ. ខ្ញុំ[អាយុ]សែសិបប្រាំពីរ.

a) You look thirty!   ក. លោក[មើល]ទូចជាសាមសិប !

b) Thank you.   ខ. អរគុណ.

a) Do you have any children?   ក. លោកមានកូនទេ ?

b) Yes, I do - two boys and a girl.   ខ. ឃ្លាន, មាន - ប្រុសពីរ[នាក់]ហើយនិងស្រី[ម្នាក់].

a) Is that your wife?   ក. នោះគឺជាប្រពន្ធលោកទេ ?

b) Yes, it is.   ខ. ឃ្លាន, ត្រឹងហើយ.

   Are you married?   អ្នករៀបការហើយឬឬនៅ ?

a) No, I'm not.   ក. ឃ្លាន, នៅ.

3. a) <u>Is that Mr. Jones over there?</u>   ៣. ក. នោះ:(ជា) លោកជ៑នឺឹងនៅនោះ:ទេ?

b) Yes, it is.   ខ. ឃ្លាន, ត្រឹងហើយ.

a) He's a teacher, right?   ក. គាត់ជាគ្រូ, ម៉ែនទេ ?

b) No, he's not.   ខ. ទេ, មិនម៉ែនជា[គ្រូ]ទេ.

a) You look tired.   ក. អ្នកទូចជាអស់កម្លាំង.

b) No, I'm not tired.   ខ. ទេ, ខ្ញុំមិនអស់កម្លាំងទេ.

   But I'm hungry.   តែខ្ញុំឃ្លានឬាយ [ណាស់].

   Are you hungry?   អ្នកឃ្លានឬាយទេ ?

b) No, I'm not.   ខ. ទេ, ខ្ញុំមិន[ឃ្លាន]ទេ.

   I'm sleepy.   ខ្ញុំចង់ាយដក.

a) Is Bill here?   ក. បិលនៅនេះទេ ?

b) Yes, he is.   ខ. បាទ, នៅ.

    He's over there.   គាត់ត្រង់នោះ.

4. a) <u>Do you have any books</u>?   ៤. ក. អ្នកមានសៀវិភៅ [ខ្លះ]ទេ ?

b) No, I don't.   ខ. ទេ, គ្មានទេ.

a) I have some books.   ក. ខ្ញុំមាន (សៀវិភៅ) ខ្លះ.

    I'll give you some.   ខ្ញុំនឹងឱ្យខ្លះ[ទៅ] អ្នក.

b) How many books do you have?   ខ. អ្នកមានសៀវិភៅ ប៉ុន្មាន ?

a) I have a hundred books.   ក. ខ្ញុំមាន (សៀវិភៅ) មួយរយ [ក្បាល].

b) Is that your book on the table?   ខ. សៀវិភៅ នៅ លើតុនោះ ជា របស់អ្នកទេ ?

a) Yes, it is.   ក. បាទ, (ទាំជា)[របស់ខ្ញុំ].

b) What's that?   ខ. នោះស្អី ?

a) That's my pen.   ក. នោះគឺជា បិិចខ្ញុំ.

    Can you write Khmer?   អ្នកសរសេរខ្មែរបានទេ ?

b) No, I can't.   ខ. ទេ, មិនបានទេ.

a) I can read some Khmer.   ក. ខ្ញុំអានខ្មែរបានខ្លះ.

    But I can't speak it.   តែខ្ញុំនិយាយ (វា) មិនបានទេ.

    Can you speak it?   អ្នកនិយាយ (វា) បានទេ ?

b) I can speak it a little.   ខ. ខ្ញុំនិយាយ (វា) បានបន្តិចបន្តួច.

    Do you understand?   អ្នកយល់ទេ ?

a) Yes, I do.   ក. បាទ, យល់.

LESSON 4: MEETING ON THE STREET

មេរៀនទី ៤: ការជួបមិត្តតាមផ្លូវ

A. MODEL SENTENCES	ENGLISH PHONETICS	KHMER PHONETICS	TRANSLATION
ក. ឃ្លាគំរូ	តំណាងសូរជាអក្សរអង់គ្លេស	តំណាងសូរជាអក្សរខ្មែរ	ការប្រែជាខ្មែរ
John:			ជ៉ាន:
morning	/mórning/	['ម៉រនិង]	ពេលព្រឹក
good morning	/gud mórning/	[គើដ 'ម៉រនិង]	ជំរាបសួរ (ពេលព្រឹក)
1. Good morning, Sok.	/gud mórning, sowk./	[គើដ 'ម៉រនិង, សុខ.]	ជំរាបសួរ (ពេលព្រឹក), សុខ.
go	/gow/	[គ៉ូ]	ទៅ
going	/gówing/	['គ៉ូអ៊ិង]	(កំពុង)ទៅ
2. Where are you going?	/whaer ar yuw gówing?/	[ហ្វែរ អារ យូ 'គ៉ូអ៊ិង ?]	លោក(កំពុង)ទៅណា?
Sok:			សុខ:
to	/tuw, tə/	[ធូ, ថឺ]	ដល់
work	/wərk/	[អ្វើរក]	(កន្លែង) ធ្វើការ
3. I'm going to work.	/aym gówing tə wərk./	[អាយម 'គ៉ូអ៊ិង ថឺ អ្វើរក.]	ខ្ញុំទៅធ្វើការ.
John:			ជ៉ាន:
4. Where do you work?	/whaer də yuw wərk?/	[ហ្វែរ ដឺ យូ អ្វើរក ?]	លោកធ្វើការឯណា?
Sok:			សុខ:
at	/aet/	[អែត]	នៅ
supermarket	/súwpər-màrkət/	['ស៊ូពើរ 'ម៉ារកិត]	ហាងធំលក់ម្ហូបគ្រប់យ៉ាង
5. I work at a supermarket.	/ay wərk aet ə súwpər-màrkət./	[អាយ អ្វើរក អែត អឺ 'ស៊ូពើរ'ម៉ារកិត.]	ខ្ញុំធ្វើការនៅហាងលក់ម្ហូប (មួយ).
John:			ជ៉ាន:
do	/duw/	[ឌូ]	ធ្វើ
6. What do you do there?	/what də yuw duw dhaer?/	[ហ្វ៉ាត ដឺ យូ ឌូ ឌែរ ?]	លោកធ្វើអីឯនោះ?
Sok:			សុខ:
put	/put/	[ភើត]	ដាក់

grocery	/grówsri/	[ˈ ក្រួូស្រិ]	គ្រឿងធ្វើម្ហូប
groceries	/grówsriz/	[ˈ ក្រួូស្រិៈ]	គ្រឿងធ្វើម្ហូប (ព.)
shelf	/shelf/	[សែ៊ូល្យ]	ធ្នើរ , ផ្លាក់
shelves	/shelvz/	[សែ៊ូលវៈ]	ធ្នើរ , ផ្លាក់ (ព.)

7. I put groceries /ay put grówsriz [អាយ ភឺត ˈ ក្រួូស្រិៈ   ខ្ញុំដាក់គ្រឿងធ្វើម្ហូប
   on the shelves. on dhə shelvz./   អន ឌី សែ៊ូលវៈ.]   នៅលើធ្នើរ.

John: ជ់ាន:

| hard | /hard/ | [ហារ្ដ] | ពិបាក |

8. Is it hard work? /iz it hard wərk?/ [អុិៈ អុិត ហារ្ដ អ៊ូរក?] ការនោះពិបាកទេ ?

Sok: សុខ:

not	/nat/	[ណាត]	មិន
so	/sow/	[ស៊ូ]	ប៉ុន្មាន
bad	/baed/	[បែដ]	អាក្រក់, យ៉ាប់

9. No, it's not /now, its nat [ន៊ូ , អុិតស ណាត   ទេ, មិនយ៉ាប់ប៉ុន្មានទេ.
   so bad. sow baed./   ស៊ូ បែដ.]

well	/wel/	[វែ៊ូល]	ផី , ឥ្
have to	/haev tuw, tə/	[ថែទៈ ធូ, ថ៊ឺ]	ត្រូវ
now	/naw/	[ណៅ]	ឥឡូវនេៈ, ស៊ីន

10. Well, I have /wel, ay haev [វែ៊ូល, អាយ ថែទៈ   ផី, ខ្ញុំត្រូវទៅស៊ីន
    to go now. tə gow naw./   ថ៊ឺ គ៊ូ ណៅ.]   (ហើយ).

want	/want/	[អ្វានត]	ចង់(ប៉ាន)
want to	/want tuw, tə/	[អ្វានត ធូ, ថ៊ឺ]	ចង់
be	/biy/	[ប៊ី]	ជា
late	/leyt/	[ទ្បៗត]	យឺត(មិនទាន់រម៉ាៈង)

11. I don't want /ay downt want [អាយ ដ៊ូនត អ្វានត   ខ្ញុំមិនចង់ទៅយឺតទេ.
    to be late. tə biy leyt./   ថ៊ឺ ប៊ី ទ្បៗត.]

John: ជ់ាន:

| see | /siy/ | [ស៊ី] | ឃើញ , ជួប |
| later | /léytər/ | [ˈ ទ្បៗតឺរ] | នៅ ពេលក្រោយ |

12. I'll see you /ayl siy yuw [អាយល ស៊ី យូ   ថ្ងៃក្រោយជួបគ្នាទ្បៗត.
    later. léytər./   ˈ ទ្បៗតឺរ.]   (ខ្ញុំនឹងឃើញ លោកនៅ
                                                              ពេលក្រោយ.)

Sok:

O.K.   /ów-key/   [ˈឱ្-ខេ]   ឱ្យខេ, ឆ្ងងហើយ, បានហើយ

good-by   /gud-báy/   [គឺដ ˈ៉ាយ]   ជំរាបលា, លាសិនហើយ

13. O.K., good-by, /ów-key, gud-<u>báy</u>, [ˈឱ្-ខេ, គឺដ ˈ៉ាយ, ឱ្យខេ, លាសិនហើយ, ជ្ាន.
    John.   jan./   ជ្ាន.]

B. KHMER PRONUNCIATION OF THE MODEL SENTENCES FOR THE TEACHER

1. cumriəp suə (peel prɨk), sok.   8. kaa nuh pibaaq tee?

2. look (kɑmpuŋ) tɨw naa?   9. tee, (wiə) mɨn yap ponmaan tee.

3. kñom tɨw twəə kaa.   10. qou, kñom trəw tɨw sən haəy.

4. look twəə kaa qae naa?   11. kñom mɨn cɑŋ tɨw yɨɨt (mɨn tŏən

5. kñom twəə kaa nɨw haaŋ baay thom.   maoŋ) tee.

6. look twəə qəy qae nuh?   12. tŋay kraoy cuəp kniə tiət.

7. kñom daq krɨəŋ-twəə-mhoup nɨw ləə   13. qou-khei, liə sən haəy, cɔɔn.
   tnaə.

C. PRONUNCIATION DRILLS   គ. លំហាត់អាន

1. <u>The Ending '-ing'</u>   ១. <u>បច្ច័យ -ing [អ៊ុង]</u>

Many English words end with the   ពាក្យអង់គ្លេសជាច្រើនមាន -ing [អ៊ុង]
unstressed syllable '-ing' /ing/; when   នៅខាងចុង ហើយរីឌលៅ តមានសង្កត់សម្ឡេង ។
'-ing' follows a word which ends in a   កាលណាបើពាក្យទាំងនេះមានព្យញ្ជនៈនៅខាង
consonant, that consonant is pronounced ក្រោយ ព្យញ្ជនៈនោះត្រូវិឋយកមកអានភ្លាប់និង
also as the first consonant of '-ing';   បច្ច័យ -ing[អ៊ុង], ខ.
e.g.:

go : going   /gow : gówing/   [គូ្ : ˈគូ្អ៊ុង]   ទៅ : កំពុងទៅ

speak : speaking   /spiyk : spíyking/   [ស្ព្ិក : ស្ព្ិក៊ុង] និយាយ : កំពុងនិយាយ

morn : morning   /morn : mórning/   [ម៉រន : ˈម៉រនិង]   ព្រឹក : ពេល្ព្ឹក

Practice the following words ending in   ហាត់បន្ឌមបច្ច័យ [អ៊ុង] ទៅនិងពាក្យខាងក្រោម
'-ing':   ទនៈ

go : going   /gow : gówing/   [គូ្ : ˈគូ្អ៊ុង]   ទៅ : កំពុងទៅ

work : working   /wərk : wérking/   [អ៊ីរក : អ៊ីរ ក៊ុង] ធ្វើការ : កំពុងធ្វើកា,រ

morn : morning   /morn : mórning/   [ម៉រន : ម៉រនិង]   ព្រឹក : ពេល្ព្ឹក

speak : speaking   /spiyk : spíyking/   [ស្ពីក : ស្ពីកុង]   និយាយ : កំពុងនិយាយ

see : seeing   /siy : síying/   [ស៊ី : ស៊ីអ៊ុង]   ឃើញ : កំពុងឃើញ

put : putting   /put : púting/   [ពេវីត : 'ពេវីទុង]   ដាក់ : កំពុងដាក់

2. Final /-r/ vs. /-rk/

២. /r/ [រ] ឥស្សពី /rk/ [រក] ចុងពាក្យ

Remember that final /r/ in English is really more like a vowel than a consonant, and is pronounced with the tongue drawn back toward the back of the mouth, with the tip of the tongue not touching the roof of the mouth at all. Practice the following contrasts between /-r/ and /-rk/:

សិល្បស្រួវិចាំថា ក្នុងភាសាអង់គ្លេស /r/[រ] បន្លឺទ្បើងដូចស្បូរស្រៈជាងដូចស្បូរព្យញ្ជនៈ ។ គេបន្លឺ ទ្បើងដោយប្រញញអណ្ដាតទៅរ្បេកាយ ហើយចុង អណ្ដាតតមានប៉ះនឹងមាត់ខាងលើទេ ។ ហាត់អាន គូពាក្យខាងរ្បេកាមនេះ ដែលពាក្យទី ១ មានស្បូរ [រ] ចុងរ្បេកាយ, ពាក្យទី ២ មានចង្ក្លាមព្យញ្ជនៈ [រក] ចុងរ្បេកាយ ។

were : work   /wər : wərk/   [អ៊ីរ : អ៊ីរក]   ជា(ព.ម.) : ធ្វើការ

bar : bark   /bar : bark/   [ប្ហារ : ប្ហារក]   រនុក : ព្រុស

are : arc   /ar : ark/   [អារ : អារក]   ជា(ព.) : ធ្នូ

par : park   /par : park/   [ផ្ហារ : ផ្ហារក]   ធម្មតា : សួន

for : fork   /for : fork/   [ហ្វូរ : ហ្វូរក]   ស្រ្មាប់ : សម

mar : mark   /mar : mark/   [ម៉ារ : ម៉ារក]   ធ្វើនិយខ្ចុច : ស្លាម

3. Final /-r/ vs. /-rd/

៣. /r/ [រ] ឥស្សពី /rd/ [រដ] ចុងពាក្យ

Practice the following contrasts between /-r/ and /-rd/:

ហាត់ឆ្លុងភាពចុងស្គ្គារវាំងព្យញ្ជនៈ [រ] ចុង ពាក្យនិងចង្ក្លាមព្យញ្ជនៈ [រដ] ចុងពាក្យ៖

car : card   /kar : kard/   [ខារ : ខារដ]   ទ្បាន : របរ្ប៊

her : herd   /hər : hərd/   [ហ៊ីរ : ហ៊ីរដ]   រ្បបស់នាង : ក្ចុង

beer : beard   /bir : bird/   [ប៊ីរ : ប៊ីរដ]   ប៊ីយ៉ីរ : ពុកចង្ក្លា

burr : bird   /bər : bərd/   [ប៊ីរ : ប៊ីរដ]   ព្រ្គាប់មានបន្លា : សត្តស្លាប

were : word   /wər : wərd/   [អ៊ីរ : អ៊ីរដ]   ជា(ព.ម.) : ពាក្យ

bore : bored   /bowr : bowrd/   [ប្ហូរ : ប្ហូរដ]   ធ្វើនិយធុញ : ធុញ

4. Final /-t/ vs. /-d/

៤. /t/ [ត] ឥស្សពី /d/ [ដ] ចុងពាក្យ

Khmer has no contrast between /-t/ and /-d/ at the end of a word, but this is a very important distinction in English, and one that Khmer speakers

ក្នុងភាសាខ្មែរ [ត] ហើយនិង [ដ] ឥតមាន ស្បូរខុសគ្គារទេ កាលណារ្បេប៊ីនៅចុងពាក្យ កំប៉ុន្តែនៅ ក្នុងភាសាអង់គ្លេស ស្បូរទាំងពីរនេះខុសគ្គារស្រឡៈនៅ ខាងចុងពាក្យ ។ ខ្មែររ្បចិនមានបញ្ហាក្នុងការ

will have trouble with. Put your
fingers on your throat, and pronounce
the syllables /ta/ and /da/; notice
that on the syllable /da/, the throat
is vibrating while pronouncing /d/,
but on /t/ it is not. Try to pronounce
/-d/ at the end of a word with this
same vibration.

បន្លឺសូរនេះ ។ ចូរសិស្សយកក្រមាមដៃទៅស្ទាបបំពង់ក
ហើយបន្លឺព្យាង្គ /ta/ [តា] ហើយនិង /da/[ដា]
សិស្សនឹងសង្កេតឃើញថា នៅពេលបន្លឺសូរ /da/[ដា]
បំពង់កញ័រ; នៅពេលបន្លឺសូរ /ta/ [តា] បំពង់ក
ឥតញ័រទេ ។ សូមហាត់បន្លឺសូរ /d/ [ដ] នៅចុង
ពាក្យទីពីរក្នុងគូពាក្យខាងក្រោមនេះ :

at : add	/aet : aed/	[ឥ៊ត : ឥ៊ដ]	នៅ : ប្ចូក
bat : bad	/baet : baed/	[បឥ៊ត : បឥ៊ដ]	ប្រជ្ជ័រ់វ : អាក្រក់
hat : had	/haet : haed/	[ឥ៊ហត : ឥ៊ហដ]	ម្ចក : មាន(ព.ម.)
beat : bead	/biyt : biyd/	[ប៊ីត : ប៊ីដ]	ច្ចក : អង្គាំ
seat : seed	/siyt : siyd/	[ស៊ីត : ស៊ីដ]	កន្ទិងអគ្គុយ : គ្រាប់
hit : hid	/hit : hid/	[ហ៊ុិត : ហ៊ុិដ]	វាយ : លាក់(ព.ម.)
boot : booed	/buwt : buwd/	[ប៊ូ៊ត : ប៊ូ៊ដ]	វ៉ែស្សកជើងកវ៉ាវ៉ីង : វ៉ែស្រក'ប៊ុ'
meet : mead	/miyt : miyd/	[ម៊ីត : ម៊ីដ]	ជូបប្រទេ : ប៊ីវ៉ែយ៉ម្រ៉ាង
metal : medal	/métəl : médəl/	[ឥ៊មតិល : ឥ៊មដិល]	សោហធាតុ : វ៉ម៉ដ៉ិ៉
latter : ladder	/láetər : láedər/	[ឥ៊ល្ងុតិរ : ឥ៊ល្ងុដិរ]	ទីពីរ(ខាងលើ) : ជណ្ដើរ
liter : leader	/líytər : líydər/	[ល៊ីតិរ : ល៊ីដិរ]	ស៊ីត្រ : អ្នកដឹកនាំ

5. Final /-lv/ vs. /-lvz/

There are not many words which end
in /lv/ in English, but those that do
can always be followed by /-z/. Prac-
tice the following:

៥. /lv/ [លវ៉] ឧបមី /lvz/ [លវ៉៦]ចុងពាក្យ
ក្នុងភាសាអង់គ្លេស មានពាក្យតិចណាស់ដែល
មាន /lv/ [លវ៉] ចុងពាក្យ ។ ពាក្យវ៉ែលមាន
ចងផ្ដាមនេះ អាចបន្ថែមសូរ /z/ [៦] វ៉ែន ។
ហាត់ថាគូពាក្យខាងក្រោមនេះ

shelve : shelves	/shelv : shelvz/	[វ៉ែស៊ីល្ចវ៉ : វ៉ែស៊ីល្ចវ៉៦]	ជាក់លើវ៉ែធ្ជីរ : (ពួចគ្នា)
solve : solves	/solv : solvz/	[សលវ៉ : សលវ៉៦]	វ៉ែដោះស្រាយ : (ពួចគ្នា)
twelve : twelves	/twelv : twelvz/	[វ៉ែធ្លលវ៉ : វ៉ែធ្លលវ៉៦]	ដប់ពីរ : ដប់ពីរ(ព.)

6. Final /-lf/ vs. /-lvz/

Words that end in /-lf/ are pro-
nounced /-lvz/ in the plural. (This
will be discussed in the Grammar Notes.)
Practice the following pairs:

៦. /lf/ [ល្ង] ឧបមី /lvz/ [លវ៉៦] ចុងពាក្យ
ក្នុងភាសាអង់គ្លេសមាននាមសព្ទខ្លះ វ៉ែដលមានសូរ
[ល្ង] ចុងពាក្យ ហើយវ៉ែដល្ង្វ្ងូវ៉ីវ៉ផ្ដាស់ទៅជា [លវ៉៦]
កាលណាប្រើជាពហុវចន: (ហើយនិងអធិប្បាយនៅក្នុង
វ៉ែផ្ដកពនុ្យល់វ៉ៃយ្យាករណ៍) ។ ហាត់ថាគូពាក្យនេះ :

shelf : shelves	/shelf : shelvz/	[សែ៊ុលហ្ញ : សែ៊ុលនិៃ]	ធ្នើរ : ធ្នើរ(ព.)
elf : elves	/elf : elvz/	[អែ៊ិលហ្ញ : អែ៊ិលនិៃ]	ប្រេមញ : ប្រេមញ(ព.)
self : selves	/self : selvz/	[សែ៊ិលហ្ញ : សែ៊ិលនិៃ]	ខ្លន : ខ្លន(ព.)
wolf : wolves	/wulf : wulvz/	[អ៊ុៃិលហ្ញ : អ៊ុៃិលនិៃ]	ចចក : ចចក(ព.)

7. Initial /kr-/ vs. /gr-/

Many English words begin with /gr-/, as in 'groceries' /grówsriz/. These words must be distinguished from words beginning with /kr-/, as in 'crow' /krow/. Practice the following minimal contrasts:

crow : grow	/krow : grow/
crave : grave	/kreyv : greyv/
crab : grab	/kraeb : graeb/
crane : grain	/kreyn : greyn/
crass : grass	/kraes : graes/
crease : grease	/kriys : griys/
crowned : ground	/krawnd : grawnd/
decree : degree	/dikríy : digríy/

៧. /kr/ [ក្រ] ខុសពី /gr/ [គ្រ] ដើមពាក្យ

មានពាក្យអង់គ្លេសច្រើនទៀលដែលមានបុព្វបទ ពួកញ្ញុះ /gr/ [គ្រ] នៅខាងមុខ ដូចជានៅ ក្នុងពាក្យ groceries [គ្រូ៊ុសរិៃ] 'គ្រឿងធ្វើម្ហូប' សិស្សត្រូវចាំថា ស្ងរ [គ្រ] អានុសគ្នានិងស្ងរ [ក្រ] ដូចនៅក្នុងពាក្យ crow [ក្រូ] 'ក្ក្រក ៗ ហាត់ថា គូពាក្យខាងក្រោមនេះ :

[ក្រូ : គ្រូ៊]	ក្ក្រក : ដុះ
[ក្រេៃ : ក្រេ៊ត់ៃ]	ចង់ខ្លាំង : ធ្នូរ
[ៃ្រកប : ៃ្រកត់ប]	ក្ក្រម : កញ្ញក់
[ក្រេន : ក្រេ៊ត់ន]	ប្រជាប់ស្ងួច : គ្រាប់
[ៃ្រកស : ៃ្រកត់ស]	កប្រមាល : ល្មៅ
[ប្រឹស : គ្រីស]	ធ្ងត់ : ខ្លាញ់៊
[ក្រេខានដ : ក្រេត់៊ានដ]អភិសេក(ព.ម.) : ដី
[ទិ'ប្រី : ទិ'គ្រី]	ក្រិត្យ : អង្ឆា

D. GRAMMAR NOTES AND DRILLS

1. Greetings and Leave-Takings

In Khmer, the general greeting /cumriəp suə/ can be used at any time of the day, just like 'Hello' and 'Hi' /hay/ in informal English. Greetings in English, however, tend to be specific to the time of day, especially in more formal situations, as in 'Good morning' /gud mórning/. In taking leave of someone, the general term 'Good-by' /gud-báy/ can be used at any

ឃ. ពន្យល់ហើយនិងលំហាត់វៃយ្យាករណ៍

១. ការតំនាប់និងការលាគ្នាក្នុងភាសាអង់គ្លេស

ក្នុងភាសាៃខ្មរ ពាក្យទូទៅសម្រាប់តំនាប់គ្នា គឺ 'ជំរាបស្ងរ' ៗ 'ជំរាបស្ងរ' អាចប្រើក្នុងពេល ព្រឹកក៏បាន ថ្ងៃរសៀលក៏បាន យប់ក៏បាន ដូចគ្នានិងពាក្យ Hello [ហែ៊ 'ឡូ] ឬ Hi [ហាយ] ក្នុងភាសាអង់_ គ្លេសធម្មតាឬប្រៃកៀផ្លូវិការ ៗ ពាក្យតំនាប់គ្នាក្នុង ភាសាអង់គ្លេស ច្រើនៃតផ្លាស់ប្ដូរទៅ តាមពេលវៃលា ៃដលប្រើពាក្យទាំងនោះ ដូចជា Good morning [ៃគត 'ម៌រនិៃ] មានន័យថា 'ជំរាបស្ងរ' ៃតសម្រាប់ ប្រើៃតនៅ ពេលព្រឹក ៗ ពាក្យទូទៅសម្រាប់លា គ្នាគឺ Good-by [ៃគដ 'ពុយ] គេអាចប្រើពាក្យ

time, just like Khmer /cumriəp liə/ or /liə sən/, but time-related leave-takings are sometimes also used, such as 'Good night' /gud náyt/. Study the following greetings and leave-takings:

1) Hello.   /helów/

2) Hi.   /hay/

3) Good morning.   /gud mórning/

4) Good afternoon. /gud àeftər-núwn/

5) Good day.   /gud dey/

6) Good evening.   /gud íyvning/

7) Good night.   /gud nayt/

8) Good-by.   /gud-bay/

9) I'll see you   /ayl siy yuw
      later.   léytər/

10) So long.   /sow long/

Notes:

1) is a general informal greeting which can be used at any time of the day; it is also used in answering the telephone.

2) is a very informal greeting for any time of day; has even come to be used as a response to an introduction.

3) is the most frequently-used time-related greeting, used at any time of the morning up to 12:00 noon.

4) and 6) are time-related greetings which are rather commonly used in formal situations; they are rarely used as leave-takings in normal conversation.

5) can be used either as a greeting or leave-taking in very formal or literary contexts, but is seldom used in normal conversation.

7) is very commonly used as a leave-taking at night, or even at any time after about 5 p.m., e.g. among workers leaving the office. It is also common-ly used when someone is going to sleep, with a meaning something like 'sleep well'.

8) as we have said, is the standard leave-taking which can used at any time of the day; it is also commonly used to end a telephone conversation.

9) and 10) are both very common in-formal leave-takings, especially among friends who see each other regularly. 'I'll see you later' may be reduced to 'See you later' /siy yə léytər/, or even simply to 'I'll see you' /ayl siy yə/.

In the following drills, we will practice only those greetings and leave-takings which are used in normal conversation. The following drills are called 'Multiple Substitution Drills'; the teacher gives the sentence 'Good morning, John.'; if the cue is 'Good afternoon', the student responds 'Good afternoon, John'. If the next cue is 'Mary', the student responds 'Good afternoon, Mary.', etc.

(៥) សម្រាប់ប្រើក្នុងការតំនាប់គ្នា ឬលាគ្នា នៅ ពេលថ្ងៃ តែចំពោះវ័ត្តក្នុងកាល:ទេស:ណាដែលជា ពិធីការ ឬក្នុងភាសាវរសេវ ។ គេមិនសូវប្រើក្នុង ការនិយាយគ្នាធម្មតាទេ ។

(៧) ប្រើពេញក្បាល់សម្រាប់លាគ្នានៅពេលយប់ ឬនៅពេលណាប្រកាយម៉ោង ៥ ល្ងាច គឺសម្រាប់ពួច ជានៅពេលចេញពីធ្វើការ ។ គេប្រើដែរជាមួយ មនុស្សដែលរៀបនឹងចូលដេក ដោយមាននន័យថា 'សូមដេកនឹឬបានសល់ស្រួល' ។

(៨) ដូចយើងបានជរាបមកហើយ គេអាចប្រើសម្រាប់ លាគ្នានៅពេលណាក៏ដោយ ។ គេប្រើជាពញ្ញឹក ញ្ញាប់ដែរជាទីបញ្ចប់ការនិយាយតេឡេហ្គុន ។

(៩) បើយនិឬ (១០) សម្រាប់ប្រើក្នុងការលាគ្នា ក្នុង ភាសាសាមញ្ញ ជាពិសេសរវាងមិត្តភ្ក្តិដែលឬស្ប្បាំ ជួបគ្នា ។ I'll see you later. អាចនឹឬ បំប្រញ្ញទ្បីយទៅជា See you later. [ស៊ិ យូ 'ទេ្យតីរ] ឬក៏ I'll see you [អាយល ស៊ិ យ៉ុ], ដោយមាននន័យបហាក់ប្រហែលនិឬ 'ថ្ងៃប្រកាយជួបគ្នា ទេ្យត' ។

ក្នុងលំហាត់ខាឬក្រោមនេះ យើងនឹឬហាត់ប្រើ ៣កសម្រាប់តំនាប់គ្នា ដែលគេប្រើនៅក្នុងការ និយាយទាក់ទឬគ្នាធម្មតា ។ លំហាត់ខាឬក្រោមនេះ យើងហៅថា 'លំហាត់ប្ដូរពាក្យផ្សេឬ ៗ' ។ គ្រូ បប្រៀឬនថាឧ្យា Good morning, John; បើគ្រូ និ័យពាក្យសា Good afternoon, សិស្សត្រូវថ្វើថា Good afternoon, John ។ បើពាក្យសា ចន្លាប់ថ្វើ Mary, សិស្សត្រូវឌីថ្វើ Good after-noon, Mary. ។ល។

1a. <u>Multiple Substitution Drill</u>:   លំហាត់ផ្ទួនពាក្យផ្សេង ៗ :

    Greetings   ពាក្យតំនាប់គ្នា

<u>Good morning</u> John.   ជំរាបសួរ (ៈពលៈ្រពឹក), ជ៉ាន.

<u>Good afternoon</u>, John.   ជំរាបសួរ (ៈពលៈៈសៀល),

Good afternoon, <u>Mary</u>.   ម៉េរី.

<u>Good evening</u>, Mary.   ជំរាបសួរ (ៈពលល្ងាច),

<u>Hi</u>, Mary.   ៈម៉ៈចៈទៅ,

Hi, <u>John</u>.   ជ៉ាន.

<u>Hello</u>, John.   ជំរាបសួរ,

Hello, <u>Mr. Smith</u>.   ៈលាកស្មិថ.

<u>Good morning</u>, Mr. Smith.   ជំរាបសួរ (ៈពលៈ្រពឹក),

Good morning, <u>Miss Jones</u>.   នាងជូនស.

<u>Good evening</u>, Miss Jones.   ជំរាបសួរ (ៈពលល្ងាច),

Good evening, <u>John</u>.   ជ៉ាន.

<u>Good afternoon</u>, John.   ជំរាបសួរ (ៈពលៈៈសៀល),

Good afternoon, <u>Mary</u>.   ម៉េរី.

<u>Good morning</u>, Mary.   ជំរាបសួរ (ៈពលៈ្រពឹក),

Good morning, <u>John</u>.   ជ៉ាន.

1b. <u>Multiple Substitution Drill</u>:   លំហាត់ផ្ទួនពាក្យផ្សេង ៗ :

    <u>Leave-takings</u>   ពាក្យលាគ្នា

<u>Good-by</u>, John.   ជំរាបលា, ជ៉ាន.

<u>I'll see you later</u>, John.   ៈថ្ងៃៈ្រកាយជួបគ្នាៈទៀត,

I'll see you later, <u>Mary</u>.   ម៉េរី.

<u>Good night</u>, Mary.   ជំរាបលា (ៈពលយប់),

Good night, <u>John</u>.   ជ៉ាន.

<u>So long</u>, John.   លាសិនៈហើយ,

So long, <u>Mary</u>.   ម៉េរី.

<u>Good-by</u>, Mary.   ជំរាបលា,

Good-by, <u>Mr. Smith</u>.   ៈលាកស្មិថ.

Good-by, <u>Mrs. Jones</u>.   អ្នកស្រីជូនស.

<u>Good night</u>, Mrs. Jones.   ជំរាបលា (ៈពលយប់),

Good night, <u>Mr. Smith</u>.   ៈលាកស្មិថ.

Good night, <u>John</u>.   ជ៉ាន.

So long, John.   លាសិនហើយ

I'll see you, John.   ជួបគ្នាទៀត

I'll see you, Mary.   ម៉ែរី.

2. <u>Present Tense vs. Present Progressive</u> ២. <u>កិរិយាសព្ទពេលឥឡូវ</u>ខុសពីកិរិយាសព្ទពេលកំពុង
   <u>Tense</u>   ប្រព្រឹត្ត

     Khmer does not normally distinguish   ដោយភាសាខ្មែរធម្មតាមានបង្ហាញនូវទំ
between the present tense and the pres-   ភាពខុសគ្នារវាងអំពើពេលឥឡូវនិងពេលថ្មីនិងអំពើពេលកំពុង
ent progressive tense, so the use of   ប្រព្រឹត្ត សិស្សខ្មែរមានការលំបាកក្នុងការរប្រើបទកិរិត
these two tenses in English will be   ពេលទាំងពីរនេះក្នុងភាសាអង់គ្លេស ។ ក្នុងភាសា
difficult for them. In English, the   អង់គ្លេស គេប្រើកិរិយាសព្ទឥឡូវពេលឥឡូវ កាលបើ
present tense is used when an action is   អំពើនោះ យ៉ាងធម្មតា ជាទម្លាប់ ប្រព្រឹត្តទៀង
normal, habitual, regular, or charac-   ជាទរៀង ឬ ឬដែលបង្ហាញនូវវិតនភាព, ឧ.
teristic, e.g.:

     Where do you <u>work</u>?   អ្នកធ្វើការឯណា?
     I <u>work</u> at a supermarket.   ខ្ញុំធ្វើការនៅហាងលក់មួប.
     What do you <u>do</u> there?   អ្នកធ្វើអីឯនោះ?
     I <u>put</u> groceries on the shelves.   ខ្ញុំដាក់គ្រឿងទៀបធ្វើមួបនៅលើធ្នើរ.
The present progressive tense is used   ចំណែងកិរិយាសព្ទឥឡូវម៉ង់ពេលកំពុងប្រព្រឹត្តវិញ គេប្រើ
when the action is in progress, e.g.:   សម្រាប់អំពើកំពុងតែប្រព្រឹត្តទៀង, ឧ.
     Where <u>are</u> you <u>going</u>?   អ្នកទៅណា?
     I'<u>m</u> <u>going</u> to work.   ខ្ញុំទៅធ្វើការ.
     What <u>are</u> you <u>doing</u>?   អ្នកធ្វើអី?
     I'<u>m</u> <u>working</u>.   ខ្ញុំធ្វើការ.
Notice that the present progressive is   សូមកត់សម្គាល់ថា ឥឡូវង់ពេលកំពុងប្រព្រឹត្ត ត្រូវបំនុ
formed by using the appropriate form   ដោយយរវិសយកណ្ណានផ្សេង ៗ នៃកិរិយាសព្ទ to be
of the verb 'to be' plus adding the   ដែលត្រូវរប្រើមកដាក់នោមុខកិរិយាសព្ទ រួបបន្ថែម
suffix '-ing' to the verb, i.e.   បច្ច័យ -ing នៅខាងរកាយកិរិយាសព្ទនោះ: គឺ
     'am/is/are + Verb + -ing'.   am/is/are + កិរិយាសព្ទ + -ing
This meaning can be specified in Khmer   ដើម្បីនឹងសំដែងនូវពេលអំពើនេះក្នុងភាសាខ្មែរ គេ
by using the word /kɑmpuŋ(-tae)/ 'in   ត្រូវរប្រើពាក្យ 'កំពុង' ឬ 'កំពុងតែ' នៅមុខកិរិយា_
the process of' in front of the verb,   សព្ទ តែធ្វើដូច្នេះខ្មែរមានន័យមុន់ជាងការរប្រើ
but the resulting meaning is somewhat   -ing ក្នុងភាសាអង់គ្លេសបន្តិច ។ ប៉ុន្តែការខុសគ្នា
stronger than the use of -ing in English. ដំបុំផុំតនរវាងភាសាអង់គ្លេសនិងភាសាខ្មែរគឺវតេត់ថា

The main difference, however, is that ក្នុងភាសាខ្មែរគេប្រើពាក្យបញ្ជាក់ 'កំពុង' ក៏បាន
the distinction between present and មិនប្រើក៏បាន តែក្នុងភាសាអង់គ្លេសវិញ គេត្រូវតែ
present progressive is <u>optional</u> in Khmer ប្រើទម្រង់ពេលឥឡូវយ៉ាងជាដាច់ខាត ។ បើគេមិន
but <u>compulsory</u> in English; failure to ប្រើទម្រង់កិរិយាសព្ទកំពុងបច្ចុប្បន្ននៅ ពេលដែលគួរ
use the present progressive at the ប្រើ វានឹងស្តាប់មួង មិនត្គានមិនត្រប់គ្រាន់ទេ ។
appropriate place in English sounds ដូច្នេះហើយ សិស្សខ្មែរត្រូវហាត់ទៀងទាត់ចេះច្បាស់
<u>wrong</u>, not just incomplete, so you will ថា ត្រូវប្រើក្នុងកាល:ទេស:ណា មិនត្រូវប្រើក្នុង
have to practice using it in the right កាល:ទេស:ណាផង ។
situations.

Learn the following new vocabulary, សិស្សត្រូវសិក្សានូវពាក្យថ្មីនៅខាងក្រោម
then practice using the present pro- នេះ ហើយយកហាត់ប្រើកិរិយាសព្ទទម្រង់ពេលកំពុងប្រព្រឹត្ត
gressive tense in the following drills. នៅ/ក្នុងលំហាត់ផ្ទេ/ង ៗ ខាងក្រោមនេះ ។

bank	/baenk/	[បែងក]	ធនាគារ
school	/skuwl/	[ស្គូល]	សាលារៀន
hospital	/háspitəl/	['ហាស្ពិតិល]	មន្ទីរពេទ្យ
church	/chərch/	[ឆិវឆ]	វិហារ
restaurant	/réstrənt/	['រែស្ត្រិនត]	ហាងបាយ
hotel	/howtél/	[ហូ'ថែល]	ភោជ៍តល

2a. <u>Substitution Drill</u> លំហាត់បូរណពាក្យ

I'm going <u>to work</u>. ខ្ញុំទៅធ្វើការ.

I'm going <u>to the bank</u>. ធនាគារ.

I'm going <u>to the school</u>. សាលារៀន.

I'm going <u>to the hospital</u>. មន្ទីរពេទ្យ.

I'm going <u>to the church</u>. វិហារ.

I'm going <u>to the restaurant</u>. ហាងបាយ.

I'm going <u>to the hotel</u>. ភោជ៍តល.

I'm going <u>home</u>. ផ្ទះ.

2b. <u>Response Drill</u> លំហាត់ចម្លើយ

Where are you going? (to work) អ្នកទៅណា? (ធ្វើការ)

I'm going to work. ខ្ញុំទៅធ្វើការ.

Where are you going? (home) អ្នកទៅណា? (ផ្ទះ)

I'm going home. ខ្ញុំទៅផ្ទះ.

Where is he going? (to the bank)   តាត់(ប្រុស)ទៅណា? (ធនាគារ)

   He's going to the bank.   តាត់ទៅធនាគារ.

Where is she going? (to the hotel)   តាត់(ស្រី)ទៅណា? (អូរ៉ែល)

   She's going to the hotel.   តាត់ទៅអូរ៉ែល.

Where am I going? (to the hospital)   ខ្ញុំទៅណា? (មន្ទីរពេទ្យ)

   You're going to the hospital.   អ្នកទៅមន្ទីរពេទ្យ.

Where are you going? (to the restaurant) អ្នកទៅណា? (ហាងបាយ)

   I'm going to the restaurant.   ខ្ញុំទៅហាងបាយ.

Where is he going? (to the school)   តាត់(ប្រុស)ទៅណា? (សាលារៀន)

   He's going to the school.   តាត់ទៅសាលារៀន.

Where is she going? (to the church)   តាត់(ស្រី)ទៅណា? (វិហារ)

   She's going to the church.   តាត់ទៅវិហារ.

2c. Response Drill   លំហាត់ចម្លើយ

   Practice pronouncing the following   ហាត់ថានូវកិរិយាសព្ទខាងក្រោមនេះ ដែល

verbs with their -ing endings: មានបច្ច័យ -ing នៅខាងក្រោយ, រួចធ្វើលំហាត់:

working	/wə́rking/	[អ្វីរកុីង]	(កំពុង) ធ្វើការ
speaking	/spíyking/	[ស្ពីកុីង]	(") និយាយ
reading	/ríyding/	[រីឌុីង]	(") អាន
writing	/ráyting/	['រ៉ាយទុីង]	(") សរសេរ
eating	/íyting/	[អុីទុីង]	(") ញ៉ាំបាយ
sleeping	/slíyping/	[ស្លីពុីង]	(") គេង

What are you doing? (working)   អ្នកធ្វើអ្វី? (ធ្វើការ)

   I'm working.   ខ្ញុំ(កំពុង)ធ្វើការ.

What is he doing? (speaking)   តាត់(ប្រុស)ធ្វើអ្វី? (និយាយ)

   He's speaking.   តាត់(កំពុង)និយាយ.

What is she doing? (reading)   តាត់(ស្រី)ធ្វើអ្វី? (អាន)

   She's reading.   តាត់(កំពុង)អាន.

What am I doing? (writing)   ខ្ញុំធ្វើអ្វី? (សរសេរ)

   You're writing.   អ្នក(កំពុង)សរសេរ.

What is he doing? (eating)   តាត់(ប្រុស)ធ្វើអ្វី? (ញ៉ាំបាយ)

   He's eating.   តាត់(កំពុង)ញ៉ាំបាយ.

What is she doing? (sleeping)   តាត់(ស្រី)ធ្វើអ្វី? (គេង)

   She's sleeping.   តាត់(កំពុង)គេង.

2c. Response Drill

Learn the following new vocabulary and use it in the drill below.

bread	/bred/	[ប្រ៊ែដ]	នំបុ័ង
rice	/rays/	[រ៉ាយស]	បាយ
sandwich	/sáendwich/	['សែនឌ្វិឆ]	សនវិច
candy	/káendi/	['ខែនឌិ]	ស្ករគ្រាប់
banana	/bənáenə/	[បឺ 'ណែណឺ]	ចេក

What are you eating? (an apple)
I'm eating an apple.
What is he eating? (bread)
He's eating bread.
What is she eating? (rice)
She's eating rice.
What am I eating? (candy)
You're eating candy.
What are you eating? (a sandwich)
I'm eating a sandwich.
What is he eating? (a banana)
He's eating a banana.

លំហាត់ចម្លើយ

សិក្សានៅពាក្យថ្មីខាងក្រោមនេះ រួចប្រើនៅក្នុងលំហាត់:

អ្នកញាំអី? (ប៉ោម)
ខ្ញុំញាំប៉ោម.
គាត់(ប្រុស) ញាំអី? (នំបុ័ង)
គាត់ញាំនំបុ័ង.
គាត់(ស្រី)ញាំអី? (បាយ)
គាត់ញាំបាយ.
ខ្ញុំញាំអី? (ស្ករ)
អ្នកញាំស្ករ.
អ្នកញាំអី? (សនវិច)
ខ្ញុំញាំសនវិច.
គាត់(ប្រុស)ញាំអី? (ចេក)
គាត់ញាំចេក.

2d. Response Drill

Learn the following new vocabulary for use in the drill:

newspaper	/nyúwz-pèypər/	['ន្យូង 'ផេពើរ]	កាសែត
magazine	/máegəziyn/	['ម៉ែគឺជ៊ីន]	ទស្សនាវដ្តី
article	/ártikəl/	['អាទ្ទិកិល]	អត្ថបទ
letter	/létər/	['លែតើរ]	សំបុត្រ

What are you reading? (a book)
I'm reading a book.
What is he reading? (a notebook)
He's reading a notebook.
What is she reading? (a newspaper)
She's reading a newspaper.

លំហាត់ចម្លើយ

រៀននូវពាក្យថ្មីនេះ ដើម្បីនឹងប្រើនៅក្នុងលំហាត់ខាងក្រោមនេះ :

អ្នកមើលអី? (សៀវភៅ)
ខ្ញុំ(កំពុង)មើលសៀវភៅ.
គាត់(ប្រុស)មើលអី? (សៀវភៅសរសេរ)
គាត់(កំពុង)មើលសៀវភៅសរសេរ.
គាត់(ស្រី)មើលអី? (កាសែត)
គាត់(កំពុង)មើលកាសែត.

What am I reading? (a magazine)   ខ្ញុំមើលអ្វី? (ទស្សនាវដ្ដី)

   You're reading a magazine.   អ្នក(កំពុង)មើលទស្សនាវដ្ដី.

What are you reading? (an article)   អ្នកមើលអ្វី? (អត្ថបទ)

   I'm reading an article.   ខ្ញុំ(កំពុង)មើលអត្ថបទ.

What is he reading? (a letter)   គាត់(ប្រុស)មើលអ្វី? (សំបុត្រ)

   He's reading a letter.   គាត់(កំពុង)មើលសំបុត្រ.

2e. Substitution Drill   លំហាត់ប្ដូរពាក្យ

    In the following drill, practice   ក្នុងលំហាត់នេះ ចាត់ប្រើកិរិយាសព្ទទ្រង់ពេល
using the present tense, keeping in   ឥឡូវនេ ដោយចាំថា គេប្រើពេលនេះចំពោះអំពី
mind that the meaning is 'habitually, ដែលជាទម្លាប់ ឬ ធម្មតា :
normally, as the usual thing':

I work at a <u>supermarket</u>.   ខ្ញុំធ្វើការនៅហាងលក់ម្ហូប.

I work at a <u>bank</u>.   ធនាគារ.

I work at a <u>school</u>.   សាលារៀន.

I work at a <u>hospital</u>.   មន្ទីរពេទ្យ.

I work at a <u>church</u>.   វិហារ.

I work at a <u>hotel</u>.   អូទែល.

2f. Response Drill   លំហាត់ឆ្លើយ

Where do you work? (supermarket)   អ្នកធ្វើការឯណា? (ហាងលក់ម្ហូប)

   I work at a supermarket.   ខ្ញុំធ្វើការនៅហាងលក់ម្ហូប.

Where do you work? (bank)   អ្នកធ្វើការឯណា? (ធនាគារ)

   I work at a bank.   ខ្ញុំធ្វើការនៅធនាគារ.

Where do you work? (school)   អ្នកធ្វើការឯណា? (សាលារៀន)

   I work at a school.   ខ្ញុំធ្វើការនៅសាលារៀន.

Where do you work? (hospital)   អ្នកធ្វើការឯណា? (មន្ទីរពេទ្យ)

   I work at a hospital.   ខ្ញុំធ្វើការនៅមន្ទីរពេទ្យ.

Where do you work? (restaurant)   អ្នកធ្វើការនៅឯណា? (ហាងបាយ)

   I work at a restaurant.   ខ្ញុំធ្វើការនៅហាងបាយ.

Where do you work? (church)   អ្នកធ្វើការឯណា? (វិហារ)

   I work at a church.   ខ្ញុំធ្វើការនៅវិហារ.

Where do you work? (hotel)   អ្នកធ្វើការឯណា? (អូទែល)

   I work at a hotel.   ខ្ញុំធ្វើការនៅអូទែល.

2g. Substitution Drill

Learn the following new vocabulary to use in the drill:

teach	/tiych/
cook	/kuk/
study	/stə́di/
help	/help/
serve	/sərv/

I work at a supermarket.

I cook at a hotel.

I study at a school.

I help at a hospital.

I teach at a school.

I serve at a restaurant.

លំហាត់ប្តូរពាក្យ

រៀននូវពាក្យថ្មីនៅខាងក្រោមនេះ រួចប្រើនៅក្នុងលំហាត់ :

[ធីឆ]	បង្រៀន
[ឃើក]	ធ្វើបាយ
[ស្ដឌិ]	រៀន
[ហែលព]	ជួយ
[សឺរវ]	បម្រើ

ខ្ញុំធ្វើការនៅហាងលក់ម្ហូប.

ធ្វើបាយនៅអូតែល.

រៀននៅសាលារៀន.

ជួយនៅមន្ទីរពេទ្យ.

បង្រៀននៅសាលារៀន.

បម្រើនៅហាងបាយ.

2h. Transformation Drill

Since the present and present progressive tenses have different meanings, they can't normally be used in the same contexts. For example

I eat an apple.

sounds incorrect unless you add a context such as

I eat an apple every day.

Conversely,

I am eating an apple every day.

doesn't sound right unless you mean that you are eating an apple every day for a certain prescribed period of time, as during a diet; e.g., a doctor could say

Are you eating an apple every day, as I told you?

Likewise, in answer to the question

លំហាត់ប្រែប្រួលឃ្លា

ដោយហេតុតែកិរិយាសព្ទពេលឥឡូវនិងកិរិយាសព្ទពេលកំពុងប្រព្រឹត្តមានន័យប្លែកគ្នា ធម្មតាគេមិនអាចយកមួយមកប្រើជំនួសមួយទៀតទេ, ឧ.

ខ្ញុំញ៉ាំប៉ោម.

ដូចជាខុសត្រចៀក, តែវាទៅជាធម្មតាវិញបើគេប្រើនៅក្នុងបរិបទដូចជា

ខ្ញុំញ៉ាំប៉ោម(មួយ)រាល់ថ្ងៃ.

ដូចគ្នានិងនេះដែរ

ខ្ញុំ(កំពុង)ញ៉ាំប៉ោម(មួយ)រាល់ថ្ងៃ.

ក៏ដូចជាខុសត្រចៀកដែរ, លើកលែងតែគេចង់មានន័យថា គេញ៉ាំប៉ោមមួយរាល់ថ្ងៃក្នុងមួយកំឡុងពេល ដូចជានៅពេលតមអាហារជាដើម ។ ឧ. គ្រូពេទ្យអាចនិយាយថា

តើលោក(កំពុង)ញ៉ាំប៉ោមមួយថ្ងៃមួយដូចខ្ញុំប្រាប់ទេ?

ដូចគ្នាដែរ, បើគេសួរថា

What are you doing these days?   លោកធ្វើអ្វីសព្វថ្ងៃនេះ ?

you could answer   គេអាចឆ្លើយថា

   I'm working at a supermarket.   ខ្ញុំ(កំពុង)ធ្វើការនៅហាងលក់ម្ហូប.

In the following drill, convert the   នៅក្នុងលំហាត់ខាងក្រោមនេះ សិស្សត្រូវនាំប្រយោគ

present tense sentences to the present   ពេលឥឡូវនិយនៅជាឃ្លា ពេលកំពុងបច្ចុប្បិន្ត ។ ឃ្លា

progressive; all of these responses   ពេលកំពុងបច្ចុប្បិន្តទាំងនេះ អាចប្រើជាចម្លើយនិង

would be appropriate to a question   សំនួរដូចជា

such as 'What are you doing these   អ្នកធ្វើអ្វីសព្វថ្ងៃនេះ?

days?'

I work at a supermarket.   ខ្ញុំធ្វើការនៅហាងលក់ម្ហូប.

   I'm working at a supermarket.   ខ្ញុំ(កំពុង)ធ្វើការនៅហាងលក់ម្ហូប.

I cook at a hotel.   ខ្ញុំធ្វើម្ហូបនៅអូតែល.

   I'm cooking at a hotel.   ខ្ញុំ(កំពុង)ធ្វើម្ហូបនៅអូតែល.

I serve at a restaurant.   ខ្ញុំបម្រើនៅហាងបាយ.

   I'm serving at a restaurant.   ខ្ញុំ(កំពុង)បម្រើនៅហាងបាយ.

I teach at a school.   ខ្ញុំបង្រៀននៅសាលារៀន.

   I'm teaching at a school.   ខ្ញុំ(កំពុង)បង្រៀននៅសាលារៀន.

I help at a hospital.   ខ្ញុំជួយនៅមន្ទីរពេទ្យ.

   I'm helping at a hospital.   ខ្ញុំ(កំពុង)ជួយនៅមន្ទីរពេទ្យ.

I study at a school.   ខ្ញុំរៀននៅសាលារៀន.

   I'm studying at a school.   ខ្ញុំ(កំពុង)រៀននៅសាលារៀន.

I work at a bank.   ខ្ញុំធ្វើការនៅធនាគារ.

   I'm working at a bank.   ខ្ញុំ(កំពុង)ធ្វើការនៅធនាគារ.

2i. Response Drill   លំហាត់ចម្លើយ

What are you doing these days?   អ្នកធ្វើអ្វីសព្វថ្ងៃនេះ? (ធ្វើការនៅហាងលក់ម្ហូប)

(working at a supermarket)

   I'm working at a supermarket.   ខ្ញុំ(កំពុង)ធ្វើការនៅហាងលក់ម្ហូប.

What is he doing these days?   គាត់(ប្រុស)ធ្វើអ្វីសព្វថ្ងៃនេះ? (ធ្វើម្ហូបនៅហាងបាយ)

(cooking at a restaurant)

   He's cooking at a restaurant.   គាត់(កំពុង)ធ្វើម្ហូបនៅហាងបាយ.

What is she doing these days?   គាត់(ស្រី)ធ្វើអ្វីសព្វថ្ងៃនេះ? (ទៅរៀន)

(going to school)

   She's going to school.   គាត់(កំពុង)ទៅរៀន.

What is Bill doing these days?   បុីលធ្វើអ្វីសព្វថ្ងៃនេះ? (បង្រៀននៅសាលារៀន)
(teaching at a school)

   He's teaching at a school.   គាត់(កំពុង)បង្រៀននៅសាលារៀន.

What is Mary doing these days?   ម៉េរីធ្វើអ្វីសព្វថ្ងៃនេះ? (ជួយនៅមន្ទីរពេទ្យ)
(helping at a hospital)

   She's helping at a hospital.   គាត់(កំពុង)ជួយនៅមន្ទីរពេទ្យ.

What is Mr. Jones doing these days?   លោកជូនដៃធ្វើអ្វីសព្វថ្ងៃនេះ? (ធ្វើបាយនៅអូតែល)
(cooking at a hotel)

   He's cooking at a hotel.   គាត់(កំពុង)ធ្វើបាយនៅអូតែល.

What are you doing these days?   អ្នកធ្វើអ្វីសព្វថ្ងៃនេះ? (ធ្វើការនៅធនាគារ)
(working at a bank)

   I'm working at a bank.   ខ្ញុំ(កំពុង)ធ្វើការនៅធនាគារ.

3. Another Way to Form the Plural: /-f/ > /-vz/

    We learned in 2D3 that the regular
English plural is formed by adding /-s/
or /-z/, depending on the final con-
sonant. In addition, most (but not
all) nouns which end in /-f/ form the
plural by changing /f/ to /v/ before
adding /z/. Practice the following
words:

shelf : shelves	/shelf : shelvz/	[ឈែ្លហ្វ : ឈែ្លវ៎ង] ធ្នើរ : (ព.)
wolf : wolves	/wulf : wulvz/	[វ៉ុលហ្វ : វ៉ុលវ៎ង] ចចក : (ព.)
half : halves	/haef : haevz/	[ហែហ្វ : ហែវ៎ង] កន្លះ : (ព.)
calf : calves	/kaef : kaevz/	[ខែហ្វ : ខែវ៎ង] កូនគោ : (ព.)
knife : knives	/nayf : nayvz/	[ណាយហ្វ : ណាយវ៎ង] កាំបិត : (ព.)
roof : rooves	/ruf : ruvz/	[រូហ្វ : រូវ៎ង] ដំបូល : (ព.)

Some words which end in /f/, however,
keep the /f/ and simply add /s/; some
vary from speaker to speaker, such as
'roof' above, the plural of which some
speakers pronounce /ruvz/ and others

pronounce simply /rufs/. Following are some words which normally keep /f/ in the plural:

chief : chiefs	/chiyf : chiyfs/
reef : reefs	/riyf : riyfs/
safe : safes	/seyf : seyfs/
cough : coughs	/kof : kofs/
puff : puffs	/pəf : pəfs/

4. The Verb 'Put'

'Put' /put/ has many functions in English. It is usually followed by a preposition, such as 'on' /on/ or 'in' /in/, as in the sentences

I put groceries on the shelves.

Please put the cat in the house.

Learn the following new vocabulary, then practice using it in the following drill:

food	/fuwd/
things	/thingz/
clothes	/klowz/

4a. Substitution Drill

I put groceries on the shelves.
I put books on the shelves.
I put pencils on the shelves.
I put food on the shelves.
I put things on the shelves.
I put clothes on the shelves.

5. Imperative Sentences

Although subjectless sentences are quite common in Khmer, the only kind of sentences which normally occur

ហើយអ្នកខ្លះទៀតអានត្រង់ថា [ទើហ្វស] ។ ពាក្យខាងក្រោមនេះ ធម្មតារក្សាទុកនូវអក្សរ [ហ្វ] កាលណាប្រើជាពហុវចនៈ :

[ឈីហ្វ : ឈីហ្វស]	មេ : (ព.)
[រីហ្វ : រីហ្វស]	ថ្មប៉ប្រះទឹក : (ព.)
[សេហ្វ : សេហ្វស]	ទូដែក : (ព.)
[ខហ្វ : ខហ្វស]	ក្អក : (ព.)
[ផឹហ្វ : ផឹហ្វស]	កំសួល : (ព.)

៤. កិរិយាសព្ទ Put

កិរិយាសព្ទ put [ភើត] 'ដាក់' មាននុខងារជាច្រើនក្នុងភាសាអង់គ្លេស ។ ធម្មតាគេដាក់អាយតនិបាត on [អន] 'លើ', in [អ៊ិន] 'ក្នុង', ។ល។ ពីក្រោយ ដូចជាក្នុងឃ្លា:

ខ្ញុំដាក់គ្រឿងធ្វើម្ហូបនៅលើធ្នើរ.

សូមដាក់ឆ្មានៅក្នុងផ្ទះ.

សូមសិក្សាពាក្យថ្មីខាងក្រោមនេះ រួចយកមកហាត់ប្រើនៅក្នុងលំហាត់ :

[ហ្វ៊ូដ]	ម្ហូប
[ធិងង]	វត្ថុ (ព.)
[ខ្លូង]	ខោអាវ

លំហាត់ប្តូរពាក្យ

ខ្ញុំដាក់គ្រឿងធ្វើម្ហូបនៅលើធ្នើរ.
សៀវភៅ
ខ្មៅដៃ
ម្ហូប
របស់
ខោអាវ

៥. ឃ្លាបង្គាប់

ក្នុងភាសាខ្មែរ គេជួបប្រទះជាញឹកញាប់នូវឃ្លាផ្សេង ៗ ដែលឥតមានប្រធាន ។ ចំណែកឯភាសាអង់គ្លេសវិញ ធម្មតាឃ្លាដែលឥតមានប្រធានជាឃ្លា

without a subject in English are　　　　　　បន្ទាញនូវឧទាហរណ្ណា, ដូចជា
imperative sentences, such as

    Open the window.　　　　　　　　បើកបង្អួច.

    Close the door.　　　　　　　　　បិទទ្វារ.

    Write this word.　　　　　　　　សរសេរពាក្យនេះ.

    Put the book on the table.　　　　ដាក់សៀវភៅនៅលើតុ.

5a. <u>Substitution Drill</u>　　　　　　　　　លំហាត់ប្ដូរពាក្យ

Put the <u>groceries</u> on the table.　　ដាក់គ្រឿងធ្វើម្ហូបនៅលើតុ.

Put the <u>books</u> on the table.　　　　សៀវភៅ

Put the <u>food</u> on the table.　　　　　ម្ហូប

Put the <u>pencils</u> on the table.　　　ខ្មៅដៃ

Put the <u>clothes</u> on the table.　　　ខោអាវ

Put the <u>things</u> on the table.　　　　របស់

5b. <u>Multiple Substitution Drill</u>　　　　　លំហាត់ប្ដូរពាក្យផ្សេងៗ

    Learn the following new vocabulary,　　សូមសិក្សានូវពាក្យថ្មីនៅខាងក្រោមនេះ
then use it in the drill:　　　　　　　រួចប្រើពាក្យទាំងនេះនៅក្នុងលំហាត់ខាងក្រោម:

    floor　　　　　　　/flowr/　　　　　[ផ្លរ]　　　　កម្រាល

    couch　　　　　　/kawch/　　　　[ខោ]　　　　ស្ព្យា

    roof　　　　　　　/ruwf, ruf/　　[រូហ្វ, រើហ្វ]　　ដំបូល

Put the <u>groceries</u> on the table.　　ដាក់គ្រឿងធ្វើម្ហូបនៅលើតុ.

Put the <u>books</u> on the table.　　　　សៀវភៅ

Put the books on the <u>chair</u>.　　　　　　　　　　　កៅអី.

Put the <u>clothes</u> on the chair.　　　ខោអាវ

Put the clothes on the <u>shelf</u>.　　　　　　　　　ធ្នើរ.

Put the <u>books</u> on the shelf.　　　　សៀវភៅ

Put the books on the <u>floor</u>.　　　　　　　　　កម្រាល.

Put the <u>cat</u> on the floor.　　　　　ឆ្មា

Put the cat on the <u>couch</u>.　　　　　　　　　ស្ព្យា.

Put the <u>things</u> on the couch.　　　　របស់

Put the things on the <u>roof</u>.　　　　　　　　　ដំបូល.

Put the <u>cat</u> on the roof.　　　　　ឆ្មា

Put the cat on the <u>table</u>.　　　　　　　　　តុ.

Put the <u>food</u> on the table.　　　　　ម្ហូប

6. 'Not so' + Adjective

Any adjective can be softened or mitigated by placing 'not so' in front of it, as in

It's not so bad.

It's not so hard.

It's not so good.

Learn the following new vocabulary to use in the drills:

good	/gud/
easy	/íyzi/
hot	/hat/
pretty	/príti/

6a. Response Drill

Is it hard?

It's not so hard.

Is it bad?

It's not so bad.

Is it good?

It's not so good.

Is it hot?

It's not so hot.

Is it easy?

It's not so easy.

Is it cold?

It's not so cold.

6b. Response Drill

Are you hungry?

I'm not so hungry.

Are you sick?

I'm not so sick.

Are you tired?

I'm not so tired.

---

៦. គុណនាមនៅពីរេប្រកាយ Not so

គេអាចលម្រាលគុណនាមជាយជាក់ពាក្យ not so នៅខាងមុខគុណនាមនោះ ដូចជានៅក្នុងឃ្លា

(វា)មិនជាយ៉ាប់ប៉ុន្នានទេ.

(វា)មិនជាពិបាកប៉ុន្នានទេ.

(វា)មិនជាឆ្លាញ់ប៉ុន្នានទេ.

ទេរៀនទុនវិពាក្យថ្មីខាងរេប្រកាមនេះ រួចប្រើពាក្យនោះនៅក្នុងលំហាត់ខាងរេប្រកាម:

[ទគីដ]	ឆ្លាញ់
[អ៊ីហ្ស៊ី]	ស្រួល
[ហាត]	ក្ដៅ
[ប្រីទិ]	ល្អ, ស្អាត

លំហាត់ចទម្លើយ

វាពិបាកទេ?

វាមិនជាពិបាកប៉ុន្នានទេ.

វាយ៉ាប់ទេ?

វាមិនជាយ៉ាប់ប៉ុន្នានទេ.

វាឆ្លាញ់ទេ?

វាមិនជាឆ្លាញ់ប៉ុន្នានទេ.

វាក្ដៅទេ?

វាមិនជាក្ដៅប៉ុន្នានទេ.

វាស្រួលទេ?

វាមិនជាស្រួលប៉ុន្នានទេ.

វាត្រជាក់ទេ?

វាមិនជាត្រជាក់ប៉ុន្នានទេ.

លំហាត់ចទម្លើយ

អ្នកឃ្លាន[ប្រាយ]ទេ?

ខ្ញុំមិនឃ្លាន[ប្រាយ]ប៉ុន្នានទេ.

អ្នកឈឺទេ?

ខ្ញុំមិនឈឺប៉ុន្នានទេ.

អ្នកអស់កម្លាំងទេ?

ខ្ញុំមិនអស់កម្លាំងប៉ុន្នានទេ.

6c. Response Drill

លំហាត់ចម្លើយ

Is it bad?

វាយ៉ាប់ទេ?

   It's not so bad.

   វាមិនយ៉ាប់ប៉ុន្មានទេ.

Are you cold?

អ្នករងាត់ជាក់ទេ?

   I'm not so cold.

   ខ្ញុំមិនរងាត់ជាក់ប៉ុន្មានទេ.

Is he sick?

គាត់(ប្រុស)ឈឺទេ?

   He's not so sick.

   គាត់មិនជាឈឺប៉ុន្មានទេ.

Is she pretty?

គាត់(ស្រី)ស្អាតទេ?

   She's not so pretty.

   គាត់មិនជាស្អាតប៉ុន្មានទេ.

Is it hard?

វាពិបាកទេ?

   It's not so hard.

   វាមិនជាពិបាកប៉ុន្មានទេ.

Are you hungry?

អ្នកឃ្លានបាយទេ?

   I'm not so hungry.

   ខ្ញុំមិនឃ្លានបាយប៉ុន្មានទេ.

Is it good?

វាឆ្ងាញ់ទេ?

   It's not so good.

   វាមិនជាឆ្ងាញ់ប៉ុន្មានទេ.

Is he hot?

គាត់(ប្រុស)ក្តៅទេ?

   He's not so hot.

   គាត់មិនជាក្តៅប៉ុន្មានទេ.

6d. Transformation Drill

លំហាត់ប្រែប្រួលស្អា

   'Not so' before an adjective is roughly similar to 'not very' /nat véri/; the only difference is that 'not so' is used after someone has implied a certain state, as in

   Is it hard work?

     It's <u>not so</u> hard.

while 'not very' would normally be used when nothing has been implied, as in

   This soup is <u>not very</u> hot.

In the following drill, convert 'not so' to 'not very':

I'm not so cold.

   I'm not very cold.

ពាក្យ not so ប្រើនៅ មុខគុណនាមមាន នយ័ចរិវលគ្នានិង not very [ណាត 'វ៉ែរិ] ។ វាប្រាកាន់ខុសគ្នាត្រង់ តែប្រើ not so ក្រោយ ដែលមានគេបញ្ជញនូវឋាបល់ខ្លះ ពុ មកហើយ, ដូចជា

   ការនេះពិបាកទេ ?

     វាមិនជាពិបាក<u>ប៉ុន្មានទេ</u>.

ចំណែក not very វិញ ធម្មតាអាចប្រើទៅតែ ឯកឯង ដោយគ្មានឃ្យោងទៅតាមឃ្លាសោអ្វីនៅខាង មុខទេ, ដូចជា

   បបរនេះមិនស្ងួនក្តៅទេ.

នៅក្នុងលំហាត់ខាងក្រោមនេះ ប្រើ not very ជំនួស not so :

ខ្ញុំមិនរងាត់ជាក់ប៉ុន្មានទេ.

   ខ្ញុំមិនស្ងួនរងាត់ជាក់ទេ.

He's not so sick.   គាត់(ប្រុស)មិនឈឺប៉ុន្មានទេ.

   He's not very sick.   គាត់មិនសូវឈឺទេ.

It's not so bad.   វាមិនយ៉ាប់ប៉ុន្មានទេ.

   It's not very bad.   វាមិនសូវយ៉ាប់ទេ.

She's not so pretty.   គាត់(ស្រី)មិនស្អាតប៉ុន្មានទេ.

   She's not very pretty.   គាត់មិនសូវស្អាតទេ.

It's not so hard.   វាមិនពិបាកប៉ុន្មានទេ.

   It's not very hard.   វាមិនសូវពិបាកទេ.

I'm not so hungry.   ខ្ញុំមិនឃ្លានពួយប៉ុន្មានទេ.

   I'm not very hungry.   ខ្ញុំមិនសូវឃ្លានពួយទេ.

It's not so good.   វាមិនឆ្ងាញ់ប៉ុន្មានទេ.

   It's not very good.   វាមិនសូវឆ្ងាញ់ទេ.

He's not so hot.   គាត់(ប្រុស)មិនក្តៅប៉ុន្មានទេ.

   He's not very hot.   គាត់មិនសូវក្តៅទេ.

7. Modal Verbs 'Have to' and 'Want to'

ៗ. កិរិយាសព្ទជំនួយ Have to ហើយនិង Want to

    We learned in Lesson 2 that 'have' means 'to possess', as in

   I <u>have</u> a book.

However, 'have to' /haev tuw, haev tə/ before another verb has the meaning 'must', as in

   I <u>have to</u> go now.

Likewise, 'want' as a main verb means 'wish to have', as in

   I <u>want</u> a book.

but 'want to' /want tuw, wantə/ before another verb means 'wish to (do something)', as in

   I <u>want to</u> go.

   I don't <u>want to</u> be late.

Practice the use of 'have to' and 'want to' in the following drills.

ហើយដឹងហើយថា, នៅក្នុងមេរៀនទី ២,

have មានន័យថា 'មាន', ដូចជាក្នុងឃ្លា

   ខ្ញុំមានសៀវភៅ(មួយ).

ក៏ប៉ុន្តែ have to [ហែវ ធូ] ឬ [ហែវ ថ៍], បើ

ប្រើនៅមុខកិរិយាសព្ទមួយណាទៀត, មានន័យថា

'ត្រូវ', ដូចជានៅក្នុងឃ្លា

   ខ្ញុំត្រូវទៅសិនហើយ.

ស្របនឹងនេះដែរ want, ប្រើជាកិរិយាសព្ទដាយ

ឯកឯង, មានន័យថា 'ចង់បាន', ដូចជាក្នុងឃ្លា

   ខ្ញុំចង់បានសៀវភៅ(មួយ).

តែ want to [អ្នាត ធូ] ឬ [អ្នាតី],បើប្រើ

នៅមុខកិរិយាសព្ទមួយទៀត មានន័យថា 'ចង់ (ធ្វើអ្វី

មួយ)', ដូចជានៅក្នុង

   ខ្ញុំចង់ទៅ.

   ខ្ញុំមិនចង់ទៅយឺតទេ.

ក្នុងលំហាត់ខាងក្រោមនេះ ហាត់ប្រើកិរិយាសព្ទជំនួយ

have to ហើយនិង want to :

7a. <u>Substitution Drill</u>   សំហាត់ប្ដូរពាក្យ

I have to <u>go now</u>.   ខ្ញុំត្រូវទៅសិនហើយ.

I have to <u>go to work</u>.   ទៅធ្វើការ.

I have to <u>close the door</u>.   បិទទ្វារ.

I have to <u>go to school</u>.   ទៅរៀន.

I have to <u>cook the food</u>.   ធ្វើបាយ.

I have to <u>read a book</u>.   មើលសៀវភៅ.

I have to <u>write a letter</u>.   សរសេរសំបុត្រ.

I have to <u>open the window</u>.   បើកបង្អួច.

7b. <u>Substitution Drill</u>   សំហាត់ប្ដូរពាក្យ

I want to <u>go now</u>.   ខ្ញុំចង់ទៅសិនហើយ.

I want to <u>go to work</u>.   ទៅធ្វើការ.

I want to <u>close the door</u>.   បិទទ្វារ.

I want to <u>go to school</u>.   ទៅរៀន.

I want to <u>cook the food</u>.   ធ្វើបាយ.

I want to <u>read a book</u>.   មើលសៀវភៅ.

I want to <u>write a letter</u>.   សរសេរសំបុត្រ.

I want to <u>open a window</u>.   បើកបង្អួច.

7c. <u>Transformation Drill</u>   សំហាត់ប្រែប្រួលឃ្លា

    Change 'have to' to 'want to',   ក្នុងសំហាត់នេះ យក want to មកជំនួស have

and 'want to' to 'have to':   to ហើយនិង have to មកជំនួស want to:

I have to go now.   ខ្ញុំត្រូវទៅសិនហើយ.

    I want to go now.   ខ្ញុំចង់ទៅសិនហើយ.

I want to read a book.   ខ្ញុំចង់មើលសៀវភៅ.

    I have to read a book.   ខ្ញុំត្រូវមើលសៀវភៅ.

I want to go to school.   ខ្ញុំចង់ទៅរៀន.

    I have to go to school.   ខ្ញុំត្រូវទៅរៀន.

I have to open a window.   ខ្ញុំត្រូវបើកបង្អួច.

    I want to open a window.   ខ្ញុំចង់បើកបង្អួច.

I want to close the door.   ខ្ញុំចង់បិទទ្វារ.

    I have to close the door.   ខ្ញុំត្រូវបិទទ្វារ.

I have to cook the food.   ខ្ញុំត្រូវធ្វើបាយ.

    I want to cook the food.   ខ្ញុំចង់ធ្វើបាយ.

I have to write a letter.   ខ្ញុំត្រូវសរសេរសំបុត្រ.

   I want to write a letter.   ខ្ញុំចង់សរសេរសំបុត្រ.

I want to go to work.   ខ្ញុំចង់ទៅធ្វើការ.

   I have to go to work.   ខ្ញុំត្រូវទៅធ្វើការ.

7d. Transformation Drill   លំហាត់ប្រែប្រួលឃ្លា

    In this drill, negate the teacher's   នៅក្នុងលំហាត់នេះ សិស្សត្រូវបែប្រួលឃ្លារបស់គ្រូ
sentence by putting 'don't' before   ឱ្យទៅជាបដិសេធ ដោយដាក់ពាក្យ don't នៅ
'have to' or 'want to':   មុខ have to ឬ want to :

I have to go to school.   ខ្ញុំត្រូវទៅរៀន.

   I don't have to go to school.   ខ្ញុំមិនត្រូវទៅរៀនទេ.

I want to be late.   ខ្ញុំចង់ទៅយឺត.

   I don't want to be late.   ខ្ញុំមិនចង់ទៅយឺតទេ.

I want to go to work.   ខ្ញុំចង់ទៅធ្វើការ.

   I don't want to go to work.   ខ្ញុំមិនចង់ទៅធ្វើការទេ.

I have to cook the food.   ខ្ញុំត្រូវធ្វើបាយ.

   I don't have to cook the food.   ខ្ញុំមិនត្រូវធ្វើបាយទេ.

I want to close the door.   ខ្ញុំចង់បិទទ្វារ.

   I don't want to close the door.   ខ្ញុំមិនចង់បិទទ្វារទេ.

I have to read that book.   ខ្ញុំត្រូវមើលសៀវភៅនោះ.

   I don't have to read that book.   ខ្ញុំមិនត្រូវមើលសៀវភៅនោះទេ.

I want to go now.   ខ្ញុំចង់ទៅឥឡូវនេះ.

   I don't want to go now.   ខ្ញុំមិនចង់ទៅឥឡូវនេះទេ.

I want to write a letter.   ខ្ញុំចង់សរសេរសំបុត្រ.

   I don't want to write a letter.   ខ្ញុំមិនចង់សរសេរសំបុត្រទេ.

8. 'Some' and 'Any' Again   ៨. Some ហើយនិង Any ម្ដងទៀត

    We learned in 2D4 that 'some' is   នៅក្នុង ២ឃ៤, យើងដឹងថា គេត្រូវយកពាក្យ
replaced by 'any' in negative sentences. any មកប្រើជំនួសពាក្យ some នៅក្នុងឃ្លាបដិសេធ
Negate the following sentences, re-   សិស្សត្រូវបែប្រួលឃ្លារបស់គ្រូខាងក្រោមនេះ ឱ្យទៅជា
placing 'some' with 'any':   បដិសេធ ដោយយក any មកជំនួស some :

I want some food.   ខ្ញុំចង់បានម្ហូប(ខ្លះ).

   I don't want any food.   ខ្ញុំមិនចង់បានម្ហូប(ណា)ទេ.

I have some books.   ខ្ញុំមានសៀវភៅ(ខ្លះ).

   I don't have any books.   ខ្ញុំគ្មានសៀវភៅ(ណា)ទេ.

I want to give some money.

    I don't want to give any money.

I have to do some work.

    I don't have to do any work.

I have to cook some food.

    I don't have to cook any food.

I want some water.

    I don't want any water.

I want to open some windows.

    I don't want to open any windows.

E. MODEL CONVERSATIONS

      Following are some sample conver-
sations which you can use in talking
with the other students or with the
teacher.

1. a) <u>Good morning, John.</u>

    Where are you going?

b) I'm going to school.

a) What do you do there?

b) I teach there.

a) Is it hard work?

b) No, it's not so hard.

    But it's late.

    I have to go now.

a) O.K., I'll see you later.

b) O.K., good-by.

2. a) <u>Hi! Where are you going?</u>

b) I'm going to meet Bill.

a) Where is he?

b) He's at the hospital.

a) Is he sick?

b) No, he's helping there.   ១. ទេ, គាត់ជួយឯនោះ.

a) Where is the hospital?   ក. មន្ទីរពេទ្យនៅឯណា ?

b) It's over there.   ១. វានៅត្រង់នោះ.

a) I have to go to the bank.   ក. ខ្ញុំត្រូវទៅធនាគារ [ហើយ].
   I'll see you later.   ថ្ងៃក្រោយជួបគ្នាទៀត.

b) O.K., so long.   ១. អូខេ, លាសិនហើយ.

3. a) <u>Good afternoon.</u>   ៣. ក. <u>ជំរាបសួរ (ប្រកាយថ្ងៃត្រង់</u>).
      What are you doing?   អ្នក (កំពុង) ធ្វើអ្វី ?

b) I'm putting books on the shelves.   ១. ខ្ញុំ (កំពុង) ដាក់សៀវភៅនៅលើធ្នើរ.
   Do you want to help?   អ្នកចង់ជួយទេ ?

a) Yes, I'll help.   ក. បាទ/ចាស, (ខ្ញុំនឹង) ជួយ [ក៏ជួយ].
   Where are the books?   សៀវភៅនៅឯណា ?

b) Over there on the table.   ១. នៅនោះនៅលើតុ.

a) I'll give you some.   ក. ខ្ញុំនឹងឱ្យខ្លះ [ទៅ] អ្នក.

b) Thank you.   ១. អរគុណ.
   Put that book on the chair.   ដាក់សៀវភៅនោះនៅលើកៅអី [ឆ្ពះ].
   I want to read it.   ខ្ញុំចង់មើល (វា) [បន្តិច].

a) You look tired.   ក. អ្នក (មើលទៅ) [ត្រូវជា] អស់កម្លាំង [ណាស់].
   Do you want some food?   អ្នកចង់បានបាយបន្តិចទេ ?

b) No, I'm not very hungry.   ១. ទេ, ខ្ញុំមិនសូវឃ្លាន [ប្រយ] ទេ.

4. a) <u>I'm hungry; I want to eat.</u>   ៤. ក. <u>ខ្ញុំឃ្លាន [ណាស់], ខ្ញុំចង់ញ៉ាំ [ប្រយ]</u>.
      Do you have any food?   អ្នកមានម្ហូប (ណា) ទេ ?

b) No, I don't have any.   ១. ទេ, ខ្ញុំគ្មាន [ម្ហូប]ណាទេ.
   I have to go to the supermarket.   ខ្ញុំត្រូវទៅ [ទិញនៅ] ហាងលក់ម្ហូប [សិន].

a) Do you have any money?   ក. អ្នកមានលុយ (ណា) ទេ ?

b) Yes, I have some.   ១. បាទ/ចាស, (ខ្ញុំ) មាន (ខ្លះ).
   Can you cook?   អ្នកចេះធ្វើម្ហូបទេ ?

a) Yes, I can cook a little.   ក. បាទ/ចាស, ខ្ញុំចេះ (ធ្វើម្ហូប) បន្តិចបន្តួច.
   Do you want to help me?   អ្នកចង់ជួយខ្ញុំទេ ?

a) Yes, I can help.   ក. បាទ/ចាស, ខ្ញុំជួយបាន.

b) O.K., I'll go to the supermarket now.   ១. អូខេ, ខ្ញុំនឹងទៅហាងលក់ម្ហូបឥឡូវនេះ.
   Do you want to come?   អ្នកចង់ (មក) [ទៅជាមួយ] ទេ ?

a) Yes, I'll come.   ក. បាទ/ចាស, (ខ្ញុំនឹង) ទៅ [ក៏ទៅ].

របៀនទី ៥: ការស្ងូរសុខទុក្ខ

A. MODEL SENTENCES	ENGLISH PHONETICS	KHMER PHONETICS	TRANSLATION
ក. ឃ្លាគំរូ	តំណាងសូរជាអក្សរអង់គ្លេស	តំណាងសូរជាអក្សរខ្មែរ	ការបែរជាខ្មែរ
Sok:			សុខ:
come	/kəm/	[ខិម]	មក
in	/in/	[អ៊ិន]	ក្នុង
come in	/kəm in/	[ខិម អ៊ិន]	ចូលមក
seat	/siyt/	[ស៊ីត]	កន្លែងអង្គុយ
have a seat	/haev ə siyt/	[ហែវ អ៊ី ស៊ីត]	អញ្ជើញអង្គុយ
1. Come in and	/kəm in aend	[ខិម អ៊ិន ឌែនដ	អញ្ជើញចូលមក(ហើយនិង)
have a seat.	haev ə siyt./	ហែវ អ៊ី ស៊ីត.]	អញ្ជើញអង្គុយ.
Sopha	/sowpá/	[សូ 'ផា]	សូផា
2. This is my wife,	/dhis iz may wayf,	[ធ៊ីស អ៊ីស ម៉ាយ អ្វាយហ្វ,	នេះ(គឺជា)ប្រពន្ធខ្ញុំ,
Sopha.	sowpá./	សូ 'ផា.]	សូផា.
John:			ជ៉ាន:
glad	/glaed/	[ឌ្គ្លែដ]	សប្បាយ
know	/now/	[ណូ]	ស្គាល់, ដឹង
3. I'm glad to	/aym glaed tə	[អាយម ឌ្គ្លែដ ថឺ	ខ្ញុំសប្បាយ[ណាស់]ដែរាយ
know you.	now yuw./	ណូ យូ.]	[បាន]ស្គាល់លោកស្រី.
home	/howm/	[ហ្ជូម]	ផ្ទះ
at home	/aet howm/	[ឌែត ហ្ជូម]	នៅផ្ទះ
4. Are your children	/ar yowr children	[អារ យ៉ូរ ឈីល្ឌ្រិន	កូនលោកនៅផ្ទះទេ?
at home?	aet howm?/	ឌែត ហ្ជូម?]	
Sok:			សុខ:
they	/dhey/	[ធេ]	គាត់, គេ, វា(ព.)
they're	/dhaer/	[ធែរ]	គេជា
both	/bowth/	[ប៊ូថ]	ទាំងពីរ
5. No, they're	/now, dhaer	[ណូ, ធែរ	ទេ,ទេ; គេនៅធ្វើការ
both at work.	bowth aet wərk.	ប៊ូថ ឌែត អ្វឺរក.]	ទាំងពីរ[នាក់].
John:			ជ៉ាន:
6. Where do they	/whaer duw dhey	[ហ្វែរ ឌូ ធេ	គេធ្វើការនៅឯណា ?
work?	wərk?/	អ្វឺរក?]	

Sok: សុខ៖

our	/awr/	[រអ ារ]	(របស់)យើង
son	/sən/	[សិន]	កូនប្រុស
drive	/drayv/	[ប្រ ៊ាយវ៑]	បើក
drives	/drayvz/	[ប្រ ៊ាយវ៑ង]	បើក(អ្នកទី ៣)
cab	/kaeb/	[ខែប]	តាក់ស៊ី

7. Our son drives   /awr sən drayvz   [រអ ារ សិន ប្រ ៊ាយវ៑ង កូនប្រុសយើងបើកតាក់ស៊ី.
   a cab.   ə kaeb./   អ៊ី ខែប.]

has	/haez/	[ហ៊ែហ្ស]	មាន(អ្នកទី ៣)
his	/hiz/	[ហ៊ិង]	(របស់)គាត់(ប្រុស)
own	/own/	[អ៊ូន]	ខលួនឯង, ផ្ទាល់ខ្លួន
car	/kar/	[ខារ]	ឡាន, រថយន្ត

8. He has his own   /hiy haez hiz own   [ហ៊ី ហ៊ែហ្ស ហ៊ិង អ៊ូន   គាត់មានឡាន(របស់គាត់)
   car.   kar.   ខារ.]   ខលួនឯង.

Sopha: សុផា៖

daughter	/dótər/	['ដត័រ]	កូនស្រី
teach	/tiych/	[ធីឈ]	បង្រៀន
teaches	/tíychəz/	[ធីឈ៊ង]	បង្រៀន(អ្នកទី ៣)
refugee	/réfyəjiy/	['រែហ្វ្យជី]	ជនភៀសខ្លួន
refugees	/réfyəjiyz/	['រែហ្វ្យជី៊ង]	ជនភៀសខ្លួន(ព.)

9. Our daughter   /awr dótər   [រអ ារ 'ដត័រ   កូនស្រីយើងបង្រៀន
   teaches refugees. tíychəz réfyəjiyz./ 'ធីឈ៊ង 'រែហ្វ្យជី៊ង.]   ជនភៀសខ្លួន.

her	/hər/	[ហ៊័រ]	(របស់)គាត់(ស្រី)
boss	/bos/	[បស]	ចៅហ្វាយ
Miller	/mílər/	['មីលិរ]	(នាមត្រកូល)

10. Her boss is   /hər bos iz   [ហ៊័រ បស អ៊ិង   ចៅហ្វាយនាងជាលោក
    Mr. Miller.   místər mílər./ 'មីស្ត័រ 'មីលិរ.]   មីលិរ.

John: ផ្យាន៖

like	/layk/	[ឡាយក]	ចូលចិត្ត

11. How do you   /haw də yuw   [រហា ដ៊ឺ យ៊ូ   ម៉េចទៅ, កន្លែងនេះ?
    like it here? layk it hir?/   ឡាយក អ៊ិត ហ៊ិរ ?]

Sopha: សុផា៖

we	/wiy/	[អ៊ុ៊ី]	យើង

pretty	/príti/	[ប្រិទិ]	(គុណនាម+) ស្អែត
well	/wel/	[វែអ្ឌល]	(ម៉ាង) ល្អ, ពូវែក
12. We like it	/wiy layk it	[អ្ពឺ ឡ្ាយក អ៊ិត	យើងចូលចិត្ត (គួរសម) ស្អែត.
pretty well.	príti wel./	ប្រិទិ វែអ្ឌល.]	

Sok: សុខ:

would	/wud/	[វែអ្ឌដ]	និង (ម.ល.)
cigarette	/sígəret/	[សុគ្រែរ៉ែត]	ពូវី
13. Would you like	/wud yuw layk	[វែអ្ឌដ យូ ឡ្ាយក	លោកចង់ពានពូវីទេ?
a cigarette?	ə sígəret?/	អ៊ី សុគ្រែរ៉ែត ?]	
match	/maech/	[ស៊ែម៉ះ]	ឈើគូស
matches	/máechəz/	['ស៊ែម៉ះង]	ឈើគូស(ព.)
14. Here are some	/hir ar səm	[ហ៊ុរ អារ ស៊ម	នេះ(ជា)ឈើគូស(ខ្លះ).
matches.	máechəz./	'ស៊ែម៉ះង.]	

John: ដ៉ាន:

| thanks | /thaenks/ | [ស៊ែថ៍ងកស] | អរគុណ |
| 15. Thanks. | /thaenks./ | [ស៊ែថ៍ងកស.] | អរគុណ. |

B. KHMER PRONUNCIATION OF THE MODEL SENTENCES FOR THE TEACHER

1. qañcəəñ coul haəy qañcəəñ qaŋkuy.

2. nih (kɨɨ ciə) prapuăn kñom, sophaa.

3. kñom sɑpbaay nah daoy baan skŏəl
   look-srəy.

4. koun look nɨw ptẹəh tee?

5. baat tee, kee tɨw twəə kaa tẹəŋ-pii
   nẹəq.

6. kee twəə kaa nɨw qae naa?

7. koun-proh yəəŋ wiə baək taqsii.

8. kŏət miən laan kluən-qaeŋ.

9. koun-srəy yəəŋ wiə baŋriən
   cuăn-phiəh-kluən.

10. cawwaay niəŋ ciə look Miller.

11. məc tɨw, kɑnlaeŋ nih?

12. yəəŋ coul-cət dae.

13. look cɑŋ baan baarəy tee?

14. nih, chəə-kuuh.

15. qɑɑ-kun.

C. PRONUNCIATION DRILLS គ. លំហាត់អាន

1. Initial /kl-/ vs. /gl-/

   In Lesson 2 we had the initial
cluster /kl-/, as in 'close' /klowz/.

១. /kl/ [ខ្ល] ឧបពី /gl/ [គ្ល] ដើមពាក្យ
    នៅក្នុងមេរៀនទី ៣ យើងមានប្រើឧបង្គាម
    ព្យញ្ជនៈ /kl/ [ខ្ល] ដើមពាក្យ, ដូចជានៅក្នុង

In this lesson we have initial /gl-/,
as in 'glad' /glaed/. Contrast the
following minimal pairs:

close : glows   /klowz : g owz/

clad : glad   /klaed : glaed/

clean : glean   /kliyn : gliyn/

Claire : glare   /klaer : glaer/

class : glass   /klaes : glaes/

clue : glue   /kluw : gluw/

2. Initial /gl-/ vs. /gr-/

Now practice the following con-
trasts involving /gl-/ vs. /gr-/:

glow : grow   /glow : grow/

glad : grad   /glaed : graed/

glean : green   /gliyn : griyn/

glass : grass   /glaes : graes/

glue : grew   /gluw : gruw/

gloom : groom   /gluwm : gruwm/

3. Final /-p/ vs. /-b/

Khmer does not distnguish between
/-p/ and /-b/ in final position, having
only /-p/; this distinction will there-
fore be very difficult for Khmer speak-
ers. Place your fingers on the voice
box and say the syllables /pa/ and /ba/;
you will notice that /p/ has no vibra-
tion preceding the vowel in /pa/, while
in /ba/ the vibration begins on the /b/.
Try to put this same sound in final
position in the following contrasts
between final /-p/ and /-b/:

ពាក្យ close [ខ្លូប] 'ចិទ' ។ នៅក្នុងមេរៀនន
នេះ យើងប្រើបវង្កាមព្យញ្ជន: /gl/ [គ្ល] សូ្ចច
នៅក្នុងពាក្យ glad [ទ្គ្លែដ] 'សប្បាយ'។ បាត់ថា

[ខ្លូប : គ្លូប]   ចិទ : បព្រញ្ញពន្លឺ

[ទ្ខ្លែដ : ទ្គ្លែដ]   ស្លៀកពាក់ : សប្បាយ

[ប្ល៊ីន : គ្ល៊ីន]   ស្អាត : ប្រមូល

[ទ្ខ្លែរ : ទ្គ្លែរ]   (ឈ្លោះ) : ចាំង

[ទ្ខ្លែស : ទ្គ្លែស]   ថ្លាក់ : ទ័កវ

[ឃ្លូ : គ្លូ]   សព្ទ្ឋាព្រប់ផ្ធេវ : កាវ

២. /gl/ [គ្ល] ឬសពី /gr/ [គ្រ] ដើមពាក្យ

ឥឡូវវហ្វិកហ្វីនភាពប៉ូលកគ្លានទាំង /gl/ [គ្ល]
និង /gr/ [គ្រ] ដើមពាក្យ:

[គ្លូ : គ្រូ]   បព្រញ្ញពន្លឺ : ដុះ

[ទ្គ្លែដ : ទ្គ្រែដ]   សប្បាយ : អ្នកទេរៀនចប់

[គ្ល៊ីន : គ្រ៊ីន]   ប្រមូល : ពណ៌ិបៃតង

[ទ្គ្លែស : ទ្គ្រែស]   ទ័កវ : ស្មៅ

[គ្លូ : គ្រូ]   កាវ : ដុះ(ព.ម.)

[គ្លូម : គ្រូម]   ភាពងងឹត : កូនកំទេ្ឡាះ

៣. /p/ [ព] ឬសពី /b/ [ប] ចុងពាក្យ

នៅចុងពាក្យ ក្នុងភាសាខ្មែរ សូវ /p/ [ព]
ហើយនិង /b/ [ប] ឥតមានខុសគ្នាទេ ។ ដូវ្ចនះ
ភាពខុសគ្នាទាំងសូវទាំងពីរនេះនៅចុងពាក្យពិបាក
ថ្នាណាស់ចំពោះជនជាតិខ្មែរ ។ សូមយកម្រាមដៃទ
ស្អាបបំពង់ក ហើយបន្លឺ្រឡាគ្ [ប៉ា] ហើយនិង [បា] ។
លោកអ្នកនឹងសវែ្ងតឃើញថា ពេលបន្លឺ្រសូវ [ប៉ា] នៅ
ដើមពាក្យ [ប៉ា] បំពង់កឥតញ្ញ័រទេ, ទែ [បា] នេ
ដើមពាក្យ [បា] បំពង់កញ្ញ័រ ។ សូមល្បូងភាពខុស
គ្នាទាំងសូវពីរនេះនៅចុងពាក្យ នៅក្នុងលំហាត់
ខាងេ្រកាមនេះ :

cap : cab	/kaep : kaeb/	[ខែព : ខែប]	កាតិប : តាក់ស៊ី
tap : tab	/taep : taeb/	[ថែព : ថែប]	គោះបន្ទើរ ពុ : ស្លាក
lope : lobe	/lowp : lowb/	[ឡូ្ព : ឡូ្ប]	ជ្រោល : ទងប្រចៀក
lip : lib	/lip : lib/	[លិព : លិប]	បូររមាត់ : ការរាំជោរ:
rip : rib	/rip : rib/	[រិព : រិប]	នវ័ហក : ឆ្អឹងជំនី
sup : sub	/səp : səb/	[សិព : សិប]	ញ៉ាំពួយស្លាច : រ្រកាម
rope : robe	/rowp : rowb/	[រ៉ូ្ព : រ៉ូ្ប]	ពួរ : អាវផ្ទាយ
staple : stable	/stéypəl : stéybəl/	['ស្ចូពិល : 'ស្ចូបិល]	ដែកស្ពស្គីប : រ្រកោល
rapid : rabid	/ráepid : ráebid/	['រ៉ែពិដ : 'រ៉ែប៉ុដ]	លឿ្ន : ឆ្កួត (ឆ្កែ)
clapper : clabber	/kláepər : kláebər/	['ខ្លែពឺរ : 'ខ្លែប៉ិរ]	ត្រាប់ឈ្នើង : ទឹកជោរ:គោ ខូច

4. Initial /pl-/ vs. /pr-/

When we introduced the initial cluster /pl-/ in 'please' /pliyz/ in Lesson 3, we did not drill it, because it is similar to /pl-/ in Khmer, as in /plae/ 'fruit'; the /p/ is aspirated (i.e. pronounced with some breath) before /l/ in both languages. However, English /pr-/, as in 'pray' /prey/ is also aspirated, while in Khmer it is always unaspirated, as in /prae/ 'translate'. Practice the following contrasts:

play : pray	/pley : prey/	[ផ្លេ : ព្រេ]	លេង : បន់
plow : prow	/plaw : praw/	[ផ្លៅ : ព្រៅ]	នង្គ័ល : ក្បាលទូក
plea : pre-	/pliy : priy/	[ភ្លី : ព្រី]	ការអង្វរករ : (បុព្វបទ)
plays : praise	/pleyz : preyz/	[ផ្លេង : ព្រេង]	លេង (អ្នកទី៣) : សរសើរ
plod : prod	/plad : prad/	[ផ្លាដ : ព្រាដ]	ដើរអ៊ីកអ៊ាក ពុ : ចាក់
ply : pry	/play : pray/	[ផ្លាយ : ព្រាយ]	ប្រកប : គាល់

៤. /pl/ [ផ្ល] ឱុសពី /pr/ [ព្រ] ដើមពាក្យ

នៅ ពេលដែលយើ ងចាប់រ្យើចរង្កាមព្យ ញ្ជន:
/pl/ [ផ្ល] នៅ ដើមពាក្យ នៅ ក្នុងពាក្យ please [ភ្លៀង] 'សូម' នៅ ក្នុង មេរៀនទី ៣ យើ ងឥតមាន លំហាត់សម្រាប់សូរនេះទេ ពីរ្រព:ខ្វែរមានសូរ[ផ្ល] នេះ ដូចជានៅ ក្នុងពាក្យ 'ផ្លែ' ។ សូរ /p/ [ផ] មានខ្យល់កាឈោ រ្យើ នៅ មុខ /l/ [ល] ក្នុងភាសា អង់គ្លេសក៏ដូចជាក្នុងភាសាខ្វែរ ។ ក៏ប៉ុន្តែក្នុងភាសា អង់គ្លេស /pr/ [ព្រ] ដូចជាក្នុងពាក្យ pray [ព្រេ] 'បន់' មានខ្យល់ដូចគ្នានិង [ផ្ល]; ក្នុងភាសា ខ្វែរវិញ សូរនេះឥតមានខ្យល់ទេ ដូចជានៅ ក្នុង ពាក្យ 'ប្រែ' ។ សូមហាត់ថាគូរពាក្យ នៅ ខាងរ្រកាម នេះ ដោយចាំថា [ព្រ] មានខ្យល់ដូច [ផ្ល] ដែរ:

5. Initial /pr-/ vs. /br-/

Khmer /pr-/ as in /prae/ 'translate' is actually between English /br-/

៥. /pr/ [ព្រ] ឱុសពី /br/ [ប្រ] ដើមពាក្យ

សូរ /pr/ 'ប្រ-' ក្នុងភាសាខ្វែរ ដូចជាក្នុង ពាក្យ 'ប្រែ' មានសូរចន្លោះសូរដែលយើ ងតំណាង

and English /pr-/, so both /pr-/ and /br-/ will be difficult for Khmer students.

ដោយសញ្ញា /pr/ [ប្រ] ហើយនិង /br/ [ប្រ] ក្នុងភាសាអង់គ្លេស ។ សិស្សខ្មែរត្រូវចាំថ្ងាល់ថា /br/ [ប្រ] នៅក្នុងរបៀបតំណាងសូរសព្ទអង់គ្លេស ព័តមានសូរវឌ្ឍច 'ប្រ ្' ក្នុងអក្សរខ្មែរទេ ។

pray : bray	/prey : brey/	[ប្រៃ : ប្រៃ]	បន់ : កញ្ច្រុំង (សត្វល្អ)
prow : brow	/praw : braw/	[ប្រៅ : ប្រៅ]	ក្បាលទូក : ចិតព្រើម
praise : braise	/preyz : breyz/	[ប្រៃង : ប្រៃង]	សរសើរ : ខរ (លាថ់)
preach : breach	/priych : briych/	[ប្រីច : ប្រីច]	ទេសនា : ប្របោង
pride : bride	/prayd : brayd/	[ប្រាយដ : ប្រាយដ]	មោទនភាព : កូនក្រមុំ
prim : brim	/prim : brim/	[ប្រិម : ប្រិម]	គួរសមប្បួសចេតុ : មាត់ (ទ

6. Initial /tr-/ vs. /dr-/

Khmer speakers will have exactly the same problem with /tr-/ and /dr-/ as they have with /pr-/ vs. /br-/, since Khmer /tr-/ as in /trəy/ 'fish' is intermediate between English /tr-/ and /dr-/. Practice the following contrasts:

៦. /tr/ [ត្រ] ខុសពី /dr/ [ដ្រ] ដើមពាក្យ

ខ្មែរមានបញ្ហានិង /tr/ [ត្រ] ហើយនិង /dr/ [ដ្រ] ដូចគ្នានិងបញ្ហាដែលគេមានដាមួយ /pr/ [ប្រ] ហើយនិង /br/ [ប្រ], ដោយហេត មកពីក្នុងភាសាខ្មែរ 'ត្រ ្' ដូចដាក្នុងពាក្យ 'ត្រី 'មាន សូរនៅចន្លោះ /tr/ [ត្រ] ហើយនិង /dr/ [ដ្រ ខ្មែរឋានសូរ [ដ្រ] សោះ ។ ហាត់ថាគួពាក្យ ខាងក្រោមនេះ

try : dry	/tray : dray/	[ត្រាយ : ដ្រាយ]	ល : ស្ងួត
train : drain	/treyn : dreyn/	[ត្រៃន : ត្រៃន]	រវទៈរភ្លើង : ប្រប្រាយ
troop : droop	/truwp : druwp/	[ត្រូព : ត្រូព]	ក្រុម : ត្រោម
trip : drip	/trip : drip/	[ត្រិព : ត្រិព]	ដំណើរ : ស្រក់តក់ ព
tress : dress	/tres : dres/	[ត្រៃស : ត្រៃស]	កម្រង : អាវម៉ាដាំ
true : drew	/truw : druw/	[ត្រូ : ត្រូ]	ពិត : គូរ (ព.ម.)
*contrive : drive	/kəntráyv : drayv/	[កិន 'ត្រាយវ : ដ្រាយវ]	ប្រទិត : បើក (ទ្បា

7. Final /-nk/ vs. /-nks/

In Lesson 1, we contrasted final /-ng/, which Khmer has, with final /-nk/ which Khmer doesn't have. Thus Khmer has neither /-nk/ nor /-nks/ in the following drill.

៧. /nk/ [ងក] ខុសពី /nks/ [ងកស] ចុងពាក

នៅក្នុងមេរៀនទី ១ ហើងប្រៀបធៀបចុង ភាពខុសគ្នារវាង [ង] ចុងពាក្យ ដែលមានក្នុងភាព ខ្មែរ ហើយនិង [ងក] ដែលគ្មានក្នុងភាសាខ្មែរ ។ ដូច្នេះ ចងង្គាម [ងក] កំដគមាន , [ងកស] កំដគ មាន នៅក្នុងលំហាត់ខាងក្រោមនេះ ។

thank : thanks	/thaenk : thaenks/	[ថែ៉ងក : ថែ៉ងកស]	អរគុណ : (ពួចគ្នា, អ្នកទាំ)
think : thinks	/think : thinks/	[ធិ៉ងក : ធិ៉ងកស]	គិត : (ពួចគ្នា, អ្នកទាំ)
bank : banks	/baenk : baenks/	[ថែ៉បងក : ថែ៉បងកស]	ធនាគារ : (ពួចគ្នា, ៣.)
tank : tanks	/taenk : taenks/	[ថែ៉ងក : ថែ៉ងកស]	អាង : (ពួចគ្នា, ៣.)
pink : pinks	/pink : pinks/	[ភិងក : ភិងកស]	ពណ៌សិ៉ជម្ពូ : (ពួចគ្នា, ៣.)
dunk : dunks	/dənk : dənks/	[ដ៉ីងក : ដ៉ីងកស]	ជ្រលក់ : (ពួចគ្នា, អ្នកទាំ)

D. GRAMMAR NOTES AND DRILLS

ឃ. ពន្យល់ពីយនិងលំហាត់រវិយ្យាករណ៍

1. The Plural Ending /-əz/

១. បច្ច័យពហុវិចន: /-əz/ [អ៊ិង]

In Lesson 2 we presented the first two rules of the regular English plural:

1) Words that end in voiceless finals add /-s/, e.g.

cat : cats	/kaet : kaets/	[ខៃត : ខៃតស]	ឆ្មា : ឆ្មា (៣.)

2) Words that end in voiced finals (including vowels) add /-z/, e.g.:

dog : dogs	/dog : dogz/	[ដគ : ដគង]	ឆ្កែ : ឆ្កែ (៣.)
bee : bees	/biy : biyz/	[ប៊ី : ប៊ីង]	ឃ្មុំ : ឃ្មុំ (៣.)

In this lesson we add the third 'rule' of the regular English plural, which is an exception to rules 1) and 2):

3) Words that end in one of the finals /ch s sh j z zh/ add /-əz/; e.g.:

match : matches	/maech : máechəz/	[ម៉ែឆ : 'ម៉ែឆង]	ឈើឆ្កស : (៣.)
boss : bosses	/bos : bósəz/	[បស : 'បសិ៉ង]	ចៅហ្វាយ : (៣.)
ash : ashes	/aesh : áeshəz/	[ឝែស្យ : 'ឝែស្យ៉ីង]	ផេះ : (៣.)
judge : judges	/jəj : jə́jəz/	[ជ៉ុជ : ជ៉ុជ៉ីង]	ចៅក្រម : (៣.)
rose : roses	/rowz : rówzez/	[រ៉ូង : 'រ៉ូង៉ីង]	ផ្កាកុលាប : (៣.)
garage : garages	/gərázh : gərázhəz/	[គ៉ុ'រ៉ាហ្យ : គ៉ុ'រ៉ាហ្យ៉ីង]	យានដ្ឋាន : (៣.)

A fourth rule that might be added as an exception to rule 1) was presented in Lesson 4, Grammar Note 3:

នៅក្នុងមេរៀនទី ២, កំណត់រវិយ្យាករណ៍ទី ៣, យើងបានបកស្រាយឌូវិនិធានពីរដំបូងនៃពហុវិចន:

ធម្មតាក្នុងភាសាអង់គ្លេស, គឺ ១. ពាក្យណាឝែលមាន សូរគ្នានសម្លេងចុងប្រកាយត្រូវទទួលសូរ /s/ [ស], ឧ.

២. ពាក្យណាឝែលមានសូរមានសម្លេងចុងប្រកាយ (ព្យញ្ជន:ក៏ដោយ ស្រ:ក៏ដោយ) ត្រូវទទួល /z/ [ង]ឧ.

នៅក្នុងមេរៀននេះ យើងបន្ថែមវិនិធានទី ៣ នៃពហុ_ វិចន:ធម្មតាក្នុងភាសាអង់គ្លេស ឝែលជឌ្ប្បងពីវិនិធានទី ១ និងទី ២ ខាងលើនេះ:

៣. ពាក្យណាឝែលមានសូរ [ឆ ស ស្យ ជ ង ហ្យ] នៅខាងចុង ត្រូវទទួលសូរ /-əz/[អ៊ិង], ឧ.

យើងអាចបន្ថែមវិនិធានទី ៤ ឝែលមិនអាចជាក់បញ្ចូល ទៅនិងវិនិធានទី ១ បាន ហើយយើងបានពន្យល់នៅក្នុង មេរៀនទី ៤, កំណត់រវិយ្យាករណ៍ទី ៣:

4) Some (but not all) words that end
   in /-f/ change /f/ to /v/ and add
   /-z/, e.g.:

៤. ពាក្យខ្លះ (ទែតមិនទាំងអស់) ដែលមាន /f/ [ហ្វ
   នៅខាងចុងត្រូវផ្លាស់ [ហ្វ] ទៅជា /v/ [វ
   រើយថែមសូរ /z/ [ឍ], ឧ.

wife : wives	/wayf : wayvz/	[អ្វាយហ្វ : អ្វាយវឍ] ប្រពន្ធ : (៣.)
knife : knives	/nayf : nayvz/	[ណាយហ្វ : ណាយវឍ] កាំបិត : (៣.)

Practice the following contrasts
involving these four rules:

ចាត់ប្រៀបនាមសព្ទខាងក្រោមនេះឲ្យយទៅជាពហុវចន
ដោយប្រើវិធានទាំងបួននេះ :

cat : cats	/kaet : kaets/	[ខែត : ខែតស] ឆ្មា : (៣.)
cap : caps	/kaep : kaeps/	[ខែព : ខែពស] កាតិប : (៣.)
book : books	/buk : buks/	[បឹក : បឹកស] សៀវិភៅ : (៣.)
bee : bees	/biy : biyz/	[បី : បីឍ] ឃ្មុំ : (៣.)
dog : dogs	/dog : dogz/	[ដគ : ដគឍ] ឆ្កែ : (៣.)
cab : cabs	/kaeb : kaebz/	[ខែប : ខែបស] តាក់ស៊ី : (៣.)
name : names	/neym : neymz/	[ណេម : ណេមឍ] ឈ្មោះ : (៣.)
table : tables	/téybəl : téybəlz/	['ថេបិល : 'ថេបិលឍ] តុ : (៣.)
match : matches	/maech : máechəz/	[ម៉ែឆ : ម៉ែឆឍ] ឈើគូស : (៣.)
boss : bosses	/bos : bósez/	[បស : 'បសិឍ] ចៅហ្វាយ : (៣.)
dish : dishes	/dish : díshəz/	[ឌិស្ស : ឌិស្សឍ] ចាន : (៣.)
judge : judges	/jəj : jéjəz/	[ជុំជ : 'ជុំជឍ] ចៅក្រម : (៣.)
rose : roses	/rowz : rówzəz/	[រ៉ូឍ : រ៉ូឍឍ] ផ្កាកុលាប : (៣.)
beige : beiges	/bezh : bézhəz/	[បិឌ្យ : 'បិឌ្យឍ] ពណ៌ឆ្នាតស្ទី : (៣.)
wife : wives	/wayf : wayvz/	[អ្វាយហ្វ : អ្វាយវឍ] ប្រពន្ធ : (៣.)
knife : knives	/nayf : nayvz/	[ណាយហ្វ : ណាយវឍ] កាំបិត : (៣.)

la. Substitution Drill

I have two <u>cats</u>.	ខ្ញុំមានឆ្មាពីរ.
I have two <u>dogs</u>.	ឆ្កែ
I have two <u>matches</u>.	ឈើគូស
I have two <u>knives</u>.	កាំបិត
I have two <u>dishes</u>.	ចាន
I have two <u>names</u>.	ឈ្មោះ
I have two <u>books</u>.	សៀវិភៅ
I have two <u>cars</u>.	ឡាន
I have two <u>bosses</u>.	ចៅហ្វាយ [នាក់] .

1b. <u>Transformation Drill</u>   លំហាត់ប្ដូរប្រយោគ

    In this drill, use the word 'two'   នៅក្នុងលំហាត់នេះ សូមប្រើពាក្យ two [ពីរ]
before the noun and the appropriate form 'ពីរ' ហើយប្ដូរនាមសព្ទនិយាយទៅជាពហុវចន:និយាយស្រប
of the plural.   ទៅតាមវិធានសូម្បាន រ៉ាយរ៉ាប់ខាងលើនេះ ។

I have a cat.   ខ្ញុំមានឆ្មា (មួយ).

    I have two cats.   ខ្ញុំមានឆ្មាពីរ.

I have a dog.   ខ្ញុំមានឆ្កែ (មួយ).

    I have two dogs.   ខ្ញុំមានឆ្កែពីរ.

I have a match.   ខ្ញុំមានឈើគូស (មួយ).

    I have two matches.   ខ្ញុំមានឈើគូសពីរ.

I have a knife.   ខ្ញុំមានកាំបិត (មួយ).

    I have two knives.   ខ្ញុំមានកាំបិតពីរ.

I have a dish.   ខ្ញុំមានចាន (មួយ).

    I have two dishes.   ខ្ញុំមានចានពីរ.

I have a rose.   ខ្ញុំមានផ្កាកុលាប (មួយ).

    I have two roses.   ខ្ញុំមានផ្កាកុលាបពីរ.

I have a car.   ខ្ញុំមានឡាន (មួយ).

    I have two cars.   ខ្ញុំមានឡានពីរ.

I have a boss.   ខ្ញុំមានចៅហ្វាយ [ម្នាក់].

    I have two bosses.   ខ្ញុំមានចៅហ្វាយពីរ [នាក់].

I have a name.   ខ្ញុំមានឈ្មោះ (មួយ).

    I have two names.   ខ្ញុំមានឈ្មោះពីរ.

I have a table.   ខ្ញុំមានតុ (មួយ).

    I have two tables.   ខ្ញុំមានតុពីរ.

1c. <u>Transformation Drill</u>   លំហាត់ប្ដូរប្រយោគ

    Use the number supplied by the   នៅក្នុងលំហាត់នេះ យកលេខដែលគ្រូផ្ដល់និយាយ
teacher and add the appropriate plural.   ហើយប្ដូរនាមសព្ទនិយាយទៅជាទ្រង់ពហុវចន: ។

I have a cat. (two)   ខ្ញុំមានឆ្មា. (ពីរ)

    I have two cats.   ខ្ញុំមានឆ្មាពីរ.

I have a dog. (four)   ខ្ញុំមានឆ្កែ. (បួន)

    I have four dogs.   ខ្ញុំមានឆ្កែបួន.

I have a car. (three)   ខ្ញុំមានឡាន. (បី)

    I have three cars.   ខ្ញុំមានឡានបី.

I have a match. (five)   ខ្ញុំមាន ឈើគូស. (ប្រាំ)

   I have five matches.   ខ្ញុំមាន ឈើគូសប្រាំ[ដើម].

I have a dish. (ten)   ខ្ញុំមានចាន. (ដប់)

   I have ten dishes.   ខ្ញុំមានចានដប់.

I have a knife. (six)   ខ្ញុំមានកាំបិត. (ប្រាំមួយ)

   I have six knives.   ខ្ញុំមានកាំបិតប្រាំមួយ.

I have a rose. (eight)   ខ្ញុំមានផ្កាកុលាប. (ប្រាំបី)

   I have eight roses.   ខ្ញុំមានផ្កាកុលាបប្រាំបី.

I have a wife. (two)   ខ្ញុំមានប្រពន្ធ. (ពីរ)

   I have two wives.   ខ្ញុំមានប្រពន្ធពីរ[នាក់].

2. The English Subject Pronouns

២. <u>សព្វនាមប្រើជាប្រធានក្នុងភាសាអង់គ្លេស</u>

    We have already met five different English pronouns:

យើងបានប្រទះឃើញហើយនូវវិសព្វនាមប្រាំវីដែលប្រើជាប្រធានក្នុងភាសាអង់គ្លេស, គឺ:

I	/ay/	[អាយ]	ខ្ញុំ
You	/yuw/	[យូ]	លោក, អ្នក, ។ល។
He	/hiy/	[ហ៊ី]	គាត់, វា (ប្រុស)
She	/she/	[ស្ស៊ី]	គាត់, វា (ស្រី)
It	/it/	[អ៊ិត]	វា (វត្ថុ, សត្វ ។ល

In this lesson we introduce the only two remaining subject pronouns:

នៅក្នុងមេរៀននេះ យើងឃើញនូវវិប្រធានសព្វនាម អង់គ្លេសពីរងទៀត, គឺ:

We	/wiy/	[វ៊ី]	យើង, ពួកខ្ញុំ
They	/dhey/	[ឌេ]	គេ, គាត់, វា (ព

To explain these pronouns, and to talk about English verbs in the remainder of this book, we have to introduce some grammatical terms at this point:

ដើម្បីនិងពន្យល់អំពីសព្វនាម ហើយនិងនិភាក្រាអំពី កិរិយាសព្ទអង់គ្លេសក្នុងសៀវិភៅនេះចាប់ពីមេរៀន នេះទៅ យើងនិងលើកយកពាក្យរង់ឡ្យាករណ៍ខ្លះៗមក ពិភាក្រា ស្ងួចនេទៅ:

1) 1st person: the person or persons speaking.

១) អ្នកទី ១: មនុស្សម្នាក់ ឬមនុស្សៗប្រើននាក់ដែល កំពុងនិយាយ.

2) 2nd person: the person or persons spoken to

២) អ្នកទី ២: មនុស្សម្នាក់ ឬមនុស្សៗប្រើននាក់ដែល គេនិយាយទៅរក.

3) 3rd person: the person or persons, thing or things, spoken about

៣) អ្នកទី ៣: មនុស្សម្នាក់ ឬមនុស្សៗប្រើននាក់ (ឬវត្ថុ) ដែលគេយកមកនិយាយ.

4) singular: referring to only one

5) plural: referring to more than one

Now we can arrange the English subject pronouns in the following chart, using the above categories:

៤) ឯកវចន: : សំដៅចំពោះអ្វីៗតែមួយ

៥) ពហុវចន: : សំដៅចំពោះអ្វីៗច្រើនជាងមួយ

ឥឡូវនេះយើងអាចរៀបសព្វនាមអង់គ្លេសជាតារាង ដៅយយោងទៅតាមប្របភេទនៃសព្វនាមទាំងឡាយ ខាងលើនេះ: :

	Singular	Plural		ឯកវចន:	ពហុវចន:
1st person	I	We	អ្នកទី ១	ខ្ញុំ	យើង, ពួកខ្ញុំ
2nd person	You	You	អ្នកទី ២	លោក, អ្នក, ។ល។	លោក, អ្នក, ។ល។
3rd person	He She It	They	អ្នកទី ៣	គាត់, វា (ប្រុស) គាត់, វា (ស្រី) វា (វត្ថុ)	គាត់, វា, វត្ថុ

Notice that the 2nd person singular and plural forms are both 'you', so there are only seven different subject pronouns. Khmer, by contrast, has a complex system of pronouns, and words that serve as pronouns, which vary with the situation and the relationship between the person speaking and the person spoken to or referred to. However, as a matter of convenience, we will use the following 'standardized' translations of the English pronouns in the drills and, where possible, also in the Model Sentences and Model Conversations, throughout the remainder of this book, with the understanding that they would not be accurate Khmer

សូមកត់សម្គាល់ថា អ្នកទី ២ ឯកវចន:ក៏ដៅយ ពហុវចន: ក៏ដៅយ គឺ you [ឃ្យូ]; ដូច្នេះប្រធានសព្វនាមទាំង អស់មានតែប្រាំពីរទេ ។ ចំណែកឯភាសាខ្មែរវិញ្ញ មាន សព្វនាមច្រើនណាស់ ឧទ្ទមាប់ប្រើចំពោះអ្នកទី ១ (ឧ. ខ្ញុំ, អញ្ញ, អាត្មា, កូន, ។ល។), ចំពោះ អ្នកទី ២ (ឧ. លោក, អ្នក, ឯង, ទឹពុក, ។ល។), យើងនិងចំពោះអ្នកទី ៣ (ឧ. គាត់, វា, នាង, គេ, ។ល។) ដែលអាស្រ័យទៅលើទំនាក់ទំនងរវាង អ្នកនិយាយនិងអ្នកដែលគេនិយាយទៅរក ។ ប៉ុន្តែនេះ យើយ តាងពីមេរៀននេះតទៅក្នុងសៀវភៅនេះ យើងនិងប្រើពាក្យទាំងឡាយទេ ដើម្បីបកប្រែសព្វនាម អង់គ្លេសនិយម ៧ (ដូចមានបង្ហាញក្នុងតារាងខាង ក្រោមនេះ) គ្រាន់តែជាការរបួលមួលក្នុងការបកប្រែ លំហាត់ផ្សេងៗ យើយដូនកាលនៅក្នុងឃ្លាគំរូនិងសន្ទនា គំរូ, ទោះបីយើយយល់ថា ពាក្យទាំងនេះប្រហែលជាមិន ត្រឹមត្រូវនាមកាល:ទេ:ក្នុងភាសាខ្មែរក៏ដៅយ ។

translations in every context: ធម្មតាឃើងនឹងរៃ្របស់ពួនាមអង់គ្លេសដូចខាងក្រោមន

I	/kñom/	ខ្ញុំ
You	/neəq/	អ្នក
He	/koət/	គាត់
She	/niəŋ/	នាង
It	/wiə/	វា
We	/yəəŋ/	យើង
They (persons)	/kee/	គេ (មនុស្ស, ព.)
They (things)	/wiə/	វា (វិត្ថុ, ព.)

3. The Irregular Verb 'To Be'

៣. កិរិយាសព្ទវ៉ែុកពីធម្មតា To Be

In 3D5 we learned that the verb 'to be' has three different forms in the present tense, depending on the subject, i.e.:

នៅក្នុង ៣.ឃ.៥. យើងបានដឹងថា នៅក្នុង ពេលឥឡូវនេ កិរិយាសព្ទ to be 'ជា, នៅ ' មាន ទ្រង់ដ៏បី ៃ៏ដលស្ត្រូវស្របតទៅនាមប្រធានជាអ្នកទី ១ អ្នកទី ២ ឬ អ្នកទី ៣, គឺ

I am	/ay aem/	[អាយ ៃអម]	ខ្ញុំជា
You are	/yuw ar/	[ឃ អារ]	អ្នកជា
He is	/hiy iz/	[ហ៊ី អ៊ិង]	គាត់ជា

Now that we have all the subject pronoun forms, we can show the correlation between the pronouns and the forms of the verb 'to be' in the chart below:

រដ៏ាយយើងបានបង្ហាញ្ញតួវិសព្ទនាមប្រធានទាំងអស់ហើយ យើងដ៏ាក់ជួនបានទំនាក់ទំនិងនវ៉ាងសព្ទនាមនិងទ្រម៌ង ទាំងឡ្ឍាយៃនកិរិយាសព្ទ to be នៅក្នុងតារាង ខាងក្រោមនេះ :

	Singular	Plural		ឯកវិចន:	ពហុវិចន:
1st	I am	We are	អ្នកទី១	ខ្ញុំជា	យើងជា
2nd	You are	You are	អ្នកទី២	អ្នកជា	អ្នកជា
3rd	He She It }is The book Bill	They }are The books Bill and Mary	អ្នកទី៣	គាត់ នាង វា }ជា ស្យេវិៃនភៅ ប៊ីល	គេ, វា } ស្យេវិៃនភៅ (ព.) ប៊ីលហើយនិងៃមរិ

Notice that 'you', 'we', and 'they' all take 'are', so the only different forms are 'am' and 'is'. Notice also that 'he', 'she', and 'it', as well as nouns such as 'car, book, table' and proper names such as 'Bill' and 'Mr. Smith' are treated as 3rd person singular, and take the verb form 'is'; 'they', as well as plural nouns such as 'books, cars, tables' and compound subjects such as 'Bill and Mary' and 'The Smiths' are treated as 3rd person plural, and take the verb form 'are'. Study the following examples:

សូមកត់សម្គាល់ថា you, we ហើយនិង they ប្រើ ជាពហុនិង are ។ ទ្រង់ឯទ្រង់តមានតែ am ហើយនិង is ។ កត់សម្គាល់ទ្រង់តថា he, she ហើយនិង it ព្រមទាំងនាមសព្ទឯកវចន:ដូចយ៉ាត ដូចជា 'ទ្យាន, សៀវ៉ិនភៅ, តុ' ហើយនិងអសាធា_ រណនាមដូចជា 'បិល, លោកស្ម៊ីថ' ត្រូវចាត់ទុកដូចជា អ្នកទី ៣ (មនុស្ស ឬ វិត្ថុ ដែលគេយកមកនិយាយ) ហើយ ត្រូវប្រើជាពហុនិង is ។ They ព្រមទាំង នាមសព្ទពហុវចន:ដូចជា 'សៀវ៉ិនភៅ (ព.), ទ្យាន (ព.), តុ (ព.) ហើយនិងប្រធានពហុវចន:ដូចជា 'បិលហើយនិងម៉េរី', 'ត្រួសា រស្ម៊ីថ' ត្រូវចាត់ទុកជា អ្នកទី ៣ ពហុវចន: ហើយត្រូវទ្យូវស៊ុលកិរិយាសព្ទទ្រង់ are ។ សូមសិក្សាទ្យូវទ្យាបរណ៌ខាងក្រោមនេះ :

I __am__ here.   ខ្ញុំនៅ នេះ.

You __are__ here.   អ្នកនៅ នេះ.

He __is__ here.   គាត់នៅ នេះ.

She __is__ here.   នាងនៅ នេះ.

It __is__ here.   វានៅ នេះ.

The book __is__ here.   សៀវ៉ិនភៅ នៅ នេះ.

Bill __is__ here.   បិលនៅ នេះ.

We __are__ here.   ហើយឯ នៅ នេះ.

They __are__ here.   គេ នៅ នេះ.

The books __are__ here.   សៀវ៉ិនភៅ (ព.) នៅ នេះ.

The Smiths __are__ here.   ត្រួសា រស្ម៊ីថ នៅ នេះ.

Bill and Mary __are__ here.   បិលហើយនិងម៉េរី នៅ នេះ.

The cat and the dog __are__ here.   ឆ្មាហើយនិងឆ្កែនៅ នេះ.

3a. Substitution-Matching Drill

In this substitution drill, choose the right form of the verb based on the teacher's subject.

__I__ am here.

__He__ is here.

លំហាត់ជំនួនពាក្យហើយប្រ ដើសពាក្យខ្វែដែលត្រូវ៉ិការ

ក្នុងលំហាត់នេះ សូមប្រ ដើសយកទ្រង់មងកិរិយាសព្ទ to be មកប្រើ ឱ្យស្របទៅនិងប្រធានខ្វែដែលត្រូ ផ្ដល់ឱ្យ :

ខ្ញុំនៅ នេះ.

គាត់នៅ នេះ.

They are here.   គេនៅនេះ.

You are here.   អ្នក

She is here.   នាង

It is here.   វា

The book is here.   សៀវភៅ

We are here.   យើង

The knives are here.   កាំបិត(ព.)

Bill and Mary are here.   ប៊ិលហើយនិងម៉ែរិ

The car is here.   ទ្បាន

John is here.   ផ្ចាន

The Smiths are here.   គ្រួសារស្មិថ

The pencils are here.   ខ្មៅដៃ(ព.)

The book and the pen are here.   សៀវភៅហើយនិងប៊ិច

The matches are here.   ឈើគូស(ព.)

The cab is here.   តាក់ស៊ី

3b. Substitution-Matching Drill   លំហាត់ជ្រើសហើយនិងបូរពាក្យ

     Now choose the right form of the   ឥទ្បូវសូមជ្រើសយកទម្រង់កិរិយាសព្ទមកប្រើឱ្យ
verb in the following questions: ប្រសើរទៅនិងសំនួរ:

Where is your book?   សៀវភៅអ្នកនៅឯណា ?

Where are you?   អ្នក

Where are they?   គេ

Where is she?   នាង

Where is my wife?   ប្រពន្ធខ្ញុំ

Where are the books?   សៀវភៅ(ព.)

Where is it?   វា

Where are Mr. and Mrs. Smith?   លោក[ស្មិថ]ហើយនិងលោកស្រីស្មិថ

Where am I?   ខ្ញុំ

Where are we?   យើង

4. Choosing the Right Subject Pronoun   ៤. ការជ្រើសសព្វនាមប្រធានដែលត្រូវការ

     In the following drills, replace   នៅក្នុងលំហាត់ផ្សេងៗ ខាងក្រោមនេះ
the subject in the teacher's sentence សូមជ្រើសយកសព្វនាមដែលត្រូវនៃមកប្រើជំនួសប្រធាន
with the right pronoun: នៃដែលគ្រូប្រើ :

4a. <u>Transformation Drill</u> លំហាត់វិប្រប្រួលឃ្លា

Bill is here. ប៊ីលនៅនេះ.

   He is here. គាត់នៅនេះ.

Mary is here. ម៉េរីនៅនេះ.

   She is here. នាងនៅនេះ.

The book is here. សៀវភៅនៅនេះ.

   It is here. វានៅនេះ.

The books are here. សៀវភៅ(ព.)នៅនេះ.

   They are here. វា(ព.)នៅនេះ.

My wife is here. ប្រពន្ធខ្ញុំនៅនេះ.

   She is here. នាងនៅនេះ.

John and Jane are here. ជ្អនហើយនិងជេ៎នៅនេះ.

   They are here. គេនៅនេះ.

The table is here. តុនៅនេះ.

   It is here. វានៅនេះ.

My book is here. សៀវភៅខ្ញុំនៅនេះ.

   It is here. វានៅនេះ.

The Smiths are here. គ្រួសារស្មិថនៅនេះ.

   They are here. គេនៅនេះ.

The car is here. ឡានៅនេះ.

   It is here. វានៅនេះ.

Your husband is here. ប្ដីអ្នកនៅនេះ.

   He is here. គាត់នៅនេះ.

4b. <u>Transformation Drill</u> លំហាត់វិប្រប្រួលឃ្លា

Where is the car? ឡាននៅឯណា ?

   Where is it? វានៅឯណា ?

Where are my books? សៀវភៅ(ព.)ខ្ញុំ នៅឯណា ?

   Where are they? វា(ព.)នៅឯណា ?

Where is my wife? ប្រពន្ធខ្ញុំនៅឯណា ?

   Where is she? នាងនៅឯណា ?

Where are the Smiths? គ្រួសារស្មិថនៅឯណា ?

   Where are they? គេនៅឯណា ?

Where is your book?	សៀវភៅអ្នកនៅឯណា ?
Where is it?	វានៅឯណា ?
Where is John?	ជ៉ាននៅឯណា ?
Where is he?	គាត់នៅឯណា ?
Where are Bill and Mary?	ប៊ីលហើយនិងម៉េរីនៅឯណា ?
Where are they?	គេនៅឯណា ?
Where is your husband?	ប្ដីអ្នកនៅឯណា ?
Where is he?	គាត់នៅឯណា ?

5. Contraction of 'We are' and 'They are' to 'We're' and 'They're'	៥. We are ហើយនិង They are បំប្រួញទៅ ជា We're ហើយនិង They're

We have already learned that 'I am' 'You are' and 'He/She/It is' are contracted in normal speech. 'We are' and 'They are' also contract to 'We're' and 'They're', as shown in the following chart. Notice that some pronouns are pronounced slightly differently before a contracted verb:

 យើងបានឃើញមកហើយថា I am, You are ហើយនិង He/She/It is ត្រូវគេបំប្រួញក្នុងការ ប្រើប្រាស់ធម្មតា ។ ដូចគ្នាដែរ We are ហើយនិង They are ក៏ត្រូវបំប្រួញទៅជា We're [អ៊ីរ] និង They're [ទ៉ែរ] ដូចនៅក្នុងតារាងខាង ក្រោមនេះ ។ កត់សម្គាល់ថា ក្នុងទម្រង់បំប្រួញនេះ សព្វនាមខ្លះមានសូរខុសគ្នាបន្តិចពីសព្វនាមដែលមិនប្រើ ពីមុខកិរិយាសព្ទបំប្រួញ :

I am : I'm	/ay aem : aym/	[អាយ អែម : អាយម]	ខ្ញុំជា/ខ្ញុំនៅ
You are : You're	/yuw ar : yur/	[យូ អារ : យ៉ូរ]	អ្នកជា/អ្នកនៅ
He is : He's	/hiy iz : hiyz/	[ហ៉ី អ៊ីង : ហ៉ីង]	គាត់ជា/គាត់នៅ
She is : She's	/shiy iz : shiyz/	[ស្យ៉ី អ៊ីង : ស្យ៉ីង]	នាងជា/នាងនៅ
It is : It's	/it iz : its/	[អ៊ីត អ៊ីង : អ៊ីតស]	វាជា/វានៅ
We are : We're	/wiy ar : wir/	[វ៉ី អារ : អ៊ីរ]	យើងជា/យើងនៅ
They are : They're	/dhey ar : dhaer/	[ទេ អារ : ទ៉ែរ]	គេជា/គេនៅ

5a. Transformation Drill   លំហាត់ប្រែប្រួលឃ្លា

Practice the contraction 'We're':   ហាត់បំប្រួញ We are នឹយទៅជា We're:

We are here.	យើងនៅនេះ.
We're here.	(ដូចគ្នា)
We are students.	យើងជា កូនសិស្ស.
We're students.	(ដូចគ្នា)
We are Mr. and Mrs. Smith.	យើងជា លោក ហើយនិងលោក ស្រីស្ម៊ីថ.
We're Mr. and Mrs. Smith.	(ដូចគ្នា)

We are hungry.

   We're hungry.

We are at work.

   We're at work.

We are not tired.

   We're not tired.

5b. <u>Transformation Drill</u>

    Now practice the contraction
'They're':

They are here.

   They're here.

They are over there.

   They're over there.

They are on the table.

   They're on the table.

They are my books.

   They're my books.

They are not here.

   They're not here.

They are teachers.

   They're teachers.

They are at school.

   They're at school.

They are sleepy.

   They're sleepy.

6. <u>Contraction of 'Is' to '-'s'</u>

    You may have noticed in the
preceding Grammar Note that <u>-'s</u> in
'He's' and 'She's' is pronounced /z/,
while in 'it's' it is pronounced /s/.
In fact, the rules for pronouncing <u>-'s</u>
in the contracted form of 'is' are

exactly like those given in Grammar
Note 1 for the pronunciation of the
regular English plural; we can now
state these rules in a slightly
different order:

កំណត់វិយ្យាករណ៍ទី ១ សម្រាប់របៀបអានអក្សរ
-s របស់ទម្រង់ពហុវចន:ទៃននាមសព្ទធម្មតាក្នុងភាសា
អង់គ្លេស ។ នៅខាងក្រោមនេះ យើងនឹងបង្ហាញ
វិធានទាំងនោះ ដោយយប្រើលំដាប់ខុសគ្នាបន្តិចពីវិធាន
នៅក្នុងកំណត់វិយ្យាករណ៍ទី ១:

1) After /p t k f th/: /s/

it is : it's	/it iz : its/
that is : that's	/dhaet iz : dhaets/
book is : book's	/buk iz : buks/
Dick is : Dick's	/dik iz : diks/

១) នៅពីរេក្រាយព្យញ្ជន:[ផ ថ ខ ហ្វ ថ]: [ស]

[អ៊ិត អ៊ិង : អ៊ិតស]	វាជា /នៅ : (ក្លួចគ្នា)
[ទ្ឌិត អ៊ិង : ទ្ឌិតស]	នោះជា /នៅ : (ក្លួចគ្នា)
[បើ៊ក អ៊ិង : បើ៊កស]	សៀវិភៅជា /នៅ: (ក្លួចគ្
[ឌិក អ៊ិង : ឌិកស]	ឌិកជា /នៅ : (ក្លួចគ្នា)

2) After /ch s sh j z zh/: /əz/

match is : match's	/maech iz : máechəz/
boss is : boss's	/bos iz : bósəz/
fish is : fish's	/fish iz : físhəz/
jazz is : jazz's	/jaez iz : jáezəz/

២) នៅពីរេក្រាយព្យញ្ជន:[ឆ ស ស្ស ជ ៥ ហ្ស]:[អ្ស]

[ម៉ែឆ អ៊ិង : 'ម៉ែឆិង]	ឈរិគួរជា /នៅ : (ក្លួចគ្នា)
[បស អ៊ិង : 'បសិង]	ចៅហ្វាយជា /នៅ : (ក្លួចគ្នា)
[ហ្ពិស្ស អ៊ិង : 'ហ្ពិស្សិង]	ត្រីជា /នៅ : (ក្លួចគ្នា)
[ឌែជិង : 'ឌែជិង]	ហ្សាសជា : (ក្លួចគ្នា)

3) After all other finals: /z/

he is : he's	/hiy iz : hiyz/
she is : she's	/shiy iz : shiyz/
car is : car's	/kar iz : karz/
John is : John's	/jan iz : janz/

៣) នៅពីរេក្រាយព្យញ្ជន:ណាទទៀតកំដោយ: [៥]

[ហ៊ី អ៊ិង : ហ៊ីង]	គាត់ជា /នៅ : (ក្លួចគ្នា)
[ស៊ី អ៊ិង : ស៊ីង]	នាងជា /នៅ : (ក្លួចគ្នា)
[ខារ អ៊ិង : ខាររ៥]	ឡានជា /នៅ :(ក្លួចគ្នា)
[ជ៉ាន អ៊ិង : ជ៉ានរ៥]	ជ៉ានជា /នៅ : (ក្លួចគ្នា)

6a. Transformation Drill

Contract 'is' according to the
above pattern:

លំហាត់វៃប្រប្រួលល្អ

នៅក្នុងលំហាត់នេះ បំប្រួញ is តាមវិធាន
ខាងលើនេះ :

He is here.

គាត់នៅនេះ.

 He's here.

 (ក្លួចគ្នា)

It is over there.

វានៅត្រង់នោះ:.

 It's over there.

 (ក្លួចគ្នា)

She is not here.

នាងមិននៅនេះទេ.

 She's not here.

 (ក្លួចគ្នា)

John is not at home.

ជ៉ានមិននៅផ្ទះទេ.

 John's not at home.

 (ក្លួចគ្នា)

The book is on the table.

សៀវិភៅមិននៅតុទេ.

 The book's on the table.

 (ក្លួចគ្នា)

The cab is here.   តាក់ស៊ីនៅនេះ.

   The cab's here.   (ដូចគ្នា)

Mary is a student.   ម៉េរីជាកូនសិស្ស.

   Mary's a student.   (ដូចគ្នា)

Dick is at work.   ឌិកនៅ[កន្លែង]ធ្វើការ.

   Dick's at work.   (ដូចគ្នា)

That is a table.   នោះគឺជាតុ.

   That's a table.   (ដូចគ្នា)

This is a pencil.   នេះគឺជាខ្មៅដៃ.

   This's a pencil.   (ដូចគ្នា)

Bill is sick.   ប៊ីល(ជា)ឈឺ.

   Bill's sick.   (ដូចគ្នា)

The match is here.   ឈើគូសនៅនេះ.

   The match's here.   (ដូចគ្នា)

The boss is not here.   ចៅហ្វាយមិននៅនេះទេ.

   The boss's not here.   (ដូចគ្នា)

Our son is at school.   កូនប្រុសយើងនៅសាលារៀន.

   Our son's at school.   (ដូចគ្នា)

My wife is at home.   ប្រពន្ធខ្ញុំនៅផ្ទះ.

   My wife's at home.   (ដូចគ្នា)

7. Answering Questions with Pronouns

៧. ការឆ្លើយបញ្ហាសួរនាមក្នុងការនៃឈ្មោះសព្វនាម

   This is an expansion of 3D8, using all the subject pronouns. In answering the following questions in the affirmative, no contraction takes place, and the emphasis is on the repeated verb 'am', 'is', or 'are'.

ផ្នែកនេះគឺជាការបន្ថែមលើផ្នែក ៣.យ.៨., ដោយយកសព្វនាមប្រធានទាំងអស់មកប្រើ ។ ក្នុងការឆ្លើយសំនួរនេះជាវិជ្ជមាន គេឥតបំប្រួញកិរិយាសព្ទទេ ហើយគេសង្កត់សម្ដេចបញ្ជាក់ទៅលើ am, is, ឬ are, ដែលគេយកមកប្រើជាថ្មីក្នុងចម្លើយ ។ ក្នុងលំហាត់នេះ យើងនឹងបែរទៅតាមនយ័ជាភាសាខ្មែរតែម្ដង ។

7a. Response Drill

លំហាត់ចម្លើយ

Are you hungry?   អ្នកឃ្លានឬាយទេ ?

   Yes, I am.   បាទ/ចាស, ឃ្លាន.

Is Bill at home?   ប៊ីលនៅផ្ទះទេ ?

   Yes, he is.   បាទ/ចាស, នៅ.

Are your children here?

 កូនអ្នកនៅនេះទេ?

    Yes, they are.

បាទ/ចាំ៎ះ, នៅ.

Is Mr. Smith your boss?

លោកស្មីធជាចៅហ្វាយអ្នកទេ ?

    Yes, he is.

បាទ/ចាំ៎ះ, ភ្លឹងហើយ.

Are the books on the table?

សៀវភៅ (ព.) នៅលើតុទេ ?

    Yes, they are.

បាទ/ចាំ៎ះ, នៅលើតុ.

Is Mary your wife?

ម៉្មែរីជាប្រពន្ធអ្នកទេ ?

    Yes, she is.

បាទ, ភ្លឹងហើយ.

Is the cab here?

តាក់ស៊ីមកដល់ហើយឬ ?

    Yes, it is.

បាទ/ចាំ៎ះ, មកដល់ហើយ.

Am I right?

ខ្ញុំត្រូវទេ ?

    Yes, you are.

បាទ/ចាំ៎ះ, ត្រូវហើយ.

Is Jane a student?

ជេនតើជាសិស្សឬ ?

    Yes, she is.

បាទ/ចាំ៎ះ, ភ្លឹងហើយ.

Are the Smiths here?

គ្រួសារស្មីធនៅនេះទេ ?

    Yes, they are.

បាទ/ចាំ៎ះ, នៅ.

Are we at work?

យើងនៅ [កន្លែង] ធ្វើការឬ ?

    Yes, we are.

បាទ/ចាំ៎ះ, ភ្លឹងហើយ.

Are they teachers?

គេធ្វើគ្រូឬ ?

    Yes, they are.

បាទ/ចាំ៎ះ, ភ្លឹងហើយ.

Is your husband sick?

ប្ដីអ្នកឈឺឬ ?

    Yes, he is.

ចាំ៎ះ, ឈឺ.

Is my cat there?

ឆ្មាខ្ញុំនៅនោះទេ ?

    Yes, it is.

បាទ/ចាំ៎ះ, នៅ.

Is your name Jones?

អ្នកឈ្មោះជូនឬ ?

    Yes, it is.

បាទ/ចាំ៎ះ, ភ្លឹងហើយ.

Am I wrong?

ខ្ញុំខុសទេ ?

    Yes, you are.

បាទ/ចាំ៎ះ, ខុស.

Are you married?

អ្នករៀបការហើយឬនៅ ?

    Yes, I am.

បាទ/ចាំ៎ះ, រៀបការហើយ.

Are Bill and Mary coming?

ប៊ិលហើយនិងម៉្មែរីមកទេ ?

    Yes, they are.

បាទ/ចាំ៎ះ, មក.

Is John married?

ចនមានប្រពន្ធហើយឬនៅ ?

    Yes, he is.

បាទ/ចាំ៎ះ, មានហើយ.

Now answer the same questions in the negative. Remember that 'I am not' can be contracted only to 'I'm not', while all the others can be contracted in two ways:

ពទ្យ វិសូមឆ្លើយសំនួរដដែលៗដោយប្រើចម្លើយបដិសេធ ។ ចូរកុំភ្លេចថា I am not អាចបំប្រួញបានតែម្យ៉ាង ទេ; ព្រោះពី I am not គេអាចបំប្រួញបានពីរ យ៉ាង, ដូចបង្ហាញនៅខាងក្រោមនេះ :

I am not : I'm not/ xxxx

ខ្ញុំមិនជា/នៅ ទេ : (ដូចគ្នា)

you are not : you're not/you aren't

អ្នកមិនជា/នៅ ទេ : (ដូចគ្នា)

he is not : he's not/he isn't

គាត់មិនជា/នៅ ទេ : (ដូចគ្នា)

she is not : she's not/she isn't

នាងមិនជា/នៅ ទេ : (ដូចគ្នា)

it is not : it's not/it isn't

វាមិនជា/នៅ ទេ : (ដូចគ្នា)

we are not : we're not/we aren't

យើងមិនជា/នៅ ទេ : (ដូចគ្នា)

they are not : they're not/they aren't

គេមិនជា/នៅ ទេ : (ដូចគ្នា)

7b. Response Drill

លំហាត់ចម្លើយ

1) Contraction of Verb

១) ការបំប្រួញនៃកិរិយាសព្ទ

Are you hungry?

អ្នកឃ្លានឬយទេ ?

   No, I'm not.

      ទេ, មិនឃ្លានទេ.

Is Bill at home?

ប៊ីលនៅផ្ទះទេ ?

   No, he's not.

      ទេ, មិននៅទេ.

Are your children here?

កូនអ្នកនៅនេះទេ ?

   No, they're not.

      ទេ, មិននៅទេ.

Is Mr. Smith your boss?

លោក ស្មីធជាចៅហ្វាយអ្នកទេ ?

   No, he's not.

      ទេ, មិនមែនទេ.

Are the books on the table?

សៀវភៅនៅលើតុទេ ?

   No, they're not.

      ទេ, មិននៅលើតុទេ.

Is Mary your wife?

ម៉េរីជាប្រពន្ធអ្នកទេ ?

   No, she's not.

      ទេ, មិនមែនទេ.

Is the cab here?

តាក់ស៊ីមកដល់ហើយឬ ?

   No, it's not.

      ទេ, មិនទាន់មកទេ.

Is Jane a student?

ជេនជាសិស្សឬ ?

   No, she's not.

      ទេ, មិនមែនទេ.

Are the Smiths here?

ត្រកូល ស្មីធនៅនេះទេ ?

   No, they're not.

      ទេ, មិននៅទេ.

Are we wrong?   យើងខុសទេ ?

   No, we're not.   ទេ, មិនខុសទេ.

Are they teachers?   គេគ្រូទេ ?

   No, they're not.   ទេ, មិនមែនទេ.

Are you married?   អ្នករៀបការហើយឬនៅ ?

   No, I'm not.   ទេ, មិនទាន់ទេ.

Are Bill and Mary coming?   ប៊ីលហើយនិងម៉ែរិមកទេ ?

   No, they're not.   ទេ, មិនមកទេ.

2) Contraction of 'Not'   ២) ការបំប្រួញនៃពាក្យបដិសេធ Not

Is Bill at home?   ប៊ីលនៅផ្ទះទេ ?

   No, he isn't.   ទេ, មិននៅទេ.

Am I right?   ខ្ញុំត្រូវទេ ?

   No, you aren't.   ទេ, មិនត្រូវទេ.

Are your children here?   កូនអ្នកនៅនេះទេ ?

   No, they aren't.   ទេ, មិននៅទេ.

Is Jane a student?   ជេនជាសិស្សទេ ?

   No, she isn't.   ទេ, មិនមែនទេ.

Is that your book?   នោះជាសៀវភៅអ្នកទេ ?

   No, it isn't.   ទេ, មិនជារបស់ខ្ញុំទេ.

Is you husband sick?   ប្ដីអ្នកឈឺឬ ?

   No, he isn't.   ទេ, មិនឈឺទេ.

Are the Smiths going?   គ្រួសារស្មីធទៅទេ ?

   No, they aren't.   ទេ, មិនទៅទេ.

Are your books here?   សៀវភៅអ្នកនៅនេះទេ ?

   No, they aren't.   ទេ, មិននៅនេះទេ.

Is my cat there?   ឆ្មាខ្ញុំនៅនោះទេ ?

   No, it isn't.   ទេ, មិននៅនោះទេ.

Is your name Mary?   អ្នកឈ្មោះម៉ែរិទេ ?

   No, it isn't.   ទេ, មិនមែនទេ.

Are they students?   គេជាសិស្សទេ ?

   No, they aren't.   ទេ, មិនមែនទេ.

Are we hungry?   យើងឃ្លានបាយទេ ?

   No, we aren't.   ទេ, មិនឃ្លានទេ.

8. Possessive Pronominal Adjectives

     Each of the subject pronouns we
have learned has a corresponding
possessive adjective form. We have
already met two of them: 'my' as in
'my name', and 'your' as in 'your
book'. In this lesson we meet three
more: 'his' as in 'his car', 'her'
as in 'her boss', and 'our' as in 'our
son'. In the following chart we add
the two remaining ones to complete the
set: 'their' /dhaer/ and 'its' /its/.

1) I : my   /ay : may/

2) you : your   /yuw : yowr, yur/

3) he : his   /hiy : hiz/

4) she : her   /shiy : hər/

5) it : its   /it : its/

6) we : our   /wiy : awr/

7) they : their   /dhey : dhaer/

'Its' is rather different from the
others above in that it takes the
regular possessive suffix that other
nouns take (which will be introduced
in a later lesson), and does not fit
well into the following drills. It
occurs in such sentences as:

    The dog bit its tail.

    The bank and its money.

Practice the use of these possessive
adjectives in the following drills.

8a. Substitution Drill

That's my book.

That's your book.

៨. គុណនាមសាមីសព្ទ

    សព្ទនាមនិយម ៧ ដែលយើងដូបប្រទៈរួចមក
ហើយ មានគុណនាមសាមីសព្ទមួយទាក់ទងផង ។ យើង
បានដូបប្រទៈនូវគុណនាមសាមីសព្ទពីររួចមកហើយ គឺ៖
my ដូចជានៅក្នុង my name 'ឈ្មោះខ្ញុំ' និង
your ដូចជានៅក្នុង your book 'សៀវិភៅ
លោក' ។ នៅក្នុងមេរៀននេះយើងបន្ថែមបីទៀត
គឺ៖ his ដូចជានៅក្នុង his car 'ឡានគាត់',
her ដូចជាក្នុង her boss 'ចៅហ្វាយនាង'ហើយ
និង our ដូចជាក្នុង our son 'កូនប្រុសយើង' ។
ក្នុងតារាងខាងក្រោមនេះ យើងបន្ថែមពីរទៀត
ដើម្បីបង្រួបបង្នួន គឺ their ហើយនិង its ។

[អាយ : ម៉ាយ]   ខ្ញុំ : (របស់)ខ្ញុំ

[យូ : យ៉ូរ, យើរ]   អ្នក : (របស់)អ្នក

[ហ៊ី : ហ៊ីង]   គាត់ : (របស់)គាត់

[ស៊ី : ហើរ]   នាង : (របស់)នាង

[អ៊ិត : អ៊ិតស]   វា : (របស់)វា

[វ៊ី : អោរ]   យើង : (របស់)យើង

[ទេ : ឌ៊េរ]   គេ/ វា (ព.) : (របស់)គេ/វា

Its ប្លែកពីគុណនាមសព្ទទាំងទៀតដោយហេតុថា វា
ទទួលនូវបច្ច័យសាមីសព្ទ -s ដូចនាមសព្ទទាំងឡាយ
(ដែលយើងនឹងយកមកអធិប្បាយនៅពេលក្រោយ)
ហើយមិនចុះសម្រុងនឹងលំហាត់ផង្ខ ៧ ខាងក្រោម
នេះៗ ។ Its អាចប្រើបាននៅក្នុងឃ្លាដូចខាង
ក្រោមនេះ ៖

ឆ្កែខាំកន្ទុយ (របស់) វា.

ធនាគារហើយនិងប្រាក់ (របស់) វា.

សូមហាត់ប្រើគុណនាមសាមីសព្ទទាំងនេះនៅក្នុងលំហាត់
ខាងក្រោមនេះ ៖

លំហាត់បូនពាក្យ

នោះគឺជាសៀវិភៅខ្ញុំ.

នោះគឺជាសៀវិភៅអ្នក.

That's <u>his</u> book.   នោះគឺជាសៀវិភៅគាត់.

That's <u>her</u> book.   នាង.

That's <u>our</u> book.   យើង.

That's <u>their</u> book.   គេ.

8b. <u>Substitution Drill</u>   លំហាត់ជូនពាក្យ

<u>My</u> son drives a cab.   កូនប្រុសខ្ញុំបើកតាក់ស៊ី.

<u>Your</u> son drives a cab.   អ្នក

<u>His</u> son drives a cab.   គាត់

<u>Her</u> son drives a cab.   នាង

<u>Our</u> son drives a cab.   យើង

<u>Their</u> son drives a cab.   គេ

8c. <u>Response Drill</u>   លំហាត់ចម្លើយ

Where's your book?   សៀវិភៅអ្នកនៅឯណា ?

   My book's on the table.   សៀវិភៅខ្ញុំនៅលើតុ.

Where's my book?   សៀវិភៅខ្ញុំនៅឯណា ?

   Your book's on the table.   សៀវិភៅអ្នកនៅលើតុ.

Where's his book?   សៀវិភៅគាត់នៅឯណា ?

   His book's on the table.   សៀវិភៅគាត់នៅលើតុ.

Where's her book?   សៀវិភៅនាងនៅឯណា ?

   Her book's on the table.   សៀវិភៅនាងនៅលើតុ.

Where's our book?   សៀវិភៅយើងនៅឯណា ?

   Our book's on the table.   សៀវិភៅយើងនៅលើតុ.

Where's their book?   សៀវិភៅគេនៅឯណា ?

   Their book's on the table.   សៀវិភៅគេនៅលើតុ.

8d. <u>Transformation Drill</u>   លំហាត់ប្រែប្រួលញ្ញា

   Use the appropriate possessive   សូមប្រើដើសគុណនាមសាមីសមួត្តិដែលត្រូវនៅក្នុង

adjective in the following sentences: ឃ្លាសិស្សខាងក្រោមនេះ :

I have a car.   ខ្ញុំមានទ្បាន.

   That's my car.   នោះគឺជាទ្បានខ្ញុំ.

You have a car.   អ្នកមានទ្បាន.

   That's your car.   នោះគឺជាទ្បានអ្នក.

He has a car.   គាត់មានទ្បាន.

   That's his car.   នោះគឺជាទ្បានគាត់.

She has a car.   នាងមានទ្បាន.

    That's her car.   នោះគឺជាទ្បាននាង.

We have a car.   យើងមានទ្បាន.

    That's our car.   នោះគឺជាទ្បានយើង.

They have a car.   គេមានទ្បាន.

    That's their car.   នោះគឺជាទ្បានគេ.

Bill has a car.   ប៊ីលមានទ្បាន.

    That's his car.   នោះគឺជាទ្បានគាត់.

Mary has a car.   ម៉េរីមានទ្បាន.

    That's her car.   នោះគឺជាទ្បាននាង.

The Smiths have a car.   គ្រួសារស្ម៊ីធមានទ្បាន.

    That's their car.   នោះគឺជាទ្បានគេ.

9. Agreement of the Verb 'To Be' with   ៩. ទម្រង់កិរិយាសព្ទ To Be ត្រូវស្របទៅតាម
   the Subject   ប្រធាន

    In 3D8 we learned that the forms   នៅក្នុងវគ្គ៣ ៣.ឃ.៨. យើងដឹងថា ទម្រង់
'am/is/are' of the verb 'to be' agree   am/is/are នៃកិរិយាសព្ទ to be ត្រូវប្រើនិយ
with the preposed subject in statements, ស្របទៅតាមប្រធាន ។ នៅក្នុងឃ្លាវិជ្ជមាន ប្រ-
and with a post-posed subject in ques- ធានដាក់នៅខាងដើមឃ្លា; នៅក្នុងសំនួរវិញ ប្រ-
tions; e.g.:   ធានដាក់នៅពីក្រោយកិរិយាសព្ទ, ១.

    I'm here.   ខ្ញុំនៅនេះ.

        Am I here?   ខ្ញុំនៅនេះទេ ?

        Where am I?   ខ្ញុំនៅឯណា ?

    You're there.   អ្នកនៅនោះ.

        Are you there?   អ្នកនៅនោះទេ ?

        Where are you?   អ្នកនៅឯណា ?

    Bill is over there.   ប៊ីលនៅត្រង់នោះ.

        Is Bill over there?   ប៊ីលនៅត្រង់នោះទេ ?

        Where is Bill?   ប៊ីលនៅឯណា ?

    We're here.   យើងនៅនេះ.

        Are we here?   យើងនៅនេះទេ ?

        Where are we?   យើងនៅឯណា ?

    They're my children.   គេគឺជា កូនខ្ញុំ.

        Are they my children?   គេគឺជា កូនខ្ញុំទេ ?

        Where are my children?   កូនខ្ញុំនៅឯណា ?

9a. <u>Substitution-Matching Drill</u>   លំហាត់ប្រដែលហើយនិងបូនពាក្យ

     Use the right form of the verb   នៅ ក្នុងលំហាត់នេះ សូមប្រើទម្រង់ត្រឹនៃកិរិយា _

'to be' in the following substitution   សព្ទ to be ដែលល្អត្រូវប្រើក្នុងឃ្លានិមួយ ៗ :

drill:

Where am <u>I</u>?   ខ្ញុំនៅឯណា ?

Where is <u>Bill</u>?   បិល

Where is <u>Mary</u>?   ម៉េរី

Where are <u>you</u>?   អ្នក

Where are <u>we</u>?   យើង

Where are <u>they</u>?   គេ

Where is <u>it</u>?   វា

Where are <u>my books</u>?   សៀវភៅរបស់ខ្ញុំ

Where is <u>his car</u>?   ឡានគាត់

Where are <u>the Smiths</u>?   គ្រួសារស្មីុប

Where are <u>Bill and Mary</u>?   បិលហើយនិងម៉េរី

Where is <u>our son</u>?   កូនប្រុសយើង

Where is <u>your book</u>?   សៀវភៅអ្នក

Where are <u>their children</u>?   កូនគេ

Where are <u>our pencils</u>?   ខ្មៅដៃយើង

Where is <u>her daughter</u>?   កូនស្រីនាង

Where are <u>Mr. and Mrs. Jones</u>?   លោក កហើយនិងលោកស្រីជូនស

Where is <u>our table</u>?   តុយើង

Where are <u>the groceries</u>?   គ្រឿងផ្ទើមួប

9b. <u>Transformation Drill</u>   លំហាត់ប្រែប្រួលឃ្លា

     Now convert the following state-   ឥឡូវបូរឃ្លាវិជួមានរបស់គ្រូនឹយទៅជាសំនួន

ments to questions, placing the right   ដោយប្រើទម្រង់កិរិយាសព្ទដែលល្អត្រូវប្រើនៅមុខ

form of the verb before the subject: ប្រធាន :

I'm here.   ខ្ញុំនៅនេះ.

   Am I here?   ខ្ញុំនៅនេះទេ ?

She's married.   នាងនៀបការហើយ.

   Is she married?   នាងនៀបការហើយឬូនទៅ ?

It's a boy.   វាជាក្មេងប្រុស.

   Is it a boy?   វាជាក្មេងប្រុសឬ ?

That's his car.   នោះគឺជាឡានគាត់.

    Is that his car?   នោះគឺជាឡានគាត់ទេ?

Your books are over there.   សៀវភៅអ្នកនៅត្រង់នោះ.

    Are your books over there?   សៀវភៅអ្នកនៅត្រង់នោះទេ?

The Smiths are at home.   គ្រួសារស្មីថនៅផ្ទះ.

    Are the Smiths at home?   គ្រួសារស្មីថនៅផ្ទះទេ?

Your daughter is at school.   កូនស្រីអ្នកនៅសាលារៀន.

    Is your daughter at school?   កូនស្រីអ្នកនៅសាលារៀនទេ?

My son is at work.   កូនប្រុសខ្ញុំទៅធ្វើការហើយ.

    Is my son at work?   កូនប្រុសខ្ញុំទៅធ្វើការហើយឬ?

You're fifteen years old.   អ្នកអាយុដប់ប្រាំឆ្នាំហើយ.

    Are you fifteen years old?   អ្នកអាយុដប់ប្រាំឆ្នាំហើយឬ?

It's hard work.   វាជាការពិបាក.

    Is it hard work?   វាជាការពិបាកទេ?

My sons are at home.   កូនប្រុស(៣.)ខ្ញុំនៅផ្ទះ.

    Are your sons at home?   កូនប្រុសអ្នកនៅផ្ទះទេ?

They are students.   គេជាសិស្ស.

    Are they students?   គេជាសិស្សទេ?

Their car is over there.   ឡានគេនៅត្រង់នោះ.

    Is their car over there?   ឡានគេនៅត្រង់នោះទេ?

Our books are on the table.   សៀវភៅយើងនៅលើតុ.

    Are our books on the table?   សៀវភៅយើងនៅលើតុទេ?

It's on the shelf.   វានៅលើធ្នើរ.

    Is it on the shelf?   វានៅលើធ្នើរទេ?

This's your boss.   នេះគឺជាចៅហ្វាយអ្នក.

    Is this your boss?   នេះគឺជាចៅហ្វាយអ្នកទេ?

His daughter is a teacher.   កូនស្រីគាត់ធ្វើគ្រូ.

    Is his daughter a teacher?   កូនស្រីគាត់ធ្វើគ្រូទេ?

Her son is a student.   កូនប្រុសនាងជាសិស្ស.

    Is her son a student?   កូនប្រុសនាងជាសិស្សទេ?

You're married.   អ្នករៀបការហើយ.

    Are you married?   អ្នករៀបការហើយឬ?

We're hungry.   យើងឃ្លានបាយ.

    Are we hungry?   យើងឃ្លានបាយទេ?

10. The 3rd Person Singular Present Tense Verb Ending

We have learned that the verb 'to be' has three forms in the present tense: 'am/is/are'; this is an ir-regular verb. Regular verbs have only two forms in the present tense - one for the 3rd person singular and one for everything else. To put it another way, regular present tense verbs in English do not change form except in the 3rd person singular, which adds either -s or -es. This is shown in the following chart:

១០. បញ្ចប់អ្នកទី ៣ ឯកវចន:នៃកិរិយាសព្ទរបៀប ពេលឥឡូវនេ

យើងដឹងមកហើយថា កិរិយាសព្ទ to be មាន ទ្រង់ប្រើក្នុងបទកំណត់ពេលឥឡូវនេ គឺ am, is, ហើយ និង are; កិរិយាសព្ទនេះជាកិរិយាសព្ទខ្វែកពីធម្មតា កិរិយាសព្ទធម្មតាវិញ មានទ្រង់ដៃតែពីរទេក្នុងបទកំណត់ ពេលឥឡូវនេ គឺមួយស្រម៉ាប់ប្រើជាមួយអ្នកទី ៣ ឯកវចន ហើយមួយទៀតស្រម៉ាប់អ្នកឯកវចន:ឬពហុវចន:ឯទៀត ទាំងអស់ ។ ពោលគឺថា កិរិយាសព្ទរបៀបពេល ឥឡូវនេធម្មតា ពុំមានឆ្លាស់ទ្រង់ដៃទេ លើកវៃត្អ្នកទី ៣ ឯកវចន: ដែលត្រូវទទួលនូវបច្ច័យ -s ឬ -es នៅ ខាងចុង ។ ទ្រង់ងកិរិយាសព្ទពេលឥឡូវនេមានបង្ហាញ នៅក្នុងតារាងខាងក្រោមនេះ :

	Singular	Plural		ឯកវចន:	ពហុវចន:
1st	I work I drive I teach	We work We drive We teach	អ្នកទី១	ខ្ញុំធ្វើការ ខ្ញុំបើក ខ្ញុំបច្រៀន	យើងធ្វើការ យើងបើក យើងបច្រៀន
2nd	You work You drive You teach	You work You drive You teach	អ្នកទី២	អ្នកធ្វើការ អ្នកបើក អ្នកបច្រៀន	អ្នកធ្វើការ អ្នកបើក អ្នកបច្រៀន
3rd	He ⎤ She ⎬ works It ⎪ drives Bill ⎦ teaches	They work They drive They teach	អ្នកទី៣	គាត់ ⎤ ធ្វើការ នាង ⎬ បើក វា ⎪ បច្រៀន ប៊ីល ⎦	គេធ្វើការ គេបើក គេបច្រៀន

The rules for the pronunciation of this 3rd person singular ending are exactly like those described for the regular English plural in 5D1, and for the

វិធានស្រម៉ាប់អានសួរនៃបច្ច័យ -s ឬ -es នៅ ខាងចុងកិរិយាសព្ទអ្នកទី ៣ ឯកវចន:ពេលឥឡូវនេទាំង នេះ ដូចគ្នានិងវិធានស្រម៉ាប់អានសួរបច្ច័យពហុវចន: នៃនាមសព្ទដែលបើងបើញនៅក្នុងវៃ្ណក ៥.ឃ.១.,

contraction of 'is' in 5D6; i.e.

1) Verbs ending in /p t k f th/: /s/

work : works   /wərk : wərks/

speak : speaks   /spiyk : spiyks/

put : puts   /put : puts/

2) Verbs ending in /ch s sh j z zh/:/əz/

teach : teaches   /tiych : tíychəz/

boss : bosses   /bos : bósəz/

close : closes   /klowz : klówzəz/

3) All other verbs: /z/

drive : drives   /drayv : drayvz/

go : goes   /gow : gowz/

read : reads   /riyd : riydz/

ហេីយនិងការបំប្លួញ្ញ្ញ្ញ្ញ នៃ is ក្នុងវគ្គ ៥.ឃ.៦. , គឺ:

១) កិរិយាសព្ទ័ដែលមាន [ផ ថ ខ ហ្វ ថ]ខាងចុង: [ស]

[អ៊ូរក : អ៊ូរកស]   ធ្វើការ : (ពួចគ្នា, អ្នកទី៣)

[ស្ពីក : ស្ពីកស]   និយាយ : (ពួចគ្នា, អ្នកទី៣)

[ពភីត : ពភីតស]   ដាក់ : (ពួចគ្នា, អ្នកទី៣)

២) កិរិយាសព្ទមាន[ឆ ស ស្ហ ជ ឯ ហ្ស]ខាងចុង: [អ៊ីង]

[ផ៊ីឆ : ផ៊ីឆ៊ីង]   បច្រៀង្រ៉ូន : (ពួចគ្នា ,អ្នកទី៣)

[បស : 'បស៊ីង]   ចាត់ៃចង : (ពួចគ្នា, អ្នកទី៣)

[ខ្លួង : 'ខ្លូង៊ីង]   ចិទ : (ពួចគ្នា, អ្នកទី៣)

៣) កិរិយាសព្ទ៣ទ្បៃ្រត៣ទាំងអស់: [៦]

[ព្រ៉ាយវ៊ី : ព្រ៉ាយវ៊ី៦]   ជេីក : (ពួចគ្នា, អ្នកទី៣)

[គ៊ូ : គ៊ូ៦]   ៣ទៅ : (ពួចគ្នា , អ្នកទី៣)

[វ៊ីដ : វ៊ីដ៦]   ជេីល : (ពួចគ្នា, អ្នកទី៣)

10a. Repetition Drill

លំហាត់ថាតាមគ្រូ

Repeat the following sentences involving 3rd person singular verbs ending in /s/:

ឃ្លាខាងក្រោមនេះមានកិរិយាសព្ទ័ដែលទទួល បច្ច័យ /s/ [ស] ក្នុងទម្រង់អ្នកទី ៣; សូមថាឃ្លា ទាំងនេះតាមគ្រូ:

He works at a bank.

She speaks Chinese.

It looks good.

John wants to go.

Mary likes it here.

He puts books on the shelves.

គាត់ធ្វើការនៅធនាគារ.

នាងនិយាយភាសាចិន.

វ៉ាមេីលស្អុចជ៉ាល្អ.

ជ៉ានចង់៣ទៅ.

ៃមិរិចូលចិត្ត(វ៉ា)៦នេះ.

គាត់ដាក់ស្យេវ៉ភៅ៣នៅ លេីធ្នេីរ.

10b. Repetition Drill

លំហាត់ថាតាមគ្រូ

Practice the following sentences with 3rd person singular verbs ending in /z/:

ឃ្លាខាងក្រោមនេះមានកិរិយាសព្ទ័ដែលទទួល បច្ច័យ /z/ [៦] ក្នុងទម្រង់អ្នកទី ៣; ថាឃ្លាទាំង នេះតាមគ្រូ:

Our son drives a cab.

She goes to school.

John answers questions.

Mary opens windows.

He reads books.

She sees her husband.

កូនប្រុសយេីងបេីកតាក់ស៊ី.

នាង៣ទៅ រ្យេន.

ជ៉ានឆ្លើយសំនួរ.

ៃមិរិបេីកបង្ខួច.

គាត់មេីលស្យេវ៉ភៅ.

នាងឃេីញ្ញ្ញ្ញ្ញ្ញ្ញ ថ្មី (នា ៦).

10c. Repetition Drill   លំហាត់ថ្លាតាមគ្រូ

    Practice the following sentences   ឃ្លាខាងក្រោមនេះមានកិរិយាសព្ទដែលមាន
with verbs ending in /-əz/:   បច្ច័យ /əz/ [អីង] ខាងចុង; ហាត់ថ្លាតាមគ្រូ :
Mary teaches school.   ម៉ែរីបង្រៀន[នៅ](សាលារៀន).
He bosses his wife.   គាត់ចាត់ចែងប្រពន្ធ(គាត់).
She closes the windows.   នាងបិទបង្អួច.
John teaches students.   ជ្វានបង្រៀនកូនសិស្ស.
Bill fishes here.   ប៊ិលស្ទូចត្រីនៅនេះ.

10d. Substitution-Matching Drill   លំហាត់ជំនួសហើយនិងបូរពាក្យ

    Use the right form of 'work':   ប្រើទម្រង់ទៃនៃកិរិយាសព្ទ work ដែលត្រូវប្រ
John works hard.   ជ្វានខំធ្វើការ.
I work hard.   ខ្ញុំខំធ្វើការ.
You work hard.   អ្នកខំធ្វើការ.
He works hard.   គាត់ខំធ្វើការ.
We work hard.   យើងខំធ្វើការ.
Mary works hard.   ម៉ែរីខំធ្វើការ.
They work hard.   គេខំធ្វើការ.
The Smiths work hard.   គ្រួសារស្មីធខំធ្វើការ.

10e. Substitution-Matching Drill   លំហាត់ជំនួសហើយបូរពាក្យ

    Use the right form of 'go':   ប្រើទម្រង់ទៃនៃកិរិយាសព្ទ go ដែលត្រូវប្រើ:
Mary goes to school.   ម៉ែរីទៅរៀន.
We go to school.   យើង
They go to school.   គេ
She goes to school.   នាង
Bill goes to school.   ប៊ិល
You go to school.   អ្នក

10f. Substitution-Matching Drill   លំហាត់ជំនួសហើយបូរពាក្យ

    Use the right form of 'teach':   ប្រើទម្រង់ទៃនៃ teach ដែលត្រូវប្រើ:
I teach English.   ខ្ញុំបង្រៀនភាសាអង់គ្លេស.
He teaches English.   គាត់
We teach English.   យើង
Mary teaches English.   ម៉ែរី

<u>They</u> teach English.   គេបង្រៀនភាសាអង់គ្លេស។

<u>Bill</u> teaches English.   ប៊ីល

10g. <u>Transformation Drill</u>   លំហាត់ប្រែប្រួលឃ្លា

    Convert the following lst person   ក្នុងលំហាត់នេះ ប្រែកិរិយាសព្ទអ្នកទី ១ ឡើយទៅ

verbs to 3rd person, using 'He':   ជាអ្នកទី ៣, ដោយប្រើសព្វនាម He :

I teach English.   ខ្ញុំបង្រៀនភាសាអង់គ្លេស។

  He teaches English.   គាត់បង្រៀនភាសាអង់គ្លេស។

I drive a cab.   ខ្ញុំបើកតាក់ស៊ី។

  He drives a cab.   គាត់បើកតាក់ស៊ី។

I work hard.   ខ្ញុំខំធ្វើការ។

  He works hard.   គាត់ខំធ្វើការ។

I go to school.   ខ្ញុំទៅរៀន។

  He goes to school.   គាត់ទៅរៀន។

I close the door.   ខ្ញុំបិទទ្វារ។

  He closes the door.   គាត់បិទទ្វារ។

I look twenty-five.   ខ្ញុំមើលទៅដូចជាឆ្នាំព្រាំ។

  He looks twenty-five.   គាត់មើលទៅដូចជាឆ្នាំព្រាំ។

I read books.   ខ្ញុំមើលសៀវភៅ។

  He reads books.   គាត់មើលសៀវភៅ។

I like it here.   ខ្ញុំចូលចិត្ត(នៅ)ឯនេះ។

  He likes it here.   គាត់ចូលចិត្ត(នៅ)ឯនេះ។

11. <u>'Both' as an Adverb</u>   ១១. ពាក្យ Both ប្រើជាកិរិយាវិសេសន៍

    'Both' as an adverb may either   Both ប្រើជាកិរិយាវិសេសន៍អាចដាក់នៅ

precede or follow the verb 'to be',   មុខកិរិយាសព្ទ to be ក៏បាន នៅប្រក្រាយក៏បាន, តែ

but more commonly it follows, e.g.:   ធម្មតាគេដាក់នៅខាងប្រក្រាយ, ឧ.

  They're <u>both</u> at work.   គេនៅ[កន្លែង]ធ្វើការទាំងពីរ[នាក់]។

  They <u>both</u> are at work.   (ដូចគ្នា)

11a. <u>Substitution Drill</u>   លំហាត់ជំនួសពាក្យ

They're both <u>at work.</u>   គេនៅធ្វើការទាំងពីរ[នាក់]។

They're both <u>students.</u>   គេជាកូនសិស្សទាំងពីរ[នាក់]។

They're both <u>at home.</u>   គេនៅផ្ទះទាំងពីរ[នាក់]។

They're both <u>on the table.</u>   វានៅលើតុទាំងពីរ។

They're both <u>hungry</u>.   គេឃ្លានពួយទាំងពីរ[នាក់].

They're both <u>at school</u>.   គេទៅរៀនទាំងពីរ [នាក់].

However, 'both' as an adverb usually   ជាមួយនិងកិរិយាសព្ទប្រក្រាពី to be វិញ ធម្មតាគេ
precedes verbs other than the verb   ដាក់កិរិយាវិសេសនី both នៅពីមុខកិរិយាសព្ទ,
'to be', as in: ដូចជានៅក្នុង

   They <u>both go</u> to school.   គេទៅរៀនទាំងពីរ[នាក់].

   We <u>both like</u> it here.   យើងចូលចិត្ត (វា)[កន្លែង]នេះទាំងពីរ[នាក់].

11b. <u>Substitution Drill</u>   លំហាត់ប្ដូរពាក្យ

We both <u>go to school</u>.   យើងទៅរៀនទាំងពីរ[នាក់].

We both <u>like it here</u>.   ចូលចិត្តកន្លែងនេះ

We both <u>have a car</u>.   មានឡាន

We both <u>want to go</u>.   ចង់ទៅ

We both <u>work hard</u>.   ខំធ្វើការ

We both <u>speak English</u>.   និយាយអង់គ្លេស

11c. <u>Expansion Drill</u>   លំហាត់បន្ថែមពាក្យ

   Add 'both' in the right position   នៅក្នុងលំហាត់នេះ សូមបន្ថែមពាក្យ both
in the following sentences: នៅក្នុងកន្លែងដែលត្រូវត្រូវ៖

They're at school.   គេនៅសាលារៀន.

   They're both at school.   គេនៅសាលារៀនទាំងពីរនាក់.

We're hungry.   យើងឃ្លានពួយ.

   We're both hungry.   យើងឃ្លានពួយទាំងពីរនាក់.

We're students.   យើងជាសិស្ស.

   We're both students.   យើងជាសិស្សទាំងពីរនាក់.

We go to school.   យើងទៅរៀន.

   We both go to school.   យើងទៅរៀនទាំងពីរនាក់.

They like it here.   គេចូលចិត្តកន្លែងនេះ.

   They both like it here.   គេចូលចិត្តកន្លែងនេះទាំងពីរនាក់.

They're at home.   គេនៅផ្ទះ.

   They're both at home.   គេនៅផ្ទះទាំងពីរនាក់.

We work hard.   យើងខំធ្វើការ.

   We both work hard.   យើងខំធ្វើការទាំងពីរនាក់.

They want to go.   គេចង់ទៅ.

   They both want to go.   គេចង់ទៅទាំងពីរនាក់.

12. <u>Would you like...</u>

    'Would you like...' is the standard
polite way of asking 'Do you want...',
as in:

    <u>Do you want</u> a cigarette?

        <u>Would you like</u> a cigarette?

    <u>Do you want</u> to go home?

        <u>Would you like</u> to go home?

12a. <u>Substitution Drill</u>

Would you like <u>a cigarette</u>?

Would you like <u>a match</u>?

Would you like <u>some bread</u>?

Would you like <u>to go now</u>?

Would you like <u>some water</u>?

Would you like <u>a book</u>?

Would you like <u>to go to work</u>?

Would you like <u>some food</u>?

Would you like <u>to help me</u>?

E. MODEL CONVERSATIONS

    Use what you have learned to con-
verse with the other students and with
the teacher. The following are just
examples of the kinds of things you
should be able to say.

1. a) <u>Come in and sit down</u>.

    Would you like a cigarette?

b) Yes, thank you.

    Do you have any matches?

a) I'll give you some.

b) Is your wife at home?

a) No, she's at work.

    She teaches school.

១២. ពាក្យ Would you like... នៅមុខឃ្លា
ជាបើកាលណាគេចង់សួរសំនួរយ៉ាងគួរសមបន្តិចជាង
'អ្នកចង់បាន...ទេ?' គេប្រើ Would you like
...?, ដូចជានៅក្នុង

    អ្នកចង់បានបារីទេ ?

        (ដូចគ្នា, គួរសមជាង)

    អ្នកចង់ទៅផ្ទះទេ ?

        (ដូចគ្នា, គួរសមជាង)

សំហាត់ប្តូរពាក្យ

អ្នកចង់បានបារីទេ ?

អ្នកចង់បានឈើគូសទេ ?

អ្នកចង់បាននំប៉័ងទេ ?

អ្នកចង់ទៅ(ឥឡូវ) ទេ ?

អ្នកចង់បានទឹកទេ ?

អ្នកចង់បានសៀវភៅទេ ?

អ្នកចង់ទៅធ្វើការទេ ?

អ្នកចង់បានម្ហូបទេ ?

អ្នកជួយខ្ញុំបន្តិចបានទេ ?

ឦ. សន្ទនាគំរូ

ចូរសិស្សប្រើពាក្យពេជន៍ទាំងឡាយដែលល្បានជួប
ប្រទះរួចមកហើយ ដើម្បីនិងនិយាយឆ្លើយឆ្លងជាមួយនិង
សិស្សឯទៀតហើយនិងគ្រូបង្រៀន ។ ខាងក្រោម
នេះជាគំរូរ៉ែដលសិស្សអាចនឹងប្រើបិតទៀងដើម្បីនិយាយ
ឆ្លើយឆ្លងគ្នា ។

១. ក) អញ្ជើញចូលមកហើយអង្គុយ.

    អញ្ជើញបានបារីទេ ?

ខ) បាទ, អរគុណ.

    លោកមានឈើគូសទេ ?

ក) ខ្ញុំនឹងឱ្យ (ខ្លះ)[ទៅ] លោក.

ខ) ប្រពន្ធលោកនៅផ្ទះទេ ?

ក) ទេ, គាត់ទៅធ្វើការហើយ.

    គាត់បង្រៀន [នៅ] សាលារៀន.

b) Where is the school?

a) It's over there.

   Would you like to see it?

b) Yes, but I have to go now.

2. a) <u>Where do you work?</u>

b) I drive a cab.

a) How do you like it?

b) I like it pretty well.

   But it's hard work.

a) Do you have your own car?

b) Yes, I do.

a) Where is your wife?

b) She's at work.

   She works at a bank.

a) Do your children study at home?

b) No, they go to school.

3. a) <u>Are your children here?</u>

b) No, they're both at work.

a) Where do they work?

b) My son works at a supermarket.

   He puts groceries on the shelves.

a) Do you have a car?

b) Yes, but my daughter has it now.

   She works at a bank.

   Her boss is Mr. Miller.

a) Is this your wife?

b) Yes, it is.

   Her name is Sopha.

a) I'm glad to know you.

4. a) <u>I have to put some books on the shelves</u>.

Can you help me?

b) Yes, I can help you.

Where are the books?

a) They're over there on the table.

b) Are they your books?

a) Yes, they are.

Can you give me three books?

b) O.K., here they are.

a) We're both tired.

I'll cook some food.

b) O.K., fine.

៤. ក) ខ្ញុំ ត្រូវ ដាក់ សៀវ ភៅ ខ្លះ នៅ លើ ធ្នើ.

អ្នក ជួយ ខ្ញុំ បាន ទេ ?

ខ) បាទ, ខ្ញុំ ជួយ (អ្នក) បាន.

សៀវ ភៅ នៅ ឯណា ?

ក) នា នៅ ត្រង់ នោះ នៅ លើ តុ.

ខ) នា ជា សៀវ ភៅ អ្នក ក ទេ ?

ក) បាទ, មែន ហើយ.

ឱ្យ ខ្ញុំ សៀវ ភៅ បី [ក្បាល] ផង បាន ទេ ?

ខ) អ្នក ១, នេះ (គេ ជា) .

ក) យើង ហត់ ទាំង ពីរ នា ក់ ហើយ.

ខ្ញុំ ឹង ធ្វើ ម្ហូ ប បន្តិ ច.

ខ) អ្នក ១, ល្អ ហើយ.

មេរៀនទី ៦: ការនិយាយឆ្លើយឆ្លងគ្នា

A. MODEL SENTENCES	PRONUNCIATION	TRANSLATION
ក. ឃ្លាគំរូ	តំណាងសូរជាអក្សរអង់គ្លេស	ការប្រែជាភាសាខ្មែរ
Bill:		ប៊ីល:
were	/wər/	ជា, នៅ (ព.ម.)
born	/born/	កើត
1. Where were you born?	/whaer wər yuw born?/	លោកកើតនៅឯណា?
Sok:		សុខ:
was	/waz, wəz/	ជា, នៅ (ព.ម.)
Cambodia	/kaembówdiə/	[ប្រទេស] កម្ពុជា
2. I was born in Cambodia.	/ay waz born in kaembówdiə./	ខ្ញុំកើតនៅ[ប្រទេស]កម្ពុជា.
Bill:		ប៊ីល:
long	/long/	យូរ
been	/ben/	ជា, នៅ (ព.ក.)
3. How long have you been here?	/haw long haev yuw ben hir?/	លោកនៅទីនេះបានប៉ុន្មាន[ខែ]ហើយ?
Sok:		សុខ:
I've (= I have)	/ayv (= ay haev)/	ខ្ញុំ...បាន
for	/for/	អស់រយៈពេល
month	/mənth/	ខែ
months	/mənths, mənts/	ខែ (ព.)
4. I've been here for two months.	/ayv ben hir for tuw mənths./	ខ្ញុំនៅទីនេះបានពីរខែហើយ.
Bill:		ប៊ីល:
live	/liv/	នៅ, មានលំនៅ
5. Where do you live?	/whaer də yuw liv?/	លោកនៅឯណា?
Sok:		សុខ:
first	/fərst/	ទីមួយ, លេខមួយ
street	/striyt/	ផ្លូវ
6. I live on First Street.	/ay liv on fərst striyt./	ខ្ញុំនៅ(លើ)ផ្លូវទីមួយ.

Bill: ប៊ីល:

    Oh   /ow/   អូ

    pass   /paes/   ឆ្លង, ទៅឆ្លង, ទៅកាត់

    passed   /paest/   ឆ្លង (ព.ក.)

7. Oh, I've passed that   /ow, ayv paest dhaet   អូ, ខ្ញុំ ធ្លាប់បើក]ឆ្លងផ្លូវនោះហើយ.
   street.   striyt./

    near   /nyir, nir/   ជិត

    post   /powst/   ប៉ុស្តិ៍

    office   /áfəs/   ការិយាល័យ

    post office   /pówst-àfəs/   ប៉ុស្តិ៍

8. It's near the post   /its nyir dhə pówst-   វានៅជិតប៉ុស្តិ៍, មែនទេ?
   office, isn't it?   àfəs, izən't it?

    found   /fawnd/   រកបាន, រកឃើញ (ព.ក.)

    job   /jab/   ការធ្វើ, ការងារ, កិច្ចការ

    yet   /yet/   ហើយឬនៅ

9. Have you found a   /haev yuw fawnd ə   លោករកការងារធ្វើបានហើយឬនៅ ?
   job yet?   jab yet?/

Sok: សុខ:

    every   /évri/   រាល់, គ្រប់

    day   /dey/   ថ្ងៃ

10. Yes, I go to work   /yes, ay gow tə wərk   បាទ, [បានហើយ]; ខ្ញុំ[ទៅ]ធ្វើការ
    every day.   évri dey./   រាល់ថ្ងៃ.

Bill: ប៊ីល:

    when   /when/   អង្កាល់, កាលណា, ទៅពេលណា

    study   /stédi/   រៀន

11. When do you study   /when də yuw stédi   លោករៀនអង់គ្លេសទៅពេលណា ?
    English?   énglish?/

Sok: សុខ:

    usually   /yúwzhəli/   ធម្មតា, ជាការធម្មតា

    at   /aet/   នៅ [ពេល]

    night   /nayt/   យប់

12. I usually study   /ay yúwzhəli stédi   ធម្មតាខ្ញុំរៀននៅ [ពេល]យប់.
    at night.   aet nayt./

B. KHMER PRONUNCIATION FOR THE TEACHER

1. look kaət niw qae-naa?

2. kñom kaət niw prɑteeh kampucciə.

3. look niw tii nih baan ponmaan
   khae haəy?

4. kñom niw tii-nih baan pii khae
   haəy.

5. look niw qae-naa?

6. kñom niw pləw tii-muəy.

7. qou, kñom dael baək huəh pləw nuh
   haəy.

8. wiə niw cit poh, mɛɛn tee?

9. look rɔɔk kaa twəə baan
   haəy-rɨɨ-niw?

10. baat, baan haəy; kñom tɨw twəə
    kaa roəl tŋay.

11. look riən qaŋkleeh niw peel
    naa?

12. thoəmmədaa kñom riən niw
    peel yup.

C. PRONUNCIATION DRILLS

គ. លំហាត់អាន

1. Final /-r/ vs. /-rn/

Khmer has neither final /r/ nor
/rn/; practice the following pairs:

*bore : born	/bowr : born/
*wore : worn	/wowr : worn/
*tore : torn	/towr : torn/
burr : burn	/bər : bərn/
fur : fern	/fər : fərn/
bar : barn	/bar : barn/

២. /-r/ ឬសពី /-rn/ ចុងពាក្យ

ដោយហេតុវិសភាសាខែ្មរគ្មានស្បូវ /r/ ឬ
/rn/ នៅចុងពាក្យ, សិស្សខ្មែរត្រូវហាត់អាន:

ខ្ពង : កើត

ស្បែកពាក់(ព.ម.) : (ស្ងួចគ្នា, ព.
ទៀក(ព.ម.) : ទៀក(ព.ក.)

ត្រាប់មានបន្ឡា : ឧនៈ

នរោមសត្ : បណ្ណង់ជាតិ

ឧស្មក : ៧ប្រកាល

2. Final /-th/ vs. /-ths/

A few English words end in /-th/;
an -s added to such words is pro-
nounced /s/, since /th/ is a voiceless
sound (see 2D3). Practice the follow-
ing contrasts:

Smith : Smiths	/smith : smiths/
death : deaths	/deth : deths/
breath : breaths	/breth : breths/

But even more English words have a
final /-th/ as the second member of

២. /-th/ ឬសពី /-ths/ ចុងពាក្យ

ពាក្យអង់គ្លេសមួយចំនួនតូចមាន /th/ នៅ
ខាងចុង; បើគេដាក់ -s នៅចុងពាក្យទាំងនោ
វាអានថា /s/, ពីព្រោះ /th/ ជាព្យញ្ជនៈ
គ្មានសម្ឡេង (មើល 2D3) ។ សូមហាត់អានព្យាក
ខាងក្រោមនេ :

ស្ងិថ : គ្រួសារស្ងិថ

ការស្លាប់ : (ស្ងួចគ្នា, ព.)

ដង្ហើម : (ស្ងួចគ្នា, ព.)

ទឹតមានពាក្យអង់គ្លេសច្រើនទៀតដែលមាន /th/
នៅពីព្រោយព្យញ្ជនៈមួយទៀតចុងពាក្យ ។

a final cluster; these clusters can ចង្កោមព្យញ្ជនៈនេះអាចទទួលសូវិស្សួរ /s/ នៅ
also be followed by /-s/; such final ខាងចុងថែមទៀតផង ។ ចង្កោមព្យញ្ជនៈ ទែលមាន
clusters are difficult even for English ព្យញ្ជនៈបីនៅចុងប្រកាយពាក្យនេះ ជូនកាលពិបាក
speakers, and tend to be reduced in ល្មមាប់ទាំងអ្នកនិយាយអង់គ្លេសរ៌ដែរ, ពើយអ្នកនិយាយ
rapid speech to the alternate pro- អង់គ្លេសខ្លះបំប្រូញពាក្យរបៀបនេះន័យទៅជាទ្រមង់
nunciations shown after the comma in ខ្លី, ដូចជានៅក្នុងទ្រមង់ទីពីរនៅក្នុងទូទាបរណ៌ខាង
in English phonetics. In the follow- ប្រកាមនេះ ។ យ៉ាងណាក៏ដោយ សិស្សគួរតែថ្នាំ
ing pairs, imitate the pronunciation គូពាក្យខាងប្រកាមនេះតាមការអានរបស់គ្រូ ;
of your teacher. ទ្រូថាយ៉ាងម៉េច សិស្សថាយ៉ាងនោះ :

month : months	/mənth : mənths, mənts/	ខែ : ខែ (ព.)
tenth : tenths	/tenth : tenths, tents/	ឌុយភាគដប់ : ឌុយភាគដប់ (ព.)
birth : births	/bərth : bərths, bərs/	កំណើត : កំណើត (ព.)
fourth : fourths	/fowrth : fowrths, fowrs/	ឌុយភាគបួន : ឌុយភាគបួន (ព.)
fifth : fifths	/fifth : fifths, fis/	ឌុយភាគប្រាំ : ឌុយភាគប្រាំ(ព.)
health : health's	/helth : helths, hels/	សុខភាព : ទែសុខភាព

3. Final /-r/ vs. /-rs/   ៣. /-r/ ខ្ពស់ពី /-rs/ ចុងពាក្យ

Practice the following contrasts: ហាត់អានគូពាក្យខាងប្រកាមនេះ :

for : force	/for : fors/	ល្មមាប់ : កម្លាំង
par : parse	/par : pars/	ធម្មតា : ធ្វើវិភាគ (ទេវ្យាករណ៍)
purr : purse	/pər : pərs/	ធ្វើខ្ញុរ ៗ (ឆ្មា) : កាបូប
cur : curse	/kər : kərs/	ទែ្កកាត់ : ទជេរ
her : hearse	/hər : hərs/	របស់នាត់ (ស្រី) : រថយន្តដឹកសព
were : worse	/wər : wərs/	ជា(ព.ម.) : អាប្រក់ជាង

4. Final /-rs/ vs. /-rst/   ៤. /-rs/ ខ្ពស់ពី /-rst/ ចុងពាក្យ

Practice the following contrasts;   ហាត់អានគូពាក្យខាងប្រកាមនេះ; ពាក្យ
the words in the second column have the នៅជួរទីពីរមានចចង្កោមព្យញ្ជនៈ /-rst/ នៅ
same /-rst/ ending as 'first' /fərst/:   ខាងចុង ដូចក្នុងពាក្យ first 'ទីមួយ' ។

force : forced	/fors : forst/	កម្លាំង : បង្ខំ(ព.ម.)
purse : pursed	/pərs : pərst/	ខាំ (មាត់) : (ដូចគ្នា, ព.ម.)
worse : worst	/wərs : wərst/	អាប្រក់ជាង : អាប្រក់ជាងគេ
nurse : nursed	/nərs : nərst/	បំបៅ : បំបៅ (ព.ម.)
course : coursed	/kors : korst/	ហូរ : ហូរ (ព.ម.)
hearse : Hearst	/hərs : hərst/	រថយន្តដឹកសព : (នាមប្រកូល)

5. Initial /st-/ vs. /str-/

Many common words in English begin with /str-/; an even larger number begin with /st-/. Practice the following contrasts:

steam : stream	/stiym : striym/
sting : string	/sting : string/
stain : strain	/steyn : streyn/
stand : strand	/staend : straend/
stay : stray	/stey : strey/
stuck : struck	/stək : strək/
stop : strop	/stap : strap/

៥. /st-/ ឧបពី /str-/ ដើមពាក្យ

ពាក្យអង់គ្លេសជាច្រើនមានចរង្គាមព្យព្ជន: /str-/ នៅដើមពាក្យ ដូចជានៅក្នុងពាក្យ street 'ផ្លូវ' ។ ចំនួនពាក្យធំទូរ្យតមានចរង្គាម ព្យព្ជន: /st-/ ដើមពាក្យ ។ ហាត់ថាគូពាក្យ

ចំហាយ : ច្រជោះ
ទិច : ខ្សែ្
ស្នាមប្រឡាក់ : ត្រង
ឈរ : ផ្លង (ខ្សែ្)
ស្នាក់ : រង្កេង
ចិទ(ព.ម.) : វាយ (ព.ម.)
ឈប់ : លង្កូត

6. Final /-s/ vs. /-st/

Many words that end in /-s/ also have a form which ends in /-st/ (the function of which will be discussed in the Grammar Notes); practice the following contrasts:

pass : passed	/paes : paest/
lass : last	/laes : laest/
curse : cursed	/kərs : kərst/
force : forced	/fors : forst/
kiss : kissed	/kis : kist/
miss : missed	/mis : mist/
base : based	/beys : beyst/

៦. /-s/ ឧបពី /-st/ ចុងពាក្យ

ពាក្យអង់គ្លេសជាច្រើនដែលមានសូរ /-s/ ចុងប្រកាយ អាចទួលនូវសូរ /-t/ នៅពីរប្រកាយផង (បើងនឹងអធិប្បាយការងារនៃបច្ចុប្យនេះនៅក្នុងថ្ងៃក វេយ្យាករណ៍) ។ ហាត់អានគូពាក្យខាងក្រោម នេះ :

ឡួស : ឡួស (ព.ម.)
ក្មេងស្រី : ច្រកាយបង្កល់
ដជរ : ដជរ (ព.ម.)
បង្ខំ : បង្ខំ (ព.ម.)
ថើប : ថើប (ព.ម.)
ទៅមិនទាន់ : ទៅមិនទាន់(ព.ម.)
តាងមូលដ្ឋាន : តាងមូលដ្ឋាន(ព.ម.)

7. Initial /ch-/ vs. /j-/

The English /ch-/ at the beginning of a word (written ch-) has a close Khmer counterpart, but Khmer has no sound like English /j/, as in 'job' /jab/ and 'jeer' /jir/. Practice the following contrasts:

៧. /ch-/ ឧបពី /j-/ ដើមពាក្យ

សួរអង់គ្លេស /ch/ នៅដើមពាក្យ ដូចគ្នានឹង សួរ [ឆ/ឈ] ខ្មែរ, ដូចជានៅក្នុងពាក្យ chair /chaer/ 'កៅអី', តែខ្មែរគ្មានសួរ/j/[ជ] ដូច អង់គ្លេសទេ ដូចជានៅក្នុងពាក្យ job /jab/ 'ការរធ្វើ' និង jeer /jir/ 'សើចចំអក' ។ ហាត់ថាគូពាក្យខាងក្រោមនេះ :

char : jar	/char : jar/	ផុតពរាល ពុ : ប្រកឱ្យ
chain : Jane	/cheyn : jeyn/	ប្រចាក់ : (ឈ្មោះស្រី)
chaw : jaw	/cho : jo/	ទំពារ : ថ្គាម
chip : gyp	/chip : jip/	ចំណាង : ឲ្យក
cheer : jeer	/chir : jir/	សាទរ : សើចចំអក
chest : jest	/chest : jest/	ស្រួង : កប៉ែ្លង
choke : joke	/chowk : jowk/	ឈ្លក់ : នង្វៀងកប៉ែ្លង

8. Initial /j-/ vs. /g-/

Now practice the following contrasts between /j-/ and /g-/, neither of which occurs in Khmer:

Joe : go	/jow : gow/	(ឈ្មោះប្រុស) : ទៅ
jeer : gear	/jir : gir/	សើចចំអក : ស្លឹចក្រ
Jane : gain	/jeyn : geyn/	(ឈ្មោះស្រី) : ចំណេញ
jet : get	/jet : get/	យន្តហោះប្រតិកម្ម : បាន
job : gob	/jab : gab/	ការធ្វើ : ដុំ
juice : goose	/juws : guws/	ទឹកផ្លែ : ក្មាន

D. GRAMMAR NOTES AND DRILLS

1. Past Tense Forms of the Verb 'To Be'

In 5D3 we saw that the verb 'to be' has three different forms in the present tense: 'am/is/are' /aem/iz/ar/. In the past tense, 'be' has only two forms: 'was' /waz/ and 'were' /wər/, as in

Where <u>were</u> you born?

I <u>was</u> born in Cambodia.

'Was' is used after 'I' and 'He/She/ It', and 'were' is used everywhere else; the distribution of these forms is shown in the following chart:

	Singular	Plural		ឯកវិចន:	ពហុវិចន:	
1st	I <u>was</u>	We <u>were</u>	អ្នកទី១	ខ្ញុំជា	យើងជា	
2nd	You <u>were</u>	You <u>were</u>	អ្នកទី២	អ្នកជា	អ្នកជា	
3rd	He She It } <u>was</u> The book Bill	They } <u>are</u> The books Bill and Mary	អ្នកទី៣	គាត់ នាង វា } ជា សៀវភៅ ប៊ីល	គេ/វា (ព.) សៀវភៅ (ព.) ប៊ីលហើយនិងម៉េរី } ជ	

1a. Substitution-Matching Drill

លំហាត់ប្រើសហើយនិងបូនពាក្យ

In this drill, choose 'was' or
'were' based on the teacher's cue:

នៅ ក្នុងលំហាត់នេះ ប្រើសយក was ឬ were
មកប្រើទិន្យប្រសបទៅ តាមពាក្យសោ របស់ត្រូ :

I was born in Cambodia.   ខ្ញុំកើតនៅ កម្ពុជា (ព.យ.).
He was born in Cambodia.   គាត់
Sok was born in Cambodia.   សុខ
You were born in Cambodia.   អ្នក
Sopha was born in Cambodia.   សុផា
They were born in Cambodia.   គេ
The Smiths were born in Cambodia.   ត្រួសា រស្ម៊ីថ
She was born in Cambodia.   នាង

1b. Substitution-Matching Drill

លំហាត់ប្រើសហើយនិងបូនពាក្យ

Where were you born?   អ្នកកើតនៅ ឯណា (ព.យ.)?
Where was he born?   គាត់
Where were they born?   គេ
Where was I born?   ខ្ញុំ
Where were we born?   យើង
Where was Bill born?   ប៊ីល
Where were the Smiths born?   ត្រួសា រស្ម៊ីថ
Where was she born?   នាង

1c. <u>Transformation Drill</u>   លំហាត់ប្រែប្រួលឃ្លា

    Change the following present   ក្នុងលំហាត់នេះ សិស្សត្រូវប្រែប្រួលឃ្លាពេល

tense sentences to the past tense: ឥឡូវខាងក្រោមនេះឱ្យទៅជាឃ្លាពេលមុន:

I am a student.   ខ្ញុំជាកូនសិស្ស.

    I was a student.   (ដូចគ្នា, ព.ម.)

She is here.   នាងនៅនេះ.

    She was here.   (ដូចគ្នា, ព.ម.)

They are at home.   គេនៅផ្ទះ.

    They were at home.   (ដូចគ្នា, ព.ម.)

Bill is hungry.   ប៊ិលឃ្លានបាយ.

    Bill was hungry.   (ដូចគ្នា, ព.ម.)

The Smiths are here.   គ្រួសារស្មីថនៅនេះ.

    The Smiths were here.   (ដូចគ្នា, ព.ម.)

The book is on the table.   សៀវភៅនៅលើតុ.

    The book was on the table.   (ដូចគ្នា, ព.ម.)

We are sleepy.   យើងងុយដេក.

    We were sleepy.   (ដូចគ្នា, ព.ម.)

1d. <u>Transformation Drill</u>   លំហាត់ប្រែប្រួលឃ្លា

    Change the following present tense   ប្រែប្រួលសំនួរស្តីអំពីពេលឥឡូវខាងក្រោមនេះ

questions to the past tense: ឱ្យទៅជាសំនួរស្តីអំពីពេលមុន:

Where is Bill?   ប៊ិលនៅឯណា?

    Where was Bill?   (ដូចគ្នា, ព.ម.)

What are you doing?   អ្នក(កំពុង)ធ្វើអី?

    What were you doing?   (ដូចគ្នា, ព.ម.)

Where is my book?   សៀវភៅខ្ញុំនៅឯណា?

    Where was my book?   (ដូចគ្នា, ព.ម.)

What is she doing?   នាង(កំពុង)ធ្វើអី?

    What was she doing?   (ដូចគ្នា, ព.ម.)

Where are your sons?   កូនប្រុសអ្នកនៅឯណា?

    Where were your sons?   (ដូចគ្នា, ព.ម.)

Where are the Smiths?   គ្រួសារស្មីថនៅឯណា?

    Where were the Smiths?   (ដូចគ្នា, ព.ម.)

What is that?   នោះអ្វី?

    What was that?   (ដូចគ្នា, ព.ម.)

1e. <u>Response Drill</u>   លំហាត់ចម្លើយ

    Answer the following questions in   ឆ្លើយសំនួរខាងក្រោមនេះ ដោយប្រើកិរិយា

the past tense, using the correct   សព្ទឲ្យត្រូងពេលមុន ហើយប្រើសព្វនាមប្រធានទីដែលត្រូ

subject pronoun: ប្រើនៅក្នុងចម្លើយផង:

Where were my books?   សៀវនៅ់ភៅខ្ញុំ(ព.)នៅឯណា (ព.ម.)?

    They were at home.   វានៅ់ផ្ទះ:(ព.ម.).

Where was your car?   ឡ្យានអ្នកនៅឯណា(ព.ម.)?

    It was at home.   វានៅ់ផ្ទះ:(ព.ម.).

Where was her son?   កូនប្រុសនាងនៅ់នៅឯណា(ព.ម.)?

    He was at home?   គាត់នៅ់ផ្ទះ:(ព.ម.).

Where were your children?   កូនអ្នកនៅឯណា(ព.ម.)?

    They were at home.   គេនៅ់ផ្ទះ:(ព.ម.).

Where was his wife?   ប្រពន្ធគាត់នៅ់នៅឯណា(ព.ម.)?

    She was at home.   នាងនៅ់ផ្ទះ:(ព.ម.).

Where was their book?   សៀវនៅ់ភៅ គេនៅ់នៅឯណា(ព.ម.)?

    It was at home.   វានៅ់ផ្ទះ:(ព.ម.).

Where was our daughter?   កូនស្រីយើងនៅ់នៅឯណា(ព.ម.)?

    She was at home.   នាងនៅ់ផ្ទះ:(ព.ម.).

Where were their dogs?   ឆ្កែគេនៅ់នៅឯណា(ព.ម.)?

    They were at home.   វា(ព.)នៅ់ផ្ទះ:(ព.ម.).

Where were you?   អ្នកនៅ់នៅឯណា(ព.ម.)?

    I was at home.   ខ្ញុំនៅ់ផ្ទះ:(ព.ម.).

2. <u>Inversion of 'Was' and 'Were' in</u>   ២. <u>ការបញ្ច្រាស Was ហើយនិង Were ឲ្យទៅ</u>

   <u>Questions</u>   <u>ខាងមុខប្រធានដើម្បីសួរសំនួរ</u>

    Just like 'am/is/are', 'was' and   ដូចគ្នានិង am, is ហើយនិង are ដែរ,

'were' are placed in front of the sub-   was ហើយនិង were នៅក្នុងសំនួរ គេត្រូវដាក់

ject in questions.   នៅ់មុខប្រធានដើម្បីសួរសំនួរ ។

2a. <u>Transformation Drill</u>   លំហាត់ប្រែប្រួល្បាា

    Change the following statements   ប្រែ ប្រួ ប្រួលវិជ្ជមានខាងក្រោមនេះឲ្យទៅជា

to questions: សំនួរ ដោយដាក់កិរិយាសព្ទនៅ់មុខប្រធាន:

He was sick.   គាត់ឈឺ.(ព.ម.)

    Was he sick?   គាត់ឈឺទេ(ព.ម.)?

They were here.   គេនៅនេះ(ព.ម.)។

   Were they here?   គេនៅនេះទេ(ព.ម.)?

We were hungry.   យើងឃ្លានប្បាយ(ព.ម.)។

   Were we hungry?   យើងឃ្លានប្បាយទេ(ព.ម.)?

The Smiths were at home.   គ្រួសារស្មីថនៅផ្ទះ(ព.ម.)។

   Were the Smiths at home?   គ្រួសារស្មីថនៅផ្ទះទេ(ព.ម.)?

His books were on the table.   សៀវភៅ(ព.)គាត់នៅលើតុ(ព.ម.)។

   Were his books on the table?   សៀវភៅ(ព.)គាត់នៅលើតុទេ(ព.ម.)?

Their son was at work.   កូនប្រុសគេនៅ[កន្លែង]ធ្វើការ(ព.ម.)។

   Was their son at work?   កូនប្រុសគេនៅ[កន្លែង]ធ្វើការទេ(ព.ម.)?

Mary was a teacher.   ម៉ែរីធ្វើគ្រូ(ព.ម.)។

   Was Mary a teacher?   ម៉ែរីធ្វើគ្រូទេ(ព.ម.)?

Bill and Jane were students.   ប៊ីលហើយនិងជ៉ែនជាកូនសិស្ស(ព.ម.)។

   Were Bill and Jane students?   ប៊ីលហើយនិងជ៉ែនជាកូនសិស្សទេ(ព.ម.)?

I was wrong.   ខ្ញុំខុស(ព.ម.)។

   Was I wrong?   ខ្ញុំខុសទេ(ព.ម.)?

That was my book.   នោះគីជាសៀវភៅខ្ញុំ(ព.ម.)។

   Was that my book?   នោះគីជាសៀវភៅខ្ញុំទេ(ព.ម.)?

3. Negation of 'Was' and 'Were'

   Since 'was' and 'were' do not contract with a preceding pronoun, the negatives 'was not' and 'were not' contract only to 'wasn't' /wɔ́zənt/ and 'weren't' /wɔ́rənt/.

៣. ទម្រង់បដិសេធនៃ Was ហើយនិង Were

   ដោយ was ហើយនិង were ៛តបំប្រួញ ភ្លាប់ទៅនិងប្រធាននៅខាងមុខខ្លួនទេ, ទម្រង់ was not ហើយនិង were not អាចបំប្រួញបាន ត្រឹមទ្រឹត wasn't /wɔ́zənt/ ហើយនិង weren't /wɔ́rənt/ ទេ។

3a. Transformation Drill

   Make the following affirmative sentences negative, using the full forms 'was not' and 'were not':

I was hungry.

   I was not hungry.

He was here.

   He was not here.

លំហាត់ប្រែប្រួល្យា

   វ៉ិប្រប្រួល្យាវិជ្ជមានខាងក្រោមនេះឲ្យទៅ ជាឃ្លាបដិសេធ ដោយប្រើទ្រម្ងង់បដិសេធ was not ហើយនិង were not, ដោយឥតបំប្រួញ:

ខ្ញុំឃ្លានប្បាយ(ព.ម.)។

   ខ្ញុំមិនឃ្លានប្បាយទេ(ព.ម.)។

គាត់នៅនេះ(ព.ម.)។

   គាត់មិននៅនេះទេ(ព.ម.)។

They were at home.   គេនៅផ្ទះ(ព.ម.).

   They were not at home.   គេមិននៅផ្ទះទេ(ព.ម.).

Mary was a student.   ម៉េរីជាកូនសិស្ស(ព.ម.).

   Mary was not a student.   ម៉េរីមិនមែនជាកូនសិស្សទេ(ព.ម.).

I was there.   ខ្ញុំនៅនោះ(ព.ម.).

   I was not there.   ខ្ញុំមិននៅនោះទេ(ព.ម.).

My son was sick.   កូនប្រុសខ្ញុំឈឺ(ព.ម.).

   My son was not sick.   កូនប្រុសខ្ញុំមិនឈឺទេ(ព.ម.).

The Smiths were here.   គ្រួសារស្ម៊ីធនៅនេះ(ព.ម.).

   The Smiths were not here.   គ្រួសារស្ម៊ីធមិននៅនេះទេ(ព.ម.).

My wife was born in Cambodia.   ប្រពន្ធខ្ញុំកើតនៅស្រុកខ្មែរ(ព.ម.).

   My wife was not born in Cambodia. ប្រពន្ធខ្ញុំមិនកើតនៅស្រុកខ្មែរទេ(ព.ម.).

My book was on the table.   សៀវភៅខ្ញុំនៅលើតុ(ព.ម.).

   My book was not on the table.   សៀវភៅខ្ញុំមិននៅលើតុទេ(ព.ម.).

Their dogs were hungry.   ឆ្កែគេឃ្លានណាស់(ព.ម.).

   Their dogs were not hungry.   ឆ្កែគេមិនឃ្លានទេ(ព.ម.).

3b. Transformation Drill   លំហាត់ប្រែប្រួលឃ្លា

   Convert the forms 'was not' and   ចូរប្រើវិប្រែប្រួលទម្រង់បដិសេធ was not
'were not' to the contracted forms   ហើយនិង were not នូវទៅជាទម្រង់បំប្រួញ
'wasn't' and 'weren't' in the follow-   wasn't ហើយនិង weren't នៅក្នុងឃ្លាខាង
ing sentences: ក្រោមនេះ :

I was not hungry.   ខ្ញុំមិនឃ្លានពុយទេ(ព.ម.).

   I wasn't hungry.   (ដូចគ្នា)

He was not here.   គាត់មិននៅនេះទេ(ព.ម.)

   He wasn't here.   (ដូចគ្នា)

They were not at home.   គេមិននៅផ្ទះទេ(ព.ម.).

   They weren't at home.   (ដូចគ្នា)

Mary was not a student.   ម៉េរីមិនមែនជាកូនសិស្សទេ(ព.ម.).

   Mary wasn't a student.   (ដូចគ្នា)

I was not there.   ខ្ញុំមិននៅនោះទេ(ព.ម.).

   I wasn't there.   (ដូចគ្នា)

My son was not sick.   កូនប្រុសខ្ញុំមិនឈឺទេ(ព.ម.).

   My son wasn't sick.   (ដូចគ្នា)

The Smiths were not here.   ប្រគ្រួសារស្មីមិននៅនេះទេ (ព.ម.).

    The Smiths weren't here.   (ដូចគ្នា)

My wife was not born in Cambodia.   ប្រពន្ធខ្ញុំមិនកើតនៅស្រុកខ្មែរទេ (ព.ម.)

    My wife wasn't born in Cambodia.   (ដូចគ្នា)

My book was not on the table.   សៀវភៅខ្ញុំមិននៅលើតុទេ (ព.ម.).

    My book wasn't on the table.   (ដូចគ្នា)

Their dogs were not hungry.   ឆ្កែគេមិនឃ្លានទេ (ព.ម.).

    Their dogs weren't hungry.   (ដូចគ្នា)

3c. <u>Transformation Drill</u>   <u>លំហាត់ប្រែប្រួលឃ្លា</u>

    Negate the following sentences,   ធ្វើឃ្លាខាងក្រោមនេះឲ្យទៅជាបដិសេធ

using 'wasn't' and 'weren't':   ដោយប្រើទម្រង់បំប្ញេចញ wasn't និង weren't:

He was at home.   គាត់នៅផ្ទះ (ព.ម.).

    He wasn't at home.   គាត់មិននៅផ្ទះទេ (ព.ម.).

They were here.   គេនៅនេះ (ព.ម.).

    They weren't here.   គេមិននៅនេះទេ (ព.ម.).

That was my daughter.   នោះគឺជាកូនស្រីខ្ញុំ (ព.ម.).

    That wasn't my daughter.   នោះមិនមែនជាកូនស្រីខ្ញុំទេ (ព.ម.).

My books were on the table.   សៀវភៅ (ព.) ខ្ញុំនៅលើតុ (ព.ម.).

    My books weren't on the table.   សៀវភៅ (ព.) ខ្ញុំមិននៅលើតុទេ (ព.ម.).

My son was born in Cambodia.   កូនប្រុសខ្ញុំកើតនៅ កម្ពុជា (ព.ម.).

    My son wasn't born in Cambodia.   កូនប្រុសខ្ញុំមិនកើតនៅ កម្ពុជាទេ (ព.ម.).

My dog was sick.   ឆ្កែខ្ញុំឈឺ (ព.ម.).

    My dog wasn't sick.   ឆ្កែខ្ញុំមិនឈឺទេ (ព.ម.).

That was his book.   នោះជាសៀវភៅគាត់ (ព.ម.).

    That wasn't his book.   នោះមិនមែនជាសៀវភៅគាត់ទេ (ព.ម.).

Mary was hungry.   ម៉ែរីឃ្លានបាយ (ព.ម.).

    Mary wasn't hungry.   ម៉ែរីមិនឃ្លានបាយទេ (ព.ម.).

We were tired.   យើងអស់កម្លាំង (ព.ម.).

    We weren't tired.   យើងមិនអស់កម្លាំងទេ (ព.ម.).

I was there.   ខ្ញុំនៅនោះ (ព.ម.).

    I wasn't there.   ខ្ញុំមិននៅនោះទេ (ព.ម.).

The Smiths were born here.   ប្រគ្រួសារស្មីមកើតនៅឯនេះ (ព.ម.)

    The Smiths weren't born here.   ប្រគ្រួសារស្មីមិនកើតនៅឯនេះទេ (ព.ម.).

4. Answering Yes-or-No Questions with 'Was' and 'Were'

'Was' and 'were' are used just like 'am/is/are' in answering yes-or-no questions; e.g.:

> Was Bill here?
>> Yes, he <u>was</u>.
>> No, he <u>wasn't</u>.
>
> Were the books there?
>> Yes, they <u>were</u>.
>> No, they <u>weren't</u>.

4a. Response Drill

Answer the following questions in the affirmative, using the right sub-ject pronoun:

Was Bill here?

> Yes, he was.

Were your books there?

> Yes, they were.

Was that your son?

> Yes, it was.

Is Jane a student?

> Yes, she is.

Are you married?

> Yes, I am.

Was I wrong?

> Yes, you were.

Are you going?

> Yes, I am.

Is the cab here?

> Yes, it is.

Was your wife sick?

> Yes, she was.

៤. ការឆ្លើយ Was ហើយនិង Were ដើម្បីឆ្លើយសំនួរបែប ' បាទ/ ចា៎ះ ឬ ទេ'

Was ហើយនិង were ប្រើដូចគ្នានិង am/ is/are ក្នុងការឆ្លើយសំនួរបែប 'បាទ/ ចា៎ះ ឬ ទេ' ។

> ប៊ីលនៅឯនេះទេ (ព.ម.)?
>> បាទ/ចា៎ះ, គាត់នៅ [នេះ] (ព.ម.).
>> ទេ, គាត់មិននៅ [នេះ] ទេ (ព.ម.).
>
> សៀវភៅ (ព.) នៅឯនោះទេ (ព.ម.)?
>> បាទ/ចា៎ះ, វានៅ [នោះ] (ព.ម.).
>> ទេ, វាមិននៅ [នោះ] ទេ (ព.ម.).

លំហាត់ចម្លើយ

សូមឆ្លើយសំនួរខាងក្រោមនេះជាវិជ្ជមាន, ដោយប្រើសព្វនាមនិទ្ទេសរតទៅតាមប្រធាននៅក្នុងសំនួររបស់ គ្រូ :

ប៊ីលនៅឯនេះទេ (ព.ម.)?

> បាទ/ចា៎ះ, គាត់នៅឯនេះ (ព.ម.).

សៀវភៅ (ព.) អ្នកនៅឯនោះទេ (ព.ម.)?

> បាទ/ចា៎ះ, វានៅឯនោះ (ព.ម.).

នោះតើជាកូនប្រុសអ្នកទេ (ព.ម.)?

> បាទ/ចា៎ះ, ថ្មីងហើយ (ព.ម.).

ជេនជាសិស្សទេ?

> បាទ/ចា៎ះ, ថ្មីងហើយ.

អ្នករៀបការហើយឬនៅ?

> បាទ/ចា៎ះ, ខ្ញុំរៀបការហើយ.

ខ្ញុំខុសទេ (ព.ម.)?

> បាទ/ចា៎ះ, អ្នកខុស (ព.ម.).

អ្នកទៅទេ?

> បាទ/ចា៎ះ, ខ្ញុំទៅ.

តាក់ស៊ីមកដល់ហើយឬ ?

> បាទ/ចា៎ះ, វាមកដល់ហើយ.

ប្រពន្ធអ្នកឈឺទេ (ព.ម.)?

> បាទ, នាងឈឺ (ព.ម.).

Are your children here?	កូន(ព.)អ្នកនៅនេះទេ ?
Yes, they are.	បាទ/ចាំ៎ះ, គេនៅនេះ.
Was my cat hungry?	ឆ្មាខ្ញុំឃ្លានទេ(ព.ម.)?
Yes, it was.	បាទ/ចាំ៎ះ, វាឃ្លាន(ព.ម.).
Were we right?	យើងត្រូវទេ(ព.ម.)?
Yes, you were.	បាទ/ចាំ៎ះ, អ្នកត្រូវ(ព.ម.).
Is your husband at work?	ប្តីអ្នកនៅ[កន្លែង]ធ្វើការទេ ?
Yes, he is.	ចាំ៎ះ, គាត់នៅ[កន្លែងធ្វើការ] .
Were they your children?	គេគឺជាកូនអ្នកទេ (ព.ម.)?
Yes, they were.	បាទ/ចាំ៎ះ, ព្ងឹងហើយ (ព.ម.).

4b. <u>Response Drill</u>   <u>លំហាត់ចម្លើយ</u>

Now answer the same questions in the negative, using the contraction of 'not' in all cases except 'I am not', which contracts only to 'I'm not':	ឥឡូវនេះសូមឆ្លើយសំនួរដដែលនេះជាបដិសេធ, ដោយប្រើទម្រង់បំប្ញ្ញែនៃ not, លើកលែងវ៉ែត I am not, ដែលអាចបំប្ញ្ញានត្រឹមវ៉ែត I'm not (មើល 5D7).
Was Bill here?	ប៊លនៅនេះទេ(ព.ម.)?
No, he wasn't.	ទេ, គាត់មិននៅនេះទេ(ព.ម.).
Were your books there?	សៀវភៅ(ព.)អ្នកនៅនោះទេ(ព.ម.)?
No, they weren't.	ទេ, វ៉ា(ព.)មិននៅនោះទេ(ព.ម.).
Was that your son?	នោះគឺជាកូនប្រុសអ្នកទេ (ព.ម.)?
No, it wasn't.	ទេ, វ៉ាមិនមែនជាកូនប្រុសខ្ញុំទេ(ព.ម.).
Is Jane a student?	ជេនជាសិស្សទេ?
No, she isn't.	ទេ, នាងមិនមែនជាសិស្សទេ.
Are you married?	អ្នករៀបការហើយឬនៅ?
No, I'm not.	ទេ, (ខ្ញុំ)នៅ.
Was I wrong?	ខ្ញុំខុសទេ (ព.ម.)?
No, you weren't.	ទេ, អ្នកមិនខុសទេ(ព.ម.).
Are you going?	អ្នកទៅទេ?
No, I'm not.	ទេ, ខ្ញុំមិនទៅទេ.
Is the cab here?	តាក់ស៊ីនៅនេះទេ ?
No, it isn't.	ទេ, វ៉ាមិននៅនេះទេ.
Was your wife sick?	ប្រពន្ធអ្នកឈឺទេ (ព.ម.)?
No, she wasn't.	ទេ, នាងមិនឈឺទេ(ព.ម.).

Are your children here?   កូន(ព.)អ្នកនៅនេះទេ ?

   No, they aren't.   ទេ, គេមិននៅនេះទេ.

Was my cat hungry?   ឆ្មាខ្ញុំឃ្លានទេ(ព.ម.)?

   No, it wasn't.   ទេ, វាមិនឃ្លានទេ(ព.ម.).

Were we right?   យើងត្រូវទេ(ព.ម.)?

   No, you weren't.   ទេ, អ្នកមិនត្រូវទេ(ព.ម.).

Is your husband at work?   ប្ដីអ្នកទៅធ្វើការហើយឬ ?

   No, he isn't.   ទេ, គាត់មិនទៅទេ.

Were they your children?   គេជាកូន(ព.)អ្នកទេ(ព.ម.)?

   No, they weren't.   ទេ, គេមិនមែនជាកូនខ្ញុំទេ(ព.ម.).

5. <u>The Present Perfect Tense</u>   ៥. <u>កិរិយាសព្ទទម្រង់ស្ដីអំពីពេលកន្លងទៅ</u>

   So far we have had three tenses: យើងបានរៀនទម្រង់បទកំណត់ពេលបីបទហើយ, គឺ:

1) Simple present tense (see 4D2):   ១) បទកំណត់ពេលទម្រង់ធម្មតា (មើល 4D2):

   My name <u>is</u> Bill.   ខ្ញុំឈ្មោះ បិល. (ឈ្មោះខ្ញុំជាបិល.)

   He <u>works</u> every day.   គាត់ធ្វើការរាល់ថ្ងៃ.

2) Present progressive tense (see 4D2):   ២) បទកំណត់ពេលកំពុងបុព្វកិត្ត (មើល 4D2):

   What <u>are</u> you <u>doing?</u>   អ្នកកំពុងធ្វើអ្វី ?

   I <u>am</u> <u>working.</u>   ខ្ញុំកំពុងធ្វើការ.

3) Past tense (for 'be' only; see 6D1):   ៣) បទកំណត់ពេលមុន (ក. be ប៉ុណ្ណោះ; មើល6D1)

   I <u>was</u> there.   ខ្ញុំនៅទីនោះ (ព.ម.).

   They <u>were</u> hungry.   គេឃ្លានពួយ (ព.ម.).

In this lesson we meet the 'present   នៅក្នុងមេរៀននេះ យើងជួបប្រទះបទកំណត់ពេល
perfect tense', which is used to ex-   កន្លងទៅ ដែលគេប្រើដើម្បីស្ដីអំពីភាវៈ ឬ អំពើដែល
press states or actions which started   ចាប់ទម្រើងនៅពេលមុន ហើយដែលនៅទីតមាន(ភា ?
in the past and have already been com-   ឬដែលធ្វើរួចហើយ(អំពើ) ដូចជានៅក្នុងឧទាហរណ៍
pleted, as in: ខាងក្រោមនេះ :

   How long <u>have</u> you <u>been</u> here?   អ្នកនៅ នេះអស់រយៈពេលប៉ុន្មានហើយ ?

   I'<u>ve</u> <u>been</u> here for two months.   ខ្ញុំនៅ នេះបានពីរខែហើយ.

   I'<u>ve</u> <u>passed</u> that street.   ខ្ញុំ [ដែលបើក] ឆ្លងផ្លូវនោះហើយ.

   <u>Have</u> you <u>found</u> a job yet?   អ្នករកបានការងារធ្វើហើយឬនៅ ?

Notice that this tense is formed by   កត់សម្គាល់ថា គេធ្វើបទកំណត់ពេលកន្លងទៅរដោយប្រើ
using the verb 'have' plus a special   កិរិយាសព្ទ have ហើយនិងទម្រង់ពិសេសនៃកិរិយាសព្ទ
form of the verb called a 'past   ដែលគេហៅថា 'អតីតកិរិយាសព្ទនាម' ។ Have

participle'. 'Have' in this use does

not have the same meaning as in

    I <u>have</u> a car.

but rather is simply an auxiliary

which marks the present perfect tense.

Interestingly, Khmer uses 'have' in a

similar way in colloquial speech, as in

    I have go(ne) three times already.

'Have' as an auxiliary contracts with

a preceding pronoun in the following

ways, using 'gone' /gon/, the past

participle of 'go':

English	Contraction	Pronunciation	Khmer
I have gone : I've gone		/ayv gon/	ខ្ញុំទៅហើយ : (ដូចគ្នា)
You have gone : You've gone		/yuwv gon/	អ្នកទៅហើយ : (ដូចគ្នា)
He has gone : He's gone		/hiyz gon/	គាត់ទៅហើយ : (ដូចគ្នា)
She has gone : She's gone		/shiyz gon/	នាងទៅហើយ : (ដូចគ្នា)
It has gone : It's gone		/its gon/	វាទៅហើយ : (ដូចគ្នា)
We have gone : We've gone		/wiyv gon/	យើងទៅហើយ : (ដូចគ្នា)
They have gone : They've gone	/dheyv gon/		តេទៅហើយ : (ដូចគ្នា)

5a. <u>Substitution-Matching Drill</u>

    In the following drill, use the

correct form of 'have':

How long have <u>you</u> been here?

How long have <u>I</u> been here?

How long has <u>he</u> been here?

How long have <u>we</u> been here?

How long has <u>she</u> been here?

How long have <u>they</u> been here?

How long has <u>it</u> been here?

How long has <u>Bill</u> been here?

How long have <u>the Smiths</u> been here?

How long has <u>Mary</u> been here?

របើរៀបៀក្នុងបទកំណត់ពេលកន្លងទៅនេះ មានន័យខុសគ្នា

និង have ដែលរៀបៀជាកិរិយាសព្ទក្នុងឃ្លា ដូចជា

    ខ្ញុំមានឡាន.

ហើយរៀបៀគាត់ទៃតជាកិរិយាសព្ទជំនួយដែលត្រូវនៃរៀបៀ

ជាមួយនិងបទកំណត់ពេលកន្លងទៅនេះ ។ និយាយ

អញ្ចឹង ភាសាខ្មែរមានរៀបៀ 'មាន' របៀបបនេះ

ដែរនៅក្នុងភាសាសាមញ្ញ, ដូចជាក្នុងឃ្លា

    ខ្ញុំមានទៅបីដងហើយ.

ពាក្យ have រៀបៀជាកិរិយាសព្ទជំនួយ អាចបំប្រួញ

ភ្លាបំនិងសព្វនាមនៅខាងមុខបាន តាមរបៀបបខ្លាញ

នៅខាងក្រោមនេះ ។ ហើយរៀបៀជាមួយនិង gone

ដែលជាអតីតកិរិយាសព្វនាមនៃ go /gow/ 'ទៅ':

លំហាត់រៀជីសទម្រង់ហើយនិងបុនពាក្យ

    នៅក្នុងលំហាត់នេះ បុនពាក្យដែលត្រូវផ្លល់នៃ

ហើយរៀបៀកិរិយាសព្ទ have ឬ has តាមប្រធាន:

អ្នកនៅទីនេះអស់រយៈពេលប៉ុន្មានហើយ ?

ខ្ញុំ

គាត់

យើង

នាង

តេ

វា

បីល

គ្រួសារស្មីថ

ម៉ែរ៉ី

5b. <u>Substitution Drill</u>   លំហាត់បូរពាក្យ

    Learn the following new vocabulary: រៀនឲ្យវិពាក្យថ្មីនៅខាងក្រោមនេះ :

week   /wiyk/   អាទិត្យ

hour   /awr/   ម៉ោង

Now do the following drill: ឥឡូវធ្វើលំហាត់បូរពាក្យខាងក្រោមនេះ :

I've been here for two <u>months</u>.   ខ្ញុំនៅនេះបានពីរខែហើយ.

I've been here for two <u>days</u>.   ថ្ងៃ

I've been here for two <u>weeks</u>.   អាទិត្យ

I've been here for two <u>years</u>.   ឆ្នាំ

I've been here for two <u>hours</u>.   ម៉ោង

I've been here for two <u>nights</u>.   យប់

5c. <u>Substitution-Matching Drill</u>   លំហាត់បូរពាក្យ ប្ដូរយើននិងរជើសទម្រង់បំប្លួញ

    Use the right contraction of   រប្បើឲ្យម្ដងបំប្លួញនៃកិរិយាសព្ទ have/has

'have' in the following sentences,   តាមប្រធានដែលគ្រូឲ្យ ។ Has គេបំប្លួញនិយាទ

depending on the subject supplied by   ជា -'s, ដែលអានថា /z/ នៅពីក្រោយញ្ញញ្ញ

the teacher: ខុរ ហើយ /s/ នៅពីក្រោយញ្ញញ្ញៈថ្ងៃ :

<u>I</u>'ve been here for three days.   ខ្ញុំនៅនេះបានបីថ្ងៃហើយ.

<u>He</u>'s been here for three days.   គាត់

<u>They</u>'ve been here for three days.   គេ

<u>We</u>'ve been here for three days.   យើង

<u>She</u>'s been here for three days.   នាង

<u>You</u>'ve been here for three days.   អ្នក

<u>Bill</u>'s been here for three days.   ប៊ីល

<u>The book</u>'s been here for three days.   សៀវភៅ

5d. <u>Multiple Substitution Drill</u>   លំហាត់បូរពាក្យ ជធ្វេៗ

    Use the right form of 'have',   រប្បើឲ្យម្ដងកិរិយាសព្ទ have ដែលគ្រូវរប្បើ

depending on the subject: ហើយបូរពាក្យដែលគ្រូផ្លស់នឹយ នៅកន្លែងដែលគ្រូវ :

<u>I</u>'ve been here for two years.   ខ្ញុំនៅនេះបានពីរឆ្នាំ ហើយ.

<u>He</u>'s been here for two years.   គាត់

He's been here for <u>three days</u>.   បីថ្ងៃ

<u>We</u>'ve been here for three days.   យើង

We've been here for <u>four hours</u>.   បួនម៉ោង

We've been here for <u>two months</u>. ពីរខែ

<u>They</u>'ve been here for two months. គេ

They've been here for <u>five nights</u>. ប្រាំយប់

<u>She</u>'s been here for five nights. នាង

She's been here for <u>two weeks</u>. ពីរអាទិត្យ

<u>You</u>'ve been here for two weeks. អ្នក

You've been here for <u>a year</u>. មួយឆ្នាំ

<u>Bill</u>'s been here for a year. ប៊ិល

Bill's been here for <u>an hour</u>. មួយម៉ោង

6. <u>Regular Past Participles</u>

៦. <u>ទម្រង់ពេលកន្លងទៅនៃកិរិយាសព្ទធម្មតា</u>

Many English verbs have irregular past participles. Examples you have met so far are:

ទម្រង់ពេលកន្លងទៅនៃកិរិយាសព្ទច្រើនក្នុងភាសាអង់គ្លេស ប្លែកពីធម្មតា ដូចជានៅក្នុងកិរិយាសព្ទខាងក្រោមនេះដែលយើងបានជួបប្រទះហើយ:

be : been /biy : ben/ ជា /នៅ : (ដូចគ្នា, ព.ក.)

go : gone /gow : gon/ ទៅ : (ដូចគ្នា, ព.ក.)

bear : born /baer : born/ កើត (កូន) : កើត (ព.ក.)

find : found /faynd : fawnd/ រកឃើញ : (ដូចគ្នា, ព.ក.)

There are unfortunately many of these irregular verbs in English, and we will have to talk more about them later. However, there is a simple pattern for forming the past participle of <u>regular verbs</u>:

កិរិយាសព្ទប្លែកពីធម្មតាមានចំនួនដ៏ក្រាស់ក្រែលក្នុងភាសាអង់គ្លេស ហើយយើងនឹងយកមកអធិប្បាយនៅពេលក្រោយ ៗ ចំណែកឯកិរិយាសព្ទចំពូកមានទម្រង់ធម្មតាវិញ មានវិធីងាយដើម្បីនឹងបំបែកកិរិយាសព្ទឱ្យទៅជាទម្រង់ពេលកន្លងទៅ ដូចមានបង្ហាញនៅខាងក្រោមនេះ :

1) Verbs that end in <u>voiceless</u> sounds (except /-t/) add /-t/; e.g.:

១) កិរិយាសព្ទដែលមានសូរគ្មានសម្លេងចុងពាក្យ (លើកលែងតែ /-t/) ទទួលសូរ /-t/ នៅខាងចុង, ឧ.

work : worked /wərk : wərkt/ ធ្វើការ : (ដូចគ្នា, ព.ក.)

pass : passed /paes : paest/ ហួស : (ដូចគ្នា, ព.ក.)

ask : asked /aesk : aeskt/ សួរ, សូម : (ដូចគ្នា, ព.ក.)

help : helped /help : helpt/ ជួយ : (ដូចគ្នា, ព.ក.)

like : liked /layk : laykt/ ចូលចិត្ត : (ដូចគ្នា, ព.ក.)

knife : knifed /nayf : nayft/ ចាក់ : (ដូចគ្នា, ព.ក.)

2) Verbs that end in <u>voiced</u> sounds (except /-d/) add /-d/; e.g.:

២) កិរិយាសព្ទដែលសូរមានសម្លេងចុងក្រោយ(លើកលែងតែ /-d/) ទទួលសូរ /-d/ នៅខាងចុង, ឧ.

live : lived	/liv : livd/	នៅ : (ស៊ូចគ្នា, ព.ក.)
open : opened	/ówpən : ówpənd/	បើក(ទ្វា. ទ្វារ) : (ស៊ូចគ្នា, ព.ក.
close : closed	/klowz : klowzd/	ថិទ : (ស៊ូចគ្នា, ព.ក.)
marry : married	/máeriy : máeriyd/	នេរ្ៀបការ : (ស៊ូចគ្នា, ព.ក.)
study : studied	/stə́diy : stə́diyd/	នេរ្ៀន : (ស៊ូចគ្នា, ព.ក.)
answer : answered	/áensər : áensərd/	ឆ្លើយ : (ស៊ូចគ្នា, ព.ក.)

3) Verbs that end in /-t/ or /-d/   ៣) កិរិយាសព្ទដែលមានព្យញ្ជនៈ: /-t/ ឬ /-d/
   add /-əd/; e.g.:   ខាងចុង ទទួលបច្ច័យ /-əd/ នៅខាងចុង. ឧ.

hate : hated	/heyt : héytəd/	ស្អប់ : (ស៊ូចគ្នា, ព.ក.)
repeat : repeated	/ripíyt : ripíytəd/	ថាតាម : (ស៊ូចគ្នា, ព.ក.)
add : added	/aed : áedəd/	បូក : (ស៊ូចគ្នា, ព.ក.)
fold : folded	/fowld : fówldəd/	បត់ : (ស៊ូចគ្នា, ព.ក.)

Notice that although they are all   សូមកត់សម្គាល់ថា កិរិយាសព្ទនេះផាត់អក្ខរ -ed
spelled -ed, they are pronounced   បទ្ឋមពីរប្រកាយខាងអស់ ទីតែតាមួស្រួងអាននតាមវិធាន
according to the above rules.   ទីដែលបាននៅលរូចមកហើយ ។

6a. Substitution Drill   លំហាត់ប្តូរពាក្យ
I've been here for two days.   ខ្ញុំនៅទីនេះបានពីរថ្ងៃហើយ.
I've lived here for two days.   រស់នៅ
I've worked here for two days.   ធ្វើការ
I've studied here for two days.   រ្ៀន
I've helped here for two days.   ជួយ
I've been here for two days.   នៅ

6b. Response Drill   លំហាត់ចម្លើយ
How long have you been here?   អ្នកនៅទីនេះបានប៉ុន្មាន[ថ្ងៃ] ហើយ ?
  I've been here for two days.   ខ្ញុំនៅទីនេះបានពីរថ្ងៃហើយ.
Has long has he lived here?   គាត់រស់នៅទីនេះបានប៉ុន្មាន [ថ្ងៃ] ហើយ ?
  He's lived here for two days.   គាត់រស់នៅទីនេះបានពីរថ្ងៃហើយ.
How long have they worked here?   គេធ្វើការនៅទីនេះបានប៉ុន្មាន[ថ្ងៃ] ហើយ ?
  They've worked here for two days.   គេធ្វើការនៅទីនេះបានពីរថ្ងៃហើយ.
How long has she helped here?   នាងជួយនៅទីនេះបានប៉ុន្មាន[ថ្ងៃ] ហើយ ?
  She's helped here for two days.   នាងជួយនៅទីនេះបានពីរថ្ងៃហើយ.
How long have we been here?   យើងនៅទីនេះបានប៉ុន្មាន[ថ្ងៃ] ហើយ ?
  We've been here for two days.   យើងនៅទីនេះបានពីរថ្ងៃហើយ.

How long have you lived here?　　　　　អ្នករស់នៅឯនេះបានប៉ុន្មាន[ថ្ងៃ] ហើយ ?

   I've lived here for two days.　　　　　ខ្ញុំរស់នៅឯនេះបានពីរថ្ងៃហើយ.

How long has it been here?　　　　　វានៅនេះបានប៉ុន្មាន[ថ្ងៃ] ហើយ ?

   It's been here for two days.　　　　　វានៅនេះបានពីរថ្ងៃហើយ.

How long has he worked here?　　　　　គាត់ធ្វើការឯនេះបានប៉ុន្មាន [ថ្ងៃ]ហើយ ?

   He's worked here for two days.　　　　　គាត់ធ្វើការឯនេះបានពីរថ្ងៃហើយ.

How long has she studied here?　　　　　នាងរៀននៅឯនេះបានប៉ុន្មាន [ថ្ងៃ]ហើយ ?

   She's studied here for two days.　　　　　នាងរៀននៅឯនេះបានពីរថ្ងៃហើយ.

6c. <u>Substitution Drill</u>　　　　　លំហាត់ប្តូរពាក្យ

   Learn the following new vocabulary　　　សូមសិក្សានូវពាក្យថ្មីខាងក្រោមនេះ រួចយើ
and use it in the drill:　　　　　រួចប្រើនៅក្នុងលំហាត់ខាងក្រោម:

    time　　　　　　　　　/taym/　　　　　វេលា, ពេល, ដង

    three times　　　　　/thriy taymz/　　　បីដង, បីលើក

I've <u>been there</u> three times.　　　　　ខ្ញុំទៅទីនោះបានបីដងហើយ.

I've <u>worked there</u> three times.　　　　　ធ្វើការទីនោះ

I've <u>passed that street</u> three times.　　　ឆ្លងផ្លូវនោះ

I've <u>opened the window</u> three times.　　　បើកបង្អួច

I've <u>closed the door</u> three times.　　　បិទទ្វារ

I've <u>asked the question</u> three times.　　សួរសំនួរ [នោះ]

I've <u>answered it</u> three times.　　　　　ឆ្លើយ (វា)

I've <u>repeated it</u> three times.　　　　　ថា (វា)តាម

I've <u>gone there</u> three times.　　　　　ទៅទីនោះ

7. <u>The Final Adverb 'Yet'</u>　　　　៧. <u>កិរិយាវិសេសន៍</u> Yet នៅចុងប្រយោគ

   The final adverb 'yet' typically　　　កិរិយាវិសេសន៍ yet ប្រើញឹកញ្យាប់នៅ ចុង
cooccurs with the present perfect tense,　ប្រយោគ ដែលមានកិរិយាសព្ទប្រចុប្បេលកន្លងទៅ,
and is fairly close in meaning and　　　ហើយមាននយ្យបបាកុំបរិបលនិងពាក្យសិន្ធនខ្មែរ
position to its counterpart in Khmer.　'ហើយឬនៅ ? ' ។

7a. <u>Substitution Drill</u>　　　　　លំហាត់ប្តូរពាក្យ

Have you found <u>a job</u> yet?　　　　　អ្នករកការរធ្វើបានហើយឬនៅ?

Have you found <u>a pencil</u> yet?　　　ខ្មៅដៃដ

Have you found <u>a paper</u> yet?　　　ក្រដាស

Have you found <u>the book</u> yet?　　　សៀវភៅ [នោះ]

Have you found <u>your son</u> yet?   កូនប្រុសរបស់អ្នក

Have you found <u>a wife</u> yet?   ប្រពន្ធ

Have you found <u>my pen</u> yet?   ប៊ិចខ្ញុំ

Have you found <u>his street</u> yet?   ផ្លូវគាត់នៅ

Have you found <u>her dog</u> yet?   ឆ្កែនាង

Have you found <u>their car</u> yet?   ឡានគេ

7b. <u>Transformation Drill</u>   លំហាត់ប្រែប្រួលឃ្លា

     Change the following statements
into present perfect questions, using
the adverb 'yet':

I want to find a job.

   Have you found a job yet?

He wants to go there.

   Has he gone there yet?

She wants to work here.

   Has she worked here yet?

They want to pass that street.

   Have they passed that street yet?

Bill wants to find a wife.

   Has Bill found a wife yet?

The Smiths want to be here.

   Have the Smiths been here yet?

I want to answer it.

   Have you answered it yet?

Mary wants to ask a question.

   Has Mary asked a question yet?

We want to open a window.

   Have you opened a window yet?

He wants to close the door.

   Has he closed the door yet?

John and Jane want to study.

   Have John and Jane studied yet?

8. <u>Answering Present Perfect Questions</u>

The answers to present perfect
questions follow the same pattern we
have met with other auxiliary verbs,
e.g.:

<u>Have</u> you found a job yet?

Yes, I <u>have</u>.

No, I <u>haven't</u>.

<u>Has</u> he gone yet?

Yes, he <u>has</u>.

No, he <u>hasn't</u>.

8a. <u>Response Drill</u>

Answer the following questions
in the affirmative:

Have you found a job yet?

Yes, I have.

Has he gone there yet?

Yes, he has.

Has she worked here yet?

Yes, she has.

Have they passed that street yet?

Yes, they have.

Has Bill found a wife yet?

Yes, he has.

Have the Smiths been here yet?

Yes, they have.

Have I answered it right?

Yes, you have.

Has Mary asked a question?

Yes, she has.

Have you opened a window?

Yes, I have.

---

៨. <u>ការឆ្លើយសំនួររបៀបពេលកន្លងទៅ</u>

ដើម្បីនឹងឆ្លើយសំនួររបៀបពេលកន្លងទៅ គេ
ត្រូវៈធ្វើតាមវិធានសម្រាបកិរិយាសព្ទជំនួយ៍ដែលយើងបាន
ដួបប្រទៈរួចមកហើយ, ឧ.

អ្នករកការៈធ្វើ<u>បាន</u>ហើយឬនៅ ?

បទ/ចាៈ, ខ្ញុំ(មាន)[រកបាន]ហើយ.

ទេ, ខ្ញុំ(មិនមាន)[រកមិនទាន់បាន]ទេ.

គាត់ទៅ<u>ហើយ</u>ឬនៅ?

បទ/ចាៈ, គាត់(មាន)[ទៅ]ហើយ.

ទេ, គាត់(មិនមាន)[មិនទាន់ទៅ]ទេ.

<u>សំព្ហាត់ចម្លើយ</u>

សូមឆ្លើយសំនួរខាងក្រោមនេៈជាវិជ្ជមាន :

អ្នករកការៈធ្វើបានហើយឬនៅ ?

បទ/ចាៈ, បានហើយ.

គាត់ទៅទីនោៈហើយឬនៅ ?

បទ/ចាៈ, គាត់ទៅហើយ.

នាងធ្វើការៈទីនេៈហើយឬនៅ ?

បទ/ចាៈ, នាងធ្វើការៈទីនេៈហើយ.

គេគេទៅកាត់ផ្លូវនោៈហើយឬនៅ ?

បទ/ចាៈ, គេគេទៅកាត់ផ្លូវនោៈហើយ.

ប៊ីលរកប្រពន្ធបានហើយឬនៅ ?

បទ/ចាៈ, គាត់បានហើយ.

ត្រកូលស្ម៊ីធមកទីនេៈហើយឬនៅ ?

បទ/ចាៈ, គេមកហើយ.

ខ្ញុំឆ្លើយនិយាយបានត្រូវនៅ ?

បទ/ចាៈ, អ្នកឆ្លើយត្រូវហើយ.

ម៉ែរីសួរសំនួរហើយឬ ?

បទ/ចាៈ, នាងសួរហើយ.

អ្នកបើកបង្អួចហើយឬ ?

បទ/ចាៈ, ខ្ញុំបើកហើយ.

Has Bill closed the door?   ប៊ីលបិទទ្វារហើយឬ ?

    Yes, he has.   ពិ/ចាំ ៖, គាត់បិទហើយ.

Have John and Jane gone to school?   ជ៉ានហើយនិងជេនទៅរៀនហើយឬ ?

    Yes, they have.   ពិ/ចាំ ៖, គេទៅ ហើយ.

Have your children lived there?   កូនអ្នកដែលរស់នៅទីនោះទេ ?

    Yes, they have.   ពិ/ចាំ ៖, គេឆ្លាប់រស់នៅទីនោះ.

8b. Response Drill   លំហាត់ចម្លើយ

    Now answer the same questions in   ៧ទ្បូវិស្សមន្លើយសំនួរដដែលដែលជ៉ារបៀបបដិសេធ :

the negative:

Have you found a job yet?   អ្នករកការងារធ្វើបានហើយឬនៅ ?

    No, I haven't.   ទេ, ខ្ញុំមិនទាន់បានទេ.

Has he gone there yet?   គាត់ទៅទីនោះហើយឬនៅ ?

    No, he hasn't.   ទេ, គាត់មិនទាន់ទៅទេ.

Has she worked here?   នាងធ្វើការទីនេះហើយឬ ?

    No, she hasn't.   ទេ, នាងមិនទាន់ធ្វើការទីនេះទេ.

Have they passed his street?   គេទៅកាត់ផ្លូវគាត់នៅ ហើយឬ ?

    No, they haven't.   ទេ, គេមិនទាន់ទៅ កាត់ទេ.

Has Mary found a husband?   ម៉ិរីរកប្ដីបានហើយឬ ?

    No, she hasn't.   ទេ, នាងមិនទាន់បានទេ.

Have the Smiths been here yet?   ក្រុមស្ម៉ិថមកទីនេះហើយឬនៅ ?

    No, they haven't.   ទេ, គេមិនទាន់មកទេ.

Have you been here for two years yet?   អ្នកនៅទីនេះអស់ពីរឆ្នាំហើយឬនៅ ?

    No, I haven't.   ទេ, ខ្ញុំនៅ នេះមិនទាន់ពីរឆ្នាំទេ.

Have I answered it right?   ខ្ញុំឆ្លើយត្រូវហើយឬ ?

    No, you haven't.   ទេ, អ្នកឆ្លើយមិនត្រូវទេ.

Has John asked a question?   ជ៉ានសួរសំនួរហើយឬ ?

    No, he hasn't.   ទេ, គាត់មិនទាន់សួរទេ.

Have you opened the window yet?   អ្នកបើកបង្អួចហើយឬនៅ?

    No, I haven't.   ទេ, ខ្ញុំមិនទាន់បើកទេ.

Has Bill closed the door?   ប៊ីលបិទទ្វារហើយឬ ?

    No, he hasn't.   ទេ, គាត់មិនទាន់បិទទ្វារទេ.

Have John and Jane gone to school?   ជ៉ានហើយនិងជេនទៅ រៀនហើយឬ ?

    No, they haven't.   ទេ, គេមិនទាន់ទៅ ទេ.

9. Ordinal Numbers

In 3D1 we learned the English
cardinal numbers, as in

I have three dogs.

Ordinal numbers express order in a
sequence, as in

I live on First Street.

In general, ordinal numbers are formed
by adding /-th/ to their cardinal
counterparts, but there are some ex-
ceptions; the following three ordinal
numbers have different forms:

one : first	/won : fərst/	មួយ : ទីមួយ
two : second	/tuw : sékənd/	ពីរ : ទីពីរ
three : third	/thriy : thərd/	បី : ទីបី

The following two ordinal numbers
change form and then add /-th/:

five : fifth	/fayv : fifth/	ប្រាំ : ទីប្រាំ
twelve : twelfth	/twelv : twelfth/	ដប់ពីរ : ទីដប់ពីរ

Multiples of ten add /-əth/:

twenty : twentieth	/twénti : twéntiəth/	ម្ភៃ : ទីម្ភៃ
thirty : thirtieth	/thə́rti : thə́rtiəth/	សាមសិប : ទីសាមសិប
eighty : eightieth	/éyti : éytiəth/	ប៉ែតសិប : ទីប៉ែតសិប

All the rest simply add /-th/:

four : fourth	/fowr : fowrth/	បួន : ទីបួន
six : sixth	/siks : siksth/	ប្រាំមួយ : ទីប្រាំមួយ
ten : tenth	/ten : tenth/	ដប់ : ទីដប់
twenty-nine : twenty-ninth	/twénti-nayn : twénti-naynth/	ម្ភៃប្រាំបួន : ទីម្ភៃប្រាំបួន

9a. Substitution Drill

I live on First Street.

I live on Second Street.

I live on Third Street.

I live on Fourth Street.

I live on <u>Fifth</u> Street.   ទីប្រាំ.

I live on <u>Sixth</u> Street.   ទីប្រាំមួយ.

I live on <u>Seventh</u> Street.   ទីប្រាំពីរ.

I live on <u>Eighth</u> Street.   ទីប្រាំបី.

I live on <u>Ninth</u> Street.   ទីប្រាំបួន.

I live on <u>Tenth</u> Street.   ទីដប់.

I live on <u>Twelfth</u> Street.   ទីដប់ពីរ.

I live on <u>Twentieth</u> Street.   ទីម្ភៃ.

I live on <u>Twenty-First</u> Street.   ទីម្ភៃមួយ.

I live on <u>Sixteenth</u> Street.   ទីដប់ប្រាំមួយ.

9b. <u>Transformation Drill</u>   លំហាត់ប្រែប្រួលឃ្លា

In this drill, convert the   នៅក្នុងលំហាត់នេះ ប្រែបលេខធម្មតានីយទៅ
cardinal number to the ordinal number   ជាលេខទៀង ដោយប្រើ ដូចមានបង្ហាញនៅក្នុង
in the pattern shown: ឃ្លារបស់សិស្សខាងក្រោមនេះ :

I have three books.   ខ្ញុំមានសៀវភៅបី.

   Give me the third one.   នីយអាទីបីមកខ្ញុំ.

I have five dogs.   ខ្ញុំមានឆ្កែប្រាំ.

   Give me the fifth one.   នីយអាទីប្រាំមកខ្ញុំ.

I have two cars.   ខ្ញុំមានឡានពីរ.

   Give me the second one.   នីយអាទីពីរមកខ្ញុំ.

I have four pencils.   ខ្ញុំមានខ្មៅដៃបួន.

   Give me the fourth one.   នីយអាទីបួនមកខ្ញុំ.

I have twelve papers.   ខ្ញុំមានក្រដាសដប់ពីរ.

   Give me the twelfth one.   នីយអាទីដប់ពីរមកខ្ញុំ.

I have six tables.   ខ្ញុំមានតុប្រាំមួយ.

   Give me the sixth one.   នីយអាទីប្រាំមួយមកខ្ញុំ.

I have ten knives.   ខ្ញុំមានកាំបិតដប់.

   Give me the tenth one.   នីយអាទីដប់មកខ្ញុំ.

I have twenty-one cats.   ខ្ញុំមានឆ្មាម្ភៃមួយ.

   Give me the twenty-first one.   នីយអាទីម្ភៃមួយមកខ្ញុំ.

I have thirty-two chairs.   ខ្ញុំមានកៅអីសាមសិបពីរ.

   Give me the thirty-second one.   នីយអាទីសាមសិបពីរមកខ្ញុំ.

I have forty-three seats.   ខ្ញុំមានកន្លែងអង្គុយសែសិបបី.

   Give me the forty-third one.   នីយអាទីសែសិបបីមកខ្ញុំ.

10. <u>The Preposition 'Near'</u>

The English preposition 'near' is
usually pronounced /nyir/, although some
speakers pronounce it /nir/. Do the
following drill, imitating the teacher's
pronunciation.

១០. អាយតនិបាត Near 'ជិត'

អាយតនិបាតអង់គ្លេស near ធម្មតាគេអានថា
/nyir/ តែអ្នកនិយាយអង់គ្លេសខ្លះអានថា /nir/;
ក្នុងលំហាត់ខាងក្រោមនេះ ត្រូវអង់គ្លេសអានយ៉ាងម៉េ្ច
សិស្សប្រតាប់តាមរបៀបនោះ ។

10a. <u>Substitution Drill</u>

It's near the <u>post office</u>.

It's near the <u>bank</u>.

It's near the <u>school</u>.

It's near the <u>hotel</u>.

It's near the <u>restaurant</u>.

It's near the <u>hospital</u>.

It's near the <u>church</u>.

It's near the <u>table</u>.

លំហាត់ប្តូរពាក្យ

វានៅជិតប៉ុស្ត.

ធនាគារ.

សាលារៀន.

អូរ៉ែល.

ហាងបាយ.

មន្ទីរពេទ្យ.

វិហារ.

តុ.

11. <u>Negative Tag Questions</u>

In negative tag questions, the
speaker makes a statement which he
assumes is right, then adds an abbrev-
iated question which asks for confir-
mation of the assumption, as in

It's near the post office, <u>isn't it?</u>
These tag questions repeat the verb
'to be' or the auxiliary verb if one
is present in the statement, using
the 'not' contraction, followed by the
appropriate pronoun. The form used
with 'I am' is 'aren't I?'. Negative
tag questions are very common in Eng-
lish; study the following examples:

It's near the bank, <u>isn't it?</u>

He's your son, <u>isn't he?</u>

១១. សំនួរបញ្ជាក់ពីប្រកាយ (របៀបបដិសេធ)

នៅក្នុងសំនួរបញ្ជាក់ពីប្រកាយ អ្នកនិយាយពោល
នូវអ្វីដែលលន្ថត់ថាត្រូវ រួចគេបន្ថែមនូវសំនួរប្រញាប់មួយ
ពីប្រកាយទៀត ដែលលួចរបញ្ជាក់ថាពាក្យលន្ថត់នោះ
ត្រូវឬមិនត្រូវ ។ សំនួរបញ្ជាក់នេះ ធម្មតាមានទម្រង់
បដិសេធ, ដូចជានៅក្នុងសំនួ

វានៅជិតប៉ុស្ត, ម៉ែនទេ? (ឬ 'មិនអញ្ចឹង?')
នៅក្នុងសំនួរបញ្ជាក់ទាំងនេះ គេគ្រប់កិរិយាសព្ទដំដួយ
ឬទម្រង់នៃកិរិយាសព្ទ to be ដែលមាននៅក្នុងឃ្លា
ខាងមុខ ដោយភ្ជាប់ទៅនិងទម្រង់បំព្រួញនៃពាក្យ
បដិសេធ not; ហើយនៅចុងសំនួរគេត្រូវរៀបដាក់យក
សព្វនាមមកគ្រប់ ដោយយោងទៅតាមប្រធាននៃឃ្លា
ខាងមុខ ។ ទម្រង់ដែលគេគ្រប់ជាមួយ I am គឺ
aren't I ។ សំនួរបញ្ជាក់បដិសេធនេះ គ្រប់ជា
ញឹកញាប់ណាស់ក្នុងភាសាអង់គ្លេស; រៀនឧទាហរណ៍នេះ :

វានៅជិតធនាគារ, ម៉ែនទេ ?

គាត់គឺជាកូនប្រុសអ្នក, ម៉ែនទេ ?

I'm right, <u>aren't I</u>?   ខ្ញុំត្រូវ, មែនទេ ?

<u>They're</u> here, <u>aren't they</u>?   គេនៅនេះ, មែនទេ ?

<u>You're</u> going, <u>aren't you</u>?   អ្នកទៅ, មែនទេ ?

<u>She's</u> sick, <u>isn't she</u>?   នាងឈឺ, មែនទេ ?

<u>We're</u> at the bank, <u>aren't we</u>?   យើងនៅធនាគារ, មែនទេ ?

I <u>was</u> wrong, <u>wasn't I</u>?   ខ្ញុំខុស(ព.ម.), មែនទេ ?

He <u>was</u> hungry, <u>wasn't he</u>?   គាត់ឃ្លានពួយ(ព.ម.), មែនទេ ?

<u>They were</u> at home, <u>weren't they</u>?   គេនៅផ្ទះ(ព.ម.), មែនទេ ?

<u>You were</u> born there, <u>weren't you</u>?   អ្នកកើតនៅទីនោះ, មែនទេ ?

It <u>was</u> John, <u>wasn't it</u>?   វាជាជាន(ព.ម.), មែនទេ ?

<u>She was</u> sleepy, <u>wasn't she</u>?   នាងរងុយដេក(ព.ម.), មែនទេ ?

<u>I've</u> been there, <u>haven't I</u>?   ខ្ញុំដែលទៅកន្លែងនោះ, មែនទេ ?

<u>They've</u> gone, <u>haven't they</u>?   គេទៅហើយ, មែនទេ ?

<u>He's</u> gone to work, <u>hasn't he</u>?   គាត់ទៅធ្វើការហើយ, មែនទេ ?

<u>You've</u> lived there, <u>haven't you</u>?   អ្នកដែលរស់នៅកន្លែងនោះ, មែនទេ ?

<u>She's</u> been sick, <u>hasn't she</u>?   នាងឈឺ(ព.ក.), មែនទេ ?

<u>It's</u> been there for three days,   វានៅនោះបានបីថ្ងៃហើយ, មែនទេ ?
    <u>hasn't it</u>?

11a. <u>Expansion Drill</u>   យំហាត់បន្ថែមពាក្យ

    Add the appropriate tag question   ន'ទ្បុរ វិស្សមបន្ថែមសំនួរបញ្ជាក់ទៅពីរេក្ខាយញ្ញា
to the following statements: របស់ក្រូ :
It's on the table.   វានៅលើតុ.

    It's on the table, isn't it?   វានៅលើតុ, មែនទេ ?
He's a student.   គាត់ជាសិស្ស.

    He's a student, isn't he?   គាត់ជាសិស្ស, មែនទេ ?
I'm right.   ខ្ញុំត្រូវហើយ.

    I'm right, aren't I?   ខ្ញុំត្រូវហើយ, មែនទេ ?
They're at home.   គេនៅផ្ទះ.

    They're at home, aren't they?   គេនៅផ្ទះ, មែនទេ ?
We're hungry.   យើងឃ្លានពួយ.

    We're hungry, aren't we?   យើងឃ្លានពួយ, មែនទេ ?
You're Mr. Smith.   លោកជាលោកស្មីថ.

    You're Mr. Smith, aren't you?   លោកជាលោកស្មីថ, មែនទេ ?

He was hungry.   គាត់ឃ្លានបាយ(ព.ម.).

   He was hungry, wasn't he?   គាត់ឃ្លានបាយ(ព.ម.), មែនទេ?

That was John.   នោះគឺជាផ្លាន(ព.ម.).

   That was John, wasn't it?   នោះគឺជាផ្លាន(ព.ម.), មែនទេ

I was right.   ខ្ញុំត្រូវ(ព.ម.).

   I was right, wasn't I?   ខ្ញុំត្រូវ(ព.ម.), មែនទេ?

They were at home.   គេនៅផ្ទះ(ព.ម.).

   They were at home, weren't they?   គេនៅផ្ទះ(ព.ម.), មែនទេ?

They've gone.   គេទៅហើយ.

   They've gone, haven't they?   គេទៅហើយ, មែនទេ?

You've been there.   អ្នកដែលទៅកន្លែងនោះ.

   You've been there, haven't you?   អ្នកដែលទៅកន្លែងនោះ, មែនទេ?

We're at work.   យើងនៅកន្លែងធ្វើការ.

   We're at work, aren't we?   យើងនៅកន្លែងធ្វើការ, មែនទេ?

I've been here.   ខ្ញុំដែលមកកន្លែងនេះ.

   I've been here, haven't I?   ខ្ញុំដែលមកកន្លែងនេះ, មែនទេ?

You were born there.   អ្នកកើតនៅទីនោះ.

   You were born there, weren't you?   អ្នកកើតនៅទីនោះ, មែនទេ?

She's lived here for two months.   នាងនៅទីនេះបានពីរខែហើយ.

   She's lived here for two months,   នាងនៅទីនេះបានពីរខែហើយ, មែនទេ?
   hasn't she?

You've found a job.   អ្នករកការធ្វើបានហើយ.

   You've found a job, haven't you?   អ្នករកការធ្វើបានហើយ, មែនទេ?

It's been there for three days.   វានៅនោះបានបីថ្ងៃហើយ.

   It's been there for three days,   វានៅនោះបានបីថ្ងៃហើយ, មែនទេ?
   hasn't it?

12. <u>Post-posed Adverbial Phrases</u>   ១២. ឃ្លាកិរិយាវិសេសនៃបន្ថែមពីក្រោយប្រយោគ

   Adverbial phrases usually follow   ឃ្លាកិរិយាវិសេសនៃ ធម្មតាតាមបន្ថែមនៅចុង

a verb, as in: ប្រកាយបំផុតនៅក្នុងប្រយោគ(ឃ្លាទីរ៉ិង) ណាមួយ, ឧ.

   I work <u>every day</u>.   ខ្ញុំទៅធ្វើការរាល់ថ្ងៃ.

   I study <u>at night</u>.   ខ្ញុំរៀននៅពេលយប់.

Practice these adverbial phrases in   នៅក្នុងឃ្លាខាងក្រោមនេះ ហាត់បូឃ្លាកិរិយាវិសេសទ្

the following drills.   ផ្សេងៗ ៧ នៅចុងប្រកាយប្រយោគ ។

12a. <u>Substitution Drill</u>   សំហាត់បូរនពាក្យ

I work <u>every day</u>.   ខ្ញុំធ្វើការរាល់ថ្ងៃ.

I work <u>every night</u>.   រាល់យប់.

I work <u>every week</u>.   រាល់អាទិត្យ.

I work <u>every month</u>.   រាល់ខែ.

I work <u>every year.</u>   រាល់ឆ្នាំ.

I work <u>every morning</u>.   រាល់ព្រឹក.

I work <u>every hour</u>.   រាល់ម៉ោង.

I work <u>every afternoon</u>.   រាល់ពេលរសៀល.

I work <u>every evening</u>.   រាល់ល្ងាច.

12b. <u>Multiple Substitution Drill</u>   សំហាត់បូរនពាក្យផ្សេងៗ

I work <u>every day</u>.   ខ្ញុំធ្វើការរាល់ថ្ងៃ.

I work <u>at night</u>.   ពេលយប់.

I <u>sleep</u> at night.   ដេក

I <u>study</u> at night.   រៀន

I study <u>every night</u>.   រាល់យប់.

I <u>go home</u> every night.   ទៅផ្ទះ

I go home <u>every week</u>.   រាល់អាទិត្យ.

I <u>go there</u> every week.   ទៅទីនោះ

I go there <u>every year</u>.   រាល់ឆ្នាំ.

I <u>teach</u> every year.   បង្រៀន

I teach <u>every morning</u>.   រាល់ព្រឹក.

I <u>write</u> every morning.   សរសេរ

I write <u>every month</u>.   រាល់ខែ.

13. <u>The Question Word 'When'</u>   ១៣. ពាក្យសួរ When

    'When' /when/, like 'where' /whaer/,   ពាក្យសួរសំនួរ when 'កាលណា?, ពេលណា?,
'what' /what/, and 'how' /haw/ which we   ពីរឯណា?' ដូចគ្នានិង where 'ឯណា?', what'អ្វី?
have already met, always occurs at the   ពើយនិង how 'ប៉ុន្មាន?, យ៉ាងម៉េចៗ', ត្រូវតែប្រើនៅ
very beginning of a question, as in   ដើមសំនួរជានិរាប, ឧ.

    <u>When</u> do you study English?   អ្នករៀនអង់គ្លេស<u>នៅពេលណា</u>?

    <u>When</u> are you going to work?   អ្នកនឹងទៅធ្វើការ<u>កាលណា</u>?

13a. <u>Substitution Drill</u>   លំហាត់បូរពាក្យ

When do you <u>study English</u>?   អ្នករៀនអង់គ្លេសនៅ ពេលណា?

When do you <u>go to work</u>?   ទៅធ្វើការ

When do you <u>sleep</u>?   ដេក

When do you <u>go home</u>?   ទៅផ្ទះ

When do you <u>close the door</u>?   បិទទ្វារ

When do you <u>pass the bank</u>?   ទៅហួសធនាគារ

When do you <u>go to school</u>?   ទៅរៀន

13b. <u>Response Drill</u>   លំហាត់ចម្លើយ

When do you study English?   អ្នករៀនអង់គ្លេសនៅ ពេលណា?

  I study English at night.   ខ្ញុំរៀនអង់គ្លេសនៅ ពេលយប់.

When do you go to work?   អ្នកទៅធ្វើការនៅ ពេលណា?

  I go to work at night.   ខ្ញុំទៅធ្វើការនៅ ពេលយប់.

When do you sleep?   អ្នកដេកនៅ ពេលណា?

  I study at night.   ខ្ញុំដេកនៅ ពេលយប់.

When do you go home?   អ្នកទៅផ្ទះនៅ ពេលណា?

  I go home at night.   ខ្ញុំទៅផ្ទះនៅ ពេលយប់.

When do you teach?   អ្នកបប្រៀននៅ ពេលណា?

  I teach at night.   ខ្ញុំបប្រៀននៅ ពេលយប់.

When do you close the door?   អ្នកបិទទ្វារនៅ ពេលណា?

  I close the door at night.   ខ្ញុំបិទទ្វារនៅ ពេលយប់.

When do you pass the bank?   អ្នកទៅហួសធនាគារនៅ ពេលណា?

  I pass the bank at night.   ខ្ញុំទៅហួសធនាគារនៅ ពេលយប់.

When do you go to school?   អ្នកទៅរៀននៅ ពេលណា?

  I go to school at night.   ខ្ញុំទៅរៀននៅ ពេលយប់.

14. <u>Preverbal Adverbs</u>   ១៤. <u>កិរិយាវិសេសន៍ដែលប្រើនៅ មុខកិរិយាសព្ទ</u>

   'Usually' /yúwzhəli/ is one of a   Usually 'ធម្មតា, តាមធម្មតា 'ជាកិរិយា -
class of adverbs which typically pre-   វិសេសន៍មួយបញ្ចូលក្នុងដែលគេប្រើនៅ ពីមុខកិរិយាសព្ទ ។
cede the verb phrase. Other adverbs   កិរិយាវិសេសន៍ឯទៀតដែលមាននិមិត្តិប្រើស្ថិតក្នុងន
which can occur in the same position   ឋីងជា ក៏ជាពាក្យថ្មីខាងក្រោមនេះ; ចូររៀននូវ
are the following; learn them, and   ចេះកិរិយាវិសេសថ្មីនេះ ដើម្បីនិងប្រើនៅក្នុងលំហាត់
use them in the following drills.   ផ្សេង ៗ ខាងក្រោមនេះ ។

often	/ɔ́ftən, ɔ́fən/	ញឹកញ្យាប់, ឧស្សាហ៍
sometimes	/səmtáymz/	ជួនកាល
always	/ɔ́lweyz, ɔ́lwiz/	ជានិច្ច, ជាដរាប
never	/névər/	មិនដែល, មិន...សោះ

14a. Expansion Drill   លំហាត់បន្ថែមពាក្យ

Insert 'usually' at the proper   សូមយក usually មកដាក់នៅឱ្យចំកន្លែងដែលត្រូវ
place in the following sentences: ប្រើនៅក្នុងឃ្លាខាងក្រោមនេះ :

I study English at night.   ខ្ញុំរៀនអង់គ្លេសនៅ ពេលយប់.

   I usually study English at night.   ធម្មតាខ្ញុំរៀនអង់គ្លេសនៅ ពេលយប់.

He goes to school in the morning.   គាត់ទៅរៀនពេលព្រឹក.

   He usually goes to school in the   ធម្មតាគាត់ទៅរៀនពេលព្រឹក.
   morning.

We sleep at night.   យើងដេកនៅ ពេលយប់.

   We usually sleep at night.   ធម្មតាយើងដេកនៅ ពេលយប់.

She teaches in the evening.   នាងបង្រៀននៅពេលល្ងាច.

   She usually teaches in the evening.   ធម្មតានាងបង្រៀននៅពេលល្ងាច.

She studies at home.   នាងរៀននៅផ្ទះ.

   She usually studies at home.   ធម្មតានាងរៀននៅផ្ទះ.

They go home for a week.   គេទៅផ្ទះអស់មួយអាទិត្យ.

   They usually go home for a week.   ធម្មតាគេទៅផ្ទះអស់មួយអាទិត្យ.

You work at a bank.   អ្នកធ្វើការនៅធនាគារ.

   You usually work at a bank.   ធម្មតាអ្នកធ្វើការនៅធនាគារ.

He goes home for three nights.   គាត់ទៅផ្ទះអស់ពេលបីយប់.

   He usually goes home for three nights.   ធម្មតាគាត់ទៅផ្ទះអស់ពេលបីយប់.

I read for two hours.   ខ្ញុំមើលសៀវភៅអស់ពេលពីរម៉ោង.

   I usually read for two hours.   ធម្មតាខ្ញុំមើលសៀវភៅអស់ពេលពីរម៉ោង.

I go there in the afternoon.   ខ្ញុំទៅកន្លែងនោះពេលរសៀល.

   I usually go there in the afternoon.   ធម្មតាខ្ញុំទៅកន្លែងនោះពេលរសៀល.

She writes at work.   នាងសរសេរនៅកន្លែងធ្វើការ.

   She usually writes at work.   ធម្មតានាងសរសេរនៅកន្លែងធ្វើការ.

We eat at a restaurant.   យើងញ៉ាំបាយនៅហាងបាយ.

   We usually eat at a restaurant.   ធម្មតាយើងញ៉ាំបាយនៅហាងបាយ.

14b. <u>Construction Drill</u>   លំហាត់កសាងឃ្លា

     Learn the following new adverbial   សូមរៀននូវឃ្លាចេះឃ្លាកិរិយាវិសេសន៍ថ្មីខាង
phrases: ក្រោមនេះ :

    at noon   /aet nuwn/   ពេលថ្ងៃត្រង់

    during the day   /dúring dhə dey/   ពេលថ្ងៃ

Now study the following chart; it has   ឥឡូវសូមសិក្សានូវតារាងខាងក្រោមនេះ; ជួរទី
ten possibilities in the 'Subject' slot,   មួយមានប្រធានដប់; ជួរទីពីរមានកិរិយាវិសេសន៍ប្រាំ ;
five possibilities in the 'Adverb' slot,   ជួរទីបីមានកិរិយាសព្ទជុំដប់; ហើយនិងជួរទីបួនមាន
ten possibilities in the 'Verb Phrase'   កិរិយាវិសេសន៍ជុំប្រាំមួយ ។ បើសិនជាគេផ្ទាល់ប្រើ
slot, and six possibilities in the   បញ្ចូលគ្នានូវពាក្យទាំងអមប្បាលម៉ាននោនក្នុងតារាង
'Adverbial Phrase' slot. If all   នេះ គេអាចធ្វើឃ្លាអង់គ្លេសបាន ៣.០០០ ។
possible combinations are used, it
will generate 3,000 different English
sentences!

Subject	Adverb	Verb Phrase	Adverbial Phrase
1) I	usually	study/studies	at night.
2) You	often	go/goes to school	in the morning.
3) He	sometimes	sleep/sleeps	in the evening.
4) She	always	work/works	at noon.
5) Bill	never	read/reads	during the day.
6) Mary		teach/teaches	in the afternoon.
7) We		write/writes	
8) They		go/goes to work	
9) The Smiths		go/goes home	
10) Bill and Mary		come/comes here	

ប្រធាន	កិរិយាវិសេសន៍	កិរិយាសព្ទជុំ	កិរិយាវិសេសន៍ជុំ
១) ខ្ញុំ	ធម្មតា	រៀន	នៅពេលយប់.
២) អ្នក	ឧស្សាហ៍	ទៅរៀន	នៅពេលព្រឹក.
៣) គាត់	ជួនកាល	ដេក	នៅពេលល្ងាច.
៤) នាង	ជានិរាច	ធ្វើការ	ពេលថ្ងៃត្រង់.
៥) ប៊ិល	មិនដែល	មើលសៀវភៅ	នៅពេលថ្ងៃ.

6) ម្ដេច		បច្រៀន	នៅ វេលា រសៀល.
7) ឡើង		សរសេរ	
8) គេ		ទៅ ធ្វើការ	
9) គ្រួសារស្មិថ		ទៅ ផ្ទះ	
10) ប៊ីលរើយនិងម៉ែរី		មកទីនេះ	

Now construct as many of the above 3,000 sentences as you have the time or interest to do; remember that 3rd person singular subjects (i.e. he, she, Bill, Mary) require agreement in the verb (the second form in each case), as discussed in 5D10. Construct the sentences based on a sequence of numbers provided by your teacher, e.g.:

ផ្ទុកវិស្សមលោ កអ្នកយកពាក្យ នៅ ក្នុងតា រា ងខាងលើ នេះមកផ្សំគ្នា ឲសា ឋ្យ នយ្យ បានច្រើនតា មកំណត់របស់ លោកអ្នក ។ ច្នូចាំថា បើកាលណាមានប្រធាន ទ្រង់អ្នកទីពីរ៣កនិច: (គឺ he, she, Bill, Mary) គេត្រូវប្រើកិរិយាសព្ទទ្រង់អ្នកទីពីរ៣កនិច: ឋែរ (គឺថា ទ្រង់កិរិយាសព្ទទី ២ នៅក្នុងជួរនីមួយ) ដូចជាឃើញបាននរៀបឃើយនៅក្នុង 5D10 ។ សិស្ស ត្រូវ ឋ្យើយ ដោយយោងទៅតា មលេខជា បន្តបន្ទាប់ គ្នា ឋែលគ្រូផ្ដល់នីយ , ឧ.

Teacher	Student	ក្រ	សិស្ស
1-2-3-4	I often sleep at noon.	1-2-3-4	ខ្ញុំឧស្សាហ៍នៅ រដកពេលថ្ងៃត្រង់.
3-4-8-1	He always goes to work at night.	3-4-8-1	គាត់នៅ ធ្វើការ នពេលយប់ជានិច្ច.
7-3-10-5	We sometimes come here during the day.	7-3-10-5	ជួនកាលឃើញមកទីនេះនៅ វេលាថ្ងៃ.
10-1-2-3	Bill and Mary usually go to school in the evening.	10-1-2-3	ធម្មតាប៊ីលរើយនិងម៉ែរីទៅ រៀននៅ ពេលល្ងាច.
5-5-4-2	Bill never works in the morning.	5-5-4-2	ប៊ីលមិនឋែលរធ្វើការ នពេលព្រឹកទេ.
9-3-7-6	The Smiths sometimes write in the afternoon.	9-3-7-6	គ្រួសារស្មិថ ជួនកាលសរសេរនៅ ពេលរសៀល.

(Etc.)   (១៣)

E. MODEL CONVERSATIONS

   The following are sample conversations which you can carry on with your teacher or with the other students.

២. សន្ទនាគំរូ

   នៅ ខាងក្រោមនេះ មានសន្ទនាផ្សេង ៗ ឋែលសិស្សអាចប្រើជាគំរូក្នុងការនិយាយឆ្លើយឆ្លងទៅ វិញ្ញទៅ មកជាមួយនិងគ្រូរើយឋែលសិស្សឯទ្យៀត ៗ ។

1. a) <u>Hello! Come in and have a seat.</u>   ១. ក) ជំរាបសួរ! អញ្ជើញចូលទៅអញ្ជើញអង្គុយ.

   b) Where is your wife?   ១) ប្រពន្ធលោកនៅឯណា?

   a) She's working.   ក) គាត់នៅធ្វើការ.

     She always works during the day.   គាត់ធ្វើការពេលថ្ងៃជានិច្ច.

   b) She works at the bank, right?   ១) គាត់ធ្វើការនៅធនាគារ, មែនទេ ?

   a) No, she works at the post office.   ក) ទេ, គាត់ធ្វើការនៅប៉ុស្តិ៍.

   b) Have you found a job yet?   ១) លោករកការធ្វើបានហើយឬនៅ ?

   a) No, I haven't.   ក) ទេ, ខ្ញុំមិនទាន់បានទេ.

     But I want to work at the school.   តែខ្ញុំចង់ធ្វើការនៅសាលារៀន.

2. a) <u>Do you know Mr. Sok?</u>   ២. ក) អ្នកស្គាល់លោកសុខទេ ?

   b) Yes, I do.   ១) បាទ/ចា៎ះ, ខ្ញុំស្គាល់.

     He's Khmer, isn't he?   គាត់ជាខ្មែរ, មែនទេ ?

   a) No, he's Chinese.   ក) ទេ, គាត់ជាចិន.

     But he usually speaks Khmer.   តែធម្មតាគាត់និយាយខ្មែរ.

   b) Where was he born?   ១) គាត់កើតនៅឯណា ?

   a) He was born in Cambodia.   ក) គាត់កើតនៅកម្ពុជា.

   b) How long has he been here?   ១) គាត់មកនៅនេះបានប៉ុន្មាន [ឆ្នាំ] ហើយ ?

   a) He's been here for two years.   ក) គាត់មកនៅនេះបានពីរឆ្នាំហើយ.

     He works at the hospital.   គាត់ធ្វើការនៅមន្ទីរពេទ្យ.

     And he sometimes teaches Chinese   ហើយជួនកាលគាត់បង្រៀនភាសាចិននៅពេល

       in the evening.   ល្ងាច.

3. a) <u>Hi! Where are you going?</u>   ៣. ក) ម៉េចទៅ! អ្នកទៅណាម្ល៉េះ ?

   b) I'm going home.   ១) ខ្ញុំទៅផ្ទះ.

   a) Where have you been?   ក) អ្នកទៅណាមក ?

   b) I've been at work.   ១) ខ្ញុំមកពីធ្វើការ.

   a) You work at the supermarket, don't   ក) អ្នកធ្វើការនៅហាងលក់ម្ហូប, មែនទេ ?

      you?

   b) Yes, I do.   ១) បាទ/ចា៎ះ, ម្ល៉េះហើយ.

   a) What do you do there?   ក) អ្នកធ្វើអីកន្លែងនោះ ?

   b) I put things on the shelves.   ១) ខ្ញុំដាក់របស់នៅលើធ្នើរ.

   a) How long have you studied English?   ក) អ្នករៀនអង់គ្លេសអស់រយៈពេលប៉ុន្មានហើយ ?

   b) I've studied English for three   ១) ខ្ញុំរៀនអង់គ្លេសបានបីខែហើយ.

     months.

4. a) <u>Where do you live?</u>   ៤. ក) អ្នករស់នៅឯណា?

b) I live on Second Street.   ខ) ខ្ញុំនៅលើផ្លូវទីពីរ.

a) That's near the hospital, isn't it?   ក) នោះនៅជិតមន្ទីរពេទ្យ, មែនទេ ?

b) Yes, it is.   ខ)   បាទ/ចាំ៎ :, ក្បិងហើយ.

a) Have you found a job yet?   ក) អ្នករកការងារធ្វើបានហើយឬនៅ ?

b) Yes, I have.   ខ) បាទ/ចាំ៎ :, បានហើយ.

   I work at the hospital.   ខ្ញុំធ្វើការនៅមន្ទីរពេទ្យ.

a) When do you go to work?   ក) អ្នកទៅធ្វើការនៅពេលណា ?

b) I usually go to work in the   ខ) ធម្មតាខ្ញុំទៅធ្វើការនៅពេលរសៀល.
   afternoon.

   But I sometimes go in the morning.   តែជួនកាលខ្ញុំទៅនៅពេលព្រឹកវិញ.

a) You're a student, aren't you?   ក) អ្នកជាសិស្ស, មែនទេ ?

b) Yes, I am.   ខ) បាទ/ចាំ៎ :, ក្បិងហើយ.

a) When do you study?   ក) អ្នករៀននៅពេលណា ?

b) I usually study in the morning.   ខ) ធម្មតាខ្ញុំរៀននៅពេលព្រឹក.
   But I often study at night.   តែខ្ញុំសង្ហាត់រៀននៅពេលយប់វិញ.

a) Would you like a cigarette?   ក) អតព្ញ៉ញ្ញបានីទេ ?

b) Yes, thank you.   ខ) បាទ/ចាំ៎ :, អរគុណ.

មេរៀនទី ៧: ការនិយាយទូរស័ព្ទ

A. MODEL SENTENCES	PRONUNCIATION	TRANSLATION
ក. ឃ្លាគំរូ	តំណាងសូរជាអក្សរអង់គ្លេស	ការនិប្រែជាខ្មែរ
Mary:		ម៉ែរី:
1. Hello.	/helów/	អាឡូ.
John:		ចាន:
2. Hello. This is John Miller.	/helów. dhis iz jan mílər./	អាឡូ. នេះគឺចានមីល្លិរ.
who	/huw/	អ្នកណា
3. Who is this?	/huw iz dhis?/	នេះគឺអ្នកណា ?
Mary:		ម៉ែរី:
4. This is Mary.	/dhis iz máeri./	នេះគឺម៉ែរី.
John:		ចាន:
5. Oh, hi, Mary.	/ow, hay, máeri.	អូ, ម៉េចទៅ, ម៉ែរី.
6. Is Bill there?	/iz bil dhaer?/	ប៊ិលនៅនោះទេ ?
Mary:		ម៉ែរី:
gone	/gon/	ទៅ (ព.ក.)
store	/stowr/	ហាងលក់ទំនិញ
7. No, he's gone to the store.	/now, hiyz gon tə dhə stowr./	ទេ, គាត់ទៅរកទិញអ្វីរ៉ាន់ហើយ. (គាត់ទៅហាងលក់ទំនិញហើយ.)
John:		ចាន:
will	/wil/	នឹង
be	/biy/	ជា, ទៅ
back	/baek/	ទៅ ឬ មកវិញ
be back	/biy baek/	មកវិញ
8. When will he be back?	/when wil hiy biy baek?/	គាត់ (នឹង) មកវិញអង្កាល ?
Mary:		ម៉ែរី:
he'll (= he will)	/hiyl (= hiy wil)/	គាត់នឹង
probably	/prábəbli/	ប្រហែលជា, ប្រហែលជា
about	/əbáwt/	ប្រហែល
clock	/klak/	នាឡិកា

o'clock	/owklák, əklák/	ម៉ោង (នាទ្បិកា)
9. He'll probably be back about nine o'clock.	/hiyl prábəbli biy baek əbáwt nayn əklák./	គាត់មុខជាមកវិញ្ញប្របែលម៉ោង ប្រាំបួន.
him	/him/	(ទៅ)គាត់
message	/mésij/	សារ, ពាក្យផ្ញាំ
10. Can I give him a message?	/kaen ay giv him ə mésij?/	ចង់ផ្ញាំអីទៅគាត់ទេ? (ខ្ញុំឱ្យសារ ទៅគាត់បានទេ ?)
John:		ផ្គាន:
ask	/aesk/	សូម(នឹយ), ប្រាប់(នឹយ)
call	/kol/	ហៅ, តេទ្បូហ្វូនទៅ ឬ មក
get	/get/	ទៅដល់, មកដល់
get home	/get howm/	ទៅ ឬ មកដល់ផ្ទះ
11. Would you ask him to call me when he gets home?	/wud yuw aesk him tə kol miy when hiy gets howm?/	សូមអ្នកប្រាប់គាត់នឹយហៅខ្ញុំកាលណាគាត់ មកដល់ផ្ទះ[វិញ្ញ].
if	/if/	បើ, បើសិនជា
get	/get/	ទៅឬមកដល់, ជួប(តាមទូរសព្ទ
tell	/tel/	ប្រាប់ [ផ្សា]
tomorrow	/tuwmárow, təmárow/	ស្អែក
12. If he can't get me, tell him I'll call him tomorrow.	/if hiy kaent get miy, tel him ayl kol him təmárow./	បើគាត់ជួបនិងខ្ញុំមិនបាន, ប្រាប់គាត់ [ផ្សា]ខ្ញុំនឹងហៅគាត់ស្អែក.
Mary:		ម៉ែរិ:
13. O.K., I'll tell him.	/ów-key, ayl tel him./	ចា៎ះ, ចាំខ្ញុំប្រាប់ (ខ្ញុំនឹងប្រាប់)គាត់.
John:		ផ្គាន:
much	/məch/	ច្រើន, ជាច្រើន
14. Thanks very much. Good-by.	/thaenks véri məch. gud-bay./	អរគុណច្រើនណាស់. ជំរាបលាសិនហើយ.
Mary:		ម៉ែរិ:
15. Good-by.	/gud-bay./	ជំរាបលា.

B. KHMER PRONUNCIATION FOR THE TEACHER

1. qaaloo.

2. qaaloo. nih kɨɨ John Miller.

3. nih kɨɨ neǎq-naa?

4. nih kɨɨ Mary.

5. qou, məc tɨw, Mary?

6. Bill nɨw nuh tee?

7. tee, koǎt tɨw rɔɔk tɨñ qəywan haəy.

8. koǎt mɔɔk wɨñ qaŋkaal?

9. koǎt muk-ciə mɔɔk wɨñ prɑhael
   maoŋ prambuən.

10. cɑŋ pdam qəy tɨw koǎt tee?

11. soum neǎq prap koǎt qaoy haw
    kñom kaal-naa koǎt mɔɔk dɑl
    pteǎh wɨñ.

12. baə koǎt mɨn baan cuəp nɨŋ kñom,
    prap koǎt thaa kñom nɨŋ haw
    koǎt sqaek.

13. caah, cam kñom prap koǎt.

14. qɑɑ-kun craən nah.
    cumriəp liə sən haəy.

15. cumriəp liə.

C. PRONUNCIATION DRILLS

1. Final /-y/ vs. /-yl/

Practice the following contrasts:

I : I'll	/ay : ayl/	ខ្ញុំ : ខ្ញុំនឹង
pie : pile	/pay : payl/	និរដែឋ : គំនិន
tie : tile	/tay : tayl/	ចង : ទក្សរ៉ីង
die : dial	/day : dayl/	ស្លាប់ : ប្រដាប់មូល
my : mile	/may : mayl/	របស់ខ្ញុំ : មីល
buy : bile	/bay : bayl/	ទិញ : ទិក្របម៉ាត់

2. Unstressed Initial /ə/

Many English words begin with an unstressed vowel /ə/ (usually spelled 'a-'). In these words stress is usually on the second syllable. Practice the following pairs:

bout : about	/bawt : əbáwt/	ដុំ : ប្រវែល
clock : o'clock	/klak : əklák/	នាឡិកា : ម៉ោង
way : away	/wey : əwéy/	ផ្លូវ : (ចេញ)ទៅ
back : aback	/baek : əbáek/	ទិញ : ទៅប្រកាយ
frayed : afraid	/freyd : əfréyd/	ដាច : ខ្លាច
side : aside	/sayd : əsáyd/	ខាង : ប្រកាពី(នោះ)

 គ. លំហាត់អានសូរសព្ទសំដែងគ្រូ

១. /-y/ ឧសពី /-yl/ ចុងពាក្យ

ហាត់អានគួពាក្យខាងក្រោមនេះ :

២. សូរ /ə/ ព័តសង្កត់សម្ដេងនៅដើមពាក្យ

មានពាក្យអង់គ្លេសជាច្រើនដែលមានសូរ /ə/
ព័តសង្កត់សម្ដេងនៅដើមពាក្យ (ធម្មតាប្រើស្រៈ a-
ក្នុងការសរសេរ) ។ ចំពោះពាក្យទាំងនេះ ធម្មតា
គេសង្កត់សម្ដេងលើព្យាង្គទី ២ ។ ហាត់អានគួពាក្យ
ខាងក្រោមនេះ :

3. Final /-ch/ vs. /-j/   ៣. /-ch/ ឧសពី /-j/ ចុងពាក្យ

In 6C7 we practiced the distinc-tion between /ch/ and /j/ in initial position, as in

    chain : Jane   /cheyn : jeyn/

This same contrast must be maintained in final position, as in the word 'message' /mésij/. Khmer speakers will have a tendancy to pronounce final /-j/ as /-ch/. Practice the contrast in the following pairs:

batch : badge	/baech : baej/	ចំនួនៃដៃលធ្វើបានមួង : លក្ខលញ្ញា
much : Mudge	/məch : məj/	ប្រើន : (ឈ្មោះស្រី)
catch : cadge	/kaech : kaej/	ចាប់ : បានដាយសុំគេ
march : Marge	/march : marj/	ដើរព្រមជើងគ្នា : (ឈ្មោះស្រី)
search : surge	/sərch : sərj/	រក : ខ្ទោល
rich : ridge	/rich : rij/	មានធនធានប្រើន : ជួន(ភ្នំ)
cinch : singe	/sinch : sinj/	ៃខ្សុពុង : ៃរាល
'h' : age	/eych : eyj/	អក្សរ 'ហ' : អាយុ

4. Final /-s/ vs. /-sk/   ៤. /-s/ ឧសពី /-sk/ ចុងពាក្យ

English has very few words that end in /-sk/; the commonest one is 'ask' /aesk/. Practice the following:

ass : ask	/aes : aesk/	លា(សត្វជើងបួន) : សួម
Tass : task	/taes : taesk/	(ឈ្មោះទីភ្នាក់ងារពត៌មាន) : ការ
mass : mask	/maes : maesk/	ចំនួនប្រើន : របាំងមុខ
muss : musk	/məs : məsk/	ធ្វើឱ្យចប្បុក្សចបល់ : យុសៃ៌បេង
bass : bask	/baes : baesk/	ត្រីម្យ៉ាង : ហាល
Cass : cask	/kaes : kaesk/	(ឈ្មោះ) : ធុងឈើ

D. GRAMMAR NOTES AND DRILLS

1. The Question Word 'Who'

    The question word 'who' /huw/,
like 'where' /whaer/, 'what' /what/,
and 'when' /when/, comes at the be-
ginning of a question; e.g.:

    <u>Where</u> are you going?

    <u>What</u> are you doing?

    <u>When</u> do you study?

    <u>Who</u> is this?

However, unlike the other questions
words spelled with initial <u>wh-</u>, 'who'
is pronounced simply /huw/ rather
than */whuw/. Learn the following
new words:

man	/maen/
woman	/wúmən/

Now do the following substitution drill.

1a. <u>Substitution Drill</u>

Who is <u>this</u>?	
Who is <u>that</u>?	
Who is <u>that man</u>?	
Who is <u>that woman</u>?	
Who is <u>this boy</u>?	
Who is <u>that girl</u>?	
Who are <u>they</u>?	
Who is <u>it</u>?	
Who is <u>she</u>?	
Who are <u>you</u>?	
Who is <u>he</u>?	
Who are <u>we</u>?	

1b. <u>Response Drill</u>   លំហាត់ឆ្លើយ

    Now answer the questions based on   ឥឡូវនេះឆ្លើយនឹងសួរបទទៅតាមពាក្យសោរ ដែល
the teacher's cue. Notice that 'is'   គ្រូផ្តល់នឹយ ។ កត់សម្គាល់ថា is និង are ត្រូវបំ
and 'are' contract with 'who', except   ប្រញ្ញក្បាបនឹង who, លើកវៃលងទៃតនៅក្នុងឃ្លា
in 'Who <u>is</u> it?'.   Who is it? 'នេ:/នោះគឺអ្នកណា?' ។
Who's this? (Mary)   នេះគឺអ្នកណា? (មៃរិ)

    This's Mary.   នេះគឺមៃរិ.
Who's that? (John)   នោះគឺអ្នកណា? (ជ៉ាន)

    That's John.   នោះគឺជ៉ាន.
Who's that man? (Mr. Smith)   មនុស្សប្រុសនោះគឺអ្នកណា? (លោកស្ម៊ីថ)

    That's Mr. Smith.   នោះគឺលោកស្ម៊ីថ.
Who's that woman? (my wife)   មនុស្សស្រីនោះគឺអ្នកណា? (ប្រពន្ធខ្ញុំ)

    That's my wife.   នោះគឺប្រពន្ធខ្ញុំ.
Who's this boy? (my son)   ក្មេងប្រុសនេះគឺអ្នកណា? (កូនប្រុសខ្ញុំ)

    That's my son.   នោះគឺកូនប្រុសខ្ញុំ.
Who's that girl? (Jane Miller)   ក្មេងស្រីនោះគឺអ្នកណា? (ជៃនមិល្លើរ.)

    That's Jane Miller.   នោះគឺជៃនមិល្លើរ.
Who're they? (the Millers)   គេគឺអ្នកណា? (គ្រួសារមិល្លើរ)

    They're the Millers.   គេគឺគ្រួសារមិល្លើរ.
Who is it? (Dick)   នេះគឺអ្នកណា? (ទិក)

    It's Dick.   នេះគឺទិក. (ខ្ញុំទិក.)
Who's she? (the teacher)   នាងគឺអ្នកណា? (គ្រូបង្រៀន)

    She's the teacher.   នាងគឺគ្រូបង្រៀន.
Who're you? (Bill Jones)   អ្នកជាអ្នកណា? (ប៊ិលជ៉ូនៃ)

    I'm Bill Jones.   ខ្ញុំ(ជា)ប៊ិលជ៉ូនៃ.

2. <u>The Future Tense</u>   ២. បទកំណត់ពេលខាងមុខ

    Of all the tenses we have met so   ក្នុងចំណោមបទកំណត់ពេលទាំងអស់ ដែលយើងបាន
far, the future tense will be the sim-   ដួបបទៈនួចបចកហើយ បទកំណត់ពេលខាងមុខ ស្រួលយល់
plest for Khmer speakers to understand,   ជាងគេបំផុតសម្រាប់អ្នកនិយាយៃខ្មែរ,   ដោយហេតុ
for the following reasons: ថា:
1) It involves only the use of 'will'   ១) គេត្រូវប្រើពាក្យ will /wil/ នៅមុខ

    /wil/ before the verb.   កិរិយាសព្ទៃតប៉ុណ្ណោះ ។
2) Verbs after 'will' do not change   ២) កិរិយាសព្ទៃដលប្រើនៅរេក្រាយ will ៛តមាន

form (i.e. always take their 'basic' បូរ្រ្តង់ទ្រាយទេ (គឺថា កិរិយាសព្ទរក្សាទុកក្នុង
form, sometimes called the 'infinitive'). ទ្រមង់ដើម ដែលគេហៅថា 'កិរិយាសព្ទទ្រមង់ដើម')

3) The position and function of 'will' ៣. កន្លែងប្រើបើហើយនិងមុខងារនៃពាក្យ will ស្រ-
are very similar to the Khmer particle ដេ‌ៀងគ្នានិងពាក្យខ្មែរ 'នឹង' (តែមិនដូចគ្នាបេះ
'nɨŋ' (although not exactly the same). បិទទេ) ។

The future tense occurs in four sen- យើងបានប្រៈ យើញ្ពចកំណត់ពេលខាងមុខនៅក្នុងបួន
tences of this lesson. Notice that ឃ្លានៃមេរៀននេះ ។ កត់សម្គាល់ថា will ត្រូវ
'will' usually contracts to -'ll /-l/ បំប្រញ្ញទៅជា -'ll /l/ កាលណាបើឥតសង្កត់
when not stressed: សម្ឡេង, ឧ.

    When <u>will</u> he be back?   គាត់<u>នឹង</u>ត្រឡប់មកវិញ្ញអង្កាល ?

    He'<u>ll</u> probably be back about   គាត់មុខជាត្រឡប់មកវិញ្ញនៅប្រវែល
        nine o'clock.   ម៉ោងប្រាំបួន.

    If he can't get me, tell him   បើគាត់មិនជួបនិងខ្ញុំ, សូមប្រាប់គាត់ថា <u>ខ្ញុំនឹង</u>
        I'<u>ll</u> call him tomorrow.   ហៅគាត់ស្អែក.

    O.K., I'<u>ll</u> tell him.   អូ-ខេ, <u>ខ្ញុំនឹង</u>ប្រាប់គាត់.

2a. Substitution Drill   លំហាត់បូរពាក្យ

When will he <u>be back</u>?   គាត់នឹងមកវិញ្ញអង្កាល ?

When will he <u>go to work</u>?   ទៅធ្វើការ

When will he <u>get home</u>?   មកដល់ផ្ទះ

When will he <u>tell me</u>?   ប្រាប់ខ្ញុំ

When will he <u>do it</u>?   ធ្វើ(វា)

When will he <u>study</u>?   រៀន

When will he <u>write it</u>?   សរសេរវា

When will he <u>go to school</u>?   ទៅរៀន

When will he <u>understand</u>?   យល់

2b. Response Drill   លំហាត់ចម្លើយ

When will he be back?   គាត់នឹងត្រឡប់មកអង្កាល ?

    He'll be back tomorrow.   គាត់នឹងត្រឡប់មកស្អែក.

When will you go to work?   អ្នកនឹងទៅធ្វើការអង្កាល ?

    I'll go to work tomorrow.   ខ្ញុំនឹងទៅធ្វើការស្អែក.

When will we get home?   យើងនឹងទៅដល់ផ្ទះអង្កាល ?

    We'll get home tomorrow.   យើងនឹងទៅដល់ផ្ទះស្អែក.

When will you tell me?   អ្នកនឹងប្រាប់ខ្ញុំអង្កាល ?

    I'll tell you tomorrow.   ខ្ញុំនឹងប្រាប់អ្នកស្អែក.

When will they do it?   គេនឹងធ្វើ(វា)អង្កាល ?

    They'll do it tomorrow.   គេនឹងធ្វើ(វា)ស្អែក.

When will she study?   នាងនឹងរៀនអង្កាល ?

    She'll study tomorrow.   នាងនឹងរៀនស្អែក.

When will he write it?   គាត់នឹងសរសេរវាអង្កាល ?

    He'll write it tomorrow.   គាត់នឹងសរសេរវាស្អែក.

When will I go to school?   ខ្ញុំនឹងទៅរៀនអង្កាល ?

    You'll go to school tomorrow.   អ្នកនឹងទៅរៀនស្អែក.

When will they understand?   គេនឹងយល់អង្កាល ?

    They'll understand tomorrow.   គេនឹងយល់ស្អែក.

3. The Adverbs 'Probably' and 'Surely'   ៣. កិរិយាវិសេសន៍ Probably ហើយនិង Surely

    'Probably' is a very common adverb in English. There is no exact equivalent to 'probably' in Khmer, which has one adverb whose meaning is is between 'maybe' and 'likely', and another whose meaning is closer to 'surely' /shúrli/. 'Probably' can be replaced (grammatically) by 'surely' in English sentences.

    Probably ជាកិរិយាវិសេសន៍ដែលគេប្រើ ជាញឹកញ្យាប់ក្នុងភាសាអង់គ្លេស ។ ពាក្យនេះមាន នយ័ដែលប្រាកដប្រជាជាង 'ប្រហែលជា' តែមិនសូវ ច្បាស់ឬប្រាកដដូចពាក្យ 'គង់តែ' ទេ ។ ក្នុងភាសា អង់គ្លេសមានកិរិយាវិសេសន៍មួយទៀត គឺ surely /shúrli/ ដែលមាននយ័ប្រាកដជាងថា 'គង់តែ , មុខតែ'; ពាក្យនេះគេអាចប្រើនៅកន្លែងដែល គេប្រើពាក្យ probably .

3a. Expansion Drill   លំហាត់បន្ថែមពាក្យ

    Insert the adverb 'probably' in the following sentences:

    សូមយកកិរិយាវិសេសន៍ probably មកប្រើ នៅក្នុងឃ្លាខាងក្រោមនេះ :

He'll be back tomorrow.   គាត់នឹងមកវិញស្អែក.

    He'll probably be back tomorrow.   គាត់ប្រហែលជា(នឹង)មកវិញស្អែក.

I'll go to work tomorrow.   ខ្ញុំនឹងទៅធ្វើការស្អែក.

    I'll probably go to work tomorrow.   ខ្ញុំប្រហែលជា(នឹង)ទៅធ្វើការស្អែក.

We'll get home tomorrow.   យើងនឹងទៅដល់ផ្ទះស្អែក.

    We'll probably get home tomorrow.   យើងប្រហែលជា(នឹង)ទៅដល់ផ្ទះស្អែក.

I'll tell you tomorrow.   ខ្ញុំនឹងប្រាប់អ្នកស្អែក.

    I'll probably tell you tomorrow.   ខ្ញុំប្រហែលជា(នឹង)ប្រាប់អ្នកស្អែក.

They'll do it tomorrow.   គេនឹងធ្វើ(អាប្ញ៉ឹង)ស្អែក.

   They'll probably do it tomorrow.   គេប្រហែលជា(នឹង)ធ្វើ(អាប្ញ៉ឹង)ស្អែក.

She'll study tomorrow.   នាងនឹងរៀនស្អែក.

   She'll probably study tomorrow.   នាងប្រហែលជា(នឹង)រៀនស្អែក.

He'll write it tomorrow.   គាត់នឹងសរសេរអាប្ញ៉ឹងស្អែក.

   He'll probably write it tomorrow.   គាត់ប្រហែលជា(នឹង)សរសេរអាប្ញ៉ឹងស្អែក.

You'll go to school tomorrow.   អ្នកនឹងទៅរៀនស្អែក.

   You'll probably go to school   អ្នកប្រហែលជា(នឹង)ទៅរៀនស្អែក.
   tomorrow.

They'll understand tomorrow.   គេនឹងយល់ស្អែក.

   They'll probably understand   គេប្រហែលជា(នឹង)យល់ស្អែក.
   tomorrow.

3b. <u>Transformation Drill</u>   <u>លំហាត់ប្រែប្រួលឃ្លា</u>

   Replace 'probably' with 'surely'   ជំទួរវិស្ទូមយកកិរិយាវិសេសនី៍ surely មកជ្ជាល់
in the following sentences: ជំនួស probably នៅក្នុងឃ្លាខាងក្រោមនេះ :

He'll probably be back tomorrow.   គាត់ប្រហែលជាមកវិញស្អែក.

   He'll surely be back tomorrow.   គាត់ពិតជាតែមកវិញស្អែក.

I'll probably go to work tomorrow.   ខ្ញុំប្រហែលទៅធ្វើការស្អែក.

   I'll surely go to work tomorrow.   ខ្ញុំពិតជាតែទៅធ្វើការស្អែក.

We'll probably get home tomorrow.   យើងប្រហែលជាទៅដល់ផ្ទះស្អែក.

   We'll surely get home tomorrow.   យើងពិតជាតែទៅដល់ផ្ទះស្អែក.

I'll probably tell you tomorrow.   ខ្ញុំប្រហែលជាប្រាប់អ្នកស្អែក.

   I'll surely tell you tomorrow.   ខ្ញុំពិតជាប្រាប់អ្នកស្អែក.

They'll probably do it tomorrow.   គេប្រហែលជាធ្វើអាប្ញ៉ឹងស្អែក.

   They'll surely do it tomorrow.   គេពិតជាតែធ្វើអាប្ញ៉ឹងស្អែក.

She'll probably study tomorrow.   នាងប្រហែលជារៀនស្អែក.

   She'll surely study tomorrow.   នាងពិតជាតែរៀនស្អែក.

He'll probably write it tomorrow.   គាត់ប្រហែលជាសរសេរអាប្ញ៉ឹងស្អែក.

   He'll surely write it tomorrow.   គាត់ពិតជាតែសរសេរអាប្ញ៉ឹងស្អែក.

You'll probably go to school tomorrow.   អ្នកប្រហែលជាទៅរៀនស្អែក.

   You'll surely go to school tomorrow.   អ្នកពិតជាតែទៅរៀនស្អែក.

They'll probably understand tomorrow.   គេប្រហែលជាយល់ស្អែក.

   They'll surely understand tomorrow.   គេពិតជាតែយល់ស្អែក.

4. Telling Time

Telling time in English is based on two twelve-hour cycles starting at noon and midnight. The commonest way of expressing the hour is simply to say the number from one to twelve, followed by the word 'o'clock' /əklák/, as in the following drill.

៤. ការមើលម៉ោង

ក្នុងការមើលម៉ោងតាមរបៀបអង់គ្លេស គេចែកថ្ងៃនិមួយ ៗ ជាពីរចំណែកគឺ: ពីកណ្ដាលអធ្រាត្រទៅថ្ងៃត្រង់ ហើយនិងពីថ្ងៃត្រង់ទៅកណ្ដាលអធ្រាត្រ ធម្មតាដើម្បីនឹងប្រាប់ថាម៉ោងប៉ុន្មាន ៗ គេប្រើលេខពី ១ ទៅ ១២ ហើយបន្ថែមពាក្យ o'clock 'ម៉ោង, របស់នាឡិកា' ពីក្រោយ, ដូចនៅក្នុងលំហាត់ខាងក្រោមនេះ ។

4a. Substitution Drill — លំហាត់ប្តូរពាក្យ

It's nine o'clock.	(វាជា)ម៉ោងប្រាំបួន.
It's one o'clock.	មួយ.
It's ten o'clock.	ដប់.
It's twelve o'clock.	ដប់ពីរ.
It's six o'clock.	ប្រាំមួយ.
It's four o'clock.	បួន.
It's eight o'clock.	ប្រាំបី.
It's five o'clock.	ប្រាំ.
It's three o'clock.	បី.
It's eleven o'clock.	ដប់មួយ.
It's two o'clock.	ពីរ.
It's seven o'clock.	ប្រាំពីរ.

4b. Substitution Drill — លំហាត់ប្តូរពាក្យ

When the time is not on the hour, it is common to state the hour, followed by the number of minutes past the hour, omitting the word 'o'clock'; e.g.

It's 9:30 (nine thirty).
It's 6:45 (six forty-five).
It's 8:15 (eight fifteen).

Do the following drill:

It's 9:30.
It's nine thirty.

បើគេត្រូវប្រាប់ម៉ោងផង នាទីផង ធម្មតាគេថាម៉ោងមុន រួចចំនួននាទី, ដោយមិនចាំបាច់ប្រើពាក្យ o'clock ពីក្រោយទេ ។ គេសរសេរលេខក៏ដោយ ពាក្យក៏ដោយ ក៏អានថាដូចគ្នា, ឧ.

(វាជា) ៩:៣០ ([ម៉ោង]ប្រាំបួនសាមសិប [នាទី
(វាជា) ៦:៤៥ ([ម៉ោង]ប្រាំមួយសែសិបប្រាំ[នា
(វាជា) ៨:១៥ ([ម៉ោង]ប្រាំបីដប់ប្រាំ [នាទី]).

ក្នុងលំហាត់ ឃ្លាគ្រូសរសេរលេខ ឃ្លាសិស្សសរសេរពាក

(វាជា) ៩:៣០.
(វាជា)ប្រាំបួនសាមសិប.

It's 8:20.   (ម៉ោង) ៨:២០.

   It's eight twenty.   (ម៉ោង)ប្រាំបីម្ភៃ.

It's 10:25.   (ម៉ោង) ១០:២៥.

   It's ten twenty-five.   (ម៉ោង)ដប់ម្ភៃប្រាំ.

It's 6:15.   (ម៉ោង) ៦:១៥.

   It's six fifteen.   (ម៉ោង)ប្រាំមួយដប់ប្រាំ.

It's 4:10.   (ម៉ោង) ៤:១០.

   It's four ten.   (ម៉ោង)បួនដប់.

It's 12:27.   (ម៉ោង) ១២:២៧.

   It's twelve twenty-seven.   (ម៉ោង)ដប់ពីរម្ភៃប្រាំពីរ.

It's 7:35.   (ម៉ោង) ៧:៣៥.

   It's seven thirty-five.   (ម៉ោង)ប្រាំពីរសាមសិបប្រាំ.

It's 11:46.   (ម៉ោង) ១១:៤៦.

   It's eleven forty-six.   (ម៉ោង)ដប់មួយស៊ែសិបប្រាំមួយ.

It's 3:18.   (ម៉ោង) ៣:១៨.

   It's three eighteen.   (ម៉ោង)បីដប់ប្រាំបី.

4c. <u>Visual Cue Drill</u>   លំហាត់មើលមុខនាឡិកា

    Now the teacher will use a clock,   ឥឡូវគ្រូបង្រៀននឹងយកនាឡិកាមួយ មួល គ-
setting the hands at different times   និចុះទ្រេឡើងបួនម៉ាង (ឬក៏គូរនាឡិកាមួយនៅ ក្តារ
of the day (or alternatively draw a   ខៀន) ហើយសួរសំនួរ
clock on the blackboard) and ask the
question:

What time is it?   /what <u>taym</u> iz it?/   (ម៉ោង)ម៉ោងប៉ុន្មាន ?
Give the correct answers based on the   សូមឆ្លើយសំនួរ ដោយប្រើរបៀបប្រាប់ម៉ោងដែលឃើង
patterns in the above two drills.   អធិប្បាយខាងលើនេះ ។

4d. <u>Substitution Drill</u>   លំហាត់បូរពាក្យ

    In written English, or when it is   ក្នុងភាសាសរសេរ ឬ នៅពេលណាដែលមាន
unclear from the context, the words   ការស្រពេចស្រពិល គេបថ្ខែមពាក្យ a.m. /ey em/
'a.m.' /ey em/ will be used after the   'ព្រឹក' ពីរប្រកាយចន្ថនម៉ោងនិនាទី ដើម្បីនឹង
hour to specify the twelve-hour cycle   បញ្ជាក់ឲ្យវយៈ:ពេលពីកណ្តាលអប្រធាត្រតទៅថ្ងៃត្រង់,
from midnight to noon, and the words   ហើយពាក្យ p.m. /piy em/ 'រសៀល/ល្ងាច/យប់'
'p.m.' /piy em/ will be used to specify សម្រាប់បញ្ជាក់ឲ្យវយៈ:ពេលពីថ្ងៃត្រង់តទៅ កណ្តាល

the twelve-hour cycle from noon to mid-   អប្ផរ្រារ្ត ។ នៅវេ្រកាយពាក្យ 'ដប់ពីរ' គេប្រើ
night. After the word 'twelve', the   ពាក្យ noon /nuwn/ 'ថ្ងៃត្រង់' ឬ midnight
words 'noon' /nuwn/ or 'midnight'   /mídnayt/ 'កណ្ដាលអប្ផរ្រារ្ត' ដើម្បីនឹងបញ្ជាក់
/mídnayt/ are used to distinguish the   ពេល, ដោយមិនច្បាច់ប្រើពាក្យ o'clock ទេ ។
two. Practice the following new words: សូមសិក្សាន្ទូវពាក្យថ្មីខាងក្រោមនេះ :

a.m.	/èy-ém/	(ពីកណ្ដាលអប្ផរ្រារ្តទៅ ថ្ងៃត្រង់)
p.m.	/piy-ém/	(ពីថ្ងៃត្រង់ទៅ កណ្ដាលអប្ផរ្រារ្ត)
noon	/nuwn/	ថ្ងៃត្រង់
midnight	/míd-nàyt	កណ្ដាលអប្ផរ្រារ្ត

Now do the following drill: ក្នុងលំហាត់ ឃ្លាគ្រូសរសេរលេខ ឃ្លាសិស្សសរសេរពាក្យ :
It's 9:00 a.m.   ម៉ោង ប្រាំបួនព្រឹក.
    It's nine a.m.   (គូចគ្នា)
It's 10:00 p.m.   ម៉ោង ដប់យប់.
    It's ten p.m.   (គូចគ្នា)
It's 12:00 noon.   ម៉ោង ដប់ពីរថ្ងៃត្រង់.
    It's twelve noon.   (គូចគ្នា)
It's 8:25 p.m.   ម៉ោង ប្រាំបីម្ភៃ ប្រាំនា ទីយប់.
    It's eight twenty-five p.m.   (គូចគ្នា)
It's 7:45 a.m.   ម៉ោង ប្រាំពីរ សែសិបប្រាំនា ទីព្រឹក.
    It's seven forty-five a.m.   (គូចគ្នា)
It's 3:30 p.m.   ម៉ោង បីសាម សិបនា ទីរសៀល.
    It's three thirty p.m.   (គូចគ្នា)
It's twelve midnight.   ម៉ោង ដប់ពីរយប់.
    It's twelve midnight.   (គូចគ្នា)
It's 4:20 a.m.   ម៉ោង បួនថ្មនា ទីភ្លឺ.
    It's four twenty a.m.   (គូចគ្នា)
It's 6:15 p.m.   ម៉ោង ប្រាំមួយដប់ប្រាំនា ទីល្ងាច.
    It's six fifteen p.m.   (គូចគ្នា)

4e. Substitution Drill   លំហាត់ជូនវពាក្យ

    Now do the following substitution   ឥឡូវនេះធ្វើលំហាត់ជូនវពាក្យខាងក្រោមនេះ
drill, based on the pattern shown in   ដោយប្រើរបៀបមើលម៉ោង ដែលមានអធិប្បាយខាង
the above drill: លើនេះ :

He goes to work at <u>9:00 a.m.</u>   គាត់ទៅធ្វើការ(នៅ)ម៉ោងប្រាំបួនព្រឹក.

He goes to work at <u>12:00 noon.</u>   ម៉ោងដប់ពីរថ្ងៃត្រង់.

He goes to work at <u>4:00 p.m.</u>   ម៉ោងបួនរសៀល.

He goes to work at <u>8 o'clock.</u>   ម៉ោងប្រាំបី.

He goes to work at <u>8:30 a.m.</u>   ម៉ោងប្រាំបីសាមសិបនាទីព្រឹក.

He goes to work at <u>midnight.</u>   កណ្ដាលអធ្រាត្រ.

He goes to work at <u>11:15 a.m.</u>   ម៉ោងដប់មួយដប់ប្រាំនាទីព្រឹក.

He goes to work at <u>6:30 p.m.</u>   ម៉ោងប្រាំមួយសាមសិបនាទីល្ងាច.

He goes to work at <u>2:45 p.m.</u>   ម៉ោងពីរវែសិបហាប្រាំនាទីរសៀល.

5. <u>The Prepositions 'About' and 'Around'</u> ៥. អាយតនិបាត About ហើយនិង Around

    Do the following drill involving   ធ្វើលំហាត់ខាងក្រោមនេះ ដែលប្រើអាយត-

the preposition 'about' /əbáwt/:   និបាត about /əbáwt/ 'ប្រវែល' :

5a. <u>Substitution Drill</u>   លំហាត់ប្ដូរពាក្យ

He'll <u>be back</u> about nine o'clock.   គាត់នឹងមកវិញប្រវែលម៉ោងប្រាំបួន.

He'll <u>go home</u> about nine o'clock.   ទៅផ្ទះ

He'll <u>go to work</u> about nine o'clock.   ទៅធ្វើការ

He'll <u>tell me</u> about nine o'clock.   ប្រាប់ខ្ញុំ

He'll <u>do it</u> about nine o'clock.   ធ្វើអាហ្នឹង

He'll <u>get home</u> about nine o'clock.   មកដល់ផ្ទះ

He'll <u>get back</u> about nine o'clock.   មកដល់វិញ

He'll <u>read it</u> about nine o'clock.   អានអាហ្នឹង

He'll <u>answer me</u> about nine o'clock.   ឆ្លើយខ្ញុំ

5b. <u>Expansion Drill</u>   លំហាត់បន្ថែមពាក្យ

    Now insert the word 'about' in   ឥឡូវវដាយកពាក្យ about ដាក់បញ្ចូលប្រើនៅក្នុង

the following sentences. In the   ឃ្លាខាងក្រោមនេះ ។ សិស្សចង់ប្រើពាក្យ at ក៏

students' sentences, the word 'at'   បាន មិនប្រើក៏បាន នៅក្នុងឃ្លារបស់សិស្ស ។

is optional.

He'll be back at nine o'clock.   គាត់នឹងមកវិញនៅ ម៉ោងប្រាំបួន.

  He'll be back (at) about nine o'clock. គាត់នឹងមកវិញ(នៅ)ប្រវែលម៉ោងប្រាំបួន.

I'll go home at noon.   ខ្ញុំនឹងទៅផ្ទះនៅថ្ងៃត្រង់.

  I'll go home (at) about noon.   ខ្ញុំនឹងទៅផ្ទះ(នៅ)ប្រវែលថ្ងៃត្រង់.

She's twenty-five years old.   នាងអាយុម្ភៃ្របាំឆ្នាំ.

   She's about twenty-five years old.   នាងអាយុប្រទ័លម្ភៃ្របាំឆ្នាំ.

You'll get home at midnight.   អ្នកនឹងមកដល់ផ្ទះនៅកណ្ដាលអ្របធាត្រ.

   You'll get home (at) about midnight.   អ្នកនឹងមកដល់ផ្ទះ(នៅ)ប្រទ័លកណ្ដាលអ្របធាត្រ.

Bill goes to work at 8:00 a.m.   ប៊ិលទៅធ្វើការនៅម៉ោង្របាំបីព្រឹក.

   Bill goes to work (at) about 8:00 a.m.   ប៊ិលទៅធ្វើការ(នៅ)ប្រទ័លម៉ោង្របាំបីព្រឹក.

We go to school at nine p.m.   យើងទៅរៀននៅម៉ោង្របាំបួនយប់.

   We go to school (at) about nine p.m.   យើងទៅរៀន(នៅ)ប្រទ័លម៉ោង្របាំបួនយប់.

He's thirteen years old.   គាត់អាយុដប់បីឆ្នាំ.

   He's about thirteen years old.   គាត់អាយុប្រទ័លដប់បីឆ្នាំ.

I'll tell him at 5:00 o'clock.   ខ្ញុំនឹង្រប្រាប់គាត់នៅម៉ោង្របាំ.

   I'll tell him (at) about 5:00 o'clock.   ខ្ញុំនឹង្រប្រាប់គាត់(នៅ)ប្រទ័លម៉ោង្របាំ.

We usually get home at 6:30.   ធម្មតាយើងទៅដល់ផ្ទះនៅម៉ោង្របាំមួយកន្លះមួយសិបនាទី.

   We usually get home (at) about 6:30.   ធម្មតាយើងទៅដល់ផ្ទះ(នៅ)ប្រទ័លម៉ោង្របាំមួយកន្លះសិបនាទី.

5c. Transformation Drill   លំហាត់ប្ដៃ្របួប្រួស្សា

   Another preposition which means   អាយតនិបាតមួយទៀតដែលមាននយ័ប្រទ័លគ្នា
approximately the same thing as 'about' នឹង about របើ្របើនៅ កន្លៃងដូចគ្នានឹងខាងលើនេះ
in the above position is 'around'   គឺ around /əráwnd/ ។ សូមយកពាក្យ around
/əráwnd/. Substitute 'around' for   មក្របើជំនួសពាក្យ about នៅក្នុងឃ្លាខាង្រកាម
'about' in the following sentences.   នេះ :

He'll be back about nine o'clock.   គាត់នឹងមកវិញ្របទ័លម៉ោង្របាំបួន.

   He'll be back around nine o'clock.   (ដូចគ្នា)

I'll go home about noon.   ខ្ញុំនឹងទៅផ្ទះ្របទ័លថ្ងៃ្រតង់.

   I'll go home around noon.   (ដូចគ្នា)

She's about twenty-five years old.   នាងអាយុ្របទ័លម្ភៃ្របាំឆ្នាំ.

   She's around twenty-five years old.   (ដូចគ្នា)

You'll get home about midnight.   អ្នកនឹងទៅដល់ផ្ទះ្របទ័លកណ្ដាលអ្របធាត្រ.

   You'll get home around midnight.   (ដូចគ្នា)

Bill goes to work about 8:00 a.m.   ប៊ិលទៅធ្វើការ្របទ័លម៉ោង្របាំបីព្រឹក.

   Bill goes to work around 8:00 a.m.   (ដូចគ្នា)

We go to school about nine p.m.   យើងទៅរៀន្របទ័លម៉ោង្របាំបួនយប់.

   We go to school around nine p.m.   (ដូចគ្នា)

He's about thirteen years old.　　　　　　　គាត់អាយុ្របហែលដប់បីឆ្នាំ.

　He's around thirteen years old.　　　　（ដូចគ្នា）

It's about 10:45.　　　　　　　　　（ទាំជា）្របហែលម៉ោង ១០ដប់ទៅសិបប្រាំនាទី [ហើយ].

　It's around 10:45.　　　　　　　　（ដូចគ្នា）

I'll tell him about 5 o'clock.　　　ខ្ញុំនឹង្រ្របាប់គាត់្របហែលម៉ោង ៥ប្រាំ.

　I'll tell him around 5 o'clock.　　（ដូចគ្នា）

We usually get home about 6:30.　　ធម្មតាយើងទៅដល់ផ្ទះ្របហែលម៉ោង ៦ប្រាំមួយយសាមសិបនាទី.

　We usually get home around 6:30.　　（ដូចគ្នា）

6. The Prepositions 'Before' and 'After' ៦. អាយតនិបាត Before ហើយនិង After

　　Now let's look at two more prepo-　　ឥឡូវនេះយើងពិនិត្យ មើលអាយតនិបាតពីរទៀត ដែល
sitions which can occur before time　　អាចនឹងយកមកប្រើនៅ មុខពេលម៉ោង :
expressions:

　　before　　　　　　　/biyfówr, bifówr, bəfówr/　　មុន

　　after　　　　　　　/áeftər/　　　　　្រេកាយ

6a. Transformation Drill　　　　　　លំហាត់ប្លែប្រួលឃ្លា

　　Replace 'at' with 'before':　　　សូមយកពាក្យ before មកប្រើជំនួសពាក្យ at:

He'll be back at nine o'clock.　　　គាត់នឹងមកវិញនៅ ម៉ោង ៩ប្រាំបួន.

　He'll be back before nine o'clock.　　គាត់នឹងមកវិញមុនម៉ោង ៩ប្រាំបួន.

I'll go home at noon.　　　　　ខ្ញុំនឹងទៅផ្ទះនៅថ្ងៃ្រតង់.

　I'll go home before noon.　　　　ខ្ញុំនឹងទៅផ្ទះមុនថ្ងៃ្រតង់.

You'll get home at midnight.　　　អ្នកនឹងទៅដល់ផ្ទះនៅ កណ្ដាលអ្រធាត្រ.

　You'll get home before midnight.　　អ្នកនឹងទៅដល់ផ្ទះមុនកណ្ដាលអ្រធាត្រ.

Bill goes to work at 8:00 a.m.　　ប៊ីលទៅធ្វើការនៅ ម៉ោង ៨ប្រាំបីព្រឹក.

　Bill goes to work before 8:00 a.m.　　ប៊ីលទៅធ្វើការមុនម៉ោង ៨ប្រាំបីព្រឹក.

We get to school at 9:00 p.m.　　យើងទៅដល់សាលា រ្យនៅ ម៉ោង ៩ប្រាំបួនយប់.

　We get to school before 9:00 p.m.　　យើងទៅ ដល់សាលា រ្យនមុនម៉ោង ៩ប្រាំបួនយប់.

We'll be there at 10:45.　　　យើងនឹងមកដល់នោះនៅ ម៉ោង ១០ដប់ទៅសិបប្រាំនាទី.

　We'll be there before 10:45.　　　យើងនឹងមកដល់នោះ មុនម៉ោង ១០ដប់ទៅសិបប្រាំនាទី.

I'll tell him at 5:00 p.m.　　　ខ្ញុំនឹង្រ្របាប់គាត់នៅ ម៉ោង ៥ប្រាំល្ងាច.

　I'll tell him before 5:00 p.m.　　　ខ្ញុំនឹង្រ្របាប់គាត់មុនម៉ោង ៥ប្រាំល្ងាច.

They'll do it at 10:00 o'clock.　　គេនឹងធ្វើអាញ្ជឹងនៅ ម៉ោង ១០ដប់.

　They'll do it before 10:00 o'clock.　　គេនឹងធ្វើអាញ្ជឹងមុនម៉ោង ១០ដប់.

She'll come home at 11:00 p.m.　　នាងនឹងមកដល់ផ្ទះនៅ ម៉ោង ១១ដប់ប់មួយយប់.

　She'll come home before 11:00 p.m.　　នាងនឹងមកដល់ផ្ទះមុនម៉ោង ១១ដប់ប់មួយយប់.

6b. <u>Transformation Drill</u>   លំហាត់ប្រែប្រួលឃ្លា

   Now replace 'before' with 'after':   យកពាក្យ after មកប្រើជំនួសពាក្យ before

He'll be back before nine o'clock.   គាត់នឹងមកវិញមុនម៉ោងប្រាំបួន។

   He'll be back after nine o'clock.   គាត់នឹងមកវិញប្រុកាយម៉ោងប្រាំបួន។

I'll go home before noon.   ខ្ញុំនឹងទៅផ្ទះមុនថ្ងៃត្រង់។

   I'll go home after noon.   ខ្ញុំនឹងទៅផ្ទះប្រុកាយថ្ងៃត្រង់។

You'll get home before midnight.   អ្នកនឹងទៅដល់ផ្ទះមុនកណ្ដាលអប្រធាត្រ។

   You'll get home after midnight.   អ្នកនឹងទៅដល់ផ្ទះប្រុកាយកណ្ដាលអប្រធាត្រ។

Bill goes to work before 8:00 a.m.   ប៊ីលទៅធ្វើការមុនម៉ោងប្រាំបីប្រឹក។

   Bill goes to work after 8:00 a.m.   ប៊ីលទៅធ្វើការប្រុកាយម៉ោងប្រាំបីប្រឹក។

We get to school before 9:00 p.m.   យើងដល់សាលារៀនមុនម៉ោងប្រាំបួនយប់។

   We get to school after 9:00 p.m.   យើងដល់សាលារៀនប្រុកាយម៉ោងប្រាំបួនយប់។

We'll be there before 10:45.   យើងនឹងមកដល់នោះមុនម៉ោងដប់ប៉ែសិបប្រាំនាទី។

   We'll be there after 10:45.   យើងនឹងមកដល់នោះប្រុកាយម៉ោងដប់ប៉ែសិបប្រាំនា

I'll tell him before 5:00 p.m.   ខ្ញុំនឹងប្រាប់គាត់មុនម៉ោងប្រាំល្ងាច។

   I'll tell him after 5:00 p.m.   ខ្ញុំនឹងប្រាប់គាត់ប្រុកាយម៉ោងប្រាំល្ងាច។

They'll do it before 10:00 o'clock.   គេនឹងធ្វើ(វា)មុនម៉ោងដប់។

   They'll do it after 10:00 o'clock.   គេនឹងធ្វើ(វា)ប្រុកាយម៉ោងដប់។

She'll come home before 11:00 p.m.   នាងនឹងមកផ្ទះមុនម៉ោងដប់ប៉ួយយប់។

   She'll come home after 11:00 p.m.   នាងនឹងមកផ្ទះប្រុកាយម៉ោងដប់ប៉ួយយប់។

6c. <u>Construction Drill</u>   លំហាត់កសាងឃ្លា

Subject + will	Adverb	Verb Phrase	Preposition	Time Phrase
1) I'll	probably	get back	at	9:00 o'clock.
2) You'll	surely	go home	about	noon.
3) He'll		go to work	around	5:30.
4) She'll		do it	before	6:00 p.m.
5) We'll		be here	after	8:00 a.m.
6) They'll		read it		midnight.
7) Bill will		call him		7:30 p.m.
8) Mary'll		tell her		5:00 o'clock.
9) My wife'll		get here		11:00 p.m.
10) The Smiths will		get there		12:30.

ប្រធាន + នឹង	កិរិយាវិសេសន៍	ឃ្លាកិរិយាសព្ទ	អាយតនិបាត	ឃ្លាប្រាប់ពេល
1) ខ្ញុំនឹង	ប្រហែលជា	មកវិញ	នៅ	ម៉ោងប្រាំបួន.
2) អ្នកនឹង	គង់តែ	ទៅផ្ទះ	ប្រហែល	ថ្ងៃត្រង់.
3) គាត់នឹង		ទៅធ្វើការ	ប្រហែល	ម៉ោងប្រាំសាមសិបនាទី.
4) នាងនឹង		ធ្វើ វា	មុន	ម៉ោងប្រាំមួយល្ងាច.
5) យើងនឹង		មកដល់នេះ	ក្រោយ	ម៉ោងប្រាំបីព្រឹក.
6) គេនឹង		អានវា		កណ្ដាលអធ្រាត្រ.
7) ប៊ិលនឹង		ហៅគាត់		ម៉ោងប្រាំពីរសាមសិបយប់.
8) ម៉ែរីនឹង		ប្រាប់នាង		ម៉ោងប្រាំ.
9) ប្រពន្ធខ្ញុំនឹង		ដល់នេះ		ម៉ោងដប់មួយយប់.
10 គ្រួសារស្មិថនឹង		ទៅដល់នោះ		ម៉ោងដប់ពីរសាមសិបនាទី.

The above chart will generate 10,000 possible English sentences! Construct as many of them as you have the patience to do (or until you feel you understand the structure), based on a sequence of numbers provided by the teacher; e.g.:

ពាក្យទាំងអំបាលម៉ាននៅក្នុងតារាងខាងលើនេះ គេអាចយកមកផ្សំគ្នាធ្វើឃ្លាអង់គ្លេសបានជាង ១០.០០០ ឃ្លា! សូមសិស្សយកពាក្យទាំងនេះមកផ្សំធ្វើឃ្លាឱ្យបានច្រើនតាមអំណត់របស់សិស្ស (ឬទាល់តែសិស្សទាំងឡាយយល់ថាចេះរបៀបប្រើសព្ទគ្រប់ហើយ), ដោយយោងទៅតាមលំដាប់លេខដែលគ្រូផ្ដល់ឱ្យ, ឧ.

Teacher	Student	គ្រូបង្រៀន	កូនសិស្ស
1-2-5-4-6	I'll surely be here before midnight.	1-2-5-4-6	ខ្ញុំគង់តែនឹងមកដល់នេះមុនកណ្ដាលអធ្រាត្រ.
5-1-10-5-4	We'll probably get there after 6:00 p.m.	5-1-10-5-4	យើងប្រហែលជានឹងទៅដល់នោះក្រោយម៉ោងប្រាំមួយល្ងាច.
6-2-1-3-2	They'll surely get back around noon.	6-2-1-3-2	គេគង់តែនឹងមកវិញប្រហែលថ្ងៃត្រង់.
8-1-7-1-8	Mary'll probably call him at 5:00 o'clock.	8-1-7-1-8	ម៉ែរីប្រហែលជានឹងហៅគាត់នៅម៉ោងប្រាំ.

(Etc.)

(។ល។)

7. The Object Pronouns

In 5D2 we learned the forms of the English subject pronouns 'I, you, he, she, it, we, they'. Then in 5D8

៧. សព្វនាមកម្ម

នៅក្នុង 5D2 យើងបានជួបប្រទះនិងទម្រង់ផ្សេង ៗ នៃសព្វនាមប្រធាន I, you, he, she, it, we, they ។ នៅក្នុង 5D8 យើង

we learned that these pronouns have
different forms when they are used as
possessive adjectives: 'my, your, his,
her, its, our, their'. These pronouns
also have different forms when they
follow a preposition or a transitive
verb, as in:

   Repeat after <u>me</u>.

   I'll tell <u>him</u>.

   I see <u>her</u>.

The only object pronoun forms we have
not yet met are:

   us   /əs/

   them   /dhem/

The subject pronouns, possessive ad-
jectives, and object pronouns are
summarized in the following chart.
Notice that the object forms of 'you'
and 'it' are the same as their subject
forms, while the object form of 'she'
is the same as the possessive adjective.

Subject	Possessive	Object	ទ្រង់ប្រធាន	ទ្រង់សាមីសម្បត្ត	ទ្រង់កម្ម
I	my	me	ខ្ញុំ	(របស់)ខ្ញុំ	(ទៅ)ខ្ញុំ
you	your	you	អ្នក	(របស់)អ្នក	(ទៅ)អ្នក
he	his	him	គាត់	(របស់)គាត់	(ទៅ)គាត់
she	her	her	នាង	(របស់)នាង	(ទៅ)នាង
it	its	it	វា	(របស់)វា	(ទៅ)វា
we	our	us	យើង	(របស់)យើង	(ទៅ)យើង
they	their	them	គេ	(របស់)គេ	(ទៅ)គេ

7a. <u>Substitution Drill</u>   លំហាត់ជំនួសពាក្យ

He'll tell <u>him</u>.   គាត់នឹងប្រាប់គាត់.

He'll tell <u>her</u>.   នាង.

He'll tell <u>me</u>.	ខ្ញុំ
He'll tell <u>us</u>.	យើង.
He'll tell <u>them</u>.	គេ.
He'll tell <u>you</u>.	អ្នក.

7b. <u>Transformation Drill</u>   លំហាត់ប្ដូរប្រយោគ

Replace the object in the follow-   ឆ្លើយវិញដាកសព្វនាមកម្មមកប្រើជំនួសកម្មនៅក្នុង
ing sentences with the appropriate   ឃ្លាខាងក្រោមនេះ ។ នៅក្នុងឃ្លាទាំងនេះ យើង
form of the object pronoun, using the   ប្រើកិរិយាសព្ទ see /siy/ 'ឃើញ' ។
verb 'see' /siy/:

I see Bill.	ខ្ញុំឃើញប៊ិល.
I see him.	ខ្ញុំឃើញគាត់.
I see Mary.	ខ្ញុំឃើញម៉ែរិ.
I see her.	ខ្ញុំឃើញនាង.
I see the book.	ខ្ញុំឃើញសៀវភៅ(២.).
I see it.	ខ្ញុំឃើញវា(២.):
I see the books.	ខ្ញុំឃើញសៀវភៅ(៣.).
I see them.	ខ្ញុំឃើញវា(៣.).
I see the Smiths.	ខ្ញុំឃើញគ្រួសារស្មីថ.
I see them.	ខ្ញុំឃើញគេ.
I see my son.	ខ្ញុំឃើញកូនប្រុសខ្ញុំ.
I see him.	ខ្ញុំឃើញគាត់.
I see my wife.	ខ្ញុំឃើញប្រពន្ធខ្ញុំ.
I see her.	ខ្ញុំឃើញនាង.
I see my children.	ខ្ញុំឃើញកូន(៣.)ខ្ញុំ.
I see them.	ខ្ញុំឃើញគេ.
I see the school.	ខ្ញុំឃើញសាលារៀន.
I see it.	ខ្ញុំឃើញវា.

7c. <u>Transformation Drill</u>   លំហាត់ប្ដូរប្រយោគ

Change the following sentences   ឆ្លើយវិញឃ្លាគួមកធ្វើជាឃ្លាថ្មី តាមគំរូ
according to the pattern shown: បង្ហាញខាងក្រោមនេះ :

I want the book.	ខ្ញុំចង់បានសៀវភៅ.
Give me the book.	ឲ្យសៀវភៅមកខ្ញុំ.

He wants the book. គាត់ចង់បានសៀវភៅ.

   Give him the book. ឱ្យសៀវភៅទៅគាត់.

They want the book. គេចង់បានសៀវភៅ.

   Give them the book. ឱ្យសៀវភៅទៅគេ.

We want the book. យើងចង់បានសៀវភៅ.

   Give us the book. ឱ្យសៀវភៅមកយើង.

She wants the book. នាងចង់បានសៀវភៅ.

   Give her the book. ឱ្យសៀវភៅទៅនាង.

My husband wants the book. ប្ដីខ្ញុំចង់បានសៀវភៅ.

   Give him the book. ឱ្យសៀវភៅទៅគាត់.

My daughter wants the book. កូនស្រីខ្ញុំចង់បានសៀវភៅ.

   Give her the book. ឱ្យសៀវភៅទៅនាង.

My children want the book. កូនខ្ញុំចង់បានសៀវភៅ.

   Give them the book. ឱ្យសៀវភៅទៅគេ.

The Smiths want the book. គ្រួសារស្មីធចង់បានសៀវភៅ.

   Give them the book. ឱ្យសៀវភៅទៅគេ.

The dog wants the book. ឆ្កែចង់បានសៀវភៅ.

   Give it the book. ឱ្យសៀវភៅទៅវា.

8. Verb Inversion in Future Tense Questions

៨. ការបញ្ច្រាស់កិរិយាសព្ទនៅ ក្នុងសំនួរនៅពេលខាងមុខ

   As we have seen with the verb 'to be' and the auxiliary verbs 'can, do, have', 'will' comes first in asking future tense questions.

យើងបានឃើញរួចមកហើយថា កិរិយាសព្ទ to b 'to be' ហើយនិងកិរិយាសព្ទជំនួយ can, do, និង have ត្រូវប្រកួរស្នាល់ទៅមុខប្រធានវិញ្ញាសាបរិច្បើក្នុង សំនួរ; កិរិយាសព្ទជំនួយ will ក៏ដូច្នេះដែរ ។

8a. Transformation Drill

   Make the following statements into questions:

លំហាត់ប្រែប្រួលឃ្លា

   សូមយកឃ្លារបស់គ្រូខាងក្រោមនេះមកធ្វើជា សំនួរ :

He'll go tomorrow. គាត់នឹងទៅ ស្អែក.

   Will he go tomorrow? គាត់នឹងទៅ ស្អែកឬ?

She'll be back at nine o'clock. នាងនឹងមកវិញនៅ ម៉ោងប្រាំបួន.

   Will she be back at nine o'clock? នាងនឹងមកវិញនៅ ម៉ោងប្រាំបួនឬ ?

They'll tell me at noon. គេនឹងប្រាប់ខ្ញុំនៅ ថ្ងៃត្រង់.

   Will they tell me at noon? គេនឹងប្រាប់ខ្ញុំនៅ ថ្ងៃត្រង់ឬ ?

You'll be home before midnight.   អ្នកនឹងមកដល់ផ្ទះមុនកណ្ដាលអក្រធាត្រ.

   Will you be home before midnight?   អ្នកនឹងមកដល់ផ្ទះមុនកណ្ដាលអក្រធាត្រឬ ?

Bill will see her tomorrow.   ប៊ីលនឹងជួបនាងថ្ងៃស្អែក.

   Will Bill see her tomorrow?   ប៊ីលនឹងជួបនាងថ្ងៃស្អែកឬ ?

We'll do it in the evening.   យើងនឹងធ្វើ(វា)នៅ ពេលល្ងាច.

   Will we do it in the evening?   យើងនឹងធ្វើ(វា)នៅ ពេលល្ងាចឬ ?

Mary'll tell me in the morning.   ម៉េរីនឹងប្រាប់ខ្ញុំនៅ ពេលព្រឹក.

   Will Mary tell me in the morning?   ម៉េរីនឹងប្រាប់ខ្ញុំនៅ ពេលព្រឹកឬ ?

The Smiths will get back after 6:00   ត្រកូល ស្មីថនឹងត្រឡប់មកវិញក្រោយ ម៉ោងប្រាំមួយ.
o'clock.

   Will the Smiths get back after 6:00   ត្រកូល ស្មីថនឹងត្រឡប់មកវិញ ក្រោយ ម៉ោង
   o'clock?   ប្រាំ មួយឬ ?

Your son will be there at 8:00 a.m.   កូនប្រុសអ្នកនឹងនៅ ដល់នោះ នៅ ម៉ោងប្រាំបីព្រឹក.

   Will your son be there at 8:00 a.m.?   កូនប្រុសអ្នកនឹងនៅ ដល់នោះ នៅ ម៉ោងប្រាំបីព្រឹកឬ ?

3b. Transformation Drill   លំហាត់ប្រែ ឬ បណ្ឌ្យា

   In the following sentences, form   នៅ ក្នុងលំហាត់នេះ យកឃ្លារបស់គ្រូមកធ្វើជាសំនួន,
a question from the teacher's statement,   ដោយយកសព្ទនាមមកប្រើជំនួសឈ្មោះនិងនាមសព្ទទាំង
changing all names and nouns to their   ឡាយនៅ ក្នុងឃ្លាទាំងនោះ :
corresponding pronouns:

Mary will tell Bill.   ម៉េរីនឹងប្រាប់ប៊ីល.

   When will she tell him?   អង្កាលនាងនឹងប្រាប់គាត់ ?

Bill will tell Mary.   ប៊ីលនឹងប្រាប់ម៉េរី.

   When will he tell her?   អង្កាលគាត់នឹងប្រាប់នាង ?

Jane will see John.   ជេននឹងជួបជ៉ាន.

   When will she see him?   អង្កាលនាងនឹងជួបគាត់ ?

You will tell me.   អ្នកនឹងប្រាប់ខ្ញុំ.

   When will you tell me?   អង្កាលអ្នកនឹងប្រាប់ខ្ញុំ ?

John will do his work.   ជ៉ាននឹងធ្វើការ(របស់)គាត់.

   When will he do it?   អង្កាលគាត់នឹងធ្វើវា ?

Mary will read the book.   ម៉េរីនឹងមើលសៀវនៅ.

   When will she read it?   អង្កាលនាងនឹងមើលវា?

The children will see the dog.   កូនៗក្មេងនឹងឃើញឆ្កែ.

   When will they see it?   អង្កាលគេនឹងឃើញវា ?

We'll pass that street.   យើងនឹងទៅហួសផ្លូវនោះ.

   When will we pass it?   អង្កាលយើងនឹងទៅហួសវា ?

The Millers will tell us.   គ្រួសារមិល្លើនឹងប្រាប់យើង.

   When will they tell us?   អង្កាលគេនឹងប្រាប់យើង ?

The cat will see the dog.   ឆ្មានឹងឃើញឆ្កែ.

   When will it see it?   អង្កាលវានឹងឃើញវា ?

9. The Negation of 'Will'

    The negation of 'will' is 'will
not', which in normal speech is con-
tracted to 'won't' /wownt/.

៩. ទម្រង់បដិសេធនៃ Will

    ទម្រង់បដិសេធនៃ will គឺ will not,
ដែលក្នុងភាសាធម្មតា គេរប្ញ៉ើនតែបំប្បួញ្ញនឹយទៅជា
won't /wownt/ 'នឹងមិន' ។

9a. Transformation Drill

    Convert the following affirmative
sentences to the negative:

Bill will tell Mary.

   Bill won't tell Mary.

They'll do it.

   They won't do it.

I'll see you tomorrow.

   I won't see you tomorrow.

John will do his work.

   John won't do his work.

We'll pass the hospital.

   We won't pass the hospital.

Mary will tell me.

   Mary won't tell me.

Jane will read the book.

   Jane won't read the book.

The Smiths will be there.

   The Smiths won't be there.

You'll understand it.

   You won't understand it.

He'll go to work in the morning.

   He won't go to work in the morning.

លំហាត់ប្រែប្រួលឃ្លា

    សូមប្រែឃ្លាវិជ្ជមានខាងក្រោមនេះនឹយទៅ
ជាបដិសេធវិញ្ញ :

ប៊ីលនឹងប្រាប់ម៉ែរិ.

   ប៊ីលនឹងមិនប្រាប់ម៉ែរិទេ.

គេនឹងធ្វើ(វា).

   គេនឹងមិនធ្វើ(វា)ទេ.

ខ្ញុំនឹងជួបអ្នកស្អែក.

   ខ្ញុំនឹងមិនជួបអ្នកស្អែកទេ.

ជ៉ាននឹងធ្វើការ[របស់]គាត់.

   ជ៉ាននឹងមិនធ្វើការ[របស់]គាត់ទេ.

យើងនឹងទៅហួសមន្ទីរពេទ្យ.

   យើងនឹងមិនទៅហួយមន្ទីរពេទ្យទេ.

ម៉ែរិនឹងប្រាប់ខ្ញុំ.

   ម៉ែរិនឹងមិនប្រាប់ខ្ញុំទេ.

ជេននឹងមើលសៀវភៅ[នោះ].

   ជេននឹងមិនមើលសៀវភៅ [នោះ] ទេ.

គ្រួសរស្ម៊ីធនឹងទៅ[កន្លែង]នោះ.

   គ្រួសារស្ម៊ីធនឹងមិនទៅ[កន្លែង]នោះរទេ.

អ្នកនឹងយល់វា.

   អ្នកនឹងមិនយល់វាទេ.

គាត់នឹងទៅធ្វើការនៅពេលព្រឹក.

   គាត់នឹងមិនទៅធ្វើការនៅពេលព្រឹកទេ.

10. <u>Answering Yes-or-No Questions in</u>
     <u>the Future Tense</u>

    Answering yes-or-no questions in
the future tense follows the same
pattern as we have seen before:

  <u>Do</u> you speak English?

    Yes, I <u>do</u>.

    No, I <u>don't</u>.

  <u>Is</u> he a student?

    Yes, he <u>is</u>.

    No, he <u>isn't</u>.

  <u>Will</u> you go?

    Yes, I <u>will</u>.

    No, I <u>won't</u>.

10a. <u>Response Drill</u>

    Answer the following questions in
the affirmative, replacing any names or
nouns by pronouns:

Will you go?

    Yes, I will.

Will John see her?

    Yes, he will.

Will we do it?

    Yes, we will.

Will your children go to school?

    Yes, they will.

Will Mary read it?

    Yes, she will.

Will the Millers be there?

    Yes, they will.

Will your dog come home?

    Yes, it will.

Will I see you tomorrow?

    Yes, you will.

---

៩០. ការឆ្លើយសំនួររបៀប 'បាទ/ចាស ឬ ទេ'
     ក្នុងបទកំណត់ពេលខាងមុខ

    ការឆ្លើយសំនួររបៀប 'បាទ/ចាស ឬ ទេ'
ក្នុងបទកំណត់ពេលខាងមុខ ប្រើរបៀបដែលយើងបានជួប
ប្រទះរួចមកហើយ ក្នុងបទកំណត់ពេលទ្យេ, គឺ:

    អ្នកនិយាយអង់គ្លេសទេ?

      បាទ/ចាស, ខ្ញុំ(ក.ផ.)[និយាយរៀន].

      ទេ, ខ្ញុំមិន(ក.ផ.)[និយាយទេ].

    គាត់ជាកូនសិស្សឬ ?

      បាទ/ចាស,(គាត់ជា)[ព្រេងហើយ].

      ទេ, គាត់(មិនជា)[មិនមែនទេ].

    អ្នកនឹងទៅទេ ?

      បាទ/ចាស, ខ្ញុំ(នឹង)[ទៅ រៀន].

      ទេ, ខ្ញុំនឹងមិន [ទៅទេ].

លំហាត់ចម្លើយ

    ឆ្លើយសំនួរខាងក្រោមនេះជាវិជ្ជមាន, ដោយ
យកសព្វនាមមកប្រើជំនួសឈ្មោះឬនាមសព្វណាដែលអាចធ្វើ
បាន :

អ្នកនឹងទៅទេ?

      បាទ/ចាស, (ខ្ញុំនឹង)[ទៅ រៀន].

ជាននឹងជួបនាងទេ ?

      បាទ/ចាស, (គាត់នឹង)[ជួបនាងរៀន].

យើងនឹងធ្វើ(វា)ទេ ?

      បាទ/ចាស, (យើងនឹង)[ធ្វើរៀន].

កូនអ្នកនឹងទៅរៀនទេ ?

      បាទ/ចាស, (គេនឹង)[ទៅ រៀន].

ម៉េរីនឹងអានវាទេ?

      បាទ/ចាស, (នាងនឹង)[អានវារៀន].

គ្រួសារមិល្លរនឹងទៅ នោះ:ទេ?

      បាទ/ចាស, (គេនឹង)[ទៅ នោះ:រៀន].

ឆ្កែអ្នកនឹងមកផ្ទះវិញទេ?

      បាទ/ចាស, (វានឹង)[មកផ្ទះវិញរៀន].

ខ្ញុំនឹងជួបអ្នកស្អែកទេ ?

      បាទ/ចាស, (អ្នកនឹង)[ជួបខ្ញុំរៀន].

10b. <u>Response Drill</u>   សំហាត់ចម្លើយ

    Now answer the same questions in   ឥឡូវនេះឆ្លើយសំនួនដដែលដាទម្រង់បដិសេធ :

the negative:

Will you go?   អ្នកនឹងទៅទេ?

    No, I won't.   ទេ, ខ្ញុំនឹងមិន[ទៅទេ].

Will John see her?   ដ៏ាននឹងជួបនាងទេ ?

    No, he won't.   ទេ, គាត់នឹងមិន[ជួបនាងទេ].

Will we do it?   យើងនឹងធ្វើ(វា)ទេ ?

    No, we won't.   ទេ, យើងនឹងមិន [ធ្វើទេ].

Will your children go to school?   កូនអ្នកនឹងទៅរៀនទេ ?

    No, they won't.   ទេ, គេនឹងមិន [ទៅទេ].

Will Mary read it?   ម៉ែនឹងអានវាទេ ?

    No, she won't.   ទេ, នាងនឹងមិន [អានទេ].

Will the Millers be there?   ព្រួសារមីល្លើននឹងនៅនោះទេ ?

    No, they won't.   ទេ, គេនឹងមិន[នៅទេ].

Will your dog come home?   ឆ្កែអ្នកនឹងមកផ្ទះវិញទេ ?

    No, it won't.   ទេ, វានឹងមិន [មកផ្ទះវិញទេ].

Will I see you tomorrow?   ខ្ញុំនឹងជួបអ្នកស្អែកទេ ?

    No, you won't.   ទេ, អ្នកនឹងមិន [ជួបខ្ញុំទេ].

11. <u>Negative Tag Questions in the</u>   ១១. <u>សំនួនបញ្ជាក់បដិសេធក្នុងទកាំឡត់ពេលខាងមុខ</u>

    <u>Future Tense</u>

    Negative tag questions in the   សំនួនបញ្ជាក់ពីវេប្រកាយរបូបបដិសេធ មាន

future tense follow the same pattern   វិធីច្បើចូងគ្នានិឹងសំនួនបញ្ជាក់ដែលយើងសិក្សារួចមក

as we have seen before, e.g.:   ហើយក្នុងទកាំឡត់ពេលឥឡូវ,   ឧ.

    You're Mr. Smith, <u>aren't</u> you?   លោកជាលោកស៊ីម, ម៉ែនទេ ?

    He's a student, <u>isn't</u> he?   គាត់ជាសិស្ស, ម៉ែនទេ ?

    You speak English, <u>don't</u> you?   អ្នកនិយាយអង់គ្លេស, ម៉ែនទេ ?

    He'll go tomorrow, <u>won't</u> he?   គាត់នឹងទៅស្អែក, ម៉ែនទេ ?

11a. <u>Transformation Drill</u>   សំហាត់ប្រែប្រួលប្រស្នា

    Convert the following statements   យកប្រស្នារបស់ត្រូខាងក្រោមនេះមកធ្វើជាសំនួន

to questions, using the negative tag   ដោយបទ្ចូមសំនួនបញ្ជាក់បដិសេធទម្រង់ពេលខាងមុខ

question: នៅពីវេប្រកាយ :

You'll tell me.   អ្នកនឹងប្រាប់ខ្ញុំ.

    You'll tell me, won't you?   អ្នកនឹងប្រាប់ខ្ញុំ, មែនទេ?

He'll go tomorrow.   គាត់នឹងទៅស្អែក.

    He'll go tomorrow, won't he?   គាត់នឹងទៅស្អែក, មែនទេ?

She'll read it.   នាងនឹងអានវា.

    She'll read it, won't she?   នាងនឹងអានវា, មែនទេ?

You'll be home at noon.   អ្នកនឹងមកផ្ទះនៅថ្ងៃត្រង់.

    You'll be home at noon, won't you?   អ្នកនឹងមកផ្ទះនៅថ្ងៃត្រង់, មែនទេ?

I'll see you at nine o'clock.   ខ្ញុំនឹងជួបអ្នកនៅម៉ោងប្រាំបួន.

    I'll see you at nine o'clock,   ខ្ញុំនឹងជួបអ្នកនៅម៉ោងប្រាំបួន, មែនទេ?

    won't I?

Bill will go to work.   ប៊ីលនឹងទៅធ្វើការ.

    Bill will go to work, won't he?   ប៊ីលនឹងទៅធ្វើការ, មែនទេ?

Mary will tell him.   ម៉ារីនឹងប្រាប់គាត់.

    Mary will tell him, won't she?   ម៉ារីនឹងប្រាប់គាត់, មែនទេ?

The Smiths will be there.   គ្រួសារស្ម៊ីននឹងនៅនោះ.

    The Smiths will be there, won't they?   គ្រួសារស្ម៊ីននឹងនៅនោះ, មែនទេ?

Your dog will come home.   ឆ្កែអ្នកនឹងមកផ្ទះវិញ.

    Your dog will come home, won't it?   ឆ្កែអ្នកនឹងមកផ្ទះវិញ, មែនទេ?

We'll see them.   យើងនឹងជួបគេ.

    We'll see them, won't we?   យើងនឹងជួបគេ, មែនទេ?

2. The Verb 'Get'

    The verb 'get' has many uses in English. We meet two of them in this lesson, as in

    Would you ask him to call me when he gets home?

    If he can't get me, tell him I'll call him tomorrow.

The uses of 'get' can be divided into three very broad semantic categories:

៦២. កិរិយាសព្ទ Get

    កិរិយាសព្ទ get ប្រើប្រើនយ៉ាងក្នុងក្នុងភាសា អង់គ្លេស ។ នៅក្នុងមេរៀននេះ យើងនឹងជួបប្រទះ កិរិយាសព្ទនេះក្នុងពីរវិធាន, គឺ:

    សូមអ្នកប្រាប់គាត់ឱ្យហៅខ្ញុំ កាលណាគាត់ត់មកដល់ ផ្ទះវិញ.

    បើគាត់ជួបនិងខ្ញុំមិនបាន, ប្រាប់គាត់ថាខ្ញុំនឹង ហៅគាត់ស្អែក.

នយ័យផ្សេងៗ ៗ នៃកិរិយាសព្ទ get អាចចែកចាយបានជាបី ចំពួក, គឺ:

1) 'Move, go, arrive', as in: ១) 'ទៅ, មក, ទៅដល់, មកដល់', ។

get home	/get howm/	ទៅ ឬមកដល់ផ្ទះវិញ
get back	/get baek/	ទៅ ឬមកវិញ
get there	/get dhaer/	ទៅ ដល់នោះ
get here	/get hir/	មកដល់នេះ
get up	/get əp/	ក្រោក
get down	/get dawn/	ចុះ
get away	/get əwéy/	រួច
get in	/get in/	ចូល, ជិះ
get off	/get of/	ចុះ(ពី), របេញ(ពី)

2) 'Obtain, receive, achieve', as in: ២) 'បាន, ទទួល, សម្រេចនូវអ្វីមួយ', ។

get a knife	/get ə nayf/	យកកាំបិតមក
get a letter	/get ə létər/	ទទួលសំបុត្រមួយ
get a job	/get ə jab/	បានការងារធ្វើ
get a haircut	/get ə háer-kə̀t/	ទៅ កាត់សក់
get a criminal	/get ə krímənəl/	ចាប់បានឧក្រិដ្ឋជនម្នាក់
get him (on the telephone)	/get him/	ទៅ ឬមកដល់, ជួប (តាមទូរស័ព្ទ)
get a ball	/get ə bol/	ចាប់បាលបាន
get a fish	/get ə fish/	ចាប់បានត្រីមួយ

3) 'Become', as in: ៣) 'ប្ញ្ញោល, ទៅជា(អ្វីម្យ៉ាង ។)

get sick	/get sik/	(ទៅ ជា)ឈឺ
get old	/get owld/	(ទៅ ជា)ចាស់
get hungry	/get héngri/	(ទៅ ជា)ឃ្លានបាយ
get sleepy	/get slíypi/	(ទៅ ជា)រង្ងុយដេក
get cold	/get kowld/	(ទៅ ជា)ត្រជាក់
get angry	/get áengri/	(ទៅ ជា)ខឹង, ខឹងទ្រើង

You don't have to learn this new vocabulary at this point unless you want to; its purpose is to illustrate the uses of 'get', but all the above phrases are very common in English, and you will have to learn them sooner or later.

សិស្សមិនបាច់រៀននូវពេចះពាក្យថ្មីខ្លាំងលើនេះទេទេនា
ពេលនេះ ទៅបើចង់រៀន មិនទាស់អ្វីដែរ ។ បើ
សូមបញ្ជាក់ឲ្យទ្ធានហរណ៍ខាងលើទាំងប៉ុន្មាននោះស្រប់ជា
ញ្ញឹកញ្ញាប់ណាស់ក្នុងភាសាអង់គ្លេស ។ មិនយូរមិននាច
ក្នុងសិស្សត្រូវតែរៀនពាក្យទាំងនេះទេ ។